145 (SE) FAIRE PLAISIR

Que vous recherchiez un maillot, un souvenir un peu kitsch ou au contraire authentique, ou encore un produit bien d'ici, voilà où trouver votre bonheur !

© MARIDAV - SHUTTERSTOCK.COM

Boardwalk à Miami Beach. © LAZYLLAMA - SHUTTERSTOCK.COM

157 BOUGER & BULLER

Aller encourager les Marlins ou les Miami Heat, faire du bateau ou une pause bien-être... Les lieux où vous pourrez vous détendre et vous défouler.

Ocean Drive offre une multitude de bars et de restaurants. © POLA DAMONTE - SHUTTERSTOCK.COM

165 SORTIR

Le meilleur des sorties, spectacles, clubs et bars de nuit qui font fureur à Miami, et les bons plans pour en profiter sans se ruiner.

173 ENVIRONS DE MIAMI

De Hollywood à Fort Lauderdale en passant par Palm Beach et Biscayne National Park, voici de quoi quitter un temps l'animation et la ferveur de Miami... pour mieux revenir ensuite !

191 EVERGLADES

À moins d'une heure de route de Miami, pénétrez dans l'un des écosystèmes les plus célèbres du monde. Entre alligators et marais à perte de vue, vous en prendrez plein les yeux. À ne pas manquer !

211 KEYS

Un petit chapelet d'îles à l'ambiance caribéenne auquel on accède par une route unique qui serpente entre les eaux turquoises de la baie. Un dépaysement total à deux heures de Miami.

255 ORGANISER SON SÉJOUR

Pour avoir l'esprit tranquille une fois sur place, rien ne vaut une bonne préparation. Voici nos conseils pratiques pour organiser au mieux votre séjour.

QUAND Y ALLER

JANVIER

14° / 24°

THE ART DECO WEEK-END

Trois jours où l'Art déco est à l'honneur, une belle occasion de s'imprégner de l'ambiance de South Beach et ses célèbres hôtels.

FÉVRIER

15° / 25°

ART WYNWOOD

L'événement artistique à ne pas manquer : les galeries du monde entier viennent exposer les œuvres d'artistes de tous horizons.

COCONUT GROVE ARTS FESTIVAL

Le plus important festival d'art du sud de la Floride avec 350 artistes et une cinquantaine de restaurateurs au rendez-vous !

MARS

16° / 27°

CALLE OCHO FESTIVAL

© ALEKSANDR DYSKIN - SHUTTERSTOCK.COM

Au cœur du quartier cubain de Little Havana à Miami, ce festival de musique latine est le plus important du genre au monde !

JUILLET

24° / 32°

HEMINGWAY DAYS FESTIVAL

Un festival honorant l'auteur Ernest Hemingway dont la maison est à Key West. Au programme : concours, animations et conférences.

AOÛT

24° / 32°

MIAMI SPICE RESTAURANT MONTHS

Le coup d'envoi de 2 mois durant lesquels 150 restaurants proposent des menus à petits prix pour faire découvrir leur cuisine.

KEY WEST LOBSTERFEST

Le homard est la vedette de cet événement culinaire, le plus important rendez-vous estival des Keys. Vous allez vous régaler !

SEPTEMBRE

24° / 31°

WYNWOOD'S OCTOBERFEST

Direction l'Allemagne avec ce festival autour de la bière où vous attendent concerts, créateurs, *yodeling* et bretzels géants !

Miami

THE MAGIC CITY

Lorsque vous découvrirez les mythiques cabanes de sauveteurs et les hôtels Art déco d'Ocean Drive, vous penserez sans doute : « Voilà la ville que j'imaginais ». Cette ville, c'est Miami Beach. Il suffit de traverser un pont pour pénétrer dans la cité voisine, Miami, et c'est là que vous mesurez vraiment la diversité et la richesse de la destination. Dans les quartiers d'affaire de Downtown et Brickell, vous admirerez les impressionnants *buildings* composant la troisième plus grande *skyline* des USA. À Wynwood, vous pénétrerez au cœur de la plus grande concentration de *street art* du pays, véritable Mecque pour les artistes internationaux et incroyable musée à ciel ouvert. Vous aimerez vous perdre dans les quartiers de Little Havana et Little Haïti, concentrés d'authenticité, de couleurs et de saveurs. Le Miami Design District est la quintessence du luxe alliée à une architecture des plus contemporaines, tandis que le quartier MiMo vous transportera dans les années 1950. Au sud de la ville, Coral Gables et Coconut Grove incarnent à merveille le chic et la décontraction. En somme, Miami Beach et Miami sont deux villes complémentaires qui font des étincelles. Et pour donner une nouvelle dimension à votre séjour, il suffit de deux heures de route pour vous rendre sur l'archipel des Keys, vrai petit paradis, ou rencontrer des alligators dans le Parc national des Everglades. Alors, comme l'a chanté Will Smith dans son tube des années 1990 : « *Welcome to Miami, Bienvenidos a Miami !* »

PEFC
10-31-1895
Certifié PEFC
Ce produit est issu de forêts gérées durablement et de sources contrôlées.
pefc-france.org

Retrouvez cette offre en page 59

SOMMAIRE

South Beach. © MIA2YOU - SHUTTERSTOCK.COM

The Biltmore Hotel. © FOTOLUMINATE LLC - SHUTTERSTOCK.COM

© MARIDAV +- SHUTTERSTOCK.COM

À Miami, le soleil brille et les températures sont agréables quasiment toute l'année, à quelques nuances près. Ainsi, de juin à septembre, la chaleur peut se faire suffocante et les averses régulières, climat tropical oblige. Le risque d'ouragan est aussi accru jusqu'en novembre. Ces inconvénients sont contrebalancés par une climatisation omniprésente et des rayons de soleil qui pointent vite le bout de leur nez après la pluie, vous trouverez donc toujours de quoi occuper vos journées.

AVRIL

19° / 28°

MIAMI BEACH PRIDE

© OLGA V KULAKOVA - SHUTTERSTOCK.COM

10 jours de fête pour célébrer les arts et la culture LGBTQ+ qui se terminent avec une parade mythique défilant sur Ocean Drive.

MAI

21° / 30°

SUNFEST

Au nord de Miami, voici un joyeux festival en bord de mer, savant mélange de concerts éclectiques et de performances artistiques.

JUIN

23° / 31°

KEY WEST PRIDE

La *gay pride* version Keys avec moult animations et une parade où est fièrement porté un drapeau arc en ciel de 2 km de long !

OCTOBRE

22° / 29°

FANTASY FEST

L'évènement le plus populaire de l'archipel des Keys, le pendant de Mardi Gras où tout Key West est en fête… costumée !

NOVEMBRE

18° / 27°

MIAMI SHORT FILM FESTIVAL

Des projections de courts-métrages indépendants pour tous les âges. C'est l'occasion de découvrir des pépites du monde entier !

DÉCEMBRE

15° / 25°

ART BASEL

L'un des plus grands festivals d'art contemporain du monde, des galeries internationales exposent des œuvres de tous les styles.

MICCOSUKEE INDIAN ARTS & CRAFTS FESTIVAL

Une immersion immédiate dans la culture amérindienne ! S'y rassemblent des tribus autochtones de toute l'Amérique du Nord.

LES BONNES RAISONS D'Y ALLER

© DRAZEN_ - ISTOCKPHOTO.COM

POUR SES PLAGES DE RÊVE

Profitez toute l'année d'une eau turquoise et limpide bordée de sable blanc et chaud.

POUR LES CABANES DE SAUVETEURS

Ces bijoux colorés très photogéniques parsèment les kilomètres de plage de South Beach.

© SULI NI - SHUTTERSTOCK.COM

© DARWINCHALAS002 - SHUTTERSTOCK.OM

POUR LA CUISINE COSMOPOLITE

Une cuisine qui mêle spécialités floridiennes, saveurs cubaines et recettes haïtiennes.

© FOTOLUMINATE LLC - SHUTTERSTOCK.COM

POUR LE QUARTIER STREET-ART

Wynwood possède la plus grande concentration de *street-art* au monde, rien que ça !

© FELIX MIZIOZNIKOV - SHUTTERSTOCK.COM

POUR LES HÔTELS ART DÉCO

De jour comme de nuit, ils sont mythiques avec leurs couleurs pastel et leurs néons !

© COURTESY OF THE WOLFSONIAN–FIU, MIAMI BEACH, FL

POUR LA VIE CULTURELLE

Du plus classique au plus insolite, les musées de Miami mettront tout le monde d'accord !

© ALEX POTEMKIN - ISTOCKPHOTO.COM

POUR SA NATURE PRÉSERVÉE

Découvrez la faune et la flore floridiennes, en particulier dans les Everglades !

LES BONNES RAISONS D'Y ALLER

POUR VISITER LES KEYS

Les premières îles de cet archipel paradisiaque ne sont qu'à 1h30 de route de Miami.

© STOCKDONKEY - SHUTTERSTOCK.COM

© RAZIHUSIN - ISTOCKPHOTO.COM

POUR VOIR UN MATCH DE NBA

Vivez une soirée typiquement américaine en assistant à match de basket des Miami Heat.

© JACOB WACKERHAUSEN - ISTOCKPHOTO.COM

POUR FAIRE LA FÊTE

Impossible de s'ennuyer entre clubs branchés, terrasses ensoleillées et cocktails géants !

LES 12 MOTS-CLÉS

#ART DÉCO

À South Beach, le célèbre Art Deco District (classé site historique) avec ses 800 bâtiments pastel nous rappelle que Miami a été l'un des fleurons de ce style architectural des années 1920 aux années 1930. Les enseignes et leurs néons qui s'illuminent à la nuit tombée apportent un côté clinquant aux façades géométriques entourées de palmiers.

© LAZYLLAMA - SHUTTERSTOCK.COM

#CABANES DE SAUVETEURS

Multicolores et mythiques, elles sont sur toutes les cartes postales de Miami. Une trentaine de cabanes de sauveteur de style Art déco sont à découvrir sur les 10 kilomètres de plage entre la 86e rue et South Point Beach. Nos cabanes préférées : la *stars and stripes* aux couleurs du drapeau américain et la *jetty* en forme de phare rouge et blanc.

#CINÉMA

Miami est un véritable plateau de cinéma. Parmi les shows les plus célèbres : *Miami Vice, 2 flics à Miami, Dexter et Burn Notice*. En revanche, la série *Les Experts : Miami* a été tournée dans des studios à Los Angeles. Côté cinéma, *Scarface Bad Boys*, *Scarface* et *Certains l'aiment chaud*, pour ne citer que ces films, ont été tournés dans la Magic City.

#CUISINE CUBAINE

La grande révélation de Miami en matière culinaire est la cuisine cubaine. Vous pourrez la déguster un peu partout, et particulièrement dans le quartier cubain de Little Havana. Les plats sont assez copieux et à des prix très abordables. Et quel goût ! Parmi les spécialités : le sandwich cubain et l'*arroz con pollo* (poulet et riz aux épices).

#EVERGLADES

Alligators par centaines, flopée d'oiseaux et marécages composent le paysage unique des Everglades, une région unique au monde. Un fleuve d'eau douce, profond de quelques centimètres seulement par endroit, serpente dans le sud de la Floride sur 600 000 hectares de forêts de pins, d'acajou et de mangroves. À découvrir à pied, à vélo ou en *airboat*.

#KEY LIME PIE

La spécialité culinaire des Keys ! L'ingrédient star : le *key lime*, une variété de citrons verts quasiment introuvables en France. Cette délicieuse tarte se compose donc de citrons verts, lait concentré sucré et biscuits de type *Petit Beurre*, le tout recouvert de meringue. Vous en trouverez dans tout l'archipel des Keys, mais aussi à Miami.

#LAMENTIN

Ce grand mammifère (*manatee* en anglais), surnommé « vache de mer » est présent sur les côtes floridiennes. Il fut jusqu'en 2017 sur la liste des espèces menacées, sa population ayant beaucoup diminué à cause de l'homme qui le chassait pour sa chair et sa graisse. Aujourd'hui, ils sont environ 2 000 à peupler les eaux chaudes de la Floride.

© THIERRY EIDENWEIL - SHUTTERSTOCK.COM

#METROMOVER

Moyen de transport phare circulant de façon automatique et gratuite entre les quartiers de Brickell et Downtown Miami, le Metromover est un métro aérien a été inauguré en 1983. Cette attraction touristique à part entière vous permettra d'apprécier sans vous fatiguer des points de vue uniques sur la baie et les *buildings* les plus emblématiques.

LES 12 **MOTS-CLÉS**

#OCEAN DRIVE

Avenue mythique de Miami Beach avec ses hôtels Art déco et leurs néons colorés, Ocean Drive est un passage obligé. Une animation permanente entre bars, restaurants, boutiques branchées et voitures de luxe. À la nuit tombée, les allées de palmiers s'illuminent. Pour notre plus grand bonheur, une partie de l'avenue est piétonne depuis la pandémie.

© LEOPATRIZI - ISTOCKPHOTO.COM

#PALM BEACH

Située au nord de Miami, Palm Beach est réputée pour ses somptueuses demeures et ses nombreuses Rolls-Royce, Ferrari ou Aston Martin visibles à tous les coins des rues. Elle est d'ailleurs surnommée « ville des milliardaires ». Avant même d'y avoir mis les pieds, vous en connaissez peut-être déjà les dessous, grâce à la série télé du même nom...

#SOUTH BEACH

South Beach, ou SoBe pour les intimes, est la zone branchée de Miami, celle où il fait bon se montrer et être vu. C'est aussi le royaume de l'art déco, de la beauté et des *beautiful people*. Mais la vraie vie à SoBe se passe la nuit dans les nombreux clubs à la mode et bars branchés du quartier où la fête bat son plein. *The place to be* en somme.

#STREET-ART

Miami peut se targuer d'abriter la plus grande concentration de *street-art* de tous les États-Unis : le quartier de Wynwood. Sous l'impulsion de l'entrepreneur Tony Goldman, cette ancienne friche industrielle est aujourd'hui un véritable musée à ciel ouvert ponctué de *coffee-shops* tendance, boutiques *arty* et galeries. Une visite à ne pas manquer !

© FELIX MIZIOZNIKOV - SHUTTERSTOCK.COM

VOUS ÊTES D'ICI, SI...

- **Vous cuisinez peu** et préférez vous faire livrer vos repas ou l'acheter tout fait au coin traiteur du supermarché.
- **Vous n'allez jamais à la plage sans** votre parasol et votre chaise pliable.
- **Vous demandez toujours aux gens** comment ils vont au moment de les saluer : « Hi ! How are you ? »
- **Vous ne dérogez pas** au traditionnel brunch du week-end.
- **Vous connaissez toutes les boulangeries** et pâtisseries françaises de Miami.
- **Dès que le week-end arrive,** vous quittez Miami pour filer aux Keys ou à Key Biscayne.
- **Vous préférez les plages plus intimistes** et délaissez celle de South Beach, trop fréquentée par les touristes.
- **Les *happy hours*** n'ont plus aucun secret pour vous.
- **Vous avez acheté un *pass* annuel** pour accéder en illimité aux parcs nationaux de Floride, incluant le *John Pennekamp Coral Reef* dans les Keys et le *Bill Baggs Cape Florida State Park* près de Miami.
- **Vous avez pris l'habitude de dîner tôt,** entre 17h30 et 19h.

MON MIAMI

Par Ceyliane Ratto, auteure du guide

© DR

Interview

Rencontrez Ceyliane Ratto, l'auteure de ce guide. C'est avec beaucoup de curiosité et de plaisir qu'elle a arpenté les rues de Miami à la recherche des meilleurs bons plans et des adresses les plus authentiques. Elle vous dévoile ses découvertes et coups de cœur pour découvrir Miami hors des sentiers battus, loin des clichés de la destination. Suivez le guide !

TOP 10

À VOIR / À FAIRE

Miami est une ville éclectique et multiculturelle, vivante et divertissante, créative et contemporaine... Et c'est ce que nous avons souhaité faire ressortir dans cette sélection. Difficile de se limiter à 10, mais les incontournables listés ci-dessous vous permettront de prendre le pouls de la ville et vous emmèneront à la découverte de ses différents quartiers. L'objectif : vous montrer l'âme de la Magic City et voir au-delà de Miami Beach. Vous trouverez tantôt de quoi vous cultiver, tantôt souffler un peu, mais surtout ressentir, expérimenter. Car Miami est une ville qui se VIT !

© JORGE SALCEDO - SHUTTERSTOCK.COM

91

ART DECO DISTRICT

C"est le plus grand quartier Art déco au monde. Prenez le temps de flâner pour admirer la sublime architecture des hôtels pastel.

© WAGNER SANTOS DE ALMEIDA - SHUTTERSTOCK.COM

94

ESPAÑOLA WAY

Charmante rue pavée de style espagnol, avec une atmosphère particulièrement agréable, une adresse touristique

CALLE OCHO

Cette rue est le centre névralgique de Little Havana. Fumet de cuisine cubaine, parfums de cigare et musique flottent dans l'air.

© KAMIRA - SHUTTERSTOCK.COM

98

© FENG CHENG - SHUTTERSTOCK.COM

103

FAIRCHILD TROPICAL GARDENS

Ce havre de paix de 34 hectares est le second plus grand jardin tropical des Etats-Unis. Une visite reposante et dépaysante.

FROST MUSEUM OF SCIENCE

Ce musée contemporain est l'un des plus récents de Miami. Il combine aquarium, expositions sur la science et planétarium.

© FELIX MIZIOZNIKOV - SHUTTERSTOCK.COM

99

© MARIUSZ LOPUSIEWICZ - SHUTTERSTOCK.COM

97

THE ANCIENT SPANISH MONASTERY

Monastère encore actif avec ses splendides jardins. C'est une visite surprenante pour faire plaisir aux amateurs d'insolite.

© LAZYLLAMA - SHUTTERSTOCK.COM

107

PALM COURT

Figure de proue du quartier de Design District avec ses nombreuses œuvres d'art, ses boutiques de luxe et ses restaurants chics.

THE BASS MUSEUM OF ART

Un musée d'art contemporain international très intéressant qui propose des expositions actuelles et des œuvres hors les murs.

© EGI – STOCK.ADOBE.COM

100

HISTORY MIAMI MUSEUM

Un musée incontournable pour comprendre l'histoire et l'évolution de Miami et la Floride de l'époque précolombienne à nos jours.

© PHOTRAVEL_RU - SHUTTERSTOCK.COM

95

© PIO3 - SHUTTERSTOCK.COM

108

WYNWOOD WALLS

Un musée *street-art* en plein air où on découvre des fresques d'artistes internationaux. Parfait pour débuter sa visite de Wynwood.

TOP 10

SE RÉGALER

La scène culinaire de Miami est incroyable : c'est un véritable voyage qui transporte vos papilles de Cuba aux Caraïbes en passant par la France et la Méditerranée. Cette prouesse est rendue possible grâce aux chefs de talent qui s'attachent à valoriser les meilleurs produits d'ici et d'ailleurs. Mais peut-être aurez-vous également envie de vous mêler aux locaux pour un brunch, d'engloutir un vrai burger à l'américaine ou de découvrir des spécialités 100% végétaliennes ? Voici 10 adresses authentiques qui devraient satisfaire toutes vos envies gourmandes !

© MIXEATS (ANDREA GRIECO)

EN PHOTO

CAFÉ BASTILLE DOWNTOWN

121

Une belle adresse à Downtown pour *bruncher* tous les jours de la semaine dans un cadre tendance. Vous serez très bien accueilli !

11TH STREET DINER

114

L'authentique *diner* américain comme on le voit à la TV ! À vous les banquettes en skaï, les néons et les burgers bien juteux !

CHEF CREOLE

129

Une adresse authentique à Little Haiti, où vous dégusterez les spécialités créoles et caribéennes du chef Wilkinson Séjour.

EL NUEVO SIGLO

122

Ce restaurant niché dans un supermarché sur la Calle Ocho est un vrai bon plan pour goûter à la cuisine cubaine à prix très doux.

127 **MINTY Z**
Ce restaurant végétalien propose des plats savoureux et originaux, tendance fusion asiatique, dans un cadre contemporain

115 **JOE'S STONE CRAB**
Depuis 1913, c'est *the place to be* à Miami pour déguster les fameux *stone crabs* (crabes de roche) et autres fruits de mer.

128 **PEACOCK GARDEN RESTO BAR + GRILL**
Une adresse raffinée nichée dans un jardin luxuriant et fleuri, dans le charmant quartier de Coconut Grove. Dépaysement garanti !

130 **MIA MARKET**
Un *food market* convivial situé dans le quartier de Design District qui séduira les amateurs de cuisine internationale et créative.

117 **SEMILLA**
Dans un cadre contemporain, cette adresse frenchy vous propose des plats alliant savamment cuisines française et américaine.

115 **GIANNI'S**
Ce restaurant italien est situé dans l'ancienne maison de Gianni Versace. Superbe terrasse avec vue sur la piscine vénitienne.

TOP 5

FAIRE UNE PAUSE

Boire un verre dans un *speakeasy*, se régaler d'un milkshake gargantuesque ou d'un incroyable donut à Wynwood, chanter à tue-tête dans le meilleur bar-karaoké de la ville ou déguster un *afternoon tea* dans la pure tradition britannique... Voici cinq endroits qui sortent de l'ordinaire !

© LILYANDROSETEAROOM

139 FLOYD MIAMI

Poussez la porte noire en apparence quelconque et pénétrez dans un bart jazzy qui vous transportera au temps de la Prohibition.

140 SWEET CAROLINE KARAOKE BAR

Un bar karaoké à l'ambiance incroyable où vous n'aurez qu'une envie : pousser la chansonnette jusqu'au bout de la nuit !

143 THE SALTY DONUT

Beaux et bons, moelleux et gourmands, classiques et originaux... Direction Wynwood pour goûter aux meilleurs donuts de Miami.

137 LILY AND ROSE TEAROOM

EN PHOTO

Un salon de thé à l'ambiance British, c'est plutôt insolite à Miami ! Délicieuses pâtisseries et adorable vaisselle fleurie.

141 VICKY'S HOUSE

À Coconut Grove, dans une ambiance années 1980, on déguste d'incroyables milkshakes surmontés de donuts, de céréales ou de cookies.

TOP 5

(SE) FAIRE PLAISIR

À Miami, on chemine vers un shopping de plus de plus responsable où créateurs locaux de talent sont mis en avant dans des boutiques tendance et design. Mais on ne résiste pas à la visite d'un centre commercial à l'américaine ! Voici de quoi explorer la ville à la recherche de souvenirs.

EN PHOTO BRICKELL CITY CENTRE 148

Ce centre commercial de Downtown, qui vaut le détour pour son architecture ultra design, offre un grand nombre de boutiques.

151 OFFICIAL ART DECO GIFT SHOP

Sur Ocean Drive, cette boutique recèle de trésors *vintages* et de produits évoquant l'âge d'or de l'architecture Art Déco à Miami.

PIVOT MARKET - THE CITADEL 151

Ce *concept-store* situé dans un lieu branché rassemble pléthore de produits locaux et écoresponsables dont des bougies et bijoux.

151 WYNWOOD SHOP

La boutique de référence pour dégoter un souvenir original et *arty* à l'image du quartier de Wynwood. De nombreux créateurs locaux.

KCÜLL SHOP 150

On adore cette boutique de Little Havana qui rassemble les créations d'artistes locaux : bijoux, vêtements, déco, papeterie...

TOP 5

BOUGER & BULLER

Vous n'êtes pas dans le *mood* d'écumer les musées ou de lézarder sur le sable blanc ? Qu'à cela ne tienne, voici nos suggestions d'activités pour vous divertir, vous détendre ou vous dépenser, et pourquoi pas les trois à la fois ?

VENETIAN POOL 162

EN PHOTO

Avec son décor naturel et sa grotte taillée dans le corail, c'est sans doute la plus belle piscine que vous n'avez jamais vue.

159 FTX ARENA

C'est ici que vous pourrez soutenir l'équipe de basket des HEAT de Miami dans une ambiance survoltée typiquement américaine !

THE PALMS SPA AVEDA 163

Un temple de la détente à deux pas de la plage, vous vous ferez chouchouter des pieds à la tête dans une ambiance zen et raffinée.

160 MIAMI KITEBOARDING

Au calme sur la superbe plage de North Beach, vous aurez la possibilité de vous initier au *kitesurf* et de louer paddle et kayak.

WYNWOOD GRAFFITI EXPERIENCE 162

L'expérience ultime : s'initier au graffiti au cœur de Wynwood, l'un des quartiers *street-art* les plus réputés des USA.

© ADINAYEV.COM

TOP 5

SORTIR

Si Miami mérite sa réputation de reine de la fête, elle ravira également les amateurs d'activités insolites et de spectacles artistiques. Petit focus sur cinq idées de sorties originales pour une soirée dont vous vous souviendrez longtemps !

ADRIENNE ARSHT CENTER FOR THE PERFORMING ARTS 169

Le plus grand centre culturel de l'Etat offre une programmation éclectique entre théâtre, concerts, comédies musicales et ballets.

JUST THE FUNNY 170

THE place to be pour assister à un *show* de *stand-up* ou d'improvisation, le tout dans une ambiance intimiste et décontractée.

PANIQ ESCAPE ROOM 171

Un *escape room* ultra-immersif dans le quartier arts de Wynwood, idéal pour vivre une expérience originale durant votre séjour !

TEATRO AVANTE 170

Un théâtre au cœur de Little Havana, le quartier cubain. Les pièces, modernes ou classiques, sont en espagnol. Immersion totale !

E11EVEN 167

EN PHOTO

Si vous êtes à Miami pour faire la fête, ne manquez pas cet immense club tendance et totalement déjanté, ouvert 24h/24 !

TOP 10

SE LOGER

Notre top 10 met en avant des hébergements à la fois tendance, toujours confortables et idéalement situés, pratiques pour rayonner aux quatre coins de la ville. Il y en a pour tous les goûts et tous les budgets, que vous privilégiez le côté convivial de l'auberge de jeunesse à South Beach ou préfériez le luxe d'un hôtel 5-étoiles à Coral Gables. Chaque hébergement présent dans cette sélection vous fera vivre une expérience : charme rétro, ambiance tantôt *arty*, tantôt cubaine ou encore chic à Downtown... Il ne vous reste plus qu'à choisir celle que vous préférez !

© ARLO WYNWOOD

ARLO WYNWOOD

Un hôtel *arty* flambant neuf au cœur de Wynwood disposant de chambres à la décoration lumineuse, d'une piscine et de 3 bars.

© FONTAINEBLEAU MIAMI BEACH

FONTAINEBLEAU

Hôtel le plus connu de Miami Beach, disposant de chambres spacieuses, certaines ont une kitchenette, un balcon avec vue sur l'océan.

EAST MIAMI BRICKELL

Cet hôtel design et contemporain de 40 étages vous invite à prendre de la hauteur pour apprécier la vue sur la baie de Miami.

© EAST MIAMI

© EQROY - SHUTTERSTOCK.COM

LESLIE HOTEL

Un hôtel Art déco à la façade jaune, une piscine sur le toit, la plage à 2 pas, le tout sur la plus célèbre artère de South Beach.

© THE PALMS HOTEL SPA

THE BILTMORE HOTEL 275

Avec son architecture méditerranéenne et son immense piscine, cet hôtel de luxe légendaire des années 1920 a un charme intemporel.

THE GOOD TIME HOTEL 271

Cet hôtel tendance a été cofondé par le chanteur Pharell Williams. Il réinvente le style Art Déco dans une ambiance 100 % *good vibe*.

LIFE HOUSE LITTLE HAVANA 274

Un air de voyage flotte sur ce boutique-hôtel au coeur du quartier cubain. Coup de coeur pour le *rootfop* avec vue sur Downtown.

EN PHOTO

THE PALMS HOTEL & SPA 271

Hôtel doté d'une superbe piscine avec accès à la mer, disposant de chambres cosy, tout confort, et une terrasse sous les palmiers.

270 GENERATOR MIAMI

Un hôtel tendance à prix doux qui combine dortoirs bien pensés et chambres privées, mais aussi piscine, restaurant et bar branché.

THE VAGABOND HOTEL 276

Ce célèbre motel des années 50 a été superbement rénové sans perdre son âme. Un très bon rapport qualité/prix et un charme fou.

ALLO ?

Les numéros sont à 7 chiffres précédés d'un indicatif régional de 3 chiffres qui n'est pas utilisé pour les communications locales. Pour appeler une autre région, composez le 1 suivi de l'indicatif régional et du numéro.

Depuis la Floride, vous pouvez joindre la France en composant le +33 suivi du numéro sans le zéro. Sachez que les indicatifs 800 ou 888 correspondent à des numéros gratuits qui fonctionnent depuis les Etats-Unis uniquement.

Pour communiquer durant votre séjour, trois options s'offrent à vous. Vous pouvez conserver votre numéro français si votre forfait vous permet de téléphoner et envoyer des SMS à l'étranger (bien consulter les conditions de vente). Si ce n'est pas le cas, certains opérateurs français proposent des forfaits d'un mois (durée qui conviendra pour la plupart des séjours), incluant les communications à l'étranger, vous aurez donc un nouveau numéro et une nouvelle carte SIM durant votre voyage. Enfin, la plupart des opérateurs américains proposent désormais des forfaits d'un mois rechargeables (pas d'abonnement à souscrire) avec appels illimités vers les téléphones américains, portables et fixes, des SMS et MMS iilimités vers les portables américains et une consommation Internet en 4G/5G. Il est donc possible donc d'acheter des cartes prépayées américaines, soit en boutique à votre arrivée, soit en ligne avant votre départ (comptez environ 60 US$). Nous vous conseillons cette dernière option pour gagner en sérénité.
Méfiance à votre arrivée, car votre smartphone se connectera automatiquement sur le réseau téléphonique local dès que vous aurez désactivé le mode avion. Pensez ainsi à désactiver les données à l'étranger dans vos réglages pour éviter les surcoûts (la facture de hors forfait est vite salée !).

ACCESSIBILITÉ

Les personnes à capacité physique restreinte jouissent de droits réels en Floride. Partout, les places de parking les plus accessibles leur sont réservées. De nombreux hôtels (et tous les lieux publics) sont munis de rampes d'accès. Les stations de train, de métro et l'aéroport, tout comme le bus de ville, sont équipés pour faciliter la vie des voyageurs à mobilité réduite (accès, accompagnement...).

SANTÉ

Les consultations et les soins médicaux étant très chers aux Etats-Unis, n'hésitez pas à prendre une assurance santé vous couvrant pendant votre séjour, sachant qu'une partie des frais médicaux est généralement remboursée au retour par l'assurance de votre carte Visa, MasterCard ou American Express. Mais il vous faudra au préalable envoyer vos factures et ordonnances à la CPAM et à votre mutuelle. Ce n'est qu'après que vos autres assurances, notamment celle de votre carte bancaire, entreront en ligne de compte et pourront vous rembourser les frais qui restent à votre charge (généralement une bonne partie de la somme). En cas d'hospitalisation, il faut cependant immédiatement avertir son assurance voyage ou l'assurance via la carte de paiement internationale (carte Visa, Mastercard, American Express) dont le numéro se trouve au dos, pour avoir les conseils d'un spécialiste au téléphone et demander une prise en charge ce qui vous évitera de devoir débourser des sommes astronomiques, à condition que cette prise en charge soit justifiée bien sûr. Dans certains cas, l'assurance propose d'organiser directement un rapatriement.
Certains commerces de type CVS disposent d'un comptoir pharmacie.

URGENCES SUR PLACE

En cas d'urgence, un seul numéro à retenir : le 911. Il permet en effet de joindre la police, le Samu et les pompiers. Le numéro est gratuit, qu'il soit composé depuis un fixe ou un portable.

SÉCURITÉ

Considérée comme ville dangereuse dans les années 1980, Miami a bien évolué. Vous ne ressentirez pas d'insécurité dans les rues de la ville, en particulier dans les plus animées. Coral Gables, Coconut Grove et Brickell sont notamment des quartiers tranquilles. A Little Havana, nous vous conseillons de vous balader dans les rues les plus touristiques, de part et d'autre de la Calle Ocho. Comme dans toute grande ville, il est toutefois conseillé de ne pas se promener seul de nuit dans les rues désertes.

LGBTQ

La Floride, et particulièrement Miami, est globalement un Etat *gay friendly*. Miami et Key West organisent notamment des festivals Pride assez incroyables. A Key West, la communauté *gay* est très présente et propose des hôtels et des *resorts* entièrement *gay*. C'est aussi le cas à Fort Lauderdale, une des villes de Floride où la communauté gay est très importante avec là aussi des hôtels et des restaurants qui lui sont réservés. A Miami, des portions entières de plage sont destinées aux gays et de nombreux établissements sont *gay friendly*.

AMBASSADE ET CONSULATS

Le consulat de France est situé à Miami dans le quartier de Brickell (miami.consulfrance.org). Avant de partir, il est conseillé de noter les coordonnées du consulat. La Belgique et la Suisse ont également un consulat à Miami. En cas de souci médical, c'est le consulat qui se chargera de vous accompagner et vous fournira la liste des médecins francophones. En cas de problème grave, c'est aussi lui qui prévient la famille et décide du rapatriement.

POSTE

Les bureaux de poste sont en général ouverts de 9h à 17h du lundi au vendredi. Certains ouvrent le samedi matin ou 24h/24 pour la poste centrale. Vous trouverez peu de bureaux de poste, mais de nombreuses boîtes aux lettres, et les hôtels se chargent souvent d'expédier votre courrier.

Les boîtes aux lettres sont bleues. Vous pouvez acheter des timbres (1,20 US$ pour un timbre international) chez les marchands de journaux et dans les boutiques de souvenirs. Une lettre à destination de l'Europe met environ cinq jours.

MÉDIAS LOCAUX

À Miami, le journal le plus connu est le *Miami Herald* (miamiherald.com). Côté radio, la station News Radio 610 WIOD diffuse les actualités du sud de la Floride.

LES PHRASES CLÉS

Bonjour, mon téléphone ne fonctionne pas, pouvez-vous m'aider s'il vous plait ?
Excuse me, my phone isn't working. Could you please help me?

Je ne me sens pas bien, pouvez-vous m'amener à l'hôpital le plus proche ?
I'm not feeling well. Could you take me to the nearest hospital?

Est-ce que vous avez un médecin qui parle français ?
Do you have a French-speaking doctor?

Je viens de me faire voler mes papiers, où est le poste de Police le plus proche ?
My documents have been stolen. Where is the nearest police station?

Est-ce un quartier dangereux ou je peux y aller sans crainte ?
Is it a dangerous neighborhood, or can I feel safe going there?

Avez-vous des timbres pour une carte postale à envoyer en France ? C'est combien ?
Do you have stamps to mail a postcard to France? How much is it?

Besoin
de nature ?
Par ici
la sortie !
petit futé.com
Avis et conseils
rédigés par des
auteurs du cru
depuis 45 ans
© PILAT666 - ISTOCKPHOTO.COM
SELJALANDSFOSS - ISLANDE
63° 36' 56.243'' N 19° 59' 18.848'' W

DÉCOUVRIR

Avant même d'y mettre les pieds, nous avons tous en tête des images de Miami. Généralement, elles s'accompagnent de néons multicolores, de palmiers et de longues plages de sable blanc. On pense alors au quartier de South Beach, dans la ville Miami Beach. Mais de l'autre côté du pont, il y a Miami, avec ses buildings, ses motels vintage, ses quartiers exotiques et artistiques. Bien que leur histoire soit récente sur l'échelle européenne, ces deux villes n'en demeurent pas moins fascinantes et riches. Comment une petite île où l'on cultivait encore l'avocat il y a 120 ans est-elle devenue Miami Beach, haut lieu du tourisme et du *farniente* ? Quelle est la genèse de cette architecture Art déco si particulière et pourquoi a-t-elle failli disparaitre ? Il y a aussi la culture cubaine, omniprésente notamment à travers la langue et la cuisine. Vous découvrirez que Miami et Miami Beach sont pleines de surprises !

PRÉSENCE CUBAINE

Miami est surnommée « Capitale de l'Amérique latine », et pour cause : la moitié de sa population est d'origine hispanique ou *latina* ! L'espagnol est ainsi la deuxième langue la plus parlée derrière l'anglais. Une prédominance hispanique qui fut majoritairement cubaine jusqu'à la fin des années 1990. La ville connut en effet une immigration cubaine massive à partir de 1959 et l'arrivée au pouvoir de Fidel Castro. S'ensuivirent des décennies de relations tendues entre les États-Unis et Cuba rendant impossible le retour de ces exilés. Aujourd'hui, la communauté cubaine représente 250 000 habitants à Miami. Cette influence cubaine historique transparaît dans différents quartiers de la ville à travers l'architecture, les spécialités culinaires ou encore l'artisanat. Un multiculturalisme qui fait la force et la richesse de la Magic City, et qui offre au visiteur la sensation unique de faire plusieurs voyages en un !

DÉCOUVRIR

L'origine d'une migration

La proximité géographique entre Cuba et Miami (150 kilomètres) amena dès les années 1800 certains Cubains à rejoindre la ville américaine pour trouver du travail ou étudier. En 1958, ils sont 10 000 à vivre à Miami. Un an plus tard, tout s'accélère lorsque Fidel Castro arrive au pouvoir à Cuba. Plus de 200 000 Cubains quittent alors l'île pour s'installer à Miami. La majorité de ces opposants au régime castriste étaient des bourgeois et des membres de l'élite. Tous pensaient que cet exil ne durerait qu'un ou deux ans.

En 1961, le gouvernement américain tente d'envahir Cuba pour renverser le régime de Castro. Cette opération, qui se solda par un échec, fut nommée « l'invasion de la Baie des Cochons ». Loin d'instaurer un climat propice au retour des exilés cubains à Miami, l'opération entraîne une nouvelle vague migratoire. En 1962, la Crise des Fusées déclencha un embargo entre les États-Unis et Cuba. Le trafic aérien entre les deux pays est suspendu.

© JANET MOORE - SHUTTERSTOCK.COM

Sandwich cubain.

Entre 1965 et 1973, plus de 350 000 immigrants cubains arrivèrent à Miami grâce aux « vols de la liberté » affrétés par les États-Unis grâce à un accord spécial. Renonçant à un retour proche sur leur île, les populations cubaines, installées principalement dans les quartiers de Hialeah et Riverside (aujourd'hui Little Havana), implantèrent leur culture à Miami : musique, nourriture, commerce, artisanat…

Cette immigration massive, et l'essor de la langue espagnole qui en découla, généra des conflits au sein de la ville. Les communautés non-hispaniques s'opposèrent au bilinguisme anglais/espagnol, et en 1980 fut votée *l'Anti-bilingual Ordinance* (ordonnance anti-bilinguisme). L'anglais est dès lors promulgué langue officielle du comté de Dade, dont dépend Miami. Conséquences : toutes les transactions (droit, emplois, administrations…) doivent être menées en anglais. L'ordonnance est finalement abrogée en 1993.

Les relations entre les États-Unis restèrent toutefois au point mort jusqu'au mercredi 17 décembre 2014, jour où Le président américain Barack Obama et son homologue cubain Raúl Castro promirent le rétablissement de leurs relations diplomatiques et le retour d'une coopération économique. Cette décision est historique : « *Somos todos americanos* » furent les mots d'Obama. Une partie de la diaspora cubaine de Miami et de Floride accueillit toutefois cet accord avec un certain scepticisme, jugeant que le rétablissement des relations entre les deux pays n'augurait aucune avancée démocratique du côté de Cuba.

Quelques mois plus tard, le 20 juillet 2015, une ambassade cubaine ouvre à Washington et une ambassade américaine à La Havane. Les États-Unis retirent également Cuba de la liste des pays soutenant le terrorisme. En mars 2016, lors d'une visite officielle de trois jours, Barack Obama rencontre à plusieurs reprises son ho-

© FOTOLUMINATE LLC - SHUTTERSTOCK.COM

Calle Ocho.

mologue Raúl Castro et confirme sa volonté de poursuivre la politique d'ouverture avec Cuba. Cette visite est historique : c'est la première fois qu'un président américain en exercice foule le sol cubain depuis la révolution castriste de 1959. Ce rapprochement se traduisit par un assouplissement de l'embargo avec notamment un rétablissement des vols directs entre les deux pays (une première depuis 1962 !), le retour des bateaux de croisière américains, et la possibilité pour les Américains de voyager plus facilement à Cuba.

En 2017, revirement de situation avec l'arrivée de Donald Trump. En juin 2017, lors d'une allocution à Miami, il déclare vouloir détricoter toutes les mesures d'ouverture prises par Obama car elles avantageraient économiquement le régime cubain qui aurait tiré d'importants bénéfices du tourisme américain. En 2021, neuf jours avant la fin de son mandat, Trump replace Cuba sur la liste américaine des États parrains du terrorisme. S'il n'est pas réélu, il remporte toutefois le soutien de la Floride.

Lors de son élection, l'actuel président américain Joe Biden a annoncé vouloir alléger les restrictions envers Cuba, sans pour autant revenir (pour le moment) sur l'embargo imposé sur l'île depuis 1962.

Le quartier de Little Havana, quintessence cubaine

En vous promenant dans certains quartiers de Miami aujourd'hui, il est possible que vous n'entendiez pas un mot d'anglais ! Pour cause : la population de Miami est à 70 % hispanique, dont 34,1 % de Cubains. Little Havana est le plus populaire d'entre eux. Il a d'ailleurs été qualifié de « trésor national » par le Fonds Américain de Préservation du Patrimoine. C'est dans ce quartier situé à l'ouest de la ville que s'installa la majorité des exilés cubains à partir du milieu des années 1950. Aujourd'hui encore, plus de 95 % des habitants de Little Havana sont d'origine *latina*, à majorité cubaine.

Le quartier, bien que relativement touristique, a gardé son âme. Des deux côtés de l'avenue principale, la célèbre **Calle Ocho** (p.98) (8th Street), vous attendent bars traditionnels, supermarchés et restaurants authentiques, accompagnés d'airs de salsa et d'effluves d'expressos cubains et cigares fraîchement fabriqués. En mars, la rue vibre au rythme du Calle Ocho Festival, le plus grand festival de musique latine au monde. Au parc Maximo Gomez, vous pourrez assister à des traditionnelles parties de dominos jouées par des habitants d'un autre âge. Elles ont donné son surnom au lieu : **Domino Park** (p.99).

Le Cuban Memorial Park rassemble quant à lui plusieurs monuments commémorant les héros cubains et cubano-américains. S'y trouve notamment la Torche éternelle, un mémorial en l'honneur des soldats qui perdirent la vie lors de l'invasion de la baie des Cochons en 1961.

Spécialités locales

Impossible de visiter Little Havana sans s'attabler pour déguster LA spécialité locale : *le cuban sandwich*. Ce plat que consommaient traditionnellement les travailleurs cubains se compose de deux tranches de pain brioché toastées, à l'intérieur desquelles se glissent du jambon, de fines tranches de rôti de porc, du fromage fondu et des cornichons, le tout rehaussé de moutarde. Les meilleurs sont à retrouver au Café **Versailles** (p.125) (ouvert en 1970) ou au plus confidentiel Nueve Siglo, dissimulé dans le supermarché du même nom.

Terminez votre repas par un café cubain, un expresso sucré avec de la cassonade durant son extraction. Cette spécificité lui confère un goût plus doux que l'expresso traditionnel.

HISTOIRE

Découverte au début du XVIe siècle, la cité que l'on connaît aujourd'hui sous le nom de Miami traversa une histoire mouvementée. Après avoir maintes fois résisté à la colonisation, la Floride voit s'affronter le peuple amérindien et les États-Unis durant les trois guerres Séminoles, durant la première moitié du XIXe siècle. Quelques décennies plus tard, Miami s'urbanise et s'ouvre au tourisme tandis que d'une bande de sable isolée nait Miami Beach. Comme stoppée en plein vol, la ville est dévastée par un ouragan en 1926, avant de subir de plein fouet la Grande Dépression. Elle se reconstruit au gré d'hôtels art-déco qui feront mondialement sa renommée. Suite aux conflits avec Cuba et Haïti, Miami accueille des centaines de milliers de réfugiés cubains et haïtiens. Pendant un temps, son image est ternie par la drogue et l'insécurité ; elle fait volte-face avec succès. Cosmopolite, *arty*, chaleureuse... La voici, la Magic City d'aujourd'hui.

Xe SIÈCLE AVANT J.-C.

Première trace d'activité humaine au sud de la Floride, dans la région de Miami, où le peuple amérindien Tequesta s'installe autour de la Miami River. Le nom « Miami » est d'ailleurs dérivé de l'amérindien « Mayaimi » qui signifie « eau douce ».

1513

L'existence de Miami n'est officiellement attestée qu'au XVIe siècle, lorsque Juan Ponce de León (1460-1521), l'ancien gouverneur de Porto Rico, qui fit partie du second voyage de Christophe Colomb, visite le premier la Floride. En 1513, il arrive dans la baie de Biscayne. Dans son journal de bord, l'explorateur indique avoir atteint Chequescha : c'est le premier nom enregistré de Miami. Le territoire compte alors entre 100 000 et 350 000 habitants de différentes tribus. L'arrivée de ces premiers étrangers sur le sol floridien conduit à la disparition des Indiens qui meurent de maladies nouvelles pour eux, dont la variole. Les Tequesta s'éteignent totalement en moins de 300 ans. Les démêlés entre Espagnols, Français et Anglais concernent la Floride du Sud, et la région de Miami reste épargnée par les guerres et vengeances qu'ils se livrent entre eux.

Juan Ponce de León

Ce conquistador espagnol et premier gouverneur de Porto Rico a découvert la Floride en 1513. Mais c'est à l'occasion d'un autre voyage de conquête de la Floride qu'il est finalement tué par les Indiens Calusa en 1521. Il repose aujourd'hui dans la cathédrale San Juan Batista à Porto Rico. Selon une légende populaire, Juan Ponce de León aurait découvert la Floride alors qu'il était à la recherche de la Fontaine de Jouvence mais cette légende ne s'est répandue qu'après sa mort.

1460-1521

© SONGQUAN DENG - SHUTTERSTOCK.COM

1743 Les Espagnols lancent une mission de christianisation dans la baie de Biscayne, menée par Père Joseph Xavier de Alaña. Ils construisent un fort et une église : l'ensemble est nommé *Pueblo de Santa María de Loreto*. Des colons construisent fermes et maisons près de la Miami River. Toutefois, cette nouvelle tentative de colonisation aux abords de Miami se solde par un échec et les installations sont rapidement abandonnées.

MILIEU XVIIIE - DÉBUT XIXE SIÈCLE En 1766, Samuel Touchett reçoit de la part du gouvernement britannique des parcelles de terre dans la région de Miami. L'objectif : développer une colonie. Le projet échoue par manque de moyens financiers. En 1800, une nouvelle colonie européenne s'établit à Miami, à l'initiative cette fois-ci de l'espagnol Pedro Fornells. Ce dernier était lui-même ancien membre d'une précédente colonie située à New Smyrna Beach. La colonie de Pedro Fornells est la première à perdurer.

1817-1818 La Première Guerre Seminole oppose les États-Unis au peuple amérindien Séminole. Il faut savoir que le nombre d'amérindiens a drastiquement baissé suite à l'arrivée des Européens. Au XVIIIe siècle, une grande partie d'entre eux fut assassinée ou réduite en escalavage. Ce conflit éclata sous prétexte de reprendre les esclaves noirs réfugiés chez les amérindiens. Deux autres guerres Seminole auront lieu par la suite.

1819 Signature du Traité d'Adams-Onís : les Espagnols cèdent la Floride orientale aux États-Unis, qui acceptent en retour de renoncer au Texas. Ce traité entre en vigueur en 1821.

1822

Les États-Unis fusionnent la Floride orientale (ancienne Floride espagnole) et une partie de la Floride Occidentale pour créer officiellement le Territoire de Floride. Le premier gouverneur de ce nouveau territoire américain est William Pope Duval. Pour le gouvernement, la présence de la population Seminole était vue comme un obstacle. Elle sera ultérieurement chassée.

1835-1842

Seconde guerre Séminole

La seconde guerre Séminole oppose les Amérindiens, qui résistent à la déportation, et les États-Unis. Le chef Seminole Oscaola, figure de proue du combat, finit par être capturé par les troupes américaines, ce qui signe le ralentissement des conflits. Cette guerre fut la plus coûteuse des guerres indiennes et l'une des plus longues menées par les États-Unis. Au terme de la guerre, il la quasi-totalité des Amérindiens a quitté la Floride ou a été déportée dans l'actuel Oklahoma. Ceux qui étaient restés obtinrent le droit de demeurer dans une nouvelle réserve au sud de la Floride, jusqu'à la Troisième Guerre Seminole (1855-1858).

1844

Le « village de Miami » fondé par William English devient chef-lieu du comté de Miami-Dade et compte alors 90 habitants. Jusqu'alors, le chef-lieu était Indian Key, dans les Keys.

3 MARS 1845

La Floride est proclamée 27e État des États-Unis. En 1838, les habitants de Floride avant voté par référendum en faveur du statut d'Etat. Le Congrès valide finalement cette décision en 1845. Son premier gouverneur est William Dunn Moseley, élu lors des premières élections de l'Etat en mai 1845. Le 4 juillet, une 27e étoile est ajoutée au drapeau américain.

A la même époque, Julia Tuttle, une riche entrepreneuse, s'installe dans la région et achète une plantation de citronniers. Elle croit au potentiel de la ville et dès lors, s'investit entièrement à son développement. Pour beaucoup, elle est considérée comme la « Mère de Miami ». Aidée dans son entreprise par un autre pionnier de la région, William Brickell, dont un quartier porte toujours le nom, ils interviennent notamment dans le projet de relier Miami au reste des Etats-Unis, par le train, en faisant venir jusqu'ici le chemin de fer. C'est chose faite en 1896 grâce aux travaux d'Henry Morrison Flagler. La Florida East Coast Railway est créée.

1871

L'homme d'affaire William Brickell quitte l'Ohio pour la Floride et s'installe avec sa famille au sud de la Miami River. Il ouvre un bureau de poste et achète des terres. Il est considéré comme le co-fondateur de Miami, avec sa voisine et amie Julia Tuttle.

1817-1908

William Brickell

Originaire de Cleveland dans l'Ohio, William Brickell est un homme d'affaires considéré comme un des pères fondateurs de la ville de Miami. Avec sa voisine et amie Julia Tuttle, ils arrivent à convaincre l'homme d'affaires Henry Flagler d'investir dans les chemins de fer et de développer le réseau ferroviaire autour de Miami ce qui donne une large impulsion économique et touristique à la ville. La fille de William Brickell, Mary Brickell, devient après la mort de son père une des plus jeunes magnats de l'immobilier à Miami. Le quartier de Brickell dans Downtown à Miami porte aujourd'hui le nom de cette famille qui a largement contribué au développement de la « Magic City ».

28 JUILLET 1896

Miami devient officiellement une municipalité par le vote de ses 300 habitants. est élu premier maire de Miami.

L'arrivée du chemin de fer à Miami

1896 Convaincu par Julia Tuttle, Henry Flagler, fondateur de la compagnie ferroviaire Florida East Coast Railway, prolonge sa ligne de chemin de fer Jacksonville - Fort Lauderdale jusqu'à Miami. L'arrivée de ce mode de transport transforme durablement la ville et l'ouvre au tourisme. Henry Flagler fait alors rapidement construire le premier hôtel de la nouvelle municipalité de Miami, le Royal Palm Hotel, qui ouvre ses portes le 16 janvier 1897. Très moderne pour l'époque, il était doté d'une piscine et d'éclairage électrique (une première pour la ville).

1910 John S. Collins décèle le potentiel de Miami Beach, qui n'est alors qu'une bande de sable face à la mer. Il décide d'y cultiver l'avocat. Après quelques déboires, notamment liés à l'effet du sel sur les plants, le résultat devient prometteur, et Collins est en mesure d'expédier des wagons entiers remplis de ces fruits. Dès 1912, l'ingénieux homme d'affaires décide de transformer une partie de son domaine en zone résidentielle.

1913 Sous l'impulsion de John S. Collins et de son associé Carl Fisher, l'île de Miami Beach, jusqu'à alors accessible uniquement par bateau, est relié au continent par un pont. Le Collins Bridge est alors le plus long pont en bois du monde !

ANNÉES 1920 Au début des années 1920, la population de Miami Beach n'est que de 644 habitants. C'est Carl Fisher, l'associé de Collins dans la construction du pont qui relie Miami à Miami Beach, qui utilise la publicité pour faire venir les gens à Miami Beach. On lui doit aussi l'invention du maillot de bain une pièce pour des photos à usage promotionnel. En 1925, la population est déjà de 2 342 habitants et la valeur des propriétés a été multipliée par dix. Miami et la Floride continuent de prospérer grâce aux jeux d'argent qui sont autorisés et à la Prohibition qui n'est pas respectée, ce qui a pour conséquence la poursuite de l'explosion démographique.

1926 L'expansion de Miami est brutalement freinée par un cyclone tropical surnommé « Great Miami ». Il dévaste la région et fait des centaines de victimes. Des milliers d'habitants du Sud de la Floride se retrouvent sans logement et on compte 100 millions de dollars de dégâts. Miami est partiellement détruite.

1926-1944 Après le passage de l'ouragan, Miami Beach doit se reconstruire rapidement. À cette époque, l'art déco, mouvement artistique venu de France, est en vogue : débute alors un vaste programme de reconstruction qui durera jusqu'à la veille de la Seconde Guerre mondiale. Plus de 800 bâtisses et édifices sont construits sur Ocean Drive, Washington Avenue et Collins Avenue.

Encore aujourd'hui, Miami Beach peut se targuer de posséder la plus grande concentration de bâtiments art-déco au monde. Insolite : la plupart de ces bâtiments art-déco étaient à l'origine... blancs ! Leurs couleurs pastels si caractéristiques firent leur apparition dans les années 1970 lors de leur rénovation. Le designer Leonard Horowitz souhaitait évoquer le ciel, le soleil, la plage et la mer. Ce style architectural est qualifié de Tropical Art déco.

1929 Miami panse encore ses blessures que la Grande Dépression débute aux États-Unis. Le *boom* immobilier privilégié dans lequel progressait la Floride depuis trois ans est stoppé net. Il faudra 10 ans au sud de la Floride pour retrouver un dynamisme économique.

LA PROHIBITION

1920-1933 : ENTRE MAFIA ET CONTREBANDE

Janvier 1920. Dans le but de réduire la consommation d'alcool des Américains et de faire baisser le taux de criminalité du pays, *le Volstead Act*, XVIIIe amendement de la Constitution des États-Unis, interdit la fabrication, la vente et la consommation d'alcool dans tout le pays. Cet embargo concerne également l'importation et l'exportation de boissons alcoolisées. Seuls les alcools médicaux et le vin utilisé pour les messes de l'Église Catholique restèrent autorisés. C'est le début d'une période clé dans l'histoire des États-Unis : la Prohibition.

Effets et conséquences de la Prohibition

Les brasseries et distilleries furent les premières victimes de cette mesure inédite : tous les matériels destinés à produire de l'alcool furent détruits. Si certains bars acceptèrent leur sort et se reconvertirent en vendant des boissons sans alcool, un type de lieu se popularisa rapidement : le *speakeasy*. Ces bars clandestins qui pullulaient dans les grandes villes américaines vendaient à leurs consommateurs de l'alcool de contrebande, ou *moonshine*. Pour rester discrets, la plupart de ces bars étaient dissimulés dans des caves ou derrière des portes dérobées. Certains possédaient même des sorties secrètes pour permettre aux clients de quitter précipitamment les lieux en cas de contrôle de police.

Ces *speakeasies* étaient alimentés par des réseaux clandestins criminels qui firent fortune lors de la Prohibition. Cette période fut ainsi incroyablement lucrative pour l'un des plus célèbres gangsters américains du XXe siècle : Al Capone (1899-1947). Surnommé « Scarface », il aurait récolté plus de 100 millions de dollars par an grâce à ses nombreux établissements illégaux, de quoi corrompre grassement les forces de l'ordre. Le terme de « blanchiment » d'argent serait d'ailleurs lié à Al Capone, en référence aux blanchisseries qu'il possédait pour dissimuler l'origine illicite de son argent.

Un autre problème découla de la consommation d'alcools de contrebande : les effets néfastes sur la santé. En effet, ces *moonshines* fabriqués clandestinement étaient bien souvent nocifs car produits à partir d'alcools agricoles ou industriels, et ne subissaient aucun contrôle de qualité.

La Prohibition à Miami

À Miami, la Prohibition n'est pas respectée. Les jeux d'argents n'étant pas non plus interdits, de nombreux Américains choisirent de s'y établir, ce qui causa un *boom* démographique. La situation en bordure d'océan de Miami, et plus largement du Sud de la Floride, favorisa les importations illégales d'alcool. Le rhum cubain profita particulièrement de la contrebande, Cuba n'étant qu'à 90 miles de Miami. Les trafiquants, appelés « *rumrunners* » se fournissaient également aux Bahamas, et transportaient leur précieuse cargaison en bateau jusqu'aux côtes floridiennes. En 1923, un journal de Chicago décrit ainsi la Floride comme « le « paradis des contrebandiers ».

Al Capone séjourna plusieurs fois à Miami durant la Prohibition. Il séjournait au fastueux Biltmore Hotel, dans le quartier de Coral Gables, plus précisément dans la suite Everglades, surnommée depuis « Suite Al Capone ». On raconte que le gangster y aurait installé un bar clandestin durant la Prohibition. Il est aujourd'hui possible de dormir dans cette suite à l'histoire sulfureuse, située au treizième étage.

Échec de la Prohibition et héritage culturel

En avril 1933, le président Roosevelt abroge le *Volstead Act* et met fin à la Prohibition aux États-Unis. Les arguments sont nombreux : outre l'atteinte portée aux libertés individuelles, la Prohibition aura surtout causé une augmentation du chômage. Financièrement, l'interdiction de la fabrication, la vente, l'import et l'export d'alcool a également révélé un lourd manque à gagner en matière de taxes. Enfin, la loi, inégalement appliquée à travers le pays, n'aura pas eu les effets escomptés. L'objectif premier de la Prohibition, lutter contre l'alcoolisme, ne fut jamais atteint, et la criminalité augmenta en raison des trafics et gangs rivaux.

La Prohibition est toutefois toujours ancrée dans la culture populaire. Depuis quelques années, on constate dans les grandes villes le retour des *speakeasies*. À Miami, vous pouvez vous rendre (entre autres !) au Swizzle Rum Bar & Drinkery, derrière le *lobby* du Stiles Hotel, sur Collins Avenue, ou au Behind Coyo Taco, à l'arrière de ce fameux restaurant de Wynwood.

Pour les cinéphiles, le film *Scarface* (1932) est un classique. Réalisé par Howard Hawks, il se déroule durant la Prohibition à Chicago. Cette œuvre adaptée du roman éponyme écrit par Armitage Trail s'inspire directement de la vie d'Al Capone.

1941-1950

Avec la fin de la Dépression, un petit retour à la prospérité est observé. Les Américains veulent se faire plaisir et les dépenses sont consacrées aux vacances. Cela a pour conséquence de voir accordé le plus grand nombre de permis de construire dans l'histoire de Miami Beach entre 1936 et 1939.

Avec l'entrée en guerre des Etats-Unis, la Floride devient un maillon essentiel de l'effort militaire américain et Miami Beach fut transformée en une vaste base militaire. Les hôtels, réquisitionnés, devinrent des dortoirs et des lieux d'entraînement. De nombreux Américains qui avaient connu les avantages du climat et de la mer émigrèrent sur l'île à la fin de la guerre.

1944

Sunscreen, please !

Fun fact : c'est à Miami qu'a été popularisé le premier produit solaire américain, par le pharmacien et aviateur floridien Benjamin Green. L'écran solaire « Red Vet Pet » était destiné à protéger du soleil les soldats américains présents dans le Pacifique. Cette protection fut ensuite améliorée et commercialisée sous la marque Coppertone.

1959

À 150 kilomètres de Miami, à Cuba, Fidel Castro renverse le président Fulgencio Batista et prend le pouvoir. La radicalisation, les nationalisations et expropriations poussent des milliers de Cubains à s'exiler dans le Sud de la Floride. En une décennie, ils seront 500 000 à s'installer à Miami.

17 AVRIL 1961

Débarquement de la Baie des Cochons

Cette opération visait à faire débarquer à Cuba environ 1400 exilés cubains entrainés par la CIA pour renverser le gouvernement de Castro. L'attaque était soutenue par les États-Unis puisque Fidel Castro menait une politique économique défavorable aux intérêts américains et se rapprochait de l'URSS.

L'opération fut un échec : les forces débarquées sont capturées et Kennedy retire son soutien au dernier moment. Castro gagne en popularité auprès des cubains, et les tensions augmentent.

1965

Le gouvernement cubain ouvre le port de Camarioca à tous ceux qui souhaitent quitter le pays. Face aux conditions dangereuses de l'exode, les États-Unis et Cuba parviennent à un accord permettant aux Cubains de se rendre en Floride avec des charters affrétés par le gouvernement américain. Ce sont les « vols de la Liberté ». Environ 300 000 Cubains trouvent refuge aux États-Unis entre 1965 et 1973. La majorité d'entre eux s'installe dans le quartier de Riverside, baptisé par la suite Little Havana.

1976

La popularité de Miami Beach décline, le quartier art-déco et les hôtels emblématiques de South Beach sont menacés de destruction. C'est ici qu'intervient Barbara Capitman : cette fervente défenseuse du patrimoine réussit à faire classer South Beach « zone historique préservée ». Avec le designer Leonard Horowitz (1945-1989), elle fonde la *Miami Design Preservation League*. Leonard Horowitzh créa une palette de couleurs pastels qui fut utilisée lors de la rénovation des hôtels de South Beach.

1920-1990

Barbara Capitman

Née à Chicago, Barbara Capitman a passé le plus clair de sa vie à Miami. Elle a joué un rôle fondamental dans la préservation des bâtiments Art déco de Miami Beach en permettant de les classer bâtiments historiques. Elle a notamment été à l'origine de la création la MDLP, la Miami Preservation League, qui s'attèle encore aujourd'hui à la préservation du quartier Art déco et organise des visites guidées pour les touristes. Un mémorial situé à Lummus Park lui est dédié.

1980

Exode de Mariel : Castro expulse près de 125 000 cubains considérés contre-révolutionnaires. Les réfugiés débarquent en Floride, et la majorité d'entre eux s'installe à Miami. Les États-Unis leur offrent l'asile politique.

1984

Diffusion de la première saison de la série *Miami Vice* (*Deux Flics à Miami* en français). Ce show télévisé transforme durablement la ville. Tous les habitants l'affirment : il y a eu un avant et un après Sonny Crokett. A son arrivée, l'équipe ne trouva que des bâtiments certes préservés de la destruction, mais en mauvais état. Les créateurs de la série décident alors de contribuer financièrement à la rénovation d'une trentaine d'immeubles art-déco. Les façades sont teintées de pastel et ornées de néon : les touristes affluent à la recherche de ces fameux hôtels.

1984

Mise en service du Metrorail, l'unique métro de Floride. Ses deux lignes (orange et verte) relient notamment les quartiers de Brickell, Downtown Miami aux quartiers de Coconut Grove et Coral Gables. Le Metrorail dessert également l'aéroport de Miami.

Il est aussi connecté au Metromover, le système de navette automatique gratuit circulant à travers Dowtown Miami et Brickell.

1986

Afin de simplifier la circulation dans les quartiers de Dowtown Miami, Brickell, le Metromover est créé. Cette navette automatique aérienne se compose aujourd'hui de trois lignes desservant 21 stations, sur un total de 7 kilomètres. Entièrement gratuit, le Metromover est autant apprécié par les locaux que par les visiteurs qui peuvent apprécier un point de vue unique sur les buildings.

1991

Coup d'état militaire en Haïti. Des milliers de Haïtiens se réfugient en Floride. La plupart sont stoppés net dans leur course par les gardes-côtes, et refoulés vers Cuba.

1992

L'ouragan Andrews frappe les États-Unis. Il frappe la Floride le 24 août 1992 avec un diamètre d'environ 800 km. Il cause plus de 20 milliards de dollars de dégâts au sud du comté de Miami-Dade : 90% des maisons ont perdu leur toit.

1992-1994

Une vague de criminalité touche Miami, les gangs se disputent le contrôle du marché de la drogue. La ville est devenue dangereuse pour les touristes et l'État renforce la sécurité de manière drastique.

1995

Renforcement des sanctions américaines contre Cuba. Il n'y aura désormais plus de correspondances aériennes entre Miami et La Havane.

1999

L'affaire du petit Elian Gonzalez exacerbe les tensions entre Cuba et les États-Unis. Le jeune Cubain âgé de 6 ans est retrouvé au large de la Floride à la dérive, il fuyait son pays avec sa mère qui a trouvé la mort pendant la traversée. Pendant un an, chacun va se disputer la garde de l'enfant, les USA pressés par la communauté cubaine très influente de Miami, et le père de l'enfant par Fidel Castro. Finalement, Elian repart chez son père le 10 juillet 2000.

2000

Au début du XXIe siècle, le promoteur immobilier et mécène des arts Tony Goldman achète quelques bâtiments et entrepôts dans le quartier de Wynwood, situé à Downtown. Flairant un potentiel, il invite des artistes du monde entier à peindre sur ses murs. Wynwood se métamorphose jusqu'à accueillir aujourd'hui la plus grande concentration de *street-art* des USA.

NOVEMBRE 2001

Né à La Havane, Manuel « Manny » Diaz exerce le métier d'avocat lorsqu'il est élu comme nouveau maire de la ville de Miami. Il restera maire jusqu'en 2009. Il est reconnu pour avoir profondément marqué la ville, notamment en terme d'aménagement urbain, de développement durable et d'éducation.

2005

Le 25 août, après une alerte tardive, l'ouragan Katrina de catégorie 1 touche le sud de la Floride et Miami avec des pointes jusqu'à 190 km/h. Il provoque la mort de 14 personnes et plus de 2 millions de personnes se retrouvent privées d'électricité. L'ouragan poursuit sa route, gagne en ampleur et vient frapper les côtes de La Nouvelle-Orléans. La ville sera inondée à 80%.

NOVEMBRE 2008

Les Floridiens votent à 51 % pour Barak Obama aux élections présidentielles.

11 NOVEMBRE 2009

Le Républicain Tomás Regalado est le nouveau maire de la ville. Né à Cuba, il y vécut jusqu'à ses 14 ans avant d'être acheminé en 1932 à Miami avec son petit frère lors de l'opération « Peter Pan » qui consistait à amener à Miami des enfants cubains dont les parents étaient opposés au régime de Castro. Il restera en fonction jusqu'en 2017 où il cédera la place à son fils, le républicain Francis X. Suarez.

6 NOVEMBRE 2012

Barack Obama est réélu président des Etats-Unis. Il a notamment remporté 29 grands électeurs de Floride.

DÉCEMBRE 2014

Décembre 2014

Après 54 ans de conflits, rétablissement des relations diplomatiques entre les Etats-Unis et Cuba par le président américain Barack Obama et son homologue cubain Raúl Castro. C'est à cette occasion qu'Obama prononce la phrase devenue célèbre « Todos somos americanos ». Ce rapprochement a été soutenue par le Vatican et le Pape François qui a adressé des courriers séparés aux deux dirigeants. S'ensuit un échange de prisonniers mais la question de l'embargo qui pèse sur Cuba n'est toujours pas résolue.

MARS 2015

Miami Beach fête ses 100 ans.

NOVEMBRE 2016

Election de Donald Trump à la présidence des Etats-Unis. Cela signe l'arrêt du rapprochement entre les États-Unis et Cuba, initié quelques années plus tôt par Barack Obama. Trump alourdi les sanctions envers Cuba en ajoutant 243 mesures de restrictions. Par exemple : interdiction pour les bateaux de croisière américains de faire escale à Cuba, limitation des transferts d'argent vers Cuba, fin des vols des compagnies aériennes américaines vers les aéroports cubains autres que La Havane... Trump fait également ajouter Cuba à la liste des pays soutenant le terrorisme.

JANVIER 2017

Investiture de Donald Trump. Juste avant de quitter le pouvoir, Barack Obama met fin au régime spécial d'immigration des Cubains et à la politique « pieds secs, pieds mouillés » mise en place il y a plus de 20 ans.

NOVEMBRE 2017

Le 43e maire de Miami, le républicain Francis X.Suarez, est élu à 86 % des voix. Fils du précédent maire de Miami, Tomás Regalado, Francis X. Suarez est le premier maire à être né dans la ville. Il a été réélu en 2021 avec 78 % des voix.

HIVER 2018 - 2019

Les plages de Floride et de Miami sont touchées par une marée rouge causée par la prolifération d'une algue toxique *Karenia brevis* qui dégage des toxines nocives pouvant tuer des animaux marins et provoquer des problèmes respiratoires chez l'homme.

7 NOVEMBRE 2020

Joe Biden est élu président des États-Unis, succédant à Donald Trump. Il prendra une série de nouvelles mesures, notamment l'allègement des restrictions envers Cuba. Les procédures d'immigration et de transferts d'argent sont simplifiées, les liaisons aériennes renforcées et les compagnies aériennes peuvent de nouveau atterrir dans des aéroports autres que La Havane. L'embargo, qui dépend de l'avis de la Cour Suprême des États-Unis, est toujours d'actualité.

2020 - 2022

Conséquence inattendue de la Covid-19 : le sud de la Floride, et plus particulièrement Miami, a accueilli de nombreux travailleurs en provenance de Californie et de New York venus profiter d'une gestion relativement souple de la Covid-19, de taxes avantageuses et d'un impôt sur le revenu inexistant, le tout couplé à un cadre de vie des plus agréables.

DÉBUT 2023

Ouverture d'une liaison ferroviaire à grande vitesse entre les gares de Miami et d'Orlando avec la compagnie Brightline, via la ligne *South Florida Express*. Temps de trajet : 3 heures. L'objectif : développer les transports reliant le sud et le centre de la Floride. De nouvelles stations sont également prévues à Aventura (nord de Miami), Boca Raton, près de Walt Disney World et à Tampa.

TOP 10

PERSONNAGES HISTORIQUES

Miami a beau être une ville relativement jeune, cela ne l'empêche pas d'avoir une histoire riche étoffée par des hommes et des femmes qui ont cru en son potentiel et se sont battu pour la faire naître, la développer et la préserver. Les Everglades et les Keys ont aussi leurs ambassadeurs.

JUAN PONCE DE LEÓN

Ce conquistador espagnol est le premier européen à avoir exploré l'actuelle Floride à partir de 1513.

© SONGQUAN DENG - SHUTTERSTOCK.COM

ERNEST F. COE

Le « Père des Everglades » grâce à qui cette région marécageuse fut classée Parc National en 1947.

WILLIAM BRICKELL

Il est le co-fondateur de Miami. Un quartier de Downtown porte aujourd'hui son nom.

BARBARA CAPITMAN

Dans les années 1970, elle sauva de la destruction le quartier art-déco de South Beach.

© FELIX MIZIOZNIKOV - SHUTTERSTOCK.COM

ERNEST HEMINGWAY

L'écrivain vécut à Key West entre 1927 et 1931. Sa maison est une visite incontournable.

© HANIFA MUSAYEVA - SHUTTERSTOCK.COM

JOHN COLLINS

Il fut l'un des premiers à développer l'île à partir de 1910 qui devint grâce à lui Miami Beach.

TONY GOLDMAN

Ce promoteur immobilier érigea la zone industrielle de Wynwood en temple du *street-art* au milieu des années 2000.

HENRY FLAGLER

Magnat du chemin de fer en Floride, il fit construire 23 ponts à partir de 1885 pour relier Miami aux Keys.

© NAGEL PHOTOGRAPHY - SHUTTERSTOCK.COM

LEONARD HOROWITZ

C'est grâce à ce designer que les hôtels art-déco de Miami, autrefois blancs, sont colorés.

JULIA TUTTLE

Miami est la seule ville des États-Unis à avoir été fondée par une femme, Julia Tuttle.

LA VILLE VERTE

La plus grande richesse de Miami réside peut-être dans son patrimoine naturel exceptionnel. Le climat tropical qui englobe la Floride, mêlé à une grande diversité de paysages, entres eaux cristallines, marais et mangroves, lui confèrent une grande diversité d'espèces. Heureusement, cette biodiversité est protégée à travers un grand nombre de parcs nationaux et réserves, s'étendant des abords de Miami à l'archipel des Keys. Ces zones protégées accompagnent une réelle montée en puissance de la conscience écologique. Désormais, Miami se veut *eco-friendly* et compte bien l'afficher, comme l'indique son slogan « *Stay, Play and Go Green* ». Urbanisme durable, transports verts, assiettes bio et marques écoresponsables : à Miami, l'écologie est *trendy* ! Pourtant, ses espaces marins, qui lui sont si précieux, sont aujourd'hui source de problèmes, alors que la ville risque de finir engloutie par les eaux, et que les désastres écologiques menaçant la faune marine se multiplient.

DÉCOUVRIR

La ville se met au vert

Avec son *Office of Sustainable Initiatives* (bureau des initiatives durables), créé en 2007, Miami compte bien devenir un leader du développement durable. Deux ans plus tard, elle inaugurait ce qui était alors la plus grande centrale solaire des États-Unis. Dans la même logique, l'urbanisme suit désormais, depuis 2007, les indications du *Sustainable Building Program* (programme de construction durable), visant notamment à réaliser des constructions moins énergivores. Les transports sont, eux aussi, totalement revus, et il est prévu que la moitié des bus de la ville soit électrique d'ici à 2030. Cela devrait permettre à la ville d'atteindre son engagement de devenir totalement sans carbone d'ici à 2050.

Attention à la noyade !

Miami, particulièrement basse, est l'une des villes les plus vulnérables face au réchauffement climatique. La montée des eaux est la plus grande menace qui pèse sur la ville. L'eau potable vient déjà à manquer, car l'eau de l'Atlantique infiltre les réserves souterraines. Si les camions arrivent par dizaines pour déposer des tonnes de sable sur les plages et lutter contre leur érosion, il semble que l'heure de sonner l'alarme soit déjà passée. L'Académie américaine des sciences a, en effet, annoncé que désormais, dans tous les scénarios, Miami finirait inévitablement engloutie dans les eaux de l'Atlantique.

La Floride voit rouge

Depuis quelques années, les marées rouges se multiplient sur les côtes de Floride, provoquées par une surpopulation d'un micro-organisme naturellement présent dans le Golfe du Mexique : *Karenia brevis*. Seulement, il libère une neurotoxine particulièrement nocive pour les êtres vivants. Les dégâts sont considérables : carcasses de dauphins, tortues et poissons se ramassent à la pelle sur les belles plages de sable fin. En 2021, plus de 1 700 tonnes d'animaux marins se sont échouées sur la côte. Si cette prolifération est naturelle en été, due à la hausse des températures, la présence d'engrais l'intensifie au-delà de ce que les êtres vivants peuvent supporter. Des fonds sont dédiés au nettoyage des plages et à la recherche scientifique et des lois régulent l'utilisation des engrais, qui est notamment interdite pendant l'été.

Une ville entourée de parcs nationaux

Célèbres dans le monde entier, les marécages de l'Everglades National Park sont un puits exceptionnel de biodiversité. Lamantins, crocodiles, alligators et requins se mêlent à de fascinantes espèces terrestres, comme la panthère de Floride (*Puma concolor coryi*), espèce en danger.

De son côté, le Biscayne National Park, qui s'étend notamment sur l'archipel de Key, abrite une faune marine si spectaculaire qu'il est l'un des spots de plongée les plus populaires au monde ! Ce parc, à 95 % aquatique, notamment constitué de mangroves, est le foyer d'un récif corallien extraordinaire.

Le Dry Tortugas National Park, moins connu, mais plus exotique, prend son nom du récif corallien qu'il abrite, mais est également le foyer d'une large population d'oiseaux, parmi lesquels la sterne fuligineuse, le noddi brun ou le pélican brun.

En plus des parcs et réserves qui la bordent, comme la Big Cypress National Preserve, qui a une densité incroyable de cyprès des marais, Miami est également célèbre pour ses nombreux parcs et jardins. Parmi eux, les **Fairchild Tropical Gardens** (p.103) ont une renommée mondiale. Ce jardin botanique, plus grand parc tropical des États-Unis contigus, présente des espèces végé-

Fairchild Tropical Gardens.

tales parfois extrêmement rares, ainsi que la plus grande collection de bambous tropicaux au monde. Plus encore, le jardin abrite l'unique forêt tropicale des États-Unis continentaux.

Avoir les bons réflexes en cas d'alerte ouragan

La Floride, et tout particulièrement la région des Keys, est une zone très sensible à ce phénomène climatique. La période la plus sensible s'étend de début juin à fin novembre.

Durant l'automne 2016, l'ouragan Matthew menaçait les côtes de Floride et la région de Miami en particulier mais il a finalement épargné la zone. Il est en revanche passé sur Haïti et l'est de Cuba où il a occasionné beaucoup de dégâts. En 2017, Irma frappe Miami et les Keys, mais ne cause que des dégâts matériels, qui ont été réparés depuis.

En cas de menace d'ouragan, voici les deux niveaux d'alerte qui existent et ce que vous devez faire face à cette situation :

- **Le premier, *hurricane watch*,** signifie qu'il y a une menace d'ouragan dans les 36 heures. Le danger n'est pas vraiment là mais pourrait se concrétiser. Il faut donc se tenir informé à travers la radio ou la télévision de la progression de l'orage.
- **Le second, *hurricane warning*,** signifie qu'un ouragan peut frapper dans les 24 heures. Il faut donc quitter tout endroit à proximité du front de mer ou les habitations instables (campings, mobil-homes ou bateaux) pour des abris plus sûrs au milieu des terres, préparer son habitat ainsi qu'une éventuelle évacuation.
- **En ce qui concerne l'habitation,** il est nécessaire de ranger tous les objets qui pourraient dangereusement s'envoler, de baisser les antennes extérieures, de remplir la baignoire d'eau en cas de rupture du réseau, d'utiliser le téléphone le moins possible et, en cas d'extrême urgence, de composer le 911. Si les autorités donnent l'ordre de quitter la zone, faites-le dès que possible et sans discuter, même si votre abri vous semble sûr. Au préalable, téléphonez toutefois à quelqu'un résidant à l'extérieur de la zone en lui indiquant qui vous êtes, et votre point de chute. Prévenez la même personne lorsque vous avez rejoint ce point. Si vous ne connaissez personne, avertissez l'hôtel où vous comptez vous rendre et prévenez-le de la même manière. Si vous êtes en hôtel, vous serez assisté par le personnel de service mais vous pourrez aussi avoir à évacuer la zone. Sur la route, vous risquez de tomber sur des embouteillages puisque tout le monde part après l'ordre d'évacuation. Restez calme, ce n'est pas le Far West ni la ruée vers l'or ! Les annonces sont faites suffisamment à l'avance pour que l'évacuation puisse s'effectuer dans le calme. Dès que possible, faites le plein de carburant, munissez-vous d'une carte, choisissez précisément votre itinéraire, faites quelques réserves de nourriture et retirez suffisamment d'argent pour faire face à vos besoins. Une fois en route, sachez que les ouragans sont de très puissants orages qui peuvent changer subitement de direction. Il est donc nécessaire d'être constamment sur ses gardes et d'écouter les consignes de sécurité à la radio ou la télévision.
- **Comment se tenir informé ?** Par la chaîne météo du canal 17 ou par la radio du service météo des Keys, sur la bande FM 162.40. Mais, de manière générale, la plupart des chaînes ou radios relaient l'information.

ARCHITECTURE

Si les États-Unis constituent avant tout une mosaïque d'hommes et de cultures, la Floride a gardé de profondes marques de son passé espagnol et de sa culture latino. Dans le comté de Miami-Dade, 70% des résidents ont des origines hispaniques ou latinos. Plus de la moitié de la population miaméenne est née hors des Etats-Unis. Miami se définit par son ouverture vers l'extérieur. Son port entretient de puissants liens économiques avec l'Amérique latine. Les arts et la culture nous rappellent que cet État est rattaché aux Etats-Unis seulement depuis 1896 : il en résulte une architecture typiquement floridienne. En se promenant à Miami, vous aurez l'impression de visiter un musée architectural à ciel ouvert en particulier à Miami Beach Architectural District qui recense la plus importante concentration de constructions Art déco au monde : 960 bâtiments historiques y sont classés.

Le style hispano-latino

Issu de ces cultures espagnoles et cubaines, le style hispano-latino est dominant dans la ville de Palm Beach au nord de Miami. Grâce aux œuvres de pionniers comme les architectes Addison Mizner et John Volke, « la ville des milliardaires » s'est distinguée très rapidement par une architecture s'inspirant de la Spanish Fantasy baignée d'influences maures et de renouveau méditerranéen.

Miami capitale mondiale de l'Art déco

Miami et l'Art déco se sont mariés sur une terre dévastée. En 1926, un ouragan a partiellement soufflé la ville laissant des milliers de résidents sans abri. Miami doit être reconstruite rapidement. À cette époque, l'Art déco est en vogue dans le monde entier. Il va devenir la signature visuelle de la ville la plus célèbre de Floride qui se l'approprie en y intégrant ses spécificités et ses influences tropicales telles que des motifs jungle et des flamants roses : le « Tropical Art déco » est né. Caressés par les palmiers, 800 bâtiments harmonieux aux couleurs tendres sont érigés à Miami Beach dans le quartier de South Beach. Le long d'Ocean Drive, Collins Avenue et Washington Avenue, Miami Beach Architectural District aussi appelé the Art Deco Historic District dévoile ses merveilles architecturales symétriques aux toits plats et aux motifs abstraits. Richesse du patrimoine de l'entre-deux-guerres, ce quartier a été classé site historique pour freiner l'expansion de nouveaux bâtiments. Avec cette architecture futuriste, symbole de la modernité, Miami devient une destination touristique pour les Américains et pour les étrangers. La plupart des immeubles Tropical Art déco sont désormais des restaurants ou des hôtels. En plus des couleurs pastel dominantes, la nuit, les éclairages clinquant des néons mettent en valeur les façades géométriques. Parmi les plus iconiques, citons **The Carlyle** (p.93) avec son nom inscrit sur des néons rose-rouge. Selon la règle des tiers, ce bâtiment arrondi, blanc avec de subtiles tonalités de vert clair se divise en trois parties surmontées de brise-soleil incurvés. A côté du Carlyle, le **Leslie** (p.271), bâti en 1937 enchante le visiteur par sa façade joyeuse jaune citron et blanc nacré. Enfin, il est impossible de rater les néons bleus, les lignes verticales et les motifs géométriques du Park Central Hotel. Surnommé « The Blue Jewel », il a été conçu en 1937 par Henry Hohauser, architecte réputé du mouvement Art déco. D'autres bâtiments « Tropical Art déco » sont visibles à Miami dont des musées comme le Art Deco Museum ou le Jewish Museum of Florida, mais aussi des cinémas comme le Lincoln Theatre et le Tower Theater ainsi qu'un centre de recherche, The Wolfsonian-Florida University.

Détail d'une façade Art Deco.

Le style MiMo

Plus récemment, le style MiMo (Miami Modern Architecture) a fait sa réapparition dans le centre de Miami non loin de Little Haïti. Dans le

Perez Art Museum.

quartier dit MiMo qui s'étale le long de Biscayne Boulevard, de la 50th Street à la 77th Street, c'est le revival de cette architecture régionale, exubérante et glamour des années 1950 et 1960 avec des édifices en courbe, des couleurs joyeuses, des passerelles et des escaliers en réaction à l'architecture austère et minimaliste d'après-guerre. Ce style MiMo est encouragé par la reprise économique de l'après-guerre et le boom de la construction. L'optimisme national se reflète dans les couleurs vives et les formes innovantes de cette architecture riante telle une ode à la vie qui reprend. Les trous de fromage sont facilement repérables tout comme les effets de papier plié et les longs coins des édifices. Ce quartier, jusque-là pauvre, est en pleine réhabilitation. Les investisseurs rachètent des hôtels ou des immeubles qu'ils restaurent, en conservant le style MiMo d'origine avec ses formes innovantes, esthétiques et fonctionnelles.

L'architecture contemporaine

C'est surtout à Downtown que vous observerez des édifices contemporains parmi lesquels un grand nombre de gratte-ciel concentrés à Brickell dont le sublime Brickell City Centre, remarquable par sa superficie et son luxe qui a ouvert en 2016. Cette oasis urbaine, prouesse architecturale et technologique, est une « ville dans la ville ». Le complexe est équipé d'un ruban climatique « The Climate Ribbon », un treillis d'acier surélevé, composé de tissu et de verre qui relie les bâtiments et protège les visiteurs des intempéries. Cette canopée est en réalité une climatisation naturelle qui capture les brises des Caraïbes et les redistribue à l'intérieur des édifices. Plus loin sur Biscayne Bay, le **Perez Art Museum** (p.102), inauguré en 2013, est un chef-d'œuvre architectural aux lignes épurées signé par les Suisses Herzog & De Meuron. Notez les jardins verticaux conçus par le botaniste français Patrick Blanc qui imitent les célèbres jardins suspendus de Babylone. L'autre quartier où l'architecture contemporaine est en plein développement est Miami Design District, ex-banlieue glauque devenue îlot branché. La place piétonne **Palm Court** (p.107) avec son immense boule à facettes alvéolée signée par l'Américain Bunkminster Fuller et ses 50 palmiers est spectaculaire. Et vous tomberez certainement sous le charme de la très photogénique façade arty et colorée du Museum Garage (2018), un parking hybride de 800 places aux allures surréalistes.

L'architecture des Keys

Sur l'archipel des Keys, les buildings clinquants de Miami semblent loin. Les Caraïbes ont apposé à leur manière leur sceau sur le style architectural des Keys. Nombre de maisons en bois aux devantures colorées ressemblent à celles des Bahamas. On remarquera à Key West, la ville la plus au sud du continent nord-américain, de beaux exemples de maisons victoriennes magnifiquement restaurées. La partie ancienne de Key West est un véritable bonheur. Les maisons sont typiquement caribéennes ou construites dans le style colonial britannique des Bahamas. Une balade dans Duval Street ou dans les rues environnantes vous permettra de découvrir les nombreuses « conch houses ». Construites en bois par les premiers immigrants des Bahamas, beaucoup ont été érigées sur pilotis pour permettre à l'air frais de circuler sous le plancher. Influencées par une architecture néoclassique sans ornementation aux accents classique revival, ces maisons populaires, typiques de Key West, se caractérisent par un porche long et enveloppant, de superbes balustrades, des toits inclinés et parfois des citernes pour recueillir l'eau de pluie.

BEAUX-ARTS

Dans le sud des États-Unis, le soleil et la végétation luxuriante prédisposent à une vie sans prise de tête. A Miami comme dans les Keys, l'art rime avec esprit ludique. Colorées et positives, les fresques et installations publiques qui parsèment le territoire donnent le sourire. Tout un chapelet de galeries et de communautés artistiques ponctueront votre *road trip* vers la pointe des Keys. A Miami, le pop art continue de faire des émules dans les nombreuses galeries de la ville. Qu'on ne s'y trompe pas ! Des événements devenus incontournables sur la scène internationale se déroulent à Miami. Plutôt côté *Beach*. Sur fond de plage et de façades pastel, la communauté culturelle accourt de partout pour célébrer l'art contemporain durant l'Art Basel Miami. La foire mythique réunit tous les ans les stars d'aujourd'hui et les talents de demain. Pourquoi choisir entre baignade, fiesta et découvertes culturelles quand on peut tout avoir ?

Premiers artistes

Comme dans tout le reste des États-Unis, la peinture émerge en Floride à l'arrivée des colons. Les missionnaires espagnols, établis dans le Sud-Ouest des États-Unis et en Floride, ont recours aux arts visuels pour évangéliser les Amérindiens. Dans ce but, les lieux de culte sont décorés de peintures et de sculptures religieuses, imprégnées de baroque. Le style de Rubens influence fortement les « exécutants » qu'on ne peut pas encore qualifier d'artistes.

Il faut attendre le XVIIe siècle pour que des professionnels venus d'Europe exécutent les premiers tableaux sur le sol américain. Ils restent marqués par les canons européens et la religion. Cependant, avant cela, la luxuriance de la Floride stimule la créativité des peintres embarqués sur les navires. Chargés de documenter les missions d'exploration, ils représentent la Floride dès le XVIe siècle. Ainsi, le cartographe et illustrateur français Jacques Le Moyne exécute dessins et aquarelles de ces nouvelles terres. Les oiseaux de Floride inspirent l'ornithologue John James Audubon.

Pop Art Miami

Le pop art ou art populaire naît en Grande-Bretagne dans les années 1950, en opposition à l'expressionnisme abstrait jugé peu accessible. Il se répand rapidement à travers le monde occidental. Les procédés techniques sont empruntés à la société de consommation (acrylique, sérigraphie). Aux États-Unis, le pop art est porté notamment par Roy Lichtenstein, Robert Rauschenberg qui s'installe ensuite en Floride à Captiva, et le célébrissime Andy Warhol avec ses *Marylin* sérigraphiées. Il secoue les traditions en introduisant dans l'art des images issues de la publicité et de la bande dessinée.

De nos jours, à Miami, la tradition est prolongée par plusieurs talents : Romero Britto, Carlos A. Navarro, Alex Yanes, Francisco Ceron ou Ed King.

Associations d'artistes

Dès les années 1970, les premières communautés d'artistes se constituent dans les Keys de Floride. Tout en gardant chacun leur atelier, les plasticiens s'appuient sur la solidarité pour promouvoir leur travail. Les ateliers sont généralement ouverts au public. S'entourer d'esprits créatifs permet de bénéficier d'une émulsion et d'échapper à un système commercial trop formaté.

A Miami Beach, l'ArtCenter-South Florida défend depuis 1984 la pratique des arts visuels ainsi que la culture du sud de la Floride. A Tallahassee, le vaste espace du Railroad Square Art Park est loué à une cinquantaine d'artistes, tous genres confondus. Tous les premiers vendredis du mois, le First Friday Gallery Hop propose un parcours de découverte à travers les univers les plus fous.

Dans les Keys, FKCA ou Florida Keys Art Council est l'association de référence de tous les artistes. Elle attribue des bourses, soutient l'art public et les événements dans le but de valoriser le patrimoine culturel des Keys. Son comité est en charge du programme du 1% attribué à l'art. Parmi les projets d'art public soutenus par le FKCA, des œuvres murales notamment à la Caserne des pompiers de North Key Largo, au Tribunal de Key West et à l'aéroport de Key West.

Le long de l'Overseas Highway, quelques fantaisies créatives signalent des communautés artistiques. A Islamorada, un homard géant de cinq mètres de haut veille sur un village d'artistes et d'artisan *Big Betsy* (entre Key Largo et Key West).

Art contemporain

La ville Art déco est prisée pour son Art Basel Miami Beach. Rendez-vous incontournable des collectionneurs et amateurs du monde entier, la foire de Miami a lieu tous les ans depuis 2002.

© MANNY DACUNHA - SHUTTERSTOCK.COM

Street painting festival à Lake Worth.

DÉCOUVRIR

Plus de 250 galeries se réunissent au Miami Beach Convention Center. La manifestation est complétée par une vingtaine de foires off, à travers la ville.
Immanquable, le musée d'art contemporain **Pérez Art Museum Miami** (p.102), ou PAMM, situé dans un superbe édifice ultra-design face à la baie. On y découvre des œuvres contemporaines d'artistes de Floride, d'Amérique latine et des Caraïbes. Un détour par le Sculpture Garden s'impose.
Côté galeries, le choix est vaste et la programmation diversifiée. Depuis 2007, l'Avant Gallery (701S. Miami Ave., Suite 121A, Miami) expose aussi bien des sculptures de Wiil Kurtz, les photos rock de Mick Rock que les peintures de LaSsO. Le vaste espace de la Galerie Fredric Snitzer (1540 NE Miami Court, Miami) est divisé en 2 galeries complétées par un jardin de sculptures. La Galerie Nina Johnson (6315 NW 2nd Avenue, Miami) couvre les propositions les plus ambitieuses en photos, sculptures et installations.
A Key West, direction Duval Street la noctambule, qui regroupe aussi nombre de galeries. Paysages pop art au programme de la Wet Paint Gallery.

Wynwood et le street art à Miami

Ce n'est pas par hasard si le premier musée au monde consacré à l'histoire du graffiti a récemment ouvert à Wynwood. Ce quartier autrefois désaffecté est devenu la grande originalité de Miami. Transformé en épicentre artistique par le mécène Tony Goldman, à l'origine du développement de SoHo à New York, il attire les street artistes depuis les années 2000. Dans le parc de **Wynwood Walls** (p.108), les murs sont mis à disposition des créatifs du monde entier, notamment à l'occasion de l'Art Basel. Muralistes acclamés et graffeurs émergents se retrouvent pendant plusieurs jours dont Shepard Fairey ou le peintre, illustrateur et muraliste basé à Miami, Ernesto Maranje.
Les fresques ne sont pas toutes concentrées à Wynwood Walls. Tout autour, on peut traquer les œuvres sur 50 blocks. En chemin, une centaine de galeries d'art, de restaurants et de boutiques vintage vous accueilleront. A voir : la collection d'art contemporain de la galerie Margulies qui regroupe tous les médiums, photographie, vidéo, sculpture et installation ; à Bakehouse Complex, on peut même rencontrer les artistes dans leur atelier.
Depuis 1994, le Street Painting Festival à Downtown Lake Worth Beach invite chacun à devenir un artiste. Son principe s'inscrit dans la lignée d'une tradition séculaire, à l'époque où les artistes peignaient les pavés pour se faire connaître. Devenu le premier et le plus couru des événements en extérieur, il rassemble désormais près de 100 000 visiteurs. Tous les mois de février, ce sont plus de 600 artistes qui viennent des quatre coins du monde pour pratiquer leur talent dans la rue. A la craie ou à la peinture, laissez votre empreinte en Floride !

MUSIQUES ET SCÈNES

Miami, c'est le cœur chic et chaud de la Floride. Un morceau authentique des États-Unis, mais avec ce je-ne-sais-quoi de moite et piquant que les autres villes n'ont pas. Une personnalité qui se ressent évidemment dans la musique des vedettes locales de la pop, telles que Pitbull ou Camila Cabello, appelant leur héritage culturel cubain pour enrichir leur musique. L'essence de Miami et de la Floride sont là mais la musique locale ratisse beaucoup plus large. Car Miami, c'est aussi une scène hip-hop hyper productive. C'est d'ici que vient le *booty bass*, genre à part dans le rap, très licencieux et moite, qui donnera plusieurs sous-genres par la suite comme la *ghettotech*. Mais Miami c'est aussi la Winter Music Conference, événement incontournable des professionnels de la musique électronique accompagné chaque année de l'Ultra Music, l'assurance de voir toutes les têtes d'affiche de la scène dans un même festival.

La musique traditionnelle

Quand les Espagnols sont arrivés en Floride au XVIe siècle, ils ont rencontré deux nations indiennes : celle des Tequestas, dont il ne reste maintenant que les vestiges de souvenirs archéologiques, ainsi que la nation des Séminoles. Farouches et solides guerriers, ces derniers ont su résister à l'extermination, protégés par la nature inhospitalière des Everglades. À l'instar des autres nations amérindiennes, les musiques des Séminoles avaient une fonction rituelle : certaines servaient à entrer en communication avec les ancêtres ou en transe, d'autres à apaiser les esprits de la nature. La musique officiait aussi lors d'assemblées, connues sous le nom de *pow-wow*. Parmi les instruments fréquemment utilisés par les Séminoles, on trouve le *mouth-bow*, sorte de guimbarde formée d'un arc d'une vingtaine de centimètres, sur lequel est attachée une corde ; la flûte, souvent percée de six à sept trous ; le tambour, fait d'un tronc d'arbre creux sur lequel des peaux de bêtes sont fixées l'une à l'autre ; et enfin les maracas ou hochets, souvent utilisés par le chaman lors de danses d'incantations. Le Miccosukee Everglades Music And Crafts Festival se tenant dans les Everglades entre fin décembre et début janvier est un bon moyen de découvrir la culture des peuples premiers de la région, notamment leur artisanat et leur musique. Et pour pousser la découverte plus loin, dans la Big Cypress National Preserve se trouve le Ah-Tah-Thi-Ki Museum, musée entièrement dédié à la vie des Séminoles, comportant une riche collection et de nombreuses reproductions saisissantes montrant comment les premiers habitants de cette région vivaient autrefois.

La musique classique

Si la Floride n'a pas produit de compositeurs notables - mais une grande musicienne, Constance Weldon (1932-2020), première femme à jouer du tuba dans un orchestre majeur américain -, l'État comporte néanmoins quelques ensembles et scènes intéressantes. Avant de disparaître suite à des problèmes financiers en 2003, le Florida Philharmonic Orchestra (de Fort Lauderdale) était sans doute l'orchestre le plus important de l'État. Dirigé, une grande partie de son existence, par le chef d'orchestre britannique James Judd, l'ensemble était, avec l'Opéra de Miami (le « Florida Grand Opera » ou « FGO »), la grande institution musicale de la région de Miami. Depuis, ce sont l'Orlando Philharmonic Orchestra, très bien financé, ou la Jacksonville Symphony, l'ensemble doyen de Floride (fondé en 1949) qui sont les entités philharmoniques floridiennes les plus importantes. Cette dernière s'est fait remarquer par le passé en multipliant les invités de prestige : Leonard Bernstein, Luciano Pavarotti, Mstislav Rostropovich, André Previn ou encore Ravi Shankar et Duke Ellington.

À Miami, outre l'Opera, on trouve la New World Symphony. Fondée en 1987 par Michael Tilson Thomas et pensée comme un tremplin pour les jeunes talents, la New World Symphony offre une saison complète de concerts dans la salle du **New World Center** (p.170). Cette salle à l'architecture futuriste était un ancien cinéma Art déco, magnifiquement restauré par Franck Gehry dans un style moderne et ultra design. Une salle splendide, comme l'Olympia Theater, elle aussi ancienne salle de cinéma reconvertie, qui accueille également des concerts du New World Symphony en plus d'opéras, de ballets et d'autres spectacles.

La musique populaire

La communauté latine, surtout cubaine, étant évidemment importante et particulièrement dynamique à Miami et dans la région, on y trouve en conséquence de nombreux grands succès pop teintés de diverses esthétiques d'Amérique latine. Un des exemples les plus fameux est sans aucun doute le rappeur et chanteur Pitbull, d'origine cubaine et très friand de reggaeton. C'est aussi le cas de Camila Cabello, née à Cuba mais résidant à Miami depuis l'enfance, et qui invite régulièrement les couleurs de son île de naissance dans sa musique.

La Floride est une incontestable terre de pop. La région est un terreau fertile pour cultiver les tubes et depuis les années 1970, avec le carton disco KC and the Sunshine Band, les groupes de Floride multiplient les succès nationaux, voire internationaux. Dans les années 1980, c'est Gloria Estefan & The Miami Sound Machine qui enchaîne les tubes puis peu après dans les années 1990, la Floride contribue à la vague des boys band avec deux de ses principales entités : les Backstreet Boys et N Sync, tous deux formés à Orlando. Plus récemment, ce sont T-Pain de Tallahassee, Flo Rida de Carol City ou Ariana Grande de Boca Raton qui sont associés à des succès importants.

À Miami, les gros concerts sont organisés dans des lieux comme la FTX Arena ou le **Fillmore Miami Beach** (p.169) qui a également pour particularité de convier de nombreuses stars françaises comme Patrick Bruel ou IAM.

Les musiques latines

Étant donné l'étendue, la richesse et la diversité des communautés latino-américaines présentes à Miami, presque tous les genres musicaux d'Amérique latine sont présents ici et dans le sud de la Floride. Ainsi il est courant d'entendre sur place de la cumbia colombienne, irrésistible grâce à son contretemps unique ; de la salsa, évidemment, étant donné la proportion de Cubains habitant la ville, fusion de son, jazz, mambo et rythmes caribéens comme le merengue ; du merengue, justement, pur produit de la République dominicaine aux influences hisapano-africaines ou encore le fameux reggaeton, dérivé portoricain du dancehall jamaïcain qui tourne en boucle partout dans le monde.

Les amoureux de salsa - et musiques latines en général - ne manqueront sous aucun prétexte de passer par **Ball And Chain** (p.138), grand bar ouvert depuis 1939 à Little Havana et vraie référence en matière de musique latino à Miami.

La musique électronique

On peut faire remonter l'histoire de la musique électronique à Miami aux années 1980, époque où l'ouverture des clubs jusqu'à 5 heures du matin et l'abondance de drogues ont dynamisé grandement la scène électro. Mais le vrai boom intervient en 1985 avec la première édition de la Winter Music Conference, un grand rassemblement de professionnels de la musique électronique où se décident les tendances musicales des dancefloors l'année suivante. Associé à son festival, le fameux Ultra Music, qui se déroule la même semaine, la WMC a participé nettement à placer Miami sur la cartographie de la musique électronique. Rapidement, sous son impulsion, toute une scène se met en place, des clubs ouvrent et tournent à plein régime et des artistes commencent à se distinguer comme Jellybean Benetiz (un proche de Madonna), Danny Tenaglia et David Padilla (deux légendes aujourd'hui connues d'un public de niche).

Aujourd'hui, Miami abrite une scène électro très dynamique, où l'EDM (un style bruyant pas très fin) est roi, incarné notamment par Steve Aoki, DJ superstar adoré autant que critiqué, originaire de Miami.

Le hip-hop

C'est peut-être dans le hip-hop que l'on trouve un des produits les plus typiques de Floride : la *booty bass*. Née à Miami (on l'appelle d'ailleurs aussi « *Miami Bass* »), cette petite cousine floridienne du rap apparaît dans les années 1980 entre les mains de plusieurs jeunes producteurs avant d'être largement popularisée par le groupe 2 Live Crew, dès 1986 avec la sortie de son premier album *2 Live Crew Is What We Are*. Caractérisé par une ligne de basse très lourde et agile, les rythmes emblématiques de la Roland TR-808 et des paroles particulièrement licencieuses (le terme « booty » désigne le fessier), la *booty bass* est un rap moite et particulièrement enclin à la controverse.

Depuis cette époque, le rap de Floride a maintenu une ébullition constante. La région a largement contribué à l'esthétique dirty south, hip-hop typique du sud états-unien, et a porté de très nombreux artistes qui ont fait et font date : Rick Ross, le patron à la voix de ténor, Kodak Black, qui raconte mieux que personne la vie de rue en Floride, Denzel Curry, une nouvelle voix très réfléchie, ou encore Smokepurpp, Ace Hood et Plies, trois rappeurs qui ont marqué leur temps.

Quelques belles têtes d'affiche du genre se produisent régulièrement au Sunfest, festival musical en bord de mer à West Palm Beach durant cinq jours et programmant une cinquantaine de concerts devant un public d'environ 300 000 personnes.

New World Center à Miami.

LITTÉRATURE

Serait-ce l'influence d'une série TV dont le titre américain fait irrésistiblement associer « Miami » à « Vice », ou l'âme d'Al Capone - mort dans sa maison de Palm Island en 1947 - qui continue de planer sur la cité ? Toujours est-il qu'une odeur de soufre imprègne une bonne part de la littérature miaméenne, d'autant plus que plusieurs auteurs ont fait leurs armes au *Miami Herald* où ils ont pu se gorger de faits divers. Et pourtant, la ville se déploie aussi vers la mer, résolument tournée vers Cuba - d'où arrivèrent pendant la révolution castriste des écrivains qui cherchèrent un refuge, comme le fit Guillermo Rosales (*Mon ange*, Actes Sud) - et s'invente en une péninsule qui alla jusqu'à défier le continent en déclarant son indépendance : Key West, devenue le repère des intellectuels qui placent leurs pas dans ceux d'Hemingway. La ville - et sa littérature avec elle - dévoile ainsi deux visages, entre goût du suspense et amour de la nature.

Nature et poésie

Miami est une ville assez récente au regard de nos critères occidentaux, mais que dire de Key West qui ne fut véritablement rattachée au continent que lorsque la Overseas Higway fut achevée, en 1938 seulement. Son caractère insulaire – qui ne peut que persister au vu du nombre de ponts à franchir pour la rejoindre – et la grande réputation de tolérance qui auréole ses autochtones, séduisent toujours les intellectuels. La voie fut ouverte par Ernest Hemingway (1899-1961) qui découvrit les lieux grâce à son mariage et se vit offrir sa célèbre maison par un oncle de son épouse. Il est dit que l'écrivain y acheva la plupart de ses grands romans, dont *En avoir ou pas* qui croque d'ailleurs les habitants de Key West, mais aussi *Pour qui sonne le glas*, *L'Adieu aux armes*... Désormais, la magnifique demeure coloniale constitue une visite incontournable, surtout qu'il est toujours possible d'y rencontrer les descendants des chats de l'écrivain, qui se reconnaissent facilement à leur particularité physique : un nombre de « doigts » supérieur à la normale. Entre initiés, ces félins polydactyles sont d'ailleurs appelés « chats Hemingway ».

Hemingway obtiendra le Prix Nobel de Littérature en 1954, une petite quinzaine d'années après qu'il eut déserté Key West suite à son divorce, il n'y croisa donc jamais Tennessee Williams (1911-1983) qui commença à prendre ses quartiers sur la péninsule à l'aube des années 40, bien que leur rencontre ait eu lieu plus tard, dans la nouvelle maison d'Hemingway à Cuba. Le romancier et le dramaturge ont tout de même un point commun : celui d'avoir été interviewés par la plus célèbre journaliste de Miami, Helen Muir, qui aimait tant sa ville d'adoption qu'elle lui consacra en 1953 un livre qui est toujours un classique, *Miami, U.S.A*. Tennessee Williams demeura fidèle à la péninsule jusqu'à sa mort mais son modeste bungalow ne se visite pas. On peut par contre se prêter à rêver, en arpentant la rue Duval, en se disant que c'est ici, dans un simple hôtel lors de ses premières visites, qu'il esquissa l'intrigue d'*Un Tramway nommé désir* qui lui valut le Pulitzer en 1948, une distinction qu'il partage avec Donald Rodney Justice (1925-2004) qui le remporta (dans la catégorie poésie) en 1980. Bien qu'il ait fait paraître 13 recueils, tous remarqués, il ne semble pas avoir été traduit dans notre langue.

Si Hemingway fut le patriarche de Key West, Marjorie Stoneman Douglas fut sans conteste la matriarche des Everglades, ce parc national qui entoure Miami comme le plus beau des écrins. Née en 1890 à Minneapolis, elle arrive à 25 ans dans ce qui n'est alors qu'une bourgade de quelques milliers d'âmes. Après un mariage désastreux, elle y rejoint son père qui dirige le journal appelé à devenir le *Miami Herald*. D'articles en combats – la jeune femme ne manque ni de témérité, ni de franc-parler – elle est amenée au début des années 40 à s'intéresser aux Everglades, cette zone marécageuse dont son père avait déjà dénoncé la volonté politique de l'assécher. Avec le livre qu'elle rédige – *The Everglades : River of Grass* – elle offre au parc national son surnom, et grave le sien dans le marbre. En effet, jusqu'à sa mort survenue en 1998 – à l'âge honorable de 108 ans ! – Marjorie Stoneman Douglas continuera de s'engager pour la protection de la nature, et pour la cause des femmes. Le journaliste Michael Grünwald, né en 1970, reprendra le flambeau écologique en signant un autre ouvrage tout aussi important : *The Swamp : The Everglades, Florida, ans the Politics of Paradise*. Cependant, le parc naturel inspire également les romanciers, à l'instar de

© PETR KAHANEK - SHUTTERSTOCK.COM

Maison d'Ernest Hemingway.

Karen Russell dont *Swamplandia* se découvre en français chez Albin Michel, mais aussi les bédéistes, tels que Steve Gerber (1947-2008) qui fit évoluer dans les marais son monstre *The Man-Thing* dont les aventures furent publiées par Marvel Comics puis portées à l'écran en 2005.

Ville et polars

À en croire bon nombre d'auteurs – qui le plus souvent sont d'ailleurs nés dans un autre état américain – pas besoin d'aller jusque dans le marais pour débusquer des monstres : Miami en est truffé. Le premier à lancer cette vague du roman noir est peut-être John D. MacDonald (1916-1986). Il fut, en tous les cas, extrêmement prolixe puisque ce ne sont pas moins de 21 volumes qu'il consacra à son détective privé, Travis McGee, entre 1964 et 1984 ! Gallimard en assura la traduction dans la mythique Série Noire et certains titres, tels que *La Mariée est trop morte*, sont toujours disponibles. Les afficionados de MacDonald pourront aussi se tourner vers le reste de sa production (*Une Valda pour Cendrillon*, *Strip-tilt*, *Dans les plumes*...) bien que celle-ci explore d'autres horizons. Quant à lui, c'est un policier que choisit de mettre en scène Charles Willeford mais il ne put donner une cinquième aventure à Joke Moseley puisqu'il fut fauché par la mort en 1988, à 69 ans, avant d'avoir pu la terminer. Il n'est tout de même pas trop tard pour découvrir au moins le premier opus toujours publié par Rivages-Noir : *Miami Blues*. Pour sa part, Elmore Leonard, né en 1925 à La Nouvelle-Orléans et décédé à Détroit en 2013, n'était pas un auteur de séries, il n'en possédait pas moins une imagination débordante affutée par les faits divers qui ne cessent d'endeuiller l'Amérique. *Stick* (devenu *Le Justicier de Miami* au cinéma sous l'œil de Burt Reynolds) est le plus connu de ses romans miaméens, mais il est possible aussi de retrouver la ville dans *Maximum Bob*, *Pronto*, *Beyrouth-Miami*...

Les générations nées après la guerre poursuivent allègrement dans la veine du roman noir, mais n'hésitent pas à lui ajouter une touche politique, voire une once d'impertinence. Ainsi, Les Standiford, qui vit le jour en 1945 en Ohio et débuta sa carrière avec un polar écologique (*Pandemonium*), dénonce les liens entre politiciens et mafia à Miami dans une série qui prit comme héros un entrepreneur du bâtiment (*Johnny Deal, Johnny Deal dans la tourmente*, *Une Rose pour Johnny Deal*, chez Rivages). Avec *Miami Purity* (Rivages également), Vicki Hendricks s'attarde aussi sur la face sombre de la ville, non sans humour puisqu'elle imagine une noctambule qui tue son amant à coup de radiocassette et décide de se faire oublier en se faisant embaucher dans un pressing. Humour toujours chez trois incontournables écrivains contemporains – Dave Barry (*Gros problème*, Pocket), Carl Hiaasen (*Queue de poisson*, *Presse People*, *Mauvais coucheur*, 10-18) et Tim Dorsey (*Torpedo Juice*, *Florida roadkill*, Rivages) – qui rivalisent d'imagination pour secouer leurs lecteurs, de peur ou de rire.

TOP 10

LECTURE

Le soleil de Miami Beach tape fort et attise tous les sentiments humains. Les écrivains ne s'y sont pas trompés, eux qui aiment à y camper des histoires bien sombres, plus ou moins cyniques. Pour autant, une deuxième tendance émerge en ces lieux paradisiaques : la préoccupation pour les questions écologiques. Entre jour et nuit, une littérature féconde.

MY DILEMMA IS YOU

Pas facile pour Christina de s'intégrer dans son nouveau lycée à Miami, mais l'adolescente finit par trouver des amis… et des amours. Dès 15 ans.
Cristina Chiperi, *éditions Pocket Jeunesse.*

ROAD TRIP DANS LES PARCS AMÉRICAINS

© ÉDITIONS GALLIMARD

Ils se sont offert un road trip de 7 mois à travers 39 États, ont sillonné 59 parcs nationaux et fait 40 000 km, un sacré voyage pour un livre magnifique.
Renée et Matthew Hannel, *éditions Gallimard.*

LE TESTAMENT DES SOLITUDES

© ÉDITIONS MÉMOIRE D'ENCRIER

À Miami, trois femmes en exil et en errance se cherchent un nouveau destin, leurs voix vont s'unir pour rompre la solitude douloureuse.
Emmelie Prophète, *éditions Mémoire d'encrier.*

SUR LA ROUTE DE KEY WEST

Alors qu'il vient de perdre son fils dans un accident, un écrivain s'installe dans les Keys où une rencontre va bouleverser sa vie.
Mark Miller, *éditions XO*

MIAMI DOG

© ÉDITIONS TALENTS HAUTS

Deux petits expatriés français enquêtent sur une drôle de disparition. En lecture bilingue pour se familiariser avec l'anglais. Dès 12 ans.
Luce Michel, *éditions Talents hauts.*

OVERSEAS HIGHWAY

© ÉDITIONS GLÉNAT

Un garage qui sert de couverture à un trafic de drogues, et très vite une simple livraison se transforme en course-poursuite sur le pont qui mène à Key West.
Guillaume Guéraud et Fred Druart, *éditions Glénat.*

EN AVOIR OU PAS

Organiser des croisières de pêche à Key West pour les touristes est une activité bien moins tranquille qu'il n'y paraît, surtout pour Harry Morgan.
Ernest Hemingway, *éditions Folio.*

MARATHON, FLORIDA

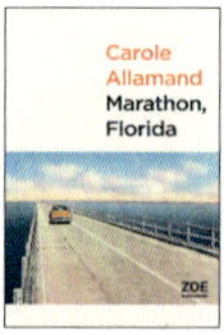

© ÉDITIONS ZOÉ

Norma s'est engagée dans la police pour relancer l'enquête sur la mort de son frère, militant écologiste. Ses recherches la ramèneront aussi à son enfance genevoise.
Carole Allemand, *éditions Zoé.*

BODY

© ÉDITIONS FOLIO POLICIER

Recrutée par un entraîneur sans scrupules, une jeune femme se retrouve à concourir au titre de Miss Cosmos, une compétition de body-building. L'envers du décor.
Harry Crews, *éditions Folio Policier.*

QUEUE DE POISSON

Chaz Perrone décide de tuer sa femme mais celle-ci va survivre et, encore mieux, tomber amoureuse d'un ex-flic qui va l'aider à se venger. Truculent !
Carl Hiaasen, *éditions 10-18.*

A L'ÉCRAN

D'Humphrey Bogart à Netflix, il n'y a qu'un pas, ou plutôt qu'un pont. En effet, la Floride a toujours été une terre de cinéma, accueillant les plus grands acteurs et inspirant les cinéastes en recherche de soleil, de plages, mais aussi d'histoires sordides teintées par l'argent parfois mal gagné. Que vous vous trouviez sur Key Largo, île des Keys qui doit son nom à un film *noir* de 1948, ou bien le long de South Beach où vous pourriez croiser les héros de *Miami Vice*, le cinéma est partout en Floride. Alfred Hitchcock, Cameron Diaz, Vin Diesel, Naomie Harris, Barry Jenkins ou encore Francis Ford Coppola et Brian De Palma, autant de noms qui vous accompagneront le long de votre périple de septième art. Et vous reconnaîtrez aisément les décors de James Bond en parcourant les Keys, ou bien ceux de la série *Bloodline* au détour d'une île ou l'autre. Profitez, le cinéma se vit en Floride autant dans les parcs des studios que sur les écrans.

Un chapelet d'îles, une terre de stars de cinéma

Si le cinéma américain est certes né dans les studios New Yorkais, la Floride n'est pas en reste et s'est longtemps placée en troisième position des territoires les plus puissants en termes de production. Elle a même été considérée par les premiers cinéastes comme terre de prédilection, avant que ceux-ci ne se tournent vers la Californie, aux conditions météorologiques plus stables. Pour autant, le cinéma n'a jamais déserté l'État et sa ville principale, Miami, où Alan Crosland (réalisateur du *Chanteur de Jazz*) fera ses débuts. Dès 1906, le Kelly's Theatre – premier cinéma de la région – accueille un public fidèle, et de nombreux petits studios continuent à tourner dans la région, amorçant ce que sera la production de la seconde moitié du vingtième siècle. Sortie en 1941, la comédie musicale *Rendez-vous à Miami* vous permettra de vous replonger dans ce qu'était l'ambiance de l'époque, entre le luxe et le faste des grands hôtels.

Après le conflit, c'est Alfred Hitchcock qui met Miami à l'écran dans *Les enchaînés* (1946), avec Cary Grant et Ingrid Bergman. Deux ans plus tard, c'est au tour de John Huston d'emporter le grand Humphrey Bogart et Lauren Bacall dans la ville et son paysage hôtelier, avec *Key Largo* (1948). Un drame policier aux accents de film noir, l'un des classiques de ce genre important de la période. Pour l'anecdote, c'est d'ailleurs d'après ce film qu'est nommée Key Largo, autrefois appelée Rock Harbor. Ceci depuis 1952, dans une habile manœuvre de marketing territorial, pour rameuter les fans de Bogart. Moins mémorable, *Les aventures du Capitaine Wyatt* vous fera voyager dans les Everglades le temps d'une confrontation épique entre nature hostile et soldats courageux, dans un film qui a certes vieilli mais reste tout de même digne d'intérêt.

C'est dans les années 1960 que le nombre de tournages grimpe en flèche, avec l'arrivée notable de la franchise James Bond. Dans *Goldfinger* (1964), plusieurs scènes – dont la mythique partie de cartes truquée – se déroulent au Fontainebleau Hotel, encore en activité aujourd'hui. Si vous espériez séjourner dans la même chambre que Sean Connery, sachez cependant que celui-ci n'a jamais mis les pieds à Miami pour ce tournage, les scènes d'intérieur ayant été tournées en studio. L'année suivante, *Opération Tonnerre* s'arrête également à Miami pour capturer une scène de saut en parachute, avant de filer vers les Bahamas pour la suite du tournage. Enfin, James Bond reviendra en Floride sous les traits de Timothy Dalton dans *Permis de tuer* (1989). Pour cet opus, le Seven Mile Bridge sera bien mis en avant lors de la course-poursuite avec le fourgon transportant le diabolique narco-traficant Franz Sanchez, avant que celui-ci ne disparaisse dans les flots. Du côté des îles, la production profitera également de nombreux lieux emblématiques de Key West comme la Ernest Hemingway Home, l'aéroport, Mallory Square ou encore la Basilica of St. Mary Star of the Sea.

© FILIPPOBACCI - SHUTTERSTOCK.COM

Le Seven Mile Bridge, qui a servi de décor le film Permis de Tuer.

© FELIX MIZIOZNIKOV - SHUTTERSTOCK.COM

Quartier Bal Harbour que l'on retrouve dans la série Dexter.

De par leur histoire, la Floride et Miami sont aussi apparues à l'écran dans les désormais cultes films de gangsters que sont *Le Parrain II* de Francis Ford Coppola (1974) et *Scarface* de Brian De Palma (1983). Si le premier ne fait qu'halte à Miami le temps d'une rencontre entre Michael Corleone et Hyman Roth, le second se déroule entièrement à Miami. Malheureusement, vous ne pourrez pas non plus visiter les décors de ce film en Floride, car – à cause d'un bureau des films trop frileux vis-à-vis du propos – celui-ci sera filmé principalement en Californie. Consolez-vous tout de même, vous pouvez tester vos techniques de séduction comme Manny et Tony autour de la piscine du Fontainebleau, décidément haut lieu de cinéma de la ville.

C'est toutefois au Cardozo Hotel ainsi qu'à l'Edison Hotel que fut filmée l'une des scènes cultes de *Mary à tout prix* (1997) avec Cameron Diaz et Ben Stiller. Une comédie romantique décomplexée où vous pourrez également retrouver le Miami-Dade Cultural center, ainsi que le River Walk Trail dans ce film parfait pour vous détendre le temps d'une pause entre deux visites. Depuis le début des années 2000, Miami et le sud de la Californie ont accueilli de grosses productions comme le deuxième opus de la saga *Fast & Furious* (2003), *Le Transporteur 2* (2005), *Iron Man 3* (2013). En 2016, c'est le film *Moonlight* du miaméen Barry Jenkins qui marque les esprits, par son portrait unique du jeune Chiron, de sa jeunesse à son âge adulte. Tourné majoritairement dans le quartier de Liberty City, *Moonlight* remporte l'Oscar du meilleur film en 2017, et est acclamé par la presse internationale. À découvrir, pour mieux comprendre les tribulations et les enjeux des habitants de ces quartiers défavorisés, loin des cartes postales idylliques.

Miami en série(s)

Si les premières séries télévisées tournées en Floride ne datent pas d'hier, à l'instar de *Flipper le dauphin* (1964-1967), c'est dans les années 80 que la ville gagne ses galons sur les petits écrans avec Miami Vice (1984-1990). Filmée principalement autour de South Beach, cette série policière dénote des codes du genre en insufflant une ambiance *New Wave* dans ses décors et dans ses intrigues, avec un côté très pop qui n'échappera pas aux curieux. Et si vous n'avez pas le courage de vous attaquer aux cinq saisons de la série, jetez un œil au film éponyme, avec Colin Farrell et Jamie Foxx, sorti en 2005. Récemment, les séries *Dexter* (2006-2013) et *Bloodline* (2015-2017) ont replacé la Floride sur la carte des feuilletons à binge-watcher, et de nombreux tour-opérateurs pourront vous emmener à la découverte de ces lieux de tournage, entre Miami et les Keys.

Déguster du cinéma en Floride

Plusieurs grands festivals de cinéma à Miami, Palm Beach ou Jacksonville accueillent chaque année des dizaines de milliers de cinéphiles en mal de découverte. Si vous tombez mal, pas d'inquiétudes. Une douzaine de cinémas avec plus d'une centaine d'écrans sont à votre disposition à Miami, du grand complexe AMC Tamiami au petit Tower Theater, à l'histoire néanmoins houleuse et passionnante. Enfin, tout amateur de cinéma ne résistera à pousser vers le Nord jusqu'à Orlando pour visiter le Universal Studios Park, et revivre des films cultes comme *Les Dents de la mer*, ou *Jurassic Park*. Profitez-en, vous êtes tout de même au pays du cinéma.

GASTRONOMIE

Si la Floride n'est pas la destination que l'on découvre pour sa gastronomie, on pourra y faire quelques belles découvertes à travers les cuisines des communautés installées un peu partout dans l'État et notamment dans la région de Miami et des Keys. Les Caraïbes, tout particulièrement Cuba et Haïti, sont à l'honneur à Miami, à Little Havana et à Little Haiti. Les cuisines des deux pays proposent des plats à base de riz, haricots noirs et grillades. De nombreux types de cuisines en provenance d'Amérique latine, d'Asie ou d'Afrique ont également leurs restaurants, tant Miami est multiculturelle et ouverte aux nouvelles tendances. On retrouvera également d'excellents *steak houses* et restaurants de fruits de mer, sans oublier d'immenses buffets si typiquement américains. Côté desserts, on dégustera les grands classiques : *cheesecake*, *brownie*, *donut*, *carrot cake* ou encore *pecan pie*, même si la star ici est la succulente *key lime pie*.

Les classiques made in USA

En général, les Américains mangent plus tôt que les Français, notamment le soir où le dîner est servi entre 18h et 19h. Toutefois, Miami et les autres villes de Floride, habituées au tourisme et à la fête, offrent des horaires plus étendus. Que ce soit pour bruncher, déjeuner ou dîner, on trouvera un choix très varié de styles pour tous les budgets et tous les gourmets. A South Beach et Ocean Drive, les restaurants tendance proposent des prix élevés. En s'éloignant de Miami Beach, direction Downtown Miami et plus spécifiquement Brickell et Wynwood, on trouvera une foule de petits établissements plus abordables. Dans la région des Keys, l'ambiance romantique qui laisse déjà présager les Caraïbes a un coût et les restaurants sont souvent plus chers que dans le reste du sud de la Floride.

Bien que l'on associe plutôt le brunch à New York ou Chicago, on trouvera toutes les adresses possibles et imaginables à Miami et dans sa région pour les aficionados de ce repas, servi entre 11h et 16h, notamment le week-end. Parmi les spécialités dignes d'un vrai brunch, citons les œufs Bénédicte, des toasts beurrés couverts d'œufs pochés, de bacon et de sauce hollandaise. Les œufs plus largement sont un des éléments centraux d'un brunch : brouillés, au plat, à la coque, pochés ou encore en omelette, ils sont souvent accompagnés de bacon ou de petites saucisses grillées. On retrouve également diverses préparations à base de pomme de terre comme le *hash brown*, de petites galettes de pommes de terre râpées et frites.

Cependant un brunch peut compter une infinie diversité de plats salées et sucrées. On retrouve entre autres diverses viennoiseries, des quiches, des crudités, du saumon fumé ainsi que des fromages, tels que le Vermont cheddar, le Humboldt Fog au lait de chèvre ou encore le Monterey Jack, parfumé au piment.

© BRENT HOFACKER - SHUTTERSTOCK.COM

Jerk chicken.

© DENNIS WILDBERGER - SHUTTERSTOCK.COM

Conch Fritters.

Côté sucré, on consomme souvent des spécialités similaires à un petit-déjeuner américain typique : crêpes, pancakes, gaufres, pain perdu, muffins, etc. Pour s'hydrater après un tel festin, thé, chocolat ou café sont abondamment consommés. Le brunch étant un repas plus tardif que le traditionnel *breakfast*, il est convenable également d'y servir des boissons alcoolisées. Parmi les trois cocktails les plus emblématiques, il faut citer le Mimosa, à base de champagne et de jus d'orange, ou son cousin le Bellini, d'origine italienne, qui se compose de coulis de pêche et de prosecco. Enfin, le Bloody Mary est un mélange de vodka, de jus de tomate, de poivre et de tabasco, avec une branche de céleri pour décorer.

Les *steak houses* ne manquent pas en Floride et les meilleurs morceaux sont ceux que les cuisiniers font vieillir à l'air libre pendant plusieurs jours avant de les cuire en les enduisant de marinade. Si les *BBQ ribs* – travers de porc grillés à la sauce barbecue – sont plutôt originaires du sud des Graines Plaines, comme le Kansas ou le Kentucky, ils restent évidemment très populaires ici, aux côtés d'autres plats pour les amateurs de viande comme le *sirloin steak*, le faux-filet de bœuf, ou le *T-bone*, généralement servi avec des frites ou une généreuse pomme de terre au four, un gros cornichon et du *coleslaw*, une salade crémeuse de chou blanc et de carottes râpés. Autre crudité, la salade *Caesar*, à base de laitue romaine, de petits croûtons et d'une riche sauce aux anchois et au parmesan, est certes originaire de Tijuana, au Mexique, mais elle s'est depuis démocratisée au point d'être bien plus populaire aux USA.

Avec des dizaines de millions de visiteurs chaque année, la Floride offre une infinie variété de restaurants, souvent associés à des parcs à thème avec toutes sortes de buffets, souvent gargantuesques pour les plus affamés. Toutefois, malbouffe oblige, les Américains en général semblent prendre depuis un certain nombre d'années les devants. « *Organic* » (bio), « *Vegan* » (végétalien) et « *Gluten-Free* » (sans gluten) : trois mots que vous apercevrez souvent sur les menus des restaurants et sur les emballages dans les supermarchés. Comme le reste des pays anglo-saxons, les USA offrent de nombreuses alternatives aux personnes ne consommant pas de laitage, de viande, de gluten ou d'œuf, sans compter les allergènes. Ainsi, nombre de ces produits sont *low fat*, *fat free*, *sugar free*, *low sodium*, *diet*, *cholesterol free*, etc. Et chacun signale scrupuleusement à l'acheteur son apport calorique, protidique, glucidique, lipidique, vitaminique, etc.

Au cœur de la Floribbean Cuisine

S'il est difficile d'attribuer une cuisine spécifique à la Floride, tant cet État attire de touristes des quatre coins des USA et du monde, on retrouve quelques spécificités qui lui viennent de sa proximité avec les Caraïbes. Key West ne se situe qu'à 170 km de La Havane et il suffit de découvrir Little Havana pour se rendre compte de l'influence cubaine dans ce quartier historique de Miami, né dans les années 1950 pendant la Révolution castriste. Aujourd'hui encore, dans ce district très majoritairement latino-américain, la cuisine cubaine est à l'honneur dans une foule de petits restaurants souvent bon marché. Pour ceux qui désirent manger sur le pouce, impossible de ne pas mentionner le traditionnel sandwich cubain ou *medianoche*. Préparé avec du *pan cubano* – sorte de baguette légèrement briochée – il est fourré de rôti de porc froid, jambon, moutarde, emmental et cornichons doux.

Mais citons également les communautés portoricaines, haïtiennes, jamaïcaines ainsi que les différentes cuisines en provenance d'Amérique centrale et du Sud, qui ont également leurs restaurants. On y trouve donc tous les plats latinos ou presque, et beaucoup d'établissements proposent une cuisine au croisement des gastronomies latinos et US, sous le nom de *Floribbean cuisine*. Ainsi le ceviche, une spécialité péruvienne à base de poisson cru mariné dans du jus de citron vert, est très répandu dans les restaurants fusion en ville. La cuisine haïtienne est également à l'honneur à Little Haïti à Miami. On retrouvera également un savoureux *arroz con pollo* (riz au safran et au poulet garni de légumes), le *lechón asado* (cochon de lait rôti), les plantains frits, les *arepas* (petits pains à la farine de maïs que l'on garnit de jambon, fromage, viande froide, etc.), les *empanadas* (chaussons frits fourrés de viande hachée) et le poulet *jerk* jamaïcain (poulet grillé au barbecue, mariné dans une sauce très relevée). La soupe *joumou* est un potage à base de courge giraumon, agrémenté de bœuf, pommes de terre, bananes plantains et petits légumes (carottes, chou vert, céleri, persil et oignons), typiquement haïtien, que l'on peut déguster au Carribean Marketplace à Little Haiti.

La Floride possède le deuxième plus long littoral aux États-Unis après l'Alaska, avec quelque 2 170 km de côtes partagées entre l'océan Atlantique et le golfe du Mexique ; autant dire que poissons et fruits de mer sont à l'honneur. Les meilleures spécialités de la mer se dégustent dans les Keys où la pêche est une activité très répandue. Thon, espadon, tarpon, mérou, barracuda, daurade coryphène (mahi-mahi), sans oublier les crabes, crevettes, langoustes, huîtres et autres mollusques et crustacés. Autre spécialité locale : le *conch*, ou conque en français. Ces gros escargots de mer à la coquille presque baroque sont très appréciés en Floride, notamment auprès de la communauté bahamienne. Palm Beach n'est qu'à 100 km de Grand Bahamas. Dans les restaurants, on les mange souvent frits (*conch fritters*), mais ils peuvent être préparés sous forme de *conch salad*, coupés en dés et marinés avec jus de citron, oignon, tomate, poivron et piment.

Desserts et boissons

S'il ne fallait citer qu'un seul dessert en Floride, ce serait bien sûr la *Key lime pie*. Cette tarte se compose d'une croûte en biscuits et d'une crème au citron vert, le tout nappé de chantilly. Le *Key lime* – également connu sous le nom de limettier des Antilles ou citronnier gallet – est un agrume très acide plus petit qu'un citron vert, qui le remplace le plus souvent pour confectionner cette tarte succulente.

On retrouvera également l'immanquable cheesecake, qui est préparé avec du *cream cheese* et de la crème aigre, d'où sa texture incroyablement fondante. S'il existe des variantes de cheesecakes dans le monde entier, le brownie au chocolat est une invention bien américaine, à déguster avec une boule de glace à la vanille. La classique *apple pie*, cette tourte aux pommes généreusement parfumée à la cannelle, est souvent servie avec de la crème glacée, alors que la *pecan pie*, originaire du sud des États-Unis, est garnie de sirop d'érable et de noix de pécan. La *pumpkin pie* est fourrée d'une purée de citrouille parfumée à la cannelle, au gingembre et à la noix de muscade. On la sert généralement avec de la crème fouettée, le plus souvent pour Thanksgiving. On retrouve également d'autres classiques comme les cupcakes ou le *carrot cake* que les Américains engloutissent avec beaucoup de café.

Si l'on est habitué au café américain, très allongé, plus de 60 ans de migration cubaine en Floride ont contribué à créer un goût pour le café différent de la plupart des autres États américains. On retrouve donc communément le café *cubano* ou *cafecito*, un expresso très serré avec beaucoup de cassonade. Sinon testez le *cortadito*, moitie expresso-moitié lait, alors que le classique café *con leche* est allongé d'un trait de lait concentré. Ces boissons ne sont pas forcément communes en dehors des quartiers cubains mais les Américains apprécient de plus en plus de bons cafés corsés.

En plus de la bière et du vin, facilement disponibles, la Floride est le paradis des cocktails, notamment à base de rhum et de tequila, sans surprise. Ainsi le Rum Runner – nom donné aux personnes qui acheminaient le rhum durant la Prohibition – a été inventé dans les années 1950, mêlant rhum blanc, liqueur de mûres, crème de banane, jus d'orange, jus d'ananas et grenadine. Le Miami Vice est le croisement entre une piña colada (lait de coco, jus d'ananas, rhum blanc) et un daïquiri (rhum blanc, purée de fraises, sucre, citron vert). D'autres cocktails comme la margarita, le mojito et la caïpirinha sont également très populaires.

© BRENT HOFACKER - SHUTTERSTOCK.COM

Key lime pie.

AGENDA

Une chose est sûre : vous ne risquez pas de vous ennuyer à Miami ! Le soleil et les palmiers sont déjà une attraction en soi, alors que dire de la multitudes d'événements organisés tout au long de l'année ? De la gastronomie à la musique en passant par le cinéma, l'architecture, le street-art et le sport ; de Miami aux Keys ; sur la plage ou dans la rue, ces festivals sont l'occasion de plonger au coeur de l'ambiance floridienne. Ils vous mèneront à la découverte de pépites insoupçonnées, de traditions multi-culturelles et de moment de liesse populaires. Parce qu'il serait difficile de le nier : ici, on sait faire la fête comme nulle part ailleurs ! Alors laissez-vous porter par l'énergie folle de la ville, vibrez aux côtés des locaux et préparez-vous à être surpris ! Avis aux familles et aux petits budgets : de nombreux festivals sont gratuits et proposent des animations *kids friendly*. Alors, *let's the party started !*

SOUTH BEACH JAZZ FESTIVAL

https://sobejazzfestival.com
Début janvier.

Durant trois jours, les différents quartiers de South Beach vibrent au son du jazz. Cet événement a pour vocation de sensibiliser au handicap en mettant en avant des musiciens et groupes de tous horizons, dont certains sont porteurs de handicaps. Que ce soit en solo, en trio ou encore en quatuor, les styles sont variés : jazz classique, latino ou jazz de la Nouvelle-Orléans. Bon à savoir : de nombreuses performances se déroulent en plein air et sont gratuites !

THE ART DECO WEEK-END

1001 Ocean Drive
✆ +1 305 672 2014
www.artdecoweekend.com
Mi-janvier.

Cet évènement créé en 1976 par la Miami Design Preservation League célèbre le temps de la construction des immeubles qui font aujourd'hui son succès. Durant trois jours, l'Art déco et les années 1930 sont mis à l'honneur à travers des concerts, des défilés de voitures anciennes, des brocantes et visites guidées... Le tout dans le plus bel écrin qu'il soit : South Beach, où l'on trouve la plus grande concentration de bâtiments Art déco au monde. Un bel évènement pour appréhender ce mouvement artistique qui fit la réputation de Miami.

ART WYNWOOD

14 NE 14TH Street
www.artwynwood.com
Mi-février.

Dans le monde de l'art, c'est l'évènement hivernal du sud de la Floride, le pendant d'Art Basel, version *street art* et *art underground*. Pour la première fois, Art Wynwood se déroule face à la magnifique baie de Biscayne. Ce festival d'art contemporain est fréquenté par plus de 30 000 visiteurs ; plus de 70 galeries du monde entier y exposent les œuvres de leurs artistes. Les collectionneurs affluent pour acquérir de nouvelles pièces d'artistes surréalistes, post-modernes ou émergents. Un vrai succès pour ce jeune évènement qui a soufflé sa dixième bougie en 2022.

MIAMI BOAT SHOW

www.miamiboatshow.com
Mi-février.

Le Miami Boat Show est la plus grande manifestation nautique du monde. Elle réunit chaque année des centaines de bateaux et d'armateurs. C'est à cette occasion que se font parmi les plus importantes ventes de bateaux de loisirs de la planète. L'événement se décline dans plusieurs pavillons à thème : protection de l'environnement, sport de haut niveau... Parmi eux, le Superyacht expose les plus luxueux et imposants bateaux. L'immense piscine de l'Aquazone accueille des démonstrations de sports nautiques. Le Miami Boat Show accueille aussi des concerts.

COCONUT GROVE ARTS FESTIVAL

Coconut Grove
www.cgaf.com
Mi-février.

Le plus important festival d'art du sud de la Floride ! Tous les arts y passent, du show culinaire aux concerts en passant par la danse. Sans oublier les nombreuses activités prévues pour les enfants ! C'est l'occasion unique de déguster les créations des chefs d'une cinquantaine de restaurants tout en découvrant les œuvres de plus de 350 artistes : bijoutiers, peintres, sculpteurs, verriers, photographes...). Le tout dans un cadre des plus charmant : le quartier de Coconut Grove.

SOUTH BEACH WINE & FOOD FESTIVAL

https://sobewff.org/
Fin février.

Organisé par une chaîne TV de cuisine, ce festival de gastronomie prend place sur la plage de South Beach chaque année depuis 2001. Durant quatre jours sont mis en avant les talents de producteurs de vins et spiritueux et de chefs cuisiniers. L'évènement réunit ainsi plus de 400 professionnels autour de plus de 70 évènements tels que des démonstrations, dégustations de cuisines du monde, des brunchs, des dîners à plusieurs mains ou encore des ateliers autour du cocktail.

ULTRA MUSIC FESTIVAL

www.ultramusicfestival.com
Fin mars.

L'Ultra Music Festival est un grand rassemblement de professionnels de la musique électronique. C'est notamment ici que se décident les tendances musicales des *dancefloors* de l'année qui va suivre. Durant trois jours, les meilleurs DJ du monde sont célébrés et les soirées pleuvent. Parmi les *guest-stars*, on peut retrouver selon les éditions David Guetta, DJ Snake ou encore Nina Kraviz. L'évènement a lieu à Downtown Miami, plus précisément à Bayfront Park, face à la baie. Il se déroule en même temps que la Winter Music Conference de Miami.

MIAMI BEACH PRIDE

www.miamibeachpride.com
Début avril.

Depuis 2008, la Miami Beach Pride est un festival qui célèbre les arts et la culture LGBTQ+. Au programme de ces dix jours de fête : DJ sets, concerts, *expositions, art show case* ou encore activités pour les familles. Vous pourrez également assister à l'élection de Miss Miami Beach Pride Drag Queen. Sans oublier le climax de ce festival haut en couleur : l'incroyable parade qui défile durant deux jours sur Ocean Drive. La mythique avenue est piétonne pour l'occasion. Tout simplement l'un des plus importants évènements de la ville.

Miami Beach Pride.

CALLE OCHO FESTIVAL

Calle Ocho
https://carnavalmiami.com/
Mi-mars. Gratuit.

Cet événement se déroule à Little Havana, le quartier cubain de Miami, dans la fameuse Calle Ocho (SW 8th Street). C'est tout simplement le plus grand festival de musique latine au monde ! Au programme : plus de dix scènes accueillant des concerts de musique latine, un concours de danse, des dégustations de spécialités latino et un marché de produits artisanaux. Vous pourrez aussi assister à un traditionnel tournoi de dominos. Une festival iconique depuis 1978 qui célèbre l'héritage hispanique et la diversité culturelle de Miami. À ne pas manquer !

SUNFEST

PALM BEACH
www.sunfest.com
Début mai.

Le Sunfest est le plus important festival de musique et d'art en bord de mer de Floride. Il se déroule au nord de Miami, à West Palm Beach, depuis 1982. Il propose durant cinq jours une cinquantaine de concerts et sets DJ. L'Art District offre quant à lui l'opportunité de voir de célèbres graffeurs créer en live, ou de participer à des créations artistiques. Pour boire un verre, rendez-vous aux bars flottants ! Le festival se clôture traditionnellement avec un feu d'artifice. Un rendez-vous très populaire qui attire près de 100 000 visiteurs.

OUTSHINE LGBTQ+ FILM FESTIVAL

https://outshinefilm.com
Dernière quinzaine d'avril.

Le plus important festival artistique LGBTQ+ du sud de la Floride ! Un festival multiculturel qui regroupe en plusieurs endroits de la ville la projection de films sélectionnés pour leurs perspectives historiques et contemporaines. Le festival se donne aussi une mission d'éducation, notamment auprès du jeune public. Les projections se font principalement dans les cinémas de Miami Beach, et notamment à la cinémathèque. Ce festival a aussi son pendant à Fort Lauderdale au mois d'octobre.

KEY WEST PRIDE

KEY WEST
https://gaykeywestfl.com
Début juin, pendant 5 jours.

C'est la *gay pride* de Key West, ambiance tropicale en bonus ! Pendant cinq jours, des fêtes et défilés ont lieu partout en ville, avec également des *beach parties,* des dégustations et brunchs ou encore des *shows* de *drag queens*. En 2003, la Key West Pride est même entrée dans le livre *Guinness des Records* grâce à son immense drapeau arc-en-ciel de près de 2 kilomètres de long ! Celui-ci défile sur l'avenue principale de Key West, Duval Street. Un événement haut en couleur qui respire la diversité. A ne pas manquer si vous êtes dans les Keys à cette période !

MIAMI BEACH POLO WORLD CUP

www.miamipolocup.com
Fin avril. Gratuit.

Sur les plages de Miami Beach, cet évènement propose des matchs de polo de haut niveau avec huit équipes (dont les meilleurs joueurs au monde) et plus de 120 chevaux ! C'est tout simplement l'événement de *beach polo* le plus important et le plus connu de la planète. Des animations sont également organisées. La Miami Beach Polo World Cup est accessible gratuitement au public, et des tickets VIP permettent d'être au plus près de l'action. Rendez-vous entre la 21e et la 22e rue.

SWIM SHOW

www.swimshow.com
Mi-juillet.

C'est le plus grand salon du monde dédié aux maillots de bain. Depuis 40 ans se retrouvent ici acheteurs, créateurs, fabricants, revendeurs, journalistes... venant de plus de 60 pays pour découvrir les futures tendances des plus grandes marques. Au total, ce sont près de 2 500 lignes de maillots de bain mais aussi de vêtements de plage pour tous les âges et divers accessoires qui sont présentés. Durant trois jours, le salon est rythmé par des défilés de mannequins en maillots de bain ainsi que de nombreuses animations et soirées festives.

HEMINGWAY DAYS FESTIVAL

KEY WEST

https://fla-keys.com/hemingway-days/

Mi-juillet.

Ce festival est l'un des dix premiers d'Amérique pour la période estivale. C'est autour de l'anniversaire d'Ernest Hemingway, qui tombe le 21 juillet, que s'organisent ces festivités. Le meilleur moment, et sans aucun doute le plus populaire, est le concours des sosies qui a lieu pendant toute la semaine. Et pour rester dans le ton : concours de buveurs de bière, de bras de fer, de pêche, foire de la bouffe, fête dans les rues, sans oublier, pour les plus littéraires, un concours de nouvelles, des déclamations d'histoires courtes et des conférences.

KEY WEST LOBSTERFEST

KEY WEST

https://keywestlobsterfest.com

Mi-août.

Depuis 25 ans à Key West, le LobsterFest célèbre l'ouverture de la saison de la pêche aux homards. Ce crustacé local est en effet réputé pour sa chair tendre et savoureuse. Au programme : dégustation de homards sur Duval Street, *pool parties,* marché artisanal, concerts dans les rues... C'est l'opportunité de goûter au homard sous toutes ses formes, que ce soit simplement cuit à la vapeur avec du beurre, en *lobster-roll*, et même en pizza ! Le tout accompagné d'une bière bien fraîche. La plus grande fête de l'été de tous les Keys !

MIAMI SPICE RESTAURANT MONTHS

De début août à fin septembre.

Cet évènement culinaire rassemble plus de 150 restaurants de Miami. Le principe : durant deux mois, ils vous proposent de déguster des menus à prix fixes et attractifs [entrée, plat et dessert, au déjeuner et au dîner]. L'occasion de se faire plaisir tout en découvrant la cuisine des meilleures tables locales. Rendez-vous à Brickell, Little Havana, Coral Gables, Wynwood... N'hésitez pas à varier les saveurs et les quartiers pour profiter de la richesse de la cuisine de Miami !

WYNWOOD'S OCTOBERFEST

Wynwood Marketplace

www.wynwoodoctoberfest.com

Début septembre.

Durant quatre jours, la *Wynwood Market Place* est *THE place to be* pour les amateurs de bières ! Un festival à l'ambiance germanique pour déguster des bières de saison et des bretzels géants, flâner dans le marché de créateurs et apprécier des concerts de musique *live*. Sans oublier les tournois de *beer-pong*, l'élection de Miss Octoberfest, le concours de yodeling ainsi que le fameux *Stein Hosting*. Le but : tenir une pinte de bière le bras tendu le plus longtemps possible ! Le décor du Grand hall vous transportera à Munich. Ambiance assurée !

© CHUCK WAGNER - SHUTTERSTOCK.COM

Key West Lobsterfest.

SOUTH BEACH SEAFOOD FESTIVAL

https://sobeseafoodfest.com

Fin octobre.

Les fruits de mer sont à l'honneur dans ce festival gourmet ! Les meilleurs chefs du sud de la Floride sont ici pour vous faire déguster leurs plus belles recettes iodées. L'occasion de goûter à des fruits de mer ultra-frais en savourant un verre de vin bien choisi dans l'un des trente bars du festival. Ne manquez pas de goûter au crabe de roche (*stonecrab*), la star de la saison. De nombreuses animations sont aussi prévues : concerts, démonstrations culinaires et DJ sets.

MIAMI SHORT FILM FESTIVAL

www.miamishortfilmfestival.com

Mi-novembre.

Depuis 20 ans, ce festival propose la diffusion d'une cinquantaine de courts-métrages de 20 minutes ou moins, soigneusement sélectionnés parmi 1 000 propositions. Il met en avant des réalisateurs indépendants du monde entier. Les thématiques et les genres sont variés : films d'animation côtoient documentaires, productions locales et vidéos musicales. Certaines projections ont lieu à l'extérieur, ce qui ajoute une touche de charme supplémentaire à l'expérience.

FANTASY FEST

KEY WEST

www.fantasyfest.net

Fin octobre.

C'est la fête la plus importante du calendrier de Key West. La plupart des hôtels sont déjà réservés et les prix flambent. C'est le grand rival de Mardi gras : la vieille ville est en fête permanente, avec des musiciens de rues, des concours de costumes, des parades… L'un des temps forts est la *Bud Light Fantasy Fest Parade* qui défile sur Duval Street. Assistez aussi à la Masquerade March : un défilé costumé qui prend place dans le centre-ville de Key West. Des maisons d'hôtes ouvrent même leurs portes aux participants pour offrir des boissons gratuites !

ART BASEL

www.artbasel.com/miami-beach

Début décembre.

Art Basel est un des plus grands festivals d'art contemporain de la planète. Il a lieu chaque année en décembre à Miami, en mars à Hong Kong et en juin à Bâle (Basel), en Suisse, où il a été créé. Chaque année, près de 300 galeries venues des 4 coins de la planète exposent des œuvres modernes et contemporaines de haute qualité : peintures, sculptures, installations, photographies, vidéos et multimédia… Mais au-delà de la qualité des œuvres, ce qui amuse beaucoup les visiteurs à Art Basel, c'est le côté décalé de ces œuvres et l'interactivité avec les visiteurs.

MIAMI BOOK FAIR INTERNATIONAL

www.miamibookfair.com

Mi-novembre.

Depuis plus de 35 ans, chaque année, la Miami Book Fair International réunit plus de 350 auteurs du monde entier à Miami. Des séances de dédicaces, des lectures, des remises de prix et de nombreux événements ont lieu à cette occasion. De nombreuses animations pour les enfants sont aussi organisées (théâtre, artisanat, contes…). Durant le week-end, un énorme marché au livre propose des œuvres pour tous les goûts, du classique au moderne en passant par des livres rares.

MICCOSUKEE INDIAN ARTS & CRAFTS FESTIVAL

EVERGLADES NATIONAL PARK

https://miccosukee.com/events

Fin décembre-début janvier.

Ce festival qui se déroule au village indien Miccosukee, au cœur des Everglades, a pour but de faire découvrir la culture des Indiens d'Amérique : musiques, danse, activités traditionnelles, cuisine… On peut aussi se procurer de l'artisanat et des bijoux. Il réunit des tribus autochtones venues de toute l'Amérique du Nord. Ce festival qui dure une semaine a plus de 45 ans d'existence ; c'est le plus grand événement du genre de tout le sud de la Floride.

VERSION NUMÉRIQUE
OFFERTE
Obtenez votre guide numérique en scannant ce QR code
ou rendez-vous sur le site
www.ebookfute.com
avec le code avantage
GUXM7U
petit futé
2023-2024
Miami
Les Keys - Parcs Nationaux
CITY GUIDE
© ART ALEX - STOCK.ADOBE.COM
OFFRE VALABLE JUSQU'À L'ARRÊT DE COMMERCIALISATION DU TITRE EN FRANCE MÉTROPOLITAINE ET DANS LE MONDE ET SOUS RÉSERVE QUE LE NOMBRE DE TÉLÉCHARGEMENTS SOIT INFÉRIEUR OU ÉGAL AU NOMBRE D'EXEMPLAIRES DE GUIDES PAPIER IMPRIMÉS. FORMATS DISPONIBLES POUR SMARTPHONES, TABLETTES, LISEUSES ET ORDINATEURS PC OU MAC.

SE REPÉRER / SE DÉPLACER

Loin d'être la plus grande ville des États-Unis, Miami se visite plutôt aisément à pied, à condition d'être un minimum organisé. En effet, il est tout à fait possible d'explorer ses différents quartiers à pied, mais la ville est étendue et ces derniers sont parfois relativement éloignés les uns des autres. Le plus simple est alors de consacrer une demi-journée ou une journée à chacun, afin d'éviter les allers-retours fatigants. Pour vous déplacer, nous vous recommandons de louer un vélo ou d'opter pour un Uber ou un Lyft. Le réseau de bus est développé mais peu fiable niveau horaires. Quant aux navettes aériennes Metromover et Metrorail, elles desservent principalement Downtown, Brickell et le Sud. Si vous n'êtes pas trop pressé, vous pouvez opter pour les Trolley, des bus au look rétro qui parcourent gratuitement Miami et Miami Beach (bien vérifier les horaires !). Enfin, privilégiez la marche pour découvrir South Beach.

North Bay Ro
Alton Ro
Drive
Ed Sullivan
I 195
North View Drive
West 29th St.
FL 907
Sunset Drive
West 28th St.
North Bay Road
West 27th Street
West 25th Street
West 24th Street
West 23rd Street
Sunset Drive
22nd Street
West 21st St.
Alton Road
20th Street
HOLOCAUST MEMORIAL MIAMI BE
MIAMI BEACH BOTANICAL GARDEN
BARCELONETA
19th Street
Purdy Avenue
Bay Road
CHOTTO MATTE
18th Street
D'VINE HOOKHA LOUNGE
Maurice Gibb
Memorial Park
West Avenue
Dade Boulevard
LINCOLN THEATER
THE LINCOLN EATERY
THE STANDARD SPA
Venetian Way
Bay Road
Belle Isle
Park
OF COURSE
MIAMI
TASCHEN STORE
JUVIA
LINCOLN ROAD MALL
BEN & GIL
CONCEPT
REGAL SOUTH BEACH CINEMA
PARKING
1111

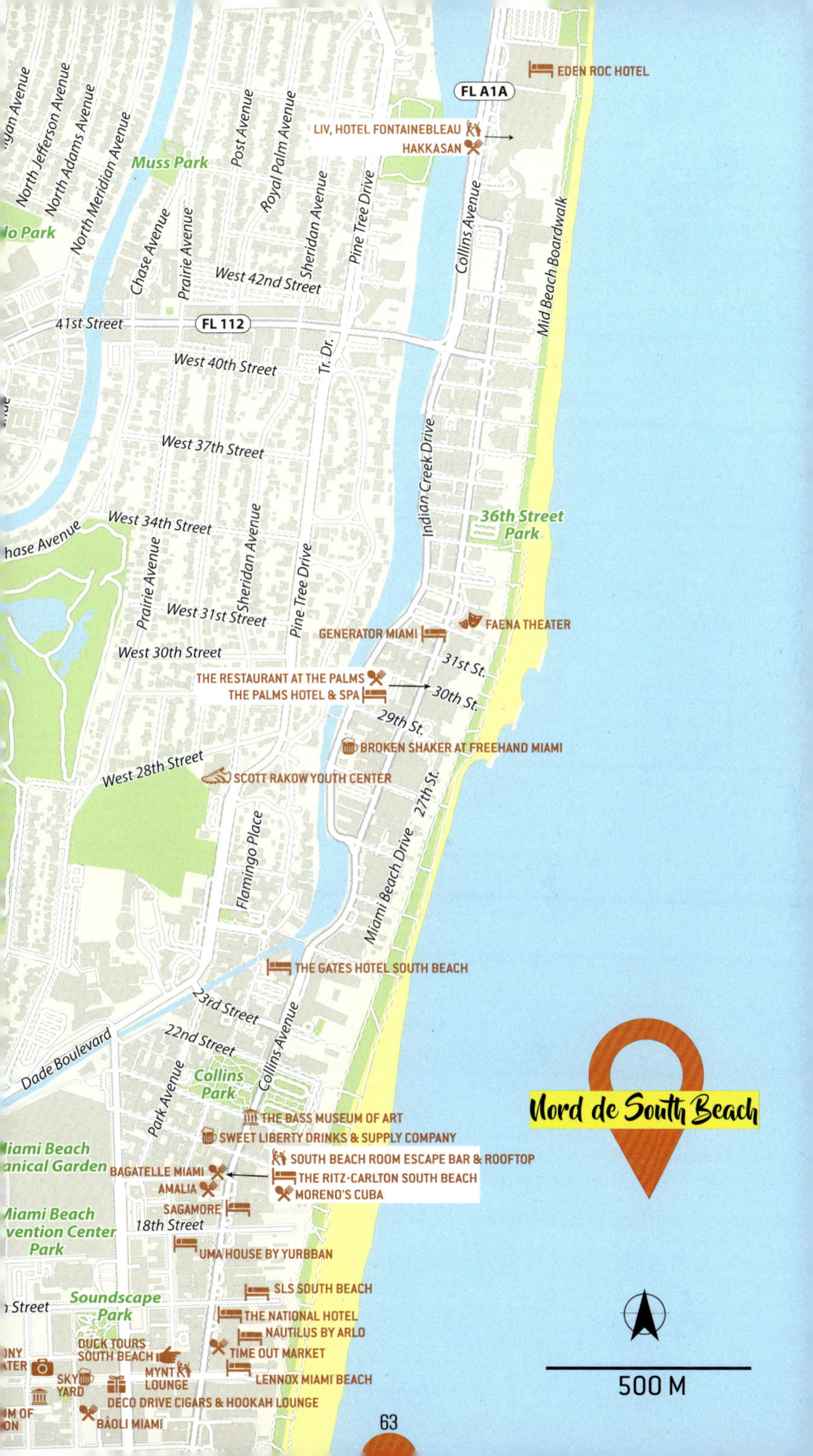
Nord de South Beach
EDEN ROC HOTEL
FL A1A
LIV, HOTEL FONTAINEBLEAU
HAKKASAN
Muss Park
North Jefferson Avenue
North Adams Avenue
North Meridian Avenue
Post Avenue
Royal Palm Avenue
Sheridan Avenue
Pine Tree Drive
Collins Avenue
Mid Beach Boardwalk
Chase Avenue
Prairie Avenue
West 42nd Street
41st Street
FL 112
West 40th Street
Tr. Dr.
West 37th Street
Indian Creek Drive
36th Street Park
West 34th Street
Sheridan Avenue
Pine Tree Drive
Prairie Avenue
West 31st Street
West 30th Street
GENERATOR MIAMI
FAENA THEATER
31st St.
30th St.
29th St.
THE RESTAURANT AT THE PALMS
THE PALMS HOTEL & SPA
BROKEN SHAKER AT FREEHAND MIAMI
West 28th Street
SCOTT RAKOW YOUTH CENTER
27th St.
Flamingo Place
Miami Beach Drive
THE GATES HOTEL SOUTH BEACH
23rd Street
22nd Street
Dade Boulevard
Collins Avenue
Collins Park
Park Avenue
THE BASS MUSEUM OF ART
SWEET LIBERTY DRINKS & SUPPLY COMPANY
SOUTH BEACH ROOM ESCAPE BAR & ROOFTOP
BAGATELLE MIAMI
THE RITZ-CARLTON SOUTH BEACH
AMALIA
MORENO'S CUBA
SAGAMORE
18th Street
UMA HOUSE BY YURBBAN
SLS SOUTH BEACH
Soundscape Park
THE NATIONAL HOTEL
NAUTILUS BY ARLO
DUCK TOURS SOUTH BEACH
TIME OUT MARKET
SKY YARD
MYNT LOUNGE
LENNOX MIAMI BEACH
DECO DRIVE CIGARS & HOOKAH LOUNGE
BÂOLI MIAMI
500 M

Sud de South Beach
15th Terr.
15th St.
Jefferson Avenue
15th Street
Michigan Avenue
SUSHI EXPRESS
SCOOTERS SOUTH BEACH
15th St.
ESPAÑOLA WAY
EL PASEO HOTEL
LA FOLIE
KILL YOUR IDOL
ESMÉ MIAMI BEACH
LT STEAK & SEAFOOD
14th Place
Pennsylvania Avenue
RIVIERE SOUTH BEACH HOTEL
SANDWICHERIE
14th St.
14th Street
WINTERHAVEN HOTEL
FL CAFÉ
ALMA MEXICANA
THE SHEPLEY HOTEL
SEMILLA
Flamingo Park
13th St.
13th Street
WORLD EROTIC ART MUSEUM (WEAM)
THE WEBSTER
THE CARLYLE
LESLIE HOTEL
LGBT VISITOR CENTER
THE VILLA CASA CASUARINA
O CINEMA SOUTH BEACH
12th Street
THE WESBSTER
11TH STREET DINER
GROOVEMAN MUSIC
K'ALMA SPA
GIANNI'S
SWIZZLE RUM BAR & DRINKERY
11th Street
TWIST
BETTANT BAKERY & CAFÉ
THE WOLFSONIAN MUSEUM
Lummus Park
OFFICIAL ART DECO GIFT SHOP
CLEVELANDER
10th St.
10th Street
ART DECO WELCOME CENTER
THE WOLFSONIAN DESIGN STORE + COFFEE BAR
BEACH PATROL HEADQUARTERS
9th St.
9th Street
Meridian Avenue
PIZZA RUSTICA
MANGO'S TROPICAL CAFE SOUTH BEACH
Lenox Avenue
Michigan Avenue
Collins Avenue
8th Street
8th St.
Alton Road
ARTECHOUSE
COLONY HOTEL
FL 907
Lenox Court
7th Street
PUERTO SAGUA RESTAURANT
BEACON HOTEL
Jefferson Avenue
THE GOOD TIME HOTEL
FISH CALLED AVALON
AVALON HOTEL
6th St.
6th Street
Collins Court
5th St.
5th St.
5th Street
5th Street
FRATELLI LA BUFALA
4th Street
THE LOCAL HOUSE
THE FOUNTAIN CONDO RENTALS
3rd Street
Washington Avenue
Collins Avenue
MONTY'S SUNSET
OCEAN FORCEADVENTURES
Washington Park
Ocean Drive
Marjory Stoneman Douglas Ocean Beach Park
2nd Street
Alton Road
Miami Beach Marina Walk
RED STEAKHOUSE
STORY
LOLO'S SURF CANTINA
STUBBORN SEED
1st Street
NIKKI BEACH
SOUTH POINTE PARK
LILIKOI ORGANIC LIVING
SOUTH POINTE TAVERN MIAMI
South Pointe Park
300 M

Mid et North Beach et North Miami
BOURBON STEAK
AVENTURA MALL
FL 856
CRUISE EN VOGUE
SUNNY ISLES BEACH
IL MULINO NEW YORK
FL 860
Miami Gardens Drive
NEVERLAND COFFEE BAR
GREYNOLDS PARK
RICE ASIAN HOUSE & SUSHI BAR
LILY AND ROSE TEAROOM
KITCHEN 305
THE ANCIENT SPANISH MONASTERY
PARADIS BOOKS & BREAD
US 1
Northeast 163rd Street
FL 826
FL 915
OLETA RIVER STATE PARK
FL 909
HAULOVER BEACH PARK
West Dixie Hwy.
FL 916
BAL HARBOUR SHOPS
CARPACCIO
MAKOTO
CAFÉ CRÈME
FL 922
MIMMO'S MOZZARELLA
MUSEUM OF CONTEMPORARY ART (MOCA)
NEYA RESTAURANT
FLANIGAN'S BAR & GRILL
GRAND BEACH HOTEL SURFSIDE
Harding Avenue
Northeast 2nd Ave.
FL 915
Détroit de Floride
NORTH BEACH OCEANSIDE PARK
BURGERS & SHAKES
GELATO-GO BAKERY
CAFÉ PRIMA PASTA
US 1
Indian C. Dr.
HAPPY MONKEY SHOP
K&K BILLIARDS
BEST WESTERN ON THE BAY
CACHITO COFFEE AND BAKERY
La Gorce Drive
North Miami Avenue
Northeast 2nd Avenue
FL 944
Pine Tree Drive
FONTAINEBLEAU
FL 907
41st Street
I 195
CIRCA 39 HOTEL
CASA FAENA MIAMI BEACH
BASEMENT MIAMI
THE MIAMI BEACH EDITION
LOS FUEGOS BY FRANCIS MALLMANN
North Miami Avenue
Northeast 2nd
US 1
SARDINIA ENOTERICA
1 KM

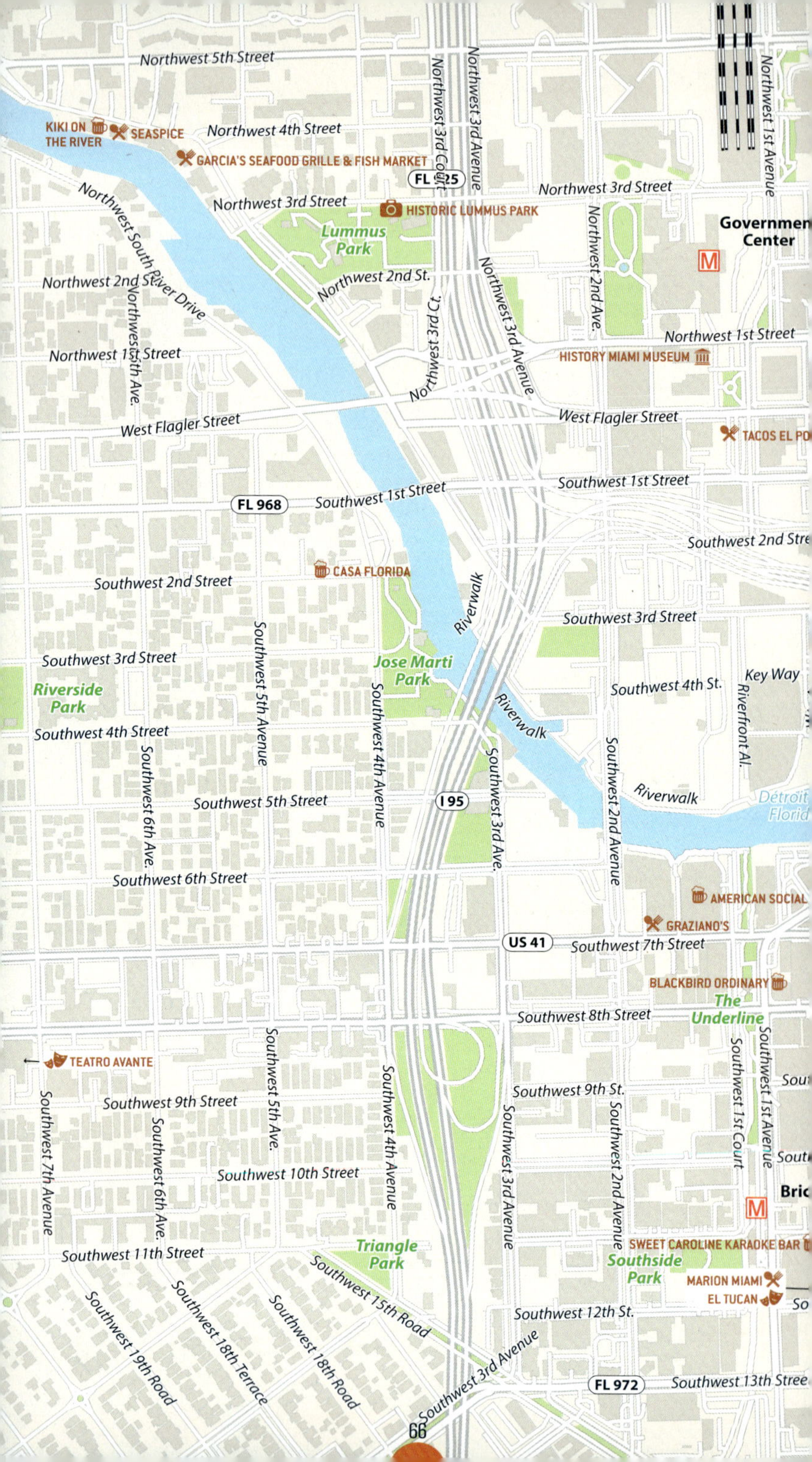

Northwest 5th Street
Northwest 4th Street
KIKI ON THE RIVER
SEASPICE
GARCIA'S SEAFOOD GRILLE & FISH MARKET
FL 25
Northwest 3rd Court
Northwest 3rd Avenue
Northwest 1st Avenue
Northwest 3rd Street
Northwest 3rd Street
HISTORIC LUMMUS PARK
Lummus Park
Government Center
M
Northwest South River Drive
Northwest 2nd St.
Northwest 2nd St.
Northwest 5th Ave.
Northwest 3rd Ct.
Northwest 3rd Avenue
Northwest 2nd Ave.
Northwest 1st Street
Northwest 1st Street
HISTORY MIAMI MUSEUM
Northwest 3rd Ct.
West Flagler Street
West Flagler Street
Southwest 1st Street
FL 968
Southwest 1st Street
Southwest 2nd Street
CASA FLORIDA
Southwest 2nd Street
Riverwalk
Southwest 3rd Street
Southwest 3rd Street
Jose Marti Park
Riverside Park
Southwest 4th St.
Key Way
Riverfront Al.
Southwest 4th Street
Southwest 5th Avenue
Southwest 4th Avenue
Riverwalk
Southwest 6th Ave.
Southwest 3rd Ave.
Southwest 2nd Avenue
Riverwalk
Southwest 5th Street
I 95
Southwest 6th Street
AMERICAN SOCIAL
GRAZIANO'S
US 41
Southwest 7th Street
BLACKBIRD ORDINARY
The Underline
Southwest 8th Street
TEATRO AVANTE
Southwest 5th Ave.
Southwest 4th Avenue
Southwest 9th St.
Southwest 1st Court
Southwest 1st Avenue
Southwest 9th Street
Southwest 7th Avenue
Southwest 6th Ave.
Southwest 3rd Avenue
Southwest 2nd Avenue
Southwest 10th Street
M
Triangle Park
SWEET CAROLINE KARAOKE BAR
Southwest 11th Street
Southside Park
MARION MIAMI
EL TUCAN
Southwest 15th Road
Southwest 19th Road
Southwest 18th Terrace
Southwest 18th Road
Southwest 12th St.
Southwest 3rd Avenue
FL 972

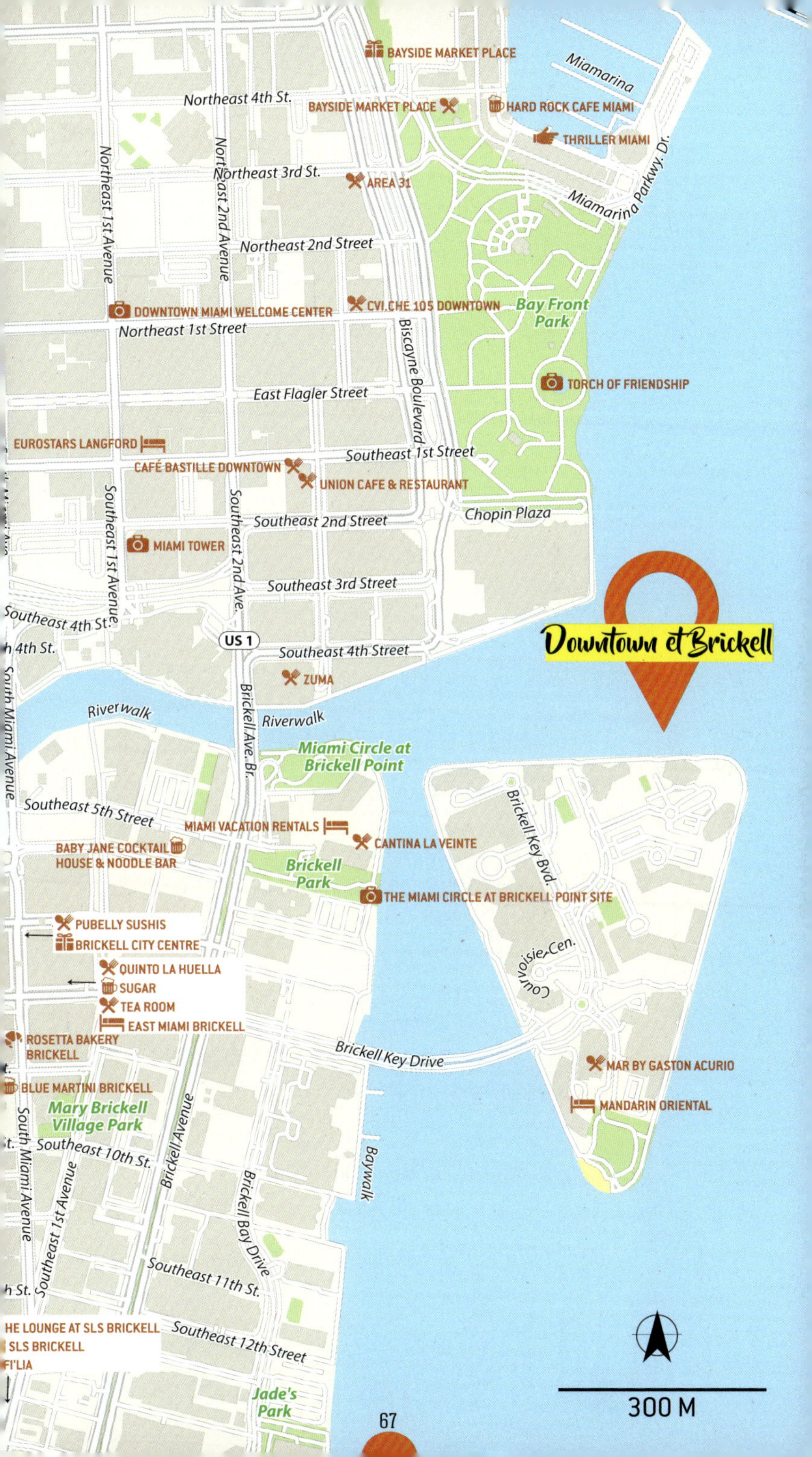
Downtown et Brickell
BAYSIDE MARKET PLACE
Miamarina
Northeast 4th St.
BAYSIDE MARKET PLACE
HARD ROCK CAFE MIAMI
THRILLER MIAMI
Miamarina Parkwy. Dr.
Northeast 1st Avenue
North East 2nd Avenue
Northeast 3rd St.
AREA 31
Miamarina
Northeast 2nd Street
DOWNTOWN MIAMI WELCOME CENTER
CVI.CHE 105 DOWNTOWN
Bay Front Park
Northeast 1st Street
Biscayne Boulevard
TORCH OF FRIENDSHIP
East Flagler Street
EUROSTARS LANGFORD
Southeast 1st Street
CAFÉ BASTILLE DOWNTOWN
UNION CAFE & RESTAURANT
Southeast 1st Avenue
Southeast 2nd Ave.
Chopin Plaza
Southeast 2nd Street
MIAMI TOWER
Southeast 3rd Street
Southeast 4th St.
4th St.
US 1
Southeast 4th Street
ZUMA
South Miami Avenue
Riverwalk
Brickell Ave. Br.
Riverwalk
Miami Circle at Brickell Point
Southeast 5th Street
MIAMI VACATION RENTALS
BABY JANE COCKTAIL HOUSE & NOODLE BAR
CANTINA LA VEINTE
Brickell Key Bvd.
Brickell Park
THE MIAMI CIRCLE AT BRICKELL POINT SITE
PUBELLY SUSHIS
BRICKELL CITY CENTRE
QUINTO LA HUELLA
SUGAR
TEA ROOM
Courvoisie Cen.
EAST MIAMI BRICKELL
ROSETTA BAKERY BRICKELL
Brickell Key Drive
MAR BY GASTON ACURIO
BLUE MARTINI BRICKELL
MANDARIN ORIENTAL
Mary Brickell Village Park
Southeast 10th St.
Brickell Avenue
South Miami Avenue
Brickell Bay Drive
Baywalk
Southeast 1st Avenue
Southeast 11th St.
h St.
HE LOUNGE AT SLS BRICKELL
SLS BRICKELL
FI'LIA
Southeast 12th Street
Jade's Park
300 M

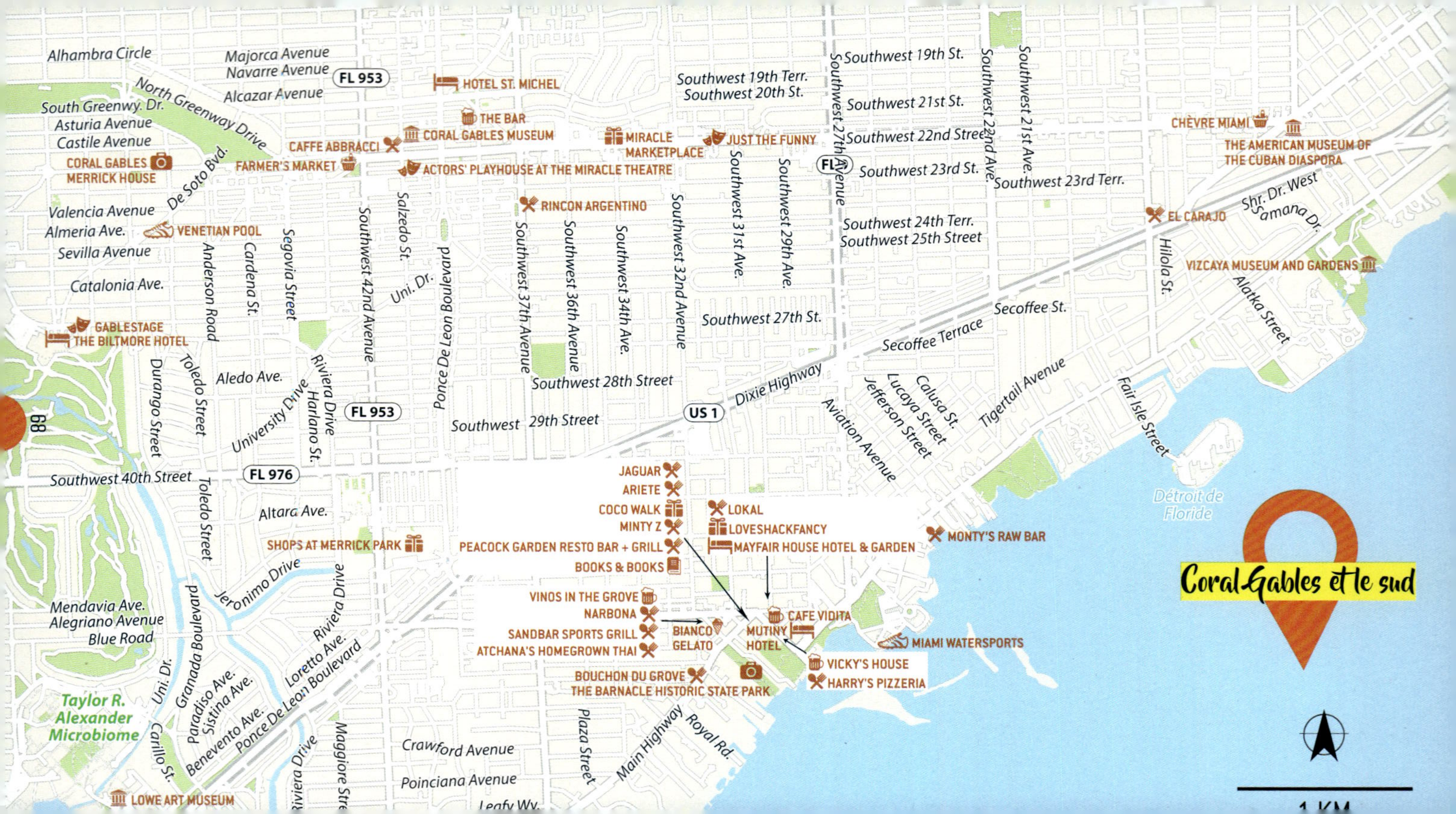

Coral Gables et le sud
Détroit de Floride
1 KM
HOTEL ST. MICHEL
THE BAR
CORAL GABLES MUSEUM
CAFFE ABBRACCI
FARMER'S MARKET
CORAL GABLES MERRICK HOUSE
VENETIAN POOL
GABLESTAGE
THE BILTMORE HOTEL
ACTORS' PLAYHOUSE AT THE MIRACLE THEATRE
MIRACLE MARKETPLACE
JUST THE FUNNY
RINCON ARGENTINO
CHÈVRE MIAMI
THE AMERICAN MUSEUM OF THE CUBAN DIASPORA
EL CARAJO
VIZCAYA MUSEUM AND GARDENS
JAGUAR
ARIETE
COCO WALK
MINTY Z
PEACOCK GARDEN RESTO BAR + GRILL
BOOKS & BOOKS
LOKAL
LOVESHACKFANCY
MAYFAIR HOUSE HOTEL & GARDEN
MONTY'S RAW BAR
VINOS IN THE GROVE
NARBONA
SANDBAR SPORTS GRILL
ATCHANA'S HOMEGROWN THAI
BIANCO GELATO
CAFE VIDITA
MUTINY HOTEL
MIAMI WATERSPORTS
VICKY'S HOUSE
HARRY'S PIZZERIA
BOUCHON DU GROVE
THE BARNACLE HISTORIC STATE PARK
SHOPS AT MERRICK PARK
LOWE ART MUSEUM
Taylor R. Alexander Microbiome
FL 953
FL 976
US 1
Alhambra Circle
Majorca Avenue
Navarre Avenue
Alcazar Avenue
North Greenway Drive
South Greenwy. Dr.
Asturia Avenue
Castile Avenue
De Soto Blvd.
Valencia Avenue
Almeria Ave.
Sevilla Avenue
Catalonia Ave.
Anderson Road
Cardena St.
Segovia Street
Southwest 42nd Avenue
Salzedo St.
Uni. Dr.
Ponce De Leon Boulevard
Southwest 37th Avenue
Southwest 36th Avenue
Southwest 34th Ave.
Southwest 32nd Avenue
Southwest 31st Ave.
Southwest 29th Ave.
Southwest 27th Avenue
Southwest 22nd Ave.
Southwest 21st Ave.
Southwest 19th St.
Southwest 19th Terr.
Southwest 20th St.
Southwest 21st St.
Southwest 22nd Street
Southwest 23rd St.
Southwest 23rd Terr.
Southwest 24th Terr.
Southwest 25th Street
Southwest 27th St.
Southwest 28th Street
Southwest 29th Street
Southwest 40th Street
Shr. Dr. West
Samana Dr.
Hilola St.
Alatka Street
Secoffee St.
Secoffee Terrace
Dixie Highway
Aviation Avenue
Jefferson Street
Lucaya Street
Calusa St.
Tigertail Avenue
Fair Isle Street
Durango Street
Toledo Street
Aledo Ave.
University Drive
Riviera Drive
Harlano St.
Altara Ave.
Jeronimo Drive
Mendavia Ave.
Alegriano Avenue
Blue Road
Granada Boulevard
Paradiso Ave.
Sistina Ave.
Benevento Ave.
Loretto Ave.
Carillo St.
Maggiore Street
Crawford Avenue
Poinciana Avenue
Leafy Wy.
Plaza Street
Main Highway
Royal Rd.

RUSTY PELICAN
Bill Sadowski Critical Wildlife Area
HISTORIC VIRGINIA KEY BEACH PARK
MIAMI SEAQUARIUM
Rickenbacker Causeway
MARJORY STONEMAN DOUGLAS BISCAYNE NATURE CENTER
Crandon Park
MIAMI KITEBOARDING
Détroit de Floride
DONUT GALLERY DINER
FLOUR & WEIRDOUGHS
COMMENOZ GALLERY
BOULANGERIE BOUL'MICH
AYESHA INDIAN FINE DINING
THE RITZ CARLTON KEY BISCAYNE
KEY BISCAYNE VISITORS CENTER
EL GRAN INKA
NEO NAIL BAR - KEY BISCAYNE
Bill Baggs Cape Florida State Park
Key Biscayne
1 KM

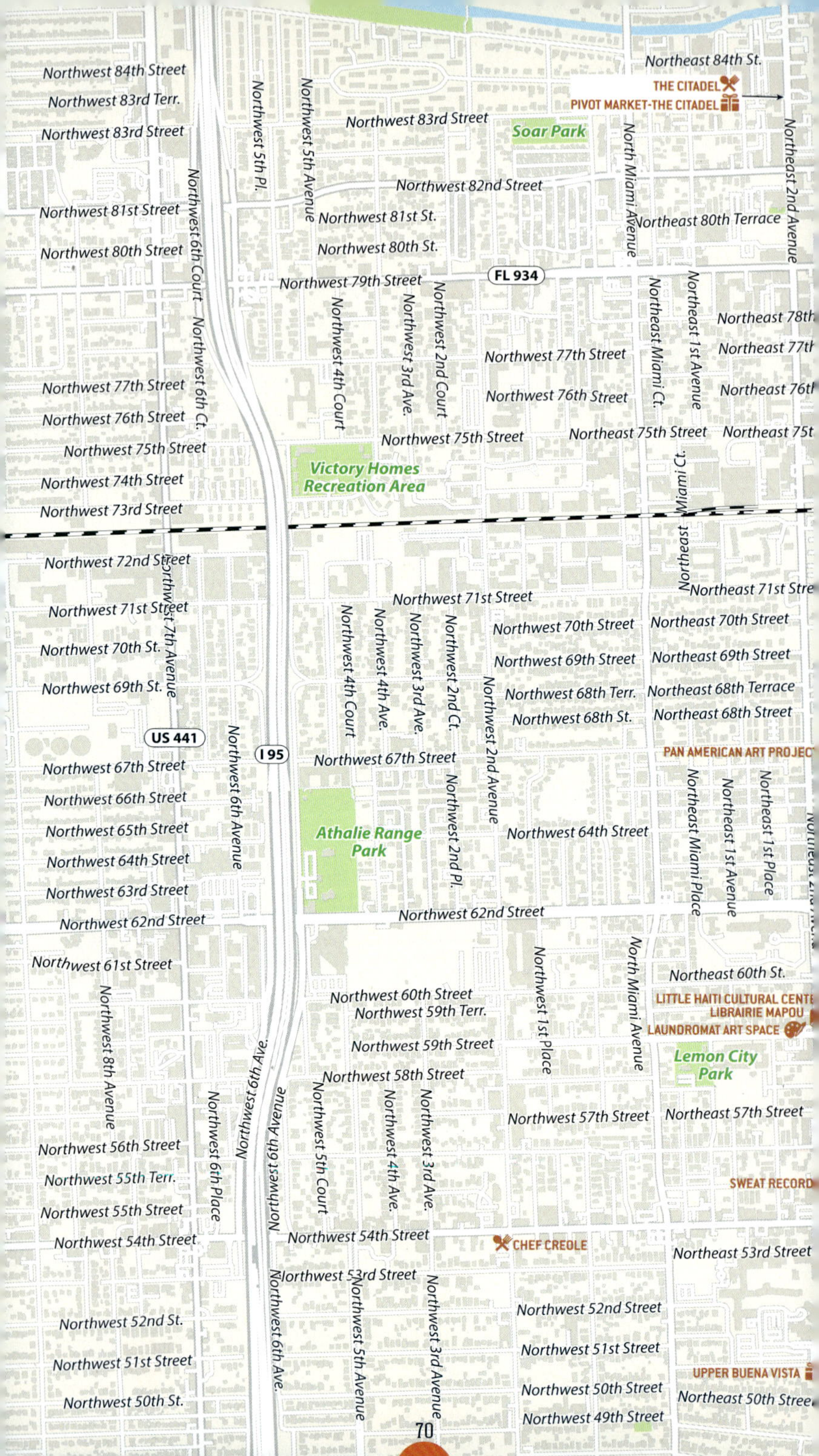

Northwest 84th Street
Northwest 83rd Terr.
Northwest 83rd Street
Northwest 81st Street
Northwest 80th Street
Northwest 5th Pl.
Northwest 5th Avenue
Northwest 83rd Street
Soar Park
Northeast 84th St.
THE CITADEL
PIVOT MARKET-THE CITADEL
North Miami Avenue
Northeast 2nd Avenue
Northwest 82nd Street
Northwest 81st St.
Northwest 80th St.
Northeast 80th Terrace
Northwest 79th Street
FL 934
Northwest 6th Court
Northwest 6th Ct.
Northwest 4th Court
Northwest 3rd Ave.
Northwest 2nd Court
Northeast Miami Ct.
Northeast 1st Avenue
Northeast 78th
Northeast 77th
Northeast 76th
Northwest 77th Street
Northwest 76th Street
Northwest 77th Street
Northwest 76th Street
Northwest 75th Street
Northwest 75th Street
Northeast 75th Street
Northeast 75t
Victory Homes Recreation Area
Northwest 74th Street
Northwest 73rd Street
Northeast Miami Ct.
Northwest 72nd Street
Northwest 7th Avenue
Northwest 71st Street
Northwest 70th St.
Northwest 69th St.
Northwest 71st Street
Northwest 4th Court
Northwest 4th Ave.
Northwest 3rd Ave.
Northwest 2nd Ct.
Northwest 2nd Avenue
Northwest 70th Street
Northwest 69th Street
Northwest 68th Terr.
Northwest 68th St.
Northeast 71st Stre
Northeast 70th Street
Northeast 69th Street
Northeast 68th Terrace
Northeast 68th Street
PAN AMERICAN ART PROJEC
US 441
I 95
Northwest 6th Avenue
Northwest 67th Street
Northwest 67th Street
Northwest 66th Street
Northwest 65th Street
Northwest 64th Street
Northwest 63rd Street
Northwest 62nd Street
Athalie Range Park
Northwest 2nd Pl.
Northwest 64th Street
Northeast Miami Place
Northeast 1st Avenue
Northeast 1st Place
Northwest 62nd Street
Northwest 61st Street
Northwest 8th Avenue
Northwest 60th Street
Northwest 59th Terr.
Northwest 59th Street
Northwest 58th Street
Northwest 1st Place
North Miami Avenue
Northeast 60th St.
LITTLE HAITI CULTURAL CENTE
LIBRAIRIE MAPOU
LAUNDROMAT ART SPACE
Lemon City Park
Northwest 57th Street
Northeast 57th Street
Northwest 6th Ave.
Northwest 6th Avenue
Northwest 6th Place
Northwest 5th Court
Northwest 4th Ave.
Northwest 3rd Ave.
Northwest 56th Street
Northwest 55th Terr.
Northwest 55th Street
Northwest 54th Street
Northwest 54th Street
SWEAT RECORD
CHEF CREOLE
Northeast 53rd Street
Northwest 53rd Street
Northwest 6th Ave.
Northwest 5th Avenue
Northwest 3rd Avenue
Northwest 52nd St.
Northwest 51st Street
Northwest 50th St.
Northwest 52nd Street
Northwest 51st Street
Northwest 50th Street
Northwest 49th Street
UPPER BUENA VISTA
Northeast 50th Stree

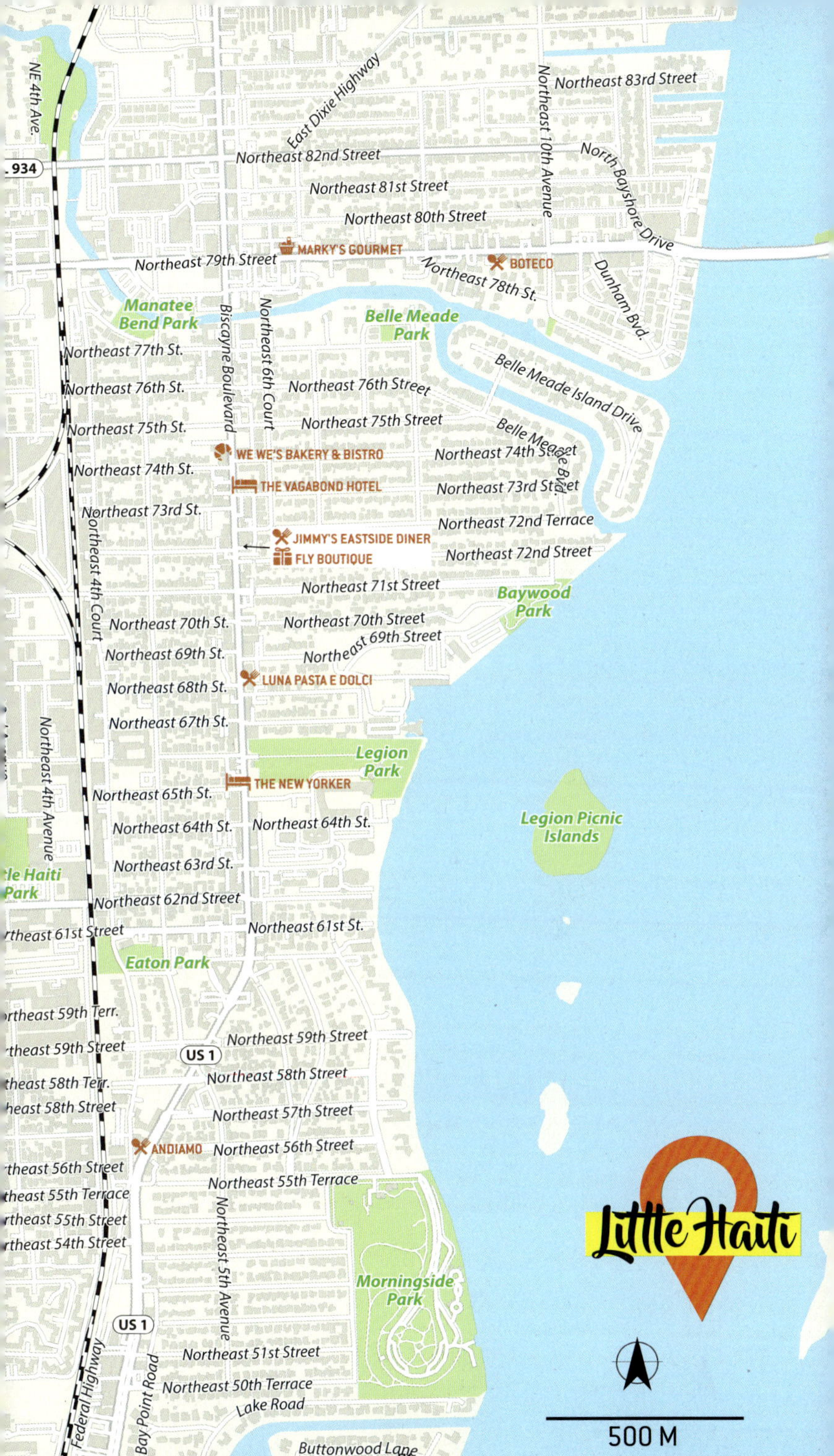
Little Haiti
Northeast 83rd Street
East Dixie Highway
Northeast 82nd Street
934
NE 4th Ave.
Northeast 10th Avenue
North Bayshore Drive
Northeast 81st Street
Northeast 80th Street
MARKY'S GOURMET
Northeast 79th Street
BOTECO
Northeast 78th St.
Dunham Bvd.
Manatee Bend Park
Biscayne Boulevard
Northeast 6th Court
Belle Meade Park
Northeast 77th St.
Belle Meade Island Drive
Northeast 76th St.
Northeast 76th Street
Northeast 75th St.
Northeast 75th Street
Belle Meade Bvd.
WE WE'S BAKERY & BISTRO
Northeast 74th St.
Northeast 74th Street
THE VAGABOND HOTEL
Northeast 73rd Street
Northeast 73rd St.
Northeast 72nd Terrace
JIMMY'S EASTSIDE DINER
FLY BOUTIQUE
Northeast 72nd Street
Northeast 4th Court
Northeast 71st Street
Baywood Park
Northeast 70th St.
Northeast 70th Street
Northeast 69th St.
Northeast 69th Street
LUNA PASTA E DOLCI
Northeast 68th St.
Northeast 67th St.
Northeast 4th Avenue
Legion Park
THE NEW YORKER
Northeast 65th St.
Legion Picnic Islands
Northeast 64th St.
Northeast 64th St.
Northeast 63rd St.
Northeast 62nd Street
Northeast 61st St.
Eaton Park
Northeast 59th Street
US 1
Northeast 58th Street
Northeast 57th Street
ANDIAMO
Northeast 56th Street
Northeast 55th Terrace
Northeast 5th Avenue
Morningside Park
US 1
Federal Highway
Bay Point Road
Northeast 51st Street
Northeast 50th Terrace
Lake Road
Buttonwood Lane
500 M

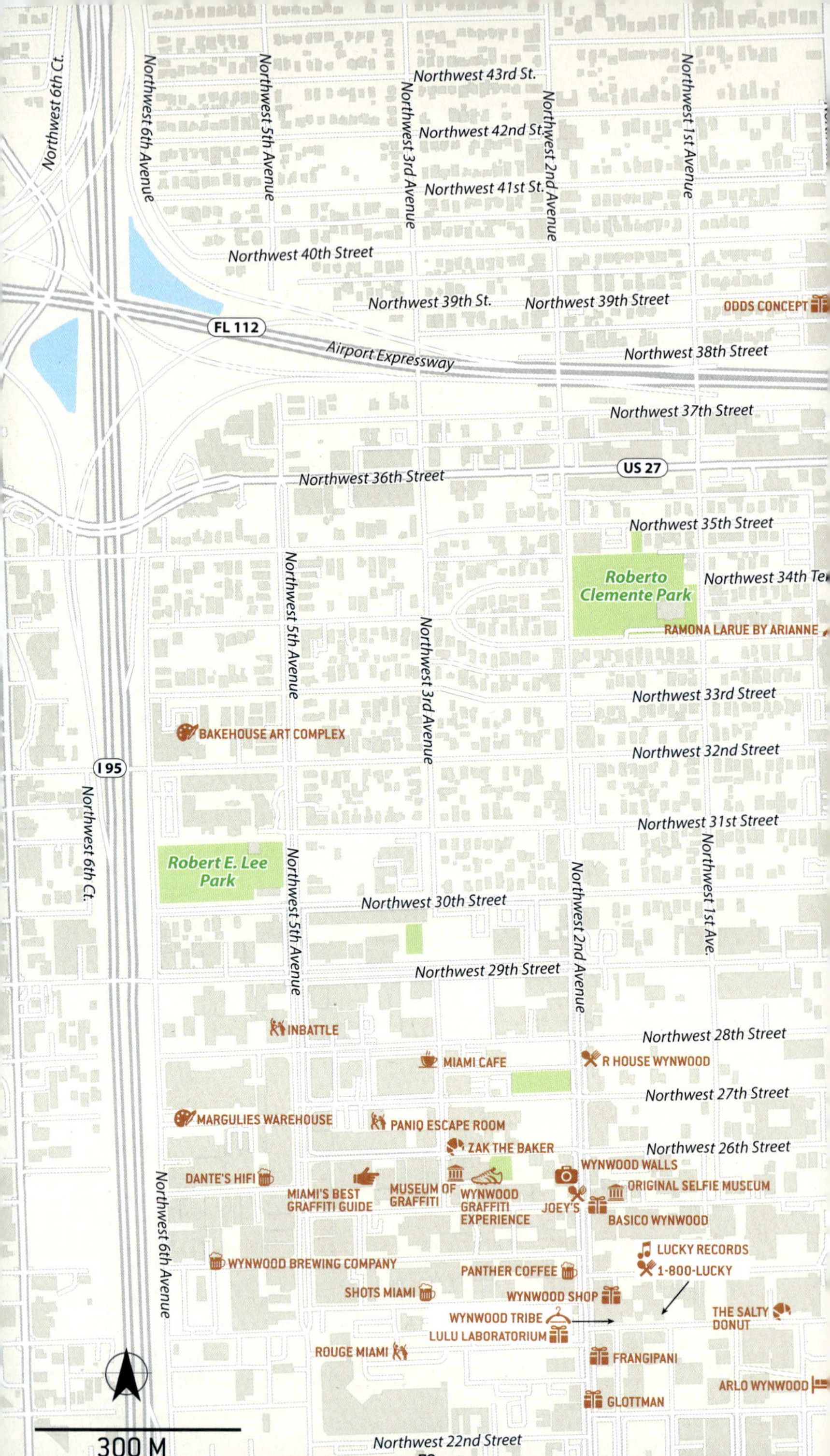
Northwest 6th Ct.
Northwest 6th Avenue
Northwest 5th Avenue
Northwest 3rd Avenue
Northwest 2nd Avenue
Northwest 1st Avenue
Northwest 43rd St.
Northwest 42nd St.
Northwest 41st St.
Northwest 40th Street
Northwest 39th St.
Northwest 39th Street
ODDS CONCEPT
FL 112
Airport Expressway
Northwest 38th Street
Northwest 37th Street
US 27
Northwest 36th Street
Northwest 35th Street
Roberto Clemente Park
Northwest 34th Te
RAMONA LARUE BY ARIANNE
Northwest 33rd Street
BAKEHOUSE ART COMPLEX
Northwest 32nd Street
I 95
Northwest 31st Street
Northwest 1st Ave.
Robert E. Lee Park
Northwest 30th Street
Northwest 29th Street
INBATTLE
Northwest 28th Street
MIAMI CAFE
R HOUSE WYNWOOD
Northwest 27th Street
MARGULIES WAREHOUSE
PANIQ ESCAPE ROOM
ZAK THE BAKER
Northwest 26th Street
WYNWOOD WALLS
DANTE'S HIFI
MIAMI'S BEST GRAFFITI GUIDE
MUSEUM OF GRAFFITI
WYNWOOD GRAFFITI EXPERIENCE
JOEY'S
ORIGINAL SELFIE MUSEUM
BASICO WYNWOOD
LUCKY RECORDS
1-800-LUCKY
WYNWOOD BREWING COMPANY
PANTHER COFFEE
SHOTS MIAMI
WYNWOOD SHOP
WYNWOOD TRIBE
THE SALTY DONUT
LULU LABORATORIUM
ROUGE MIAMI
FRANGIPANI
ARLO WYNWOOD
GLOTTMAN
300 M
Northwest 22nd Street

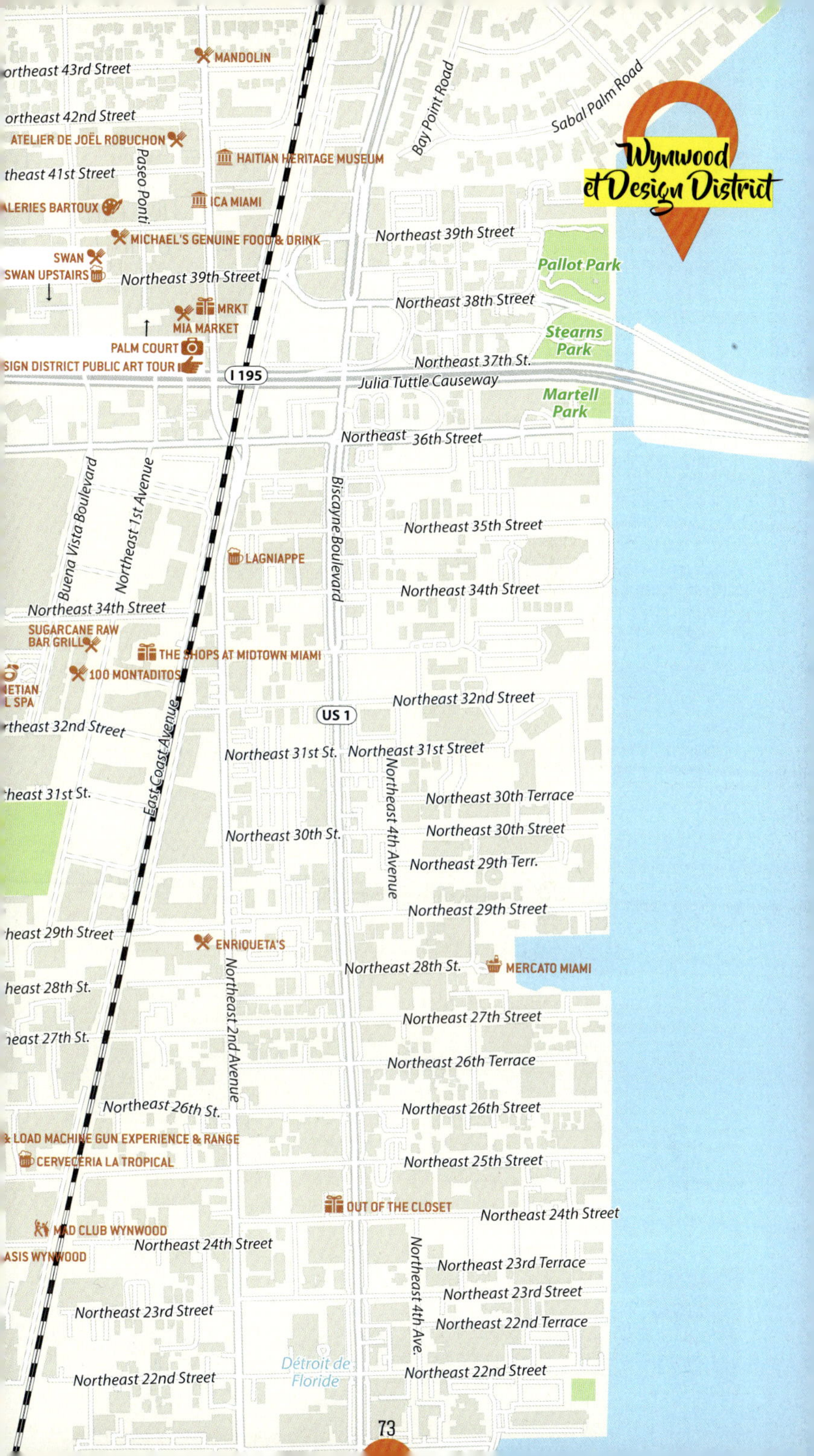
Wynwood et Design District
MANDOLIN
ATELIER DE JOËL ROBUCHON
HAITIAN HERITAGE MUSEUM
ICA MIAMI
LERIES BARTOUX
MICHAEL'S GENUINE FOOD & DRINK
SWAN
SWAN UPSTAIRS
MRKT
MIA MARKET
PALM COURT
SIGN DISTRICT PUBLIC ART TOUR
LAGNIAPPE
SUGARCANE RAW BAR GRILL
THE SHOPS AT MIDTOWN MIAMI
100 MONTADITOS
ETIAN L SPA
ENRIQUETA'S
MERCATO MIAMI
& LOAD MACHINE GUN EXPERIENCE & RANGE
CERVECERIA LA TROPICAL
OUT OF THE CLOSET
MAD CLUB WYNWOOD
ASIS WYNWOOD
Pallot Park
Stearns Park
Martell Park
I 195
US 1
Julia Tuttle Causeway
Sabal Palm Road
Bay Point Road
Paseo Ponti
Buena Vista Boulevard
Northeast 1st Avenue
East Coast Avenue
Biscayne Boulevard
Northeast 2nd Avenue
Northeast 4th Avenue
Northeast 4th Ave.
ortheast 43rd Street
ortheast 42nd Street
theast 41st Street
Northeast 39th Street
Northeast 38th Street
Northeast 37th St.
Northeast 36th Street
Northeast 35th Street
Northeast 34th Street
Northeast 32nd Street
rtheast 32nd Street
Northeast 31st St.
Northeast 31st Street
heast 31st St.
Northeast 30th Terrace
Northeast 30th Street
Northeast 30th St.
Northeast 29th Terr.
Northeast 29th Street
heast 29th Street
Northeast 28th St.
heast 28th St.
Northeast 27th Street
east 27th St.
Northeast 26th Terrace
Northeast 26th Street
Northeast 26th St.
Northeast 25th Street
Northeast 24th Street
Northeast 23rd Terrace
Northeast 23rd Street
Northeast 22nd Terrace
Northeast 22nd Street
Détroit de Floride

PRATIQUE

SE REPÉRER / SE DÉPLACER

DE L'AÉROPORT AU CENTRE-VILLE

▸ **La Floride est dotée de quatre aéroports internationaux :** Miami (MIA), Orlando (MCO), Fort Lauderdale (FLL) et Tampa (TPA). Depuis la France, il est conseillé d'atterrir à Miami (vols directs depuis Paris CDG en 9h45). Si vous venez en Floride pour visiter les parcs d'attraction, il est judicieux (et moins cher) d'atterrir directement à Orlando, mais il vous faudra nécessairement transiter par un aéroport américain car il n'existe pas de vol direct depuis la France.

▸ **Pour rejoindre le centre-ville de Miami depuis l'aéroport,** l'option la plus rapide est le VTC (Uber ou Lyft) ; il faut compter environ 20 US$ la course (30 minutes de trajet jusqu'à South Beach, un peu moins jusqu'à Downtown). Si vous logez à Downtown, vous pourrez emprunter la ligne Orange du Metrorail (2,25 US$ le trajet). Des lignes de bus font également le trajet (ligne 150 notamment), mais nous vous déconseillons cette option qui prendra beaucoup plus de temps. Vous pouvez aussi réserver des navettes privées.

ARRIVÉE EN TRAIN

Miami est desservie par la compagnie américaine Amtrak (francais.amtrak.com).
Au second semestre 2023, la compagnie de train à grande vitesse Brightline (gobrightline.com) permettra de relier Miami à Orlando en 3 heures, contre environ 4h30 en voiture.

ARRIVÉE EN BATEAU

Il existe de nombreuses possibilités si vous souhaitez réaliser une croisière depuis Miami jusqu'aux Bahamas (à partir de 2 nuits).

TRANSPORTS EN COMMUN

Les bus urbains de Miami accusent souvent des retards importants et les arrêts sont très (trop !) nombreux. Préférez, lorsque vous êtes dans le quartier de Downtown, le Metrorail (2,25 US$ le ticket) ou le Metromover (gratuit). Vous pouvez acheter des tickets à l'unité directement dans les bus (espèces uniquement, prévoir l'appoint) ou dans les stations de Metrorail (carte bancaire acceptée). Il existe également des *pass* 1 jour (5,65 US$) ou 7 jours (29,25 US$) valables sur les réseaux de bus et métro, à charger sur une carte Easy Card (coût d'achat 2 US$). Cette carte peut être achetée en ligne ou dans une station de Metrorail.

VÉLO, TROTTINETTE & CO

Citi Bike (http://citibikemiami.com) est le service de location de vélos en libre-service de Miami. Les locations sont possibles à l'heure et à la journée.

AVEC UN CHAUFFEUR

Les VTC comme Uber et Lyft sont omniprésents, et les tarifs moins chers qu'en France. Il peut toutefois exister des différences de prix entre les deux compagnies pour un même trajet, nous vous conseillons donc de télécharger les deux applications pour faire la comparaison. Si vous êtes seul ou à deux, sachez que les trajets partagés sont encore moins chers.
Conseil : il est facile de trouver un code promo à utiliser sur vos premières courses.
Il est d'usage de laisser 10 % à 15 % du montant de la course en guise de pourboire. En général, les chauffeurs de taxi vous les prennent automatiquement ou vous pouvez les ajouter via l'application Uber ou Lyft.

EN VOITURE

Si vous ne prévoyez pas de quitter Miami, mieux vaut laisser tomber la location de voiture et circuler à pied, en vélo, en bus et en Uber !
En effet, la circulation en ville est de plus en plus tendue. Non seulement le stationnement gratuit est quasiment inexistant, mais en plus les parkings sont très chers (entre 30 et 50 US$ les 24h), même s'il est toujours possible de dénicher quelques exceptions. La plupart des parkings d'hôtels à Miami sont également payants.

2415 kgCO_2e / personne
Aller-retour Paris-Miami

→ Le calcul de cette consommation CO_2 est fait à partir de Paris. L'idée est ici de montrer concrètement l'empreinte carbone de ce trajet, même s'il n'existe pas d'autre alternative que l'avion pour se rendre dans cette destination de manière directe.

© GOODLUZ-SHUTTERSTOCK.COM

LES PHRASES CLÉS

Bonjour, comment puis-je me rendre à…
Excuse me, how can I get to…

Est-ce loin à pied ? Y a-t-il le métro ou un bus… pour y aller ?
Is it far to walk? Is there a subway or a bus that goes there?

Pouvez-vous me montrer cet endroit sur la carte s'il vous plait ?
Can you please show me this place on the map?

Où puis-je acheter les tickets de transport ? Est-ce que je peux payer en carte de crédit ?
Where can I buy transit tickets? Can I pay with a credit card?

Où est la sortie ? A gauche, à droite ou tout droit ?
Where is the exit? Is it on the left, the right, or straight ahead?

Je suis perdu et je suis en retard, s'il vous plait, aidez-moi ! Merci beaucoup !
I'm lost and running late. Could you please help me? Thank you very much!

AMTRAK STATION

8303 North West 37th Avenue
✆ +1 305 693 7598
www.amtrak.com

En Floride, l'Amtrak dessert notamment Miami, Fort-Lauderdale, Daytona Beach, Jacksonville, Orlando, St Petersburg,.

L'Amtrak est une compagnie ferroviaire américaine qui dessert l'ensemble du pays avec plus de 500 destinations. En Floride, si vous n'avez pas de voiture, le train peut être une bonne alternative car Amtrak couvre les principales villes de l'État. Il faut toutefois avoir en tête que les gares ne se situent pas toujours en plein centre-ville et qu'il vous faudra peut-être prendre le bus ou le taxi pour arriver à votre destination. Les tarifs peuvent être compétitifs et les trains sont confortables avec de nombreuses options (sièges couchés, repas à bord…).

BRIGHTLINE

✆ +1 305 520 2300
www.gobrightline.com

Comptez 10 US$ pour Miami/Fort Lauderdale et 15 US$ pour Miami/West Palm Beach. En 2023 : Miami/Orlando.

Cette compagnie de train à grande vitesse relie Miami, Fort Lauderdale et West Palm Beach. Les trains de la Brightline sont confortables et très modernes avec Wifi gratuit à bord et prises USB. Une autre partie du tronçon de la *Brightline*, encore en travaux au moment où nous bouclons ce guide, permettra de relier Orlando à Miami en 3h, et ce dès 2023. La station se situe dans le terminal Sud de l'aéroport d'Orlando. C'est donc une très bonne nouvelle pour ceux qui souhaitent éviter de louer une voiture pour rejoindre les deux villes.

TRI RAIL

800 NW 33rd street
www.tri-rail.com

En zone 1 : 2,5 US$ l'aller ; 5 US$ l'aller-retour. Ticket de 12 voyages : 30 US$. Les tarifs augmentent avec les zones.

Le Tri Rail, abréviation de Tri County Rail System, a été construit sur des voies déjà existantes pour relier trois comtés : Dade, Broward et Palm. Bien que destiné aux banlieusards, il fonctionne 7j/7 (sauf pour Thanksgiving et Noël) et permet aux touristes de visiter Palm Beach en l'espace d'une journée pour un prix bon marché. Les arrêts sont les suivants : Miami Airport, Hollywood, Metrorail, Ft. Lauderdale-Hollywood International Airport, Ft. Lauderdale, Pompano Beach, Boca Raton, Delray Beach, Boynton Beach, Lake Worth, Palm Beach Airport et West Palm Beach.

GREYHOUND STATION

4111 Northwest 27th Street
✆ +1 305 871 1810
www.greyhound.com

Ouvert 24h/24. Principales villes desservies par le réseau : Orlando, Miami, Tampa, Key West, Fort Lauderdale…

La compagnie américaine de bus Greyhound relie Orlando à la plupart des grandes villes américaines (Miami en 5h, Tampa en 1h30, Tallahassee en 5h15, Saint Augustine en 2h15…). La gare routière d'Orlando est située à Downtown mais il est aussi possible de prendre un bus directement depuis l'aéroport. Si vous souhaitez profiter des parcs d'attraction d'Orlando, nous vous conseillons de vous arrêter à la station de Kissimmee, à 15 miles de Disney World et 18 miles d'Universal Studio. Une option économique si vous avez du temps devant vous.

POSEIDON FERRY

400 SE 2nd Avenue ✆ +1 833 443 3779
https://poseidonferry.com

Traversée Downtown (River Bay Walk) / Miami Beach (Bentley Bay Marina) : 13 US$ aller. Gratuit -10 ans. 4 A/R par jour.

Vous souhaitez vous rendre de Downtown à Miami Beach ou inversement ? Le Poseidon Ferry propose quatre traversées par jour entre River Bay Walk (à moins de 10 min de Bayside Market, côté Downtown) et Bentley Bay Marina (à 15 min de la plage, côté Miami Beach). C'est une alternative plus économique que le VTC, plus rapide que le bus, et beaucoup plus agréable ! La traversée dure 30 minutes et vous permet de profiter d'une superbe vue sur la *skyline* de Downtown et le port de Miami. Une nouvelle liaison vers Coconut Grove devrait voir le jour prochainement.

CITIBIKE

www.citibikemiami.com

4,95 US$/30m, 6,95 US$/1h, 10,95 US$/2h, 18 US$/4h, 24 US$/jour. Un mois : 35 US$. Si dépassement : 4,60 US$/30min.

Le Citibike est le système de location de vélos en libre-service de Miami, identique aux Vélib' parisiens. Vous trouverez plus de 165 stations entre Miami Beach et Downtown. Pour louer un vélo, c'est très simple : il suffit de choisir une durée et de payer par carte bancaire via la borne. Vous pourrez ensuite déposer votre vélo à n'importe quelle station. Astuce : en optant pour l'abonnement mensuel, vous bénéficierez d'une heure gratuite par jour. Pour que ce soit rentable, il faut tout de même faire beaucoup de vélo pendant votre séjour. Un calcul s'impose !

METROBUS

✆ +1 305 637 3800

www.miamidade.gov/transit/metrobus.asp

Ticket : 2,25 US$. Prévoir l'appoint pour le chauffeur si vous n'avez pas de ticket avant de monter.

Miami possède un immense réseau de bus qui desservent toute la ville du nord au sud et d'est en ouest. Les 95 lignes sont ouvertes tous les jours et certaines fonctionnent 24h/24. Sachez toutefois que les trajets peuvent être très longs en raison des distances et des nombreux arrêts. Mieux vaut donc anticiper votre trajet et ne pas être trop pressé. Les retards sont aussi fréquents. L'application GO Miami-Dade Transit permet de connaître les horaires en temps réel. Pratique et économique si vous logez sur Downtown : la ligne *120 Beach Max* jusqu'à Miami Beach.

METROMOVER

www.miamidade.gov

Fonctionne tous les jours de 5h à minuit.Gratuit.

Le Metromover est le métro aérien gratuit de Miami. Totalement informatisé, il circule entre les quartiers de Brickell et Downtown. Trois boucles (Inner Loop, Brickell Loop et Omni Loop) desservent 21 stations. Comptez environ 5 min entre chaque train. Le Metromover est très pratique car il vous mène au pied des principaux points d'intérêt tels que le Frost Science Museum et Pérez Art Museum (arrêt Museum Park), Bayside Market (arrêt Bayfront Park) ou encore Brickell Village (arrêt Tenth Street/Promenade). Installez-vous à l'avant pour apprécier le paysage.

METRORAIL

www.miamidade.gov

Tous les jours de 5h à minuit. Ticket : 2,25 US$. Carte Easy : 2 US$, pass 1 jour : 5,65 US$, pass 7 jours : 29,25 US$.

Ce métro aérien construit sur des piliers de ciment est assez futuriste. Il ne pouvait pas être souterrain à cause de la texture géologique du terrain calcaire, trop mince au-dessus de l'eau. Il y a deux lignes : la verte et la orange. Durant votre séjour, le Metrorail peut être pratique si vous devez vous rendre à l'aéroport, à Coral Gables ou à Brickell. Autrement, il circule de Palmetto (au nord) jusqu'à Dadeland (au sud). Il traverse la Miami River sur un pont spectaculaire illuminé la nuit, et d'où la vue est magnifique. Comptez un train toutes les 15 min.

MIAMI BEACH TROLLEY

✆ +1 305 673 7117

Gratuit. Les trolleys circulent tous les jours de 8h à 23h. Fréquence de passage : toutes les 30 min environ.

Similaire en tous points au Miami Trolley, le Miami Beach Trolley offre un transport gratuit à travers la ville de Miami Beach. Quatre lignes relient le nord au sud et l'est à l'ouest : la South Beach Loop, la Middle Beach Loop, la North Beach Loop et la Collins Express. Des arrêts permettent de passer d'une ligne à l'autre, et l'application « City of Mimi Beach e-Gov » offre un suivi en temps réel. Les trolleys sont une alternative que l'on oublie souvent au détriment des VTC, mais ils se révèlent être une véritable aubaine si vous n'êtes pas trop pressés.

MIAMI TROLLEY

✆ +1 305 416 1132

Gratuit. 14 lignes circulent dès 6h30 tous les jours (sauf certaines lignes) à travers Miami. Horaires sur le site.

Miami Trolley est un service de transport gratuit de Miami. Les trolleys, qui ressemblent à des tramways rétro sur roues, vous mèneront dans les principaux quartiers de la ville : Downtown, Little Havana, Wynwood, Coconut Grove, Biscayne... C'est une excellent façon de découvrir Miami en alliant l'utile à l'agréable. Les Trolleys circulent toutes les 15 à 45 minutes, et certains arrêts permettent des correspondances avec le Metromover, le métro aérien gratuit. Attention, Miami Trolley ne dessert pas la ville de Miami Beach. Se référer à Miami Beach Trolley.

SCOOTERS SOUTH BEACH

1520 Collins Avenue

✆ +1 305 672 4346

https://scooterssouthbeach.com

Ouvert tous les jours de 10h à 18h30.

L'agence Scooters South Beach propose la location de Vespa, scooters, mini Hummer et Segway. Un emplacement idéal à South Beach, juste à côté de... tout ! L'agence peut aussi livrer et récupérer les véhicules sur votre lieu d'hébergement. SI vous louez un deux-roues ou un Segway, casques et cadenas sont fournis. Les Vespas sont très belles et bien entretenues, une maintenance régulière permet de louer en toute sérénité. Vous serez reçu en toute sympathie. Une option intéressante et moins onéreuse qu'une voiture pour se déplacer facilement dans Miami.

QUARTIERS DE MIAMI

Miami, comme la plupart des villes des États-Unis, est organisée selon un schéma nord-sud et est-ouest. Sur l'axe nord-sud, la I-95 est une voie rapide qui permet de rejoindre Fort Lauderdale et Palm Beach. Elle rejoint la US 1 ou Dixie Highway au sud jusqu'à Key West. Le Florida's Turnpike est une autre voie rapide qui part au sud de Florida City et traverse Miami plus à l'ouest que la US1 pour remonter vers Fort Lauderdale. Tout lieu dans Miami est désigné selon l'appellation Northwest (NW), Southwest (SW, sud-ouest), Northeast (NE, nord-est) ou Southeast (SE, sud-est). Une adresse inclut les intersections des rues et avenues. Ainsi 3504 SW 8th Street est situé près de l'angle de SW 8th Street et 35th Avenue. Les adresses sont uniformes dans Coral Gables, North Miami Beach et d'autres petites communes mitoyennes à Miami. Il faut s'entraîner un peu avant que ça devienne un réflexe car ce n'est pas simple au premier abord !

South Beach

South Beach, dont le petit nom SoBe a été donné en comparaison avec le quartier de SoHo à New York, est une sorte d'île ultra-urbanisée incontournable pour les touristes, où les buildings n'en finissent toujours pas de pousser. Très touristique, ce quartier, situé entre la baie de Biscayne et l'océan, est la partie de Miami qui s'est développée en premier dans les années 1910.
C'est ici que règne le plus d'animation. South Beach est le cœur vibrant de Miami et souvent la seule destination que les touristes se contentent d'explorer... Pourtant, Miami, ce n'est pas que South Beach, cette partie sud de l'île de Miami Beach, mais il est vrai que les amateurs de plage préfèrent y rester. C'est en effet à South Beach que l'on vient parfaire son bronzage, sur la vaste bande de sable blanc qui donne sur l'océan, et où l'on retrouve les fameux cabanons colorés des sauveteurs, tous de formes différentes. Et l'avantage c'est qu'on peut sillonner ce quartier très facilement à pied, il suffit donc de laisser sa voiture garée à l'hôtel et de marcher ou de prendre un Uber ou un Lyft en cas de fatigue.
South Beach est également le berceau des bâtiments Art déco, construits dans les années 1920 et 1930, magnifiquement restaurés et préservés. Ils donnent un charme fou à ce quartier qui est ainsi devenu l'image carte postale de Miami à lui tout seul.

▶ **Orientation.** Le quartier s'articule du nord au sud autour d'Ocean Drive qui longe l'océan, partant de la 1st Street jusqu'à la 15th sans discontinuer. C'est d'ailleurs dans les 15 premières rues que se concentre l'activité de la ville et que l'on trouve la plupart des points d'intérêt. Parallèlement à Ocean Drive se succèdent Collins Avenue, Washington Avenue et enfin le plus à l'ouest, Alton Road. Sur l'axe est-ouest, seule Lincoln Road et Española Way se distinguent des différentes rues qui composent le quartier. Tout au sud de l'île, la pointe de South Beach est un endroit piéton agréable.

▶ **Transports en commun.** South Beach est desservie par les bus mais ils sont souvent lents et en retard. Les Trolleys, petits bus au look rétro, sillonnent également South Beach gratuitement mais leurs passages sont un peu moins fréquents.

▶ **Voiture.** Les parkings et les parcmètres sont la hantise des conducteurs car les prix sont prohibitifs à partir du moment où l'on souhaite rester quelques heures sur place.

▶ **Uber et Lyft.** Pour vous déplacer rapidement à South Beach, le moyen de transport le plus rentable et le plus rapide, c'est Uber ou Lyft ! Mais on vous recommande avant tout de prendre l'option qui vous permet de partager votre course avec des passagers qui vont dans la même direction que vous. Imbattable et tellement pratique ! A condition d'avoir téléchargé l'application Uber ou Lyft au préalable bien sûr...

Miami Beach et ses plages

Elles sont la véritable raison d'être de Miami Beach et qui s'en étonnera ? L'île de Miami Beach était à l'origine une simple barrière de sable qui protégeait l'embouchure de la Miami River. C'est dans les années 1910, grâce à John Collins, qu'elle est exploitée et transformée. C'est lui qui, avec l'aide de Carl Fisher, commence à en faire une destination touristique en la transformant progressivement en zone résidentielle et en faisant construire un pont entre Miami et Miami Beach. Ce nouveau moyen d'accès facilite considérablement l'accès à l'île depuis le continent, et elle devient dès lors un endroit de villégiature pour beaucoup d'Américains avides de soleil et de températures clémentes.

© CRISTIANL - ISTOCKPHOTO.COM

Bâtiments Art Deco à South Beach.

SE REPÉRER / SE DÉPLACER

Collins et Fisher ne s'imaginaient peut-être pas qu'un siècle plus tard Miami Beach serait toujours, et plus que jamais, tournée vers le tourisme. La principale raison à cela c'est, bien sûr, ses magnifiques plages. Toute l'économie de Miami Beach est d'ailleurs centrée sur les plaisirs balnéaires. C'est pourquoi elle est toujours là, et toujours gratuite. Ce sont donc 10 miles (16 km) de sable libre qui s'offrent à vous de South Pointe Park (et 1st Street) jusqu'à 192nd Street (Sunny Isles).

A noter cependant que par endroit, la plage n'est pas directement accessible depuis la rue. En effet, les établissements privés restreignent souvent l'accès, ce qui ne veut pas dire que vous ne pouvez pas accéder à la plage mais que depuis la route, il ne sera pas toujours possible de la rejoindre !

Certaines plages sont surveillées par des vigiles (*lifeguards*) dont la présence peut s'avérer nécessaire en raison de forts courants sous-marins dans les parages. Leurs postes de sauvetage, si photogéniques, sont bariolés de couleurs pastel, pour répondre aux belles façades Art déco !

Mid, North Beach et North Miami

Mid Beach et North Beach. Miami Beach se poursuit bien au-delà de South Beach, à travers la très longue Collins Avenue qui finit par changer de nom pour devenir Ocean Boulevard. On considère qu'on est à Mid Beach, soit mot à mot, au milieu de l'île de Miami Beach, après avoir passé le Dade Boulevard, et ce, jusqu'à North Bay Village. A partir de North Bay Village commence ce qu'on appelle North Beach, soit la partie nord de Miami Beach. Cette zone inclut stricto sensu toute la partie autour de l'Indian Creek Drive avec l'Indian Creek Village. Au nord, dans le prolongement de North Beach, on trouve les quartiers de Surfside, Bal Harbour et Sunny Isles Beach.

Les quartiers de North Beach et Mid Beach sont les plus touristiques avec des hôtels et des motels modestes qui ont recueilli tous ceux qui ont été chassés par le développement sauvage de South Beach. Les plages sont encore peu bondées, mais la croissance continue du tourisme à South Beach commence à transformer et embourgeoiser cette zone. Plusieurs grands complexes hôteliers assez chics ont ainsi été construits sur cette partie de Miami Beach ces dernières années, notamment sur Sunny Isles. La clientèle est également beaucoup plus familiale qu'à South Beach. Côté points d'intérêt, il faut bien reconnaître que le coin est assez pauvre. Pour l'instant, vous devrez vous contenter de la plage côté loisirs, mais c'est plutôt très agréable comme cadeau de consolation, non ? Et puis, si vraiment vous recherchez plus d'animation, vous arriverez en 30 minutes sur South Beach en voiture, en partant de Sunny Isles. En réalité, cette partie de Miami Beach est très agréable pour vivre plutôt au rythme de ses habitants, loin des foules de touristes de South Beach. Vous y trouverez pas mal de restaurants et bistrots de quartier, destinés à une clientèle vraiment américaine, et cela change quand même grandement des établissements plus *show off* de SoBe où l'on veut avant tout attirer une clientèle touristique. Enfin, le centre commercial de Bal Harbour, dans le quartier de Bal Harbour, cible une clientèle plus riche avec essentiellement des boutiques de luxe, mais il est aussi très agréable pour une simple balade car il est à ciel ouvert et il offre un cadre tropica-lo-caribéen appréciable pour une pause-café ou un repas dans l'un de ses restaurants.

North Miami Beach. North Miami Beach est situé au nord de l'île de Miami Beach mais sur la partie continent, délimité par Aventura Mall au nord, North Miami au sud et Norland à l'ouest. C'est un quartier très résidentiel sans grand intérêt touristique, en dehors de l'ancien et remarquable monastère espagnol qu'on peut rejoindre par le pont Sunny Isles Causeway. L'Aventura Mall, dans le quartier d'Aventura, est vraiment le plus grand mall de la ville avec des centaines et des centaines de magasins. Difficile de ne pas y trouver ce que l'on cherche, car absolument toutes les marques américaines susceptibles de vous intéresser y sont et on y trouve aussi la plupart les grandes enseignes européennes.

North Miami. Le quartier de North Miami est immédiatement au sud de North Miami Beach et s'étend jusqu'à Biscayne Park, bordé par Opa Locka et Westview Florida à l'ouest. Très populaire, et à la population avant tout latine et haïtienne, il n'a que peu d'intérêt touristique en dehors du Musée MOCA (Museum of Contempory Art).

Downtown, Brickell, Little Havana et Overtown

Downtown Miami. Downtown Miami est le centre-ville de Miami et le cœur historique de Miami avec ses origines qui remontent à la fin du XIXe siècle. Le quartier abrite plusieurs musées, théâtres et commerces.

La partie connue sous le nom de Downtown s'étend de NE 6th Street au nord, Biscayne Bay à l'est et de la rivière Miami à l'est et au sud. Au sud de Downtown se trouve Brickell, connu pour abriter le quartier financier constitué d'immenses buildings de verre et d'immeubles résidentiels de standing ou d'hôtels huppés. Cette zone est vraiment en plein développement aujourd'hui et les constructions en cours, entre deux gratte-ciel, sont nombreuses. Un important centre commercial ultra-design, le Brickell City Centre, a vu le jour en 2016 et beaucoup de nouveaux hôtels continuent d'ouvrir dans le coin.

© BLOODUA - SHUTTERSTOCK.COM

Vigile sur Miami Beach.

Brickell est désormais un quartier de plus en plus résidentiel, et pas seulement d'affaires. Il est même très animé le soir grâce au complexe de Mary Brickell Village qui compte de nombreux restaurants et bars ouverts tard le soir.

En dehors de Brickell et de Bayside Market Place – un immense complexe sur la marina doté de restaurants et de bars –, Downtown Miami possède un autre pôle d'animation nocturne qui se concentre sur la NE 11th Street, non loin du Perez Art Museum et du stade FTX Arena : le E11even (ouvert 24h/24), le Space, le Heart sont trois très grands clubs qui attirent beaucoup de monde, surtout en fin de semaine.

En plus des nombreux bus qui sillonnent le quartier et rejoignent les quartiers périphériques, Downtown est desservi par le Metrorail et surtout le Metromover, véritable attraction à lui tout seul, qui permet de découvrir gratuitement le quartier à travers de petites navettes surélevées.

Little Havana. Little Havana touche le quartier de Downtown à l'ouest. Connu à l'origine pour être le cœur de la communauté cubaine exilée, c'est avant tout aujourd'hui un quartier touristique qui concentre tout ce qu'il y a de typiquement cubain à Miami. Il occupe dix pâtés de maisons, traversés par la célèbre Calle Ocho (8th Street) et abrite de nombreux restaurants, cafés, des bars avec animation nocturne, quelques galeries d'art, des fabriques de cigares, plusieurs lieux historiques tels qu'un mémorial, des églises, un cimetière. Enfin, au sol, on n'oubliera pas d'admirer l'allée des stars avec, comme à Hollywood, des étoiles qui sont dédiées aux principales célébrités latines. Les anciens se retrouvent tous les jours pour disputer d'interminables parties de dominos, dans l'ambiance conviviale du parc Maximo Gomez.

Au niveau résidentiel, si beaucoup de Cubains habitent encore là, des Latino-Américains originaires d'autres pays comme le Nicaragua ou le Pérou se sont aussi installés dans cette zone au fil des ans. Certains s'amusent même à dire qu'il n'y a plus vraiment de Cubains à Little Havana mais c'est exagéré bien sûr... La communauté cubaine est la première communauté latine de Miami depuis bien longtemps et finalement les habitants de Miami d'origine cubaine vivent partout à Miami et pas seulement à Little Havana.

Recommandations. Si vous vous rendez dans ce quartier, gardez en tête, qu'en dehors de l'artère

© FOTOLUMINATE LLC - SHUTTERSTOCK.COM

Calle Ocho.

principale, les lieux ne sont pas totalement sûrs après la nuit tombée. Restez plutôt sur Calle Ocho et évitez les rues désertes.

Overtown : ce quartier s'est développé en parallèle de la construction du chemin de fer à Miami. De nombreux ouvriers afro-américains y ont élu résidence, ce qui lui a valu le surnom de « Colored Town ». Très peu visité par les touristes, c'est pourtant le deuxième quartier le plus ancien de la ville. Durant la Ségrégation, des artistes mondialement connus s'y sont produits, tels que Louis Armstrong, Joséphine Baker ou Ella Fitzgerald. Longtemps laissé de côté, Overtown - qui est encore aujourd'hui l'un des quartiers les plus pauvres de la ville - tend à se redynamiser et nous ne pouvons que vous conseiller d'aller y faire un tour en journée. Vous pourrez goûter à la *soul food*, cette cuisine typique du sud des États-Unis et découvrir trois musées passionnants : l'Historic Black Police Precinct Courthouse and Museum, l'Historic Ward Rooming House (galerie d'art) et le Black Archives - Historic Lyric Theater.
Overtown est desservi par les lignes orange et verte du Metromover, arrêt « Historic Overtown / Lyric Theatre ».

Coral Gables, Key Biscayne et le sud

Coral Gables. Ce quartier a été construit dans les années 1920 par George Merrick, qui, passionné par la culture européenne, a voulu donner une touche très méditerranéenne aux bâtiments. « The Gables », comme l'appellent les locaux, c'est à présent un quartier résidentiel très chic avec des restaurants et des boutiques luxueuses. Le Biltmore Hotel vaut le détour : mélange d'architectures espagnole, italienne et maure, il se visite gratuitement chaque dimanche. Al Capone y aurait eu un bar clandestin. A proximité, la Venetian Pool, une ancienne carrière transformée en piscine aux accents vénitiens, comme son nom l'indique. Non loin de là, le jardin tropical est une bonne adresse pour profiter du calme.
Coral Gables est desservi par le Metrorail au niveau de 3 stations : Douglas Road, University, et South Miami. Douglas Road permet de rejoindre notamment le centre commercial Village at Merrick Park et Miracle Mile en prenant le tram, gratuit de là. University rejoint logiquement l'université et South Miami l'autre pôle commercial, Shops at Sunset Place.

Coconut Grove. Au départ, les Bahaméens ont commencé à s'installer et à développer ces terres fertiles et éloignées du centre-ville, en y plantant des cocotiers. Puis l'endroit a été investi par des artistes et des intellectuels, qui ont vite été supplantés par de riches investisseurs. Coconut Grove était une commune indépendante avant d'être annexée à la ville de Miami en 1925. D'un esprit bohémien, le quartier est devenu chic et touristique. Selon de nombreux Miamiens, c'est le coin le plus agréable. C'est un quartier très vert, assez tranquille, avec toutefois d'agréables bars et restaurants dont plein de bonnes adresses. Loin de l'agitation et de l'aspect surfait de Miami Beach, « The Grove » (comme le surnomment aussi les locaux) est l'endroit idéal pour d'agréables balades le long de la marina ou autour de Coco Walk, un petit centre commercial.
En dehors des bus, le Metrorail dessert le quartier grâce à 3 stations : Vizcaya, Coconut Grove et Douglas Road. Vizcaya Station permet notamment de rejoindre le musée Vizcaya, le musée des Sciences alors que les deux autres arrêts rejoignent le centre de Coconut Grove.

▶ **Virginia Key.** Cette petite île d'un peu moins de 4 km² est surtout réputée pour ses très belles plages. Elle est située au sud de Miami entre Fisher Island et Key Biscayne. Vous y trouverez le Miami Seaquarium, un parc à thème marin doté d'un grand aquarium mais où vivent aussi beaucoup de mammifères marins, notamment des dauphins avec lesquels il est possible de nager (sur réservation).

▶ **Key Biscayne.** Les plages de Key Biscayne sont parmi les plus belles de la côte. Key Biscayne est une sorte de long banc de sable à la végétation luxuriante, où les résidences ultra protégées succèdent aux immeubles pour retraités en villégiature. C'est l'île la plus au sud de Miami Beach, bordant le Parc national de Biscayne. La route qui y mène est absolument magnifique. Réputée pour ses tournois internationaux de tennis, Key Biscayne est aussi appréciée pour ses activités nautiques, dont la planche à voile, le kitesurf et le jet-ski. C'est le lieu de rendez-vous des locaux qui viennent poser leurs serviettes sur les plages le week-end.

Depuis Miami, prendre la US 1 en direction du sud jusqu'au croisement avec la Rickenbacker Causeway. Cette autoroute est payante et il vous faudra vous acquitter de 1,75 US$ pour rejoindre l'île mais vous ne pourrez pas payer en cash, vous paierez soit via votre Sunpass (transpondeur automatiquement scanné au péage, il est rechargeable en CB sur le Net), soit via votre plaque d'immatriculation qui est alors flashée (le tout est ensuite envoyé à l'enseigne de location de votre voiture et vous payez à la fin, avec un prélèvement environ un mois après avoir rendu votre voiture).

Little Haiti, Wynwood et Design District

▶ **Little Haiti.** Bastion de la communauté créole, c'est, malgré ses boutiques colorées et peintes à la main dont certaines portent des noms français, l'un des quartiers les plus pauvres de Miami avec Overtown. Il doit son nom à l'importante communauté haïtienne, venue s'installer ici dans les années 1960 pour fuir le régime dictatorial de son pays. Au début du XXe siècle, il porte le nom de Lemon City, en raison des champs de citronniers qui poussaient là à cette époque, jusqu'à ce que les lieux soient absorbés par Miami au moment de l'expansion de la ville. Aujourd'hui, le quartier n'est pas réputé pour être le plus calme et les agressions sont possibles le soir, dans des rues isolées, en raison de la présence de gangs et de problèmes de drogue, même si les lieux connaissent également un renouveau culturel prometteur grâce à de nombreuses initiatives locales dont le centre culturel haïtien est un bel exemple. Le Caribbean Marketplace, entre la NE 2nd Avenue et la 60th Street, propose des boutiques d'artisanat colorées et des petites échoppes pour manger des produits typiques comme des bananes plantain ainsi qu'un bar.

Le quartier s'étend de la 85th Street à la 41th Street, laissant place ensuite au nouveau quartier de Design District très huppé et regroupant plusieurs galeries d'art et autres showrooms.

Si vous visitez Little Haiti, il est recommandé de rester sur les artères principales, de ne pas s'aventurer dans les ruelles et d'éviter de s'attarder sur place une fois la nuit venue. Pour plus de sécurité, venez en voiture plutôt qu'en transports en commun. Et, dans ce cas, ne laissez aucun objet de valeur dans votre voiture. Le plus simple c'est encore de venir en Uber ou en Lyft.

▶ **Le MiMo.** Le quartier appelé Miami Modern Architecture, ou MiMo, s'étale le long de Biscayne Boulevard, de la 50th Street à la 77th Street, entre une partie de Little Haiti à l'ouest et la mer sur son versant est. Ce quartier se caractérise par une architecture des années 1950 et 1960, exubérante et glamour, un style en réaction à l'architecture d'après-guerre austère et minimaliste. Le style d'architecture MiMo est actuellement très tendance à Miami, et particulièrement prisé. Le quartier est donc en pleine réhabilitation, et de nombreux investisseurs rachètent des hôtels ou des immeubles qu'ils restaurent, en gardant le style MiMo d'origine. Cette zone de Miami assez pauvre, où les hôtels pullulaient jusqu'à il y a encore peu de temps, est donc en pleine mutation. Elle est de plus en plus peuplée par des bobos et des artistes avides de style underground, au top de la tendance et loin de la fureur de Miami Beach.

▶ **Design District.** En plein cœur de Miami, ce quartier qui s'étend de plus en plus est le centre névralgique du design. C'est le promoteur immobilier Craig Robins qui est à l'origine de la création de ce quartier, au début des années 2000. C'était autrefois un vieux quartier résidentiel assez pauvre du centre de Miami. Et si le quartier pauvre de Little Haiti jouxte Design District, ce n'est pas par hasard... Design District s'étend de la 41th Street à la 38th Street et abrite près de 130 boutiques de luxe et showrooms pour une clientèle riche et fortunée. Dans ce repaire de l'art contemporain en matière de déco, on trouve de très nombreuses boutiques de luxe ; Louis Vuitton, Céline, Dior et Louboutin s'y sont installés. De quoi faire de Miami le temple du luxe et du design ! Il vous faudra une heure maximum pour parcourir Design District à pied. Ce quartier de showrooms et de boutiques très chères, qui n'était pas très animé à l'origine, tend à changer avec l'ouverture de restaurants de plus en plus nombreux et un food market ethnique et branché. On peut aussi simplement y flâner pour admirer les nombreux œuvres d'art contemporain dis-

© FOTOLUMINATE LLC - SHUTTERSTOCK.COM

Biltmore Hotel dans le quartier de Coral Gables.

séminées autour de Palm Court, l'épicentre du quartier. Durant le festival Art Basel, au début du mois de décembre, Design District devient l'épicentre de Miami car les plus somptueuses fêtes ont lieu sur place.

Wynwood. Il jouxte Design District. En plein essor, ce quartier se concentre, comme Design District, sur quelques rues. Encadré par la NE 2nd Avenue et la NW 6th Avenue, il commence à la 20th Street et va jusqu'à la 37th Street (Design District débute à la 38th Street). Wynwood a été développé par le promoteur immobilier Tony Goldman, décédé en septembre 2012. C'est lui qui a littéralement transformé ce quartier industriel désaffecté de Miami pour en faire le nouvel épicentre artistique de la ville. C'est dans ce quartier que les amoureux de street art trouveront de quoi satisfaire leur passion pour le graffiti et le pochoir. En effet, la majorité des murs du quartier sont recouverts de ces œuvres éphémères faites par des artistes du monde entier, étrange et sublime contraste avec le reste de la ville. Préparez vos smartphones pour les selfies décalés avec des œuvres géantes et colorées – de véritables œuvres d'art – dont la durée de vie est souvent si courte.

Mais Wynwood ne se résume pas à ses superbes graffitis, c'est avant tout un quartier artistique très dynamique où les galeries d'art sont nombreuses, même si leur nombre tend à baisser ces dernières années. Elles sont généralement ouvertes au public et on peut y découvrir de superbes œuvres d'artistes contemporains célèbres. En soirée, ce quartier est désormais un des plus animés avec celui de South Beach et Brickell car de nombreux restaurants et bars alternatifs ont ouvert ces dernières années. Vous y croiserez surtout des locaux et des artistes en goguette loin du style superficiel de South Beach, car tout le monde est habillé très simplement à Wynwood. Et les gens sont peut-être beaucoup plus délurés qu'ailleurs à Miami. Ne traînez pas dans les rues désertes et n'attendez pas votre taxi/Uber/Lyft seul sur le trottoir la nuit... Mais ne vous privez pas de découvrir le Wynwood *by night* à cause de cela. Ce serait vraiment dommage car c'est tout de même un quartier très sympa et safe dans 99 % des cas.

Côté stationnement, il y a très peu de parcmètres à Wynwood. Pour payer son stationnement dans la rue, il faut télécharger une application (indiquée sur les panneaux) sur son smartphone et payer en ligne. Vous devrez rentrer votre plaque d'immatriculation et le numéro de la place de stationnement indiquée sur le panneau près de votre voiture. Pas d'inquiétude, c'est un jeu d'enfant ! Vous pourrez même prolonger la durée de stationnement à distance depuis votre smartphone. Autre possibilité : les parkings extérieurs à la journée.

Midtown. Ce quartier moderne, qui jouxte Wynwood, est né dans les années 2000 et il est en pleine expansion. Il est très moderne et essentiellement constitué de buildings construits dans les années 2010. Il s'étend de North 20th Street au sud de la rue, avec l' I-95 au nord et à l'ouest et Biscayne Bay sur son flanc est. Il est composé de nombreux nouveaux restaurants, bars, boutiques et aussi de bureaux.

PASSEPORT
N
W
E
S

À VOIR / À FAIRE

Visiter Miami, c'est un peu comme voyager à chaque coin de rue. À travers vos balades dans South Beach vous pourrez apprécier l'un des plus beaux quartiers Art déco du monde et plus de 16 km de plages. Le quartier *arty* de Wynwood est un véritable musée à ciel ouvert avec ses superbes et immenses fresques de *street art* et graffitis d'artistes réputés. Quant à Design District, à proximité de Wynwood, il plaira surtout aux amateurs de boutiques de luxe et aux amateurs d'architecture design et audacieuse. Pour le côté américain et pour admirer les gratte-ciel, direction Downtown et Brickell, qui correspondent au centre d'affaire de Miami, et pour une ambiance caribéenne, Little Havana et Little Haïti raviront les visiteurs en quête d'exotisme. Les quartiers de Coral Gables et Coconut Grove ont quant à eux le charme de villages à l'européenne. Les palmiers omniprésents, le sable chaud et l'eau turquoise finiront de vous séduire.

A VOIR / A FAIRE

HORAIRES

La plupart des points d'intérêt sont ouverts tous les jours. Dans certaines quartiers moins fréquentés, les plages horaires sont plus restreintes et il peut y avoir un ou deux jours de fermeture en semaine. Il est préférable de se renseigner en avance.

A RÉSERVER

Depuis la pandémie, de plus en plus de points d'intérêt comme certains musées exigent une réservation préalable en ligne. Cela permet aussi de réduire le temps d'attente aux guichets. Autre avantage : la plupart des établissements touristiques et culturels proposent des tarifs avantageux sur leurs sites internet. Autrement, il est préférable de réserver les visites guidées, excursions à la journée et entrées pour les parcs d'attraction.

BUDGET / BONS PLANS

Il faut généralement compter entre 5 US$ et 25 US$ pour une entrée au tarif adulte. La quasi-totalité des sites proposent des tarifs réduits aux séniors, aux étudiants et aux enfants, ainsi que la gratuité en dessous de 2 ou 3 ans. Il existe une particularité pour les *state parks* comme les Everglades, pour lesquels le prix s'étend par véhicule et non par personne. Vous trouverez également des lieux qui sont gratuits mais où une contribution est appréciée.

LES ÉVÉNEMENTS

Des centaines d'événement ponctuent l'année à Miami. Il s'agit souvent de festivals de musique, de cinéma, de gastronomie ou d'art. La plupart proposent des animations gratuites. C'est une excellente façon de s'immerger dans la culture locale.

VISITES GUIDÉES

De nombreuses visites guidées sont proposées à travers les différents quartiers de la ville. Un bon niveau d'anglais est appréciable pour pleinement comprendre les informations apportées par les guides. Si vous n'êtes pas très à l'aise dans la langue de Shakespeare, sachez que deux compagnies proposent des visites guidées de Miami en français.

C'EST TRÈS LOCAL

Les balades en *airboat* (hydroglisseur) pour observer les alligators sont très répandues dans les Everglades, même si elles peuvent malheureusement déranger la faune locale. Vous trouverez de nombreuses compagnies sur les routes menant aux différentes entrées. Toutefois, sachez que la majorité proposent des balades à l'extérieur du Parc national des Everglades. Seules trois compagnies sont autorisées au sein même du parc : Coopertown, Everglades Safari Park et Gator Park.

LES PHRASES CLÉS

Bonjour, puis-je avoir deux entrées adultes et un enfant s'il vous plait ?
Hello. Could I please have tickets for two adults and one child?

Le tarif enfant est jusqu'à quel âge ? Et pour les seniors, est-ce qu'il y a une réduction ?
What is the age limit for the children's rate? Is there a senior discount?

Est-ce qu'il y a des visites guidées en français ou un audioguide ?
Do you offer guided tours or an audio guide?

Combien de temps faut-il pour faire la visite ?
How long does the tour take?

J'ai du mal à monter les escaliers, avez-vous un ascenseur ?
I have difficulty climbing stairs. Do you have an elevator?

Excusez-moi, pouvez-vous me dire où sont les toilettes ? Merci beaucoup.
Excuse me, could you please tell me where are the toilets? Thank you very much.

DOWNTOWN MIAMI WELCOME CENTER

103 NE 1st Avenue ✆ +1 305 303 2333
https://miamicad.org/welcome-center/
Ouvert du lundi au vendredi de 10h à 15h. Certains samedis, visite guidée à pied : 20 US$ (réservation en ligne).

Le Downtown Miami Welcome Center vous accueille pour vous faire découvrir toutes les pépites du quartier. Restaurants, spectacles, évènements, histoire, musées et activités...Cela vaut vraiment le coup d'explorer cette partie moins connue de Miami. Certains samedis matin, une visite de 2h part du Miami Center for Architecture & Design. Votre guide, un architecte local, vous mènera au cœur de ce quartier historique de Miami à la découverte des immeubles les plus emblématiques.

LGBT VISITOR CENTER

1130 Washington Avenue
✆ +1 305 397 8914
gogaymiami.com
Ouvert de 9h à 16h du lundi au vendredi, de 11h à 16h samedi et dimanche. Wifi gratuit et ordinateur à disposition.

Situé au cœur de South Beach dans le sublime bâtiment Old City Hall, le LGBT Visitor Center est le bureau de l'office de tourisme de Miami réservé à la communauté LGBT. On y trouve de nombreuses brochures et renseignements sur place concernant les adresses, les festivals et les évènements LGBT à Miami et dans les environs, notamment le *Pink Palm*, un guide touristique LGBTQ+ ultra complet. La page Facebook du Visitor Center est particulièrement active et diffuse de nombreuses informations. Le lieu organise également ses propres événements.

GREATER MIAMI CONVENTION AND VISITORS BUREAU

701 Brickell Avenue
✆ +1 305 539 3000
www.miamiandbeaches.com
Ouvert du lundi au vendredi de 8h30 à 17h.

C'est l'Office de tourisme de Miami Beach et Miami. Vous y trouverez tout ce qu'il faut pour optimiser votre séjour, vous déplacement sereine dans la ville et choisir vos activités : brochures touristiques, cartes, plans de transports en commun, magazines... Le personnel multilingue est là pour vous renseigner de manière personnalisée. N'hésitez pas à poser toutes les questions que vous souhaitez. Vous pourrez également repartir avec des coupons de réduction.

AMERICAN DREAM TOUR MIAMI ★★

1677 Collins Avenue ✆ +1 305 409 9901
https://www.americandreamtourmiami.com
349 US$ € la visite guidée de 2h (prix par voiture - 1 à 5 personnes) ; 459 US$ les 3h ; 569 US$ la demi-journée.

Cette agence vous propose de vous faire découvrir Miami à bord d'une voiture de collection du milieu des années 1950. Les propriétaires ont toute une série de véhicules aussi beaux et uniques les uns que les autres... Dans une rutilante décapotable, le chauffeur, parfaitement francophone, vous embarque pour une visite guidée riche en anecdotes et en informations historiques. Les visites de 2h vous mèneront à South Beach et Wynwood et celles de 3h vont jusqu'à Little Havana.

KEY BISCAYNE VISITORS CENTER

88 West McIntyre Street
✆ +1 305 361 5207
www.keybiscaynechamber.org
Ouvert du lundi au vendredi de 9h à 17h. Brochures et documentations disponibles 24h/24 et 7jours/7 dans le hall.

Situé dans le Key Biscayne Village Hall, ce *visitor center* est une mine d'informations. C'est notamment l'endroit idéal pour en savoir plus sur les nombreux événements organisés sur l'île, en particulier durant les week-ends, les activités et les plages. Pratique : des brochures et documentations touristiques sont en libre-service dans le hall en dehors des horaires d'ouverture. Vous y trouverez également des ressources pour des visites dans tout le sud de la Floride.

ART DECO WELCOME CENTER ★★

1001 Ocean drive
✆ +1 305 672 2014
www.mdpl.org
Ouvert tous les jours de 9h à 17h. Visite guidée : 30 US$ par personne. Réservation possible sur internet.

La Miami Design Preservation League organise des visites guidées à pied d'une durée d'1h à 1h30 autour des 800 immeubles Art déco du quartier de South Beach. Par ailleurs, une visite audio autonome est possible tous les jours en téléchargeant l'application officielle MDPL. Le Welcome Center héberge aussi l'Art Deco Museum. La Miami Design Preservation League propose sur demande d'autres thématiques de visites guidées : le Miami Beach juif, les légendes de Lincoln Road, l'architecture méditerranéenne, MiMo (Miami Modern) et l'histoire gay et lesbienne de la ville.

DESIGN DISTRICT PUBLIC ART TOUR

140 NE 39th Street
✆ +1 305 722 7100
www.miamidesigndistrict.net
Gratuit. Le samedi de 11h à 12h, dates à consulter sur le site Internet. Réservation obligatoire en ligne.

Le Design District, avec ses sculptures géantes, ses façades design et ses fresques colorées, est une galerie d'art à ciel ouvert en constante évolution. Le meilleur moyen de prendre le pouls du quartier est de participer à un *Public Art Tour* qui vous mènera à la découverte des œuvres durant une heure. Nous vous conseillons de réserver à l'avance pour obtenir un précieux sésame. Dans le cas contraire, vous trouverez sur le site une carte localisant les œuvres du Design District.

DUCK TOURS SOUTH BEACH ★

1661 James avenue ✆ +1 305 673 2217
www.ducktourssouthbeach.com
Départ à 11h, 13h, 15h et 17h. 45 US$ pour les adultes, 28 US$ pour les enfants, pour 90 min de visite guidée.

Avec le Duck Tours, vous ne passerez pas inaperçu : ce bateau-bus un brin criard vous fera découvrir South Beach sur terre et sur mer ! Le guide vous montrera les petites îles où les *people* ont résidé (ou résident) : de Puff Daddy à Andy Garcia en passant par Julio Iglesias. Et la visite se termine par toutes les places *to be* dans South Beach, quartier Art déco inclus. Le tour de la ville se suffit à lui-même, mais des connaissances en anglais sont un plus pour comprendre toutes les anecdotes et blagues du guide. Une option fun et familiale pour découvrir Miami.

ISLAND QUEEN CRUISES ★

401 Biscayne boulevard
✆ +1 305 379 5119
www.islandqueencruises.com
Départ pour la Millionnaire's Row toutes les heures de 11h à 18h, 19h le week-end. Adulte : 30 US$, enfant : 20 US$.

Island Queen Cruises vous propose des visites d'une heure et demie dans la baie de Miami à bord de l'un de leurs trois yachts : l'*Island Queen*, l'*Island Lady et la Miami Lady*. Ils vous emportent à la découverte des plus beaux points de vue de la ville : la *skyline* de Miami, la baie de Biscayne, Fisher Island, le Port de Miami... et la fameuse Millionaire's Row, où célébrités et milliardaires vivent à l'abri des regards. Vous pourrez profiter de la croisière confortablement assis dans le salon ou monter sur le pont, les cheveux au vent.

MIAMI CULINARY TOURS ★★

1000 5th Street, Suite 200 ✆ +1 786 942 8856
www.miamiculinarytours.com
Adulte : 69 à 79 US$, enfant : 59 à 69 US$ la visite, dégustations incluses. 1 à 5 départs par jour selon les visites.

En petit groupe, partez à la découverte des meilleurs restaurants des quartiers de South Beach, Wynwood, Little Havana ou Design District avec des guides locaux qui connaissent Miami comme leur poche. Inutile de manger avant, car vous dégusterez différentes spécialités, délicieuses et consistantes, tout au long des 2,5 heures de tour dans les différents restaurants du parcours. Les visites sont également ponctuées d'anecdotes liées à la personnalité des quartiers : Art Déco pour South Beach, art pour Wynwood et Design District et culture pour Little Havana.

MIAMI EN FRANÇAIS ★★

✆ 05 56 52 96 36
www.miami-en-francais.fr
Adulte : 49 à 69 € la visite guidée, enfant : 35 €. Visite privative à partir de 299 €.

Miami en Français est une agence spécialisée dans les visites guidées et les activités francophones à Miami. Elle appartient à un Français, Alexandre Vendé, qui a créé le blog *Bons plans voyage New York* et a ensuite développé des visites guidées en français à New York, San Francisco, Miami, Chicago Las Vegas et Los Angeles. Vous découvrirez les incontournables de Miami : South Beach à vélo, Little Havana/Brickell/Downtown, Little Haiti/Design District et Wynwood. Mais aussi shootings photo, croisières, vols pour découvrir Miami vu du ciel, et activités sur mesure.

MIAMI'S BEST GRAFFITI GUIDE ★★

400 NW 26th St
✆ +1 305 799 3166
miamisbestgraffitiguide.com
De 18 à 39 US$/personne la visite guidée d'1 heure, selon le nombre de personnes.

Cette agence de visites guidées spécialiste du *street art* à Wynwood est la seule à être dirigée par des street artistes. L'un deux, Pedro Amos, est le directeur artistique du festival de *street art* Basel House Mural, qui se tient chaque année en décembre pendant Art Basel, le plus gros festival de *street art* des USA ! Les visites sont passionnante car les guides connaissent le *street art* sur le bout des doigts et sont souvent amis avec des artistes qui ont réalisé les fresques.

OPEN MIAMI

✆ +1 786 585 6139

www.open-miami.com

Visite de 3h en bus à partir de 44 US$. Visite des Everglades de 4h dès 139 US$. 39 US$ la visite de à pied.

Amis francophones, envie de vous laisser guider ? Vous êtes à la bonne adresse ! L'agence Open Miami, qui se décline aussi sous le nom de The French Company, vous accueille à l'aéroport et vous emmène jusqu'à l'hôtel. Mais surtout elle vous fait découvrir les villas Art déco, le *street art* et la *skyline* de Miami en bus décapotable, à pied, à vélo ou même en bateau. A moins que vous ne préfériez partir en excursion dans les Everglades, à Cape Canaveral ou à Key West ? Autant de visites commentées par Charles, Laurence et l'équipe francophone. On recommande !

MIAMI OFF ROAD ★★

✆ +1 786 860 2767

www.miamioffroad.com

45 US$ par adulte, 25 US$ par enfant, gratuit - de 6 ans. Groupe de 2 à 10 personnes. Visite privative possible.

Après avoir lancé des visites guidées en français avec New York Off Road, la *Frenchy* Elise Goujon a créé Miami Off Road en 2017. Le concept est le même : des guides locaux vous emmènent en petit groupe à la découverte des incontournables de Miami... en français ! Art déco à South Beach, street-art à Wynwood, croisière dans la baie... mais aussi spots hors des sentiers battus, comme avec la visite goûter entre le quartier cubain de Little Havana et le bohème Coconut Grove, qui mixe anecdotes historiques et dégustation de glace, jus de canne à sucre et Key Lime Pie.

SOBE RIDES

1500 Ocean Drive

✆ +1 754 307 7630

Tous les jours. Adulte : 49,99 US$, 6-18 ans : 15,99 US$, gratuit pour les moins de 5 ans.

Une visite guidée du quartier de Miami Beach un peu particulière puisqu'elle se déroule... en *pedicab*, c'est-à-dire en triporteur électrique ! Votre chauffeur vous mènera à travers les sites les plus emblématiques de South Beach avec un focus sur l'architecture Art déco : Ocean Drive, Española Way, Lincoln Road ou bien encore South Pointe Pier Park, tout en prodiguant anecdotes et informations sur la ville. Les véhicules peuvent transporter jusqu'à trois personnes. Une façon originale et *éco-friendly* de découvrir la ville, à condition d'être à l'aise en anglais.

THRILLER MIAMI

401 Biscayne Boulevard

✆ +1 305 371 3278

www.thrillermiami.com

Tous les jours. Premier départ à 10h. Adulte : 40 US$, enfant (3-11 ans) : 30 US$. Se présenter 30 min avant le départ.

Depuis 2006, Thriller Miami vous invite à embarquer à bord de ses bateaux à la forme élancée pour une croisière de 45 minutes... décoiffante ! À bord d'un catamaran ou d'un jet, à vive allure, vous explorerez les environs de la baie de Miami et la baie de Biscayne, Fisher Island ou encore l'île des Millionnaires. Les points de vue sur les gratte-ciel de Downtown sont superbes, et la balade est ponctuée par les anecdotes du capitainc. Prévoyez une petite serviette ou laissez la chaleur de Miami vous séchez, car vous risquez d'être mouillé !

TAP TAP TOURS ★★

✆ +1 205 649 0787

https://www.taptaptours.com

Visite guidée de 1h30 le vendredi, samedi et dimanche. 40 US$/personne.

Jean Cidelca est un jeune Américain d'origine haïtienne qui a eu l'idée géniale de monter Tap Tap Tours. Il invite les visiteurs à découvrir différents quartiers de Miami à bord d'un bus *tap tap* coloré (reproduction d'un bus de transport haïtien typique). Vous aurez le choix entre une visite de Little Havana, de Coconut Grove, de Lincoln Road ou encore de South Pointe Park. Nous vous recommandons particulièrement la visite de Little Haïti qui permet de mieux comprendre l'authentique histoire du peuple haïtien et de ce quartier encore peu visité par les touristes.

WYNWOOD WALLS OFFICIAL TOURS ★★

266 NW 26th Street

✆ +1 305 576 3334

Visite guidée des Wynwood Walls : 17 US$/adulte, gratuit -12 ans. 50 min env. Comprend l'entrée pour les Wynwood Walls.

Cette visite guidée concerne *stricto sensu* les Wynwood Walls à savoir la galerie de *street art* à ciel ouvert officielle de Wynwood. Ces visites sont organisées par des ambassadeurs de *Goldman Properties*, Tony Goldman étant l'homme à l'origine du développement de Wynwood. Ils vous conteront l'histoire qui se cache derrière chaque fresque et artiste. Comptez 50 minutes de visite. Vous pourrez ensuite découvrir librement les deux galeries d'art situées sur place.

AVALON HOTEL ★

700 Ocean Drive
✆ +1 305 538 0133
www.avalonhotel.com

Ouvert en 1941, cet établissement Art déco situé sur Ocean Drive fait partie des grands classiques de SoBe. Toujours flanqué de sa voiture rutilante d'un jaune tapageur, clin d'oeil nostalgique aux années 1950, il est même l'un des icônes de Miami. Remarquez la symétrie de sa façade au sommet de laquelle flotte un drapeau américain qui s'anime sous la brise. Cet hôtel fut l'un des tout premiers établissements Art déco d'Ocean Drive à être rénové. Ses 58 chambres accueillent toujours des voyageurs venus prendre le pouls de quartier incontournable.

BEACH PATROL HEADQUARTERS

1001 Ocean Drive

Entouré par Ocean Drive et la plage, le bâtiment de la Beach Patrol est le siège des secouristes de Miami Beach. Il a été construit par Robert Taylor en 1934 et est doté d'une façade immaculée Art déco aux accents nautiques, flanquée de hublots. Au sommet flottent les drapeaux des États-Unis et de la ville. Vous pourrez pénétrer à l'intérieur puisque les lieux sont aujourd'hui des sanitaires publics. C'est le premier arrêt de la visite guidée proposée par l'Art Deco Welcome Center.

CLEVELANDER ★★

1020 Ocean drive
✆ +1 877 532 4006
www.clevelander.com

Cet hôtel appartenait à l'origine à la famille Ratner de Cleveland dans l'Ohio. Le Clevelander, avec ses grandes lettres lumineuses, a été construit en 1938 par Albert Anis. Après des travaux de rénovation dans les années 1950, il possède désormais une piscine extérieure. Cet hôtel est un haut-lieu de fête ; tout au long de la journée, la terrasse est bondée et les DJ se relaient. À la tombée de la nuit, le lieu est très photogénique avec ses palmiers illuminés et son enseigne néon de couleur rose. Un *rooftop* accueille des transats à l'abri des regards.

BEACON HOTEL ★

720 Ocean Drive
✆ +1 305 674 8200
www.beaconsouthbeach.com

Ce bel hôtel de quatre étages qui s'illumine de néons bleus à la nuit tombée date de 1936. Sa façade symétrique est un exemple typique d'une architecture Art déco plus abstraite composée de motifs étranges aux fenêtres alliés à des références plus locales, comme le flamant rose gravé sur la porte vitrée du hall. Le lobby a d'ailleurs conservé son sol d'origine orné d'un grand soleil central. C'est aujourd'hui un charmant boutique-hôtel. Pour ne pas le manquer, vous pouvez chercher des yeux son voisin, l'Avalon Hotel, avec sa voiture vintage jaune.

COLONY HOTEL ★★

736 Ocean Drive

Designé en 1935 par l'un spécialistes du style « Tropical Art Deco », l'architecte Henry Hohauser, cet hôtel est l'un des premiers nés d'Ocean Drive. Avec ses néons lumineux de couleur bleue et sa façade flanquée de son enseigne caractéristique apposée sur une marquise verticale, le Colony Hotel est devenu l'un des symboles de Miami Beach et surtout de son animation nocturne. En effet, si l'hôtel est superbe de jour, c'est bien de nuit que sa beauté resplendit, comme tous les autres hôtels Art déco d'Ocean Drive, par ailleurs.

ART DECO DISTRICT ★★★★

1236-1662 Collins Avenue

Visites guidées possibles via le Art Deco Welcome Center (1001 Ocean Drive – www.mdpl.org) : 30 US$ par adulte.

Vaste projet de restauration entrepris dans les années 1980 à South Beach, le quartier Art déco de Miami, contruit entre les années 1920 et 1930, est un symbole de ce style architectural d'après-guerre et aussi une étape incontournable pour tout séjour à Miami. Il s'étend sur Ocean Drive et Collins Avenue – les deux grandes avenues parallèles du quartier – quadrillées par les 6th et 15th Streets. Ces édifices Art déco ont été entièrement réhabilités grâce notamment à la volonté de Barbara Capitman (1920-1990) qui œuvra, presque seule, à la préservation de ces bâtiments. Le quartier Art-Déco concentre en tout près de 800 bâtiments classés patrimoine historique et protégés des investisseurs. Les immeubles sont souvent peu élevés, aux formes arrondies et symétriques, aux façades ornées de motifs géométriques, de néons et de bas-reliefs sculptés. Plusieurs styles Art-Déco cohabitent, comme le Tropical Art-Déco avec ses motifs floraux et le Streamline Moderne inspiré de l'univers aéronautique.

Parmi les édifices Art déco les plus notables sur Ocean Drive, on peut citer les hôtels Avalon, Beacon, Carlyle, Breakwater, Cavalier, Colony, et bien d'autres encore. N'hésitez pas à pénétrer dans les halls des hôtels, certains gardent en mémoire un sol en terrazzo ou d'anciennes fresques.

S'il est possible de suivre un tracé tout établi ou d'assister à une visite guidée du quartier, le plus facile est encore de se perdre dans les petites rues alentour qui recèlent aussi d'édifices Art déco, parfois insoupçonnés.

© TOM PEPEIRA - ICONOTEC

LE QUARTIER ART DÉCO

S'il y a bien un immanquable à South Beach, c'est son quartier Art déco construit dans les années 1920-1930. L'idéal est de balader à pied car les principaux bâtiments se concentrent sur Ocean Drive et Collins Avenue, quadrillées par 5th Street et 6th Street. Commencez par vous rendre au Art Deco Welcome Center (1001 Ocean Drive) pour récupérer quelques brochures et informations sur le style Art déco. Pour une immersion dans les règles de l'art, vous pouvez aussi visiter l'Art Deco Museum situé à l'intérieur, ou prendre part à une visite guidée (en anglais uniquement). Commencez par vous rendre devant le Park Central Hotel au 640 Ocean Drive. Ce bâtiment possède 3 façades colorées distinctes et des hublots sur son fronton, un style paquebot (ou steamboat) caractéristique de l'Art déco du milieu des années 1930. Poursuivez vers l'Avalon Hotel (700 Ocean Drive) et sa mythique voiture jaune, et le Beacon Hotel (720 Ocean Drive) afin d'admirer la symétrie des façades, autre trait récurrent de l'Art déco. Continuez jusqu'au 736 Ocean Drive pour arriver devant le fameux Colony Hotel, qui illustre le courant tropical de l'Art déco avec ses néons, que l'on retrouve sur toutes les cartes postales de Miami. Marchez encore jusqu'à l'hôtel Clevander (1020 Ocean Drive) et observez ses grandes lettres lumineuses avant de poursuivre jusqu'au Carlyle Hotel et ses trois parties verticales symétriques. On les aperçoit dans le film Scarface.

Comptez environ 1h pour une telle promenade.

COLONY THEATER ★

1040 Lincoln Road
✆ +1 305 674 1040
https://miaminewdrama.org
Du mardi au dimanche de 11h à 17h. Programmation à consulter sur le site Internet.

Construit en 1935 sur l'iconique Lincoln Road, le Colony Theater était d'abord un cinéma avant de devenir un centre d'arts vivants. Après des travaux d'un montant de 6,5 millions de dollars, il a retrouvé son style d'antan de façon assez bluffante et sa belle devanture aux lignes épurées, très représentative de l'Art déco. Depuis 2016, le Colony Theater accueille les spectacles de théâtre et de musique de la compagnie Miami New Drama mettant en scène des artistes américains, latino-américains ou originaires des quatre coins du monde.

LINCOLN THEATER ★★

541 Lincoln Road

Le Lincoln Theater n'a rien perdu de son charme d'antan. Construit en 1936 par Thomas W. Lamb, on retrouve clairement le style symétrique Art déco sur sa façade blanche travaillée, rehaussée d'une bordure argentée, sans oublier le joli bas-relief. Cette salle de cinéma est restée en fonctionnement jusque dans les années 1980 avant de devenir une salle de concert. Aujourd'hui, les lieux abritent une boutique de vêtements. En 2012, le Lincoln Theater a été inscrit dans la liste *Florida Architecture : 100 Years. 100 Places* par l'American Institute of Architects.

THE CARLYLE ★★

1250 Ocean Drive

Situé au croisement de la 13e rue et d'Ocean Drive, cet hôtel ouvert en 1941 a un style très Art déco comme en attestent les 3 parties verticales symétriques de sa façade qui respectent la règle des 3 tiers. Sa façade blanche immaculée est rehaussée par une enseigne Art déco dans les traditionnels tons pastel (rose et vert). On voit à plusieurs reprises cet hôtel dans les films *Scarface* ou *Random Hearts*. Aujourd'hui, le Carlyle n'est plus un hôtel : ses 50 chambres ont été transformées en 19 appartements disponibles à la location.

ARTECHOUSE ★★

736 Collins Avenue
www.artechouse.com/location/miami/
Ouvert tous les jours de 14h à 21h. Adulte : 24 US$, enfant (4-15 ans) : 17 US$. Gratuit pour les moins de 4 ans.

Un musée à ne pas rater à Miami Beach. Il présente sur deux étages des œuvres d'art digital immersif, projetées en mouvement du sol au plafond. La visite est une véritable expérience très ludique puisque vous serez invités à interagir avec les œuvres. Les thématiques évoluent plusieurs fois par an. Un musée dans la droite lignée de l'Atelier des Lumières à Paris qui fait des expositions d'art digital immersif (Klimt, Van Gogh...), déjà présent à New York et Washington. Une bonne manière de s'immerger (littéralement !) dans l'art.

À VOIR / À FAIRE

Lincoln Theater.

THE WESBSTER ★★

1220 Collins Avenue
✆ +1 305 674 7899

© NYC RUSS - SHUTTERSTOCK.COM

Créé par l'architecte Henry Hauser en 1939, un des plus célèbres architectes de South Beach qui *designa* notamment l'hôtel Delano, cet ancien hôtel a été transformé en *concept-store* de luxe, le Webster. Sur sa façade ornée de motifs finement travaillés, des plaques parfaitement symétriques ornées de néons sont typiques du style Art déco. N'hésitez pas à faire un tour à l'intérieur du bâtiment pour observer des éléments architecturaux typiques du style Art déco et le carrelage d'origine parfaitement conservé dans les tons de jaune, rose et noir.

ESPAÑOLA WAY ★★

Española Way
https://visitespanolaway.com

Española Way est une charmante rue pavée de style espagnol bordée de palmiers, construite en 1925 au milieu de South Beach. On y trouve une vingtaine de restaurants, deux hôtels et de nombreuses boutiques. Comme le nom le laisse supposer, l'ambiance et l'architecture évoquent les contrées méditerranéennes. L'atmosphère est particulièrement agréable le soir venu, avec beaucoup d'animation dans la rue, et parfois des concerts dans certains bars. C'est une adresse touristique, mais pas seulement : les locaux sont nombreux à venir y passer du bon temps.

HOLOCAUST MEMORIAL MIAMI BEACH ★

1933-1945 Meridian avenue
✆ +1 305 538 1663

Ouvert toute l'année de 10h jusqu'au coucher du soleil. Gratuit. Visite libre avec brochure, donation suggérée de 2 US$.

L'architecte et sculpteur Kenneth Treister fut chargé du projet en 1984 à la demande du comité impliqué dans la création d'un mémorial à la mémoire des 6 millions de juifs victimes de l'Holocauste. Si on voit cette gigantesque main tendue vers le ciel, à laquelle s'agrippent des dizaines d'individus, il vous faudra faire tout un parcours pour découvrir le reste de la composition. Des œuvres bouleversantes de vérité et de simplicité, mettant les sentiments humains en première ligne.

LUMMUS PARK

entre la 5th et la 14th street

Terrains de beach-volley, musculation en libre accès (7th-8th Street), location de vélo en libre service.

C'est la partie la plus fréquentée et la plus connue de South Beach. Lummus Park est un agréable parc urbain qui longe la mythique Ocean Drive, composé de pistes circulant entre deux allées de palmiers qui s'illuminent à la nuit tombée. On y trouve des accès directs à la plage, des jeux pour enfants, de nombreux bancs pour se poser, des bornes de location de City Bike (vélos en libre service) mais aussi les célèbres terrains de Beach-volley. Pour le côté pratique, des douches et sanitaires sont disposés à certains points. C'est une balade incontournable !

MIAMI BEACH BOTANICAL GARDEN ★

2000 Convention Center drive
✆ +1 305 673 7256
www.mbgarden.org

Ouvert du mardi au dimanche de 9h à 17h. Entrée gratuite. Dons bienvenus : 2 US$ par personne.

Un petit coin de forêt tropicale de 12 hectares, où l'on peut déambuler au milieu de plantes et arbres exotiques (plus de 100 espèces de palmiers) et de fleurs tropicales dont de nombreuses orchidées. Vous trouverez également un jardin japonais, un jardin aux papillons et un étang où nagent des carpes koï. Pour en savoir plus, un audio-tour est disponible par téléphone. Une balade reposante pour couper une journée visite, shopping ou plage à South Beach.

MUSEUM OF ILLUSION

536 Lincoln Road
✆ +1 305 604 5000
https://miaillusions.com
Ouvert du dimanche au jeudi de 11h à 21h. Vendredi et samedi de 11h à 22h. Adulte : 30 US$; enfant (4-11 ans) : 20 US$.

Soyez prêts à perdre vos repères et à vivre des expériences incroyables... Ou du moins, en avoir l'impression ! Ce musée vitaminé situé sur Lincoln Road vous plonge au cœur de plus de 40 illusions en 3D inspirées de la pop culture, du cinéma ou de l'art. Faites-vous prendre en photo puis découvrez le résultat : vous voilà en train de marcher au sommet d'un gratte ciel, voler sur un tapis magique, terrasser des zombies... On est loin du musée *old-school*, vous serez bel et bien acteur de votre visite ! De quoi vous créer des souvenirs en famille ou entre amis.

PARKING 1111 ★★

1111 Lincoln Road
✆ +1 305 705 6611
www.1111lincolnroad.com
Parking : 20 US$ / 5 heures.

Loin d'être un simple parking, le 1111 (car il est au n° 1111 de Lincoln Road) est une œuvre d'art architecturale élaborée par Herzog & De Meuron. Garez-vous au 5e étage, et vous aurez l'impression d'être suspendu au-dessus de Miami. C'est d'ailleurs un excellent point de vue panoramique sur Miami Beach et ses environs ! Parfait pour faire de superbes photos ! Non seulement ce parking est ultra design, mais il accueille aussi des boutiques de luxe et un restaurant très chic comme Juvia, situé sur le *roof top*. A voir absolument : c'est unique !

SOUTH POINTE PARK ★★

1 Washington Ave.

À l'extrémité sud de Miami Beach, South Pointe Park est un lieu de rendez-vous pour les amateurs de surf (tandis que Haulover, tout au nord, est la plage du surf sérieux). Plus loin, une allée piétonne mène de la 21 Street jusqu'au Fontainebleau Hotel où, à quelques centaines de mètres du rivage, une carcasse de Boeing 727 a été immergée pour jouer le rôle de récif artificiel. Le South Pointe Pier offre quant à lui une vue panoramique sur Miami Beach d'un côté et le port de croisière et Downtown de l'autre. Les allées et venues des paquebots sont impressionnantes.

THE BASS MUSEUM OF ART ★

2100 Collins Avenue ✆ +1 305 673 7530
www.bassmuseum.org
Du mercredi au dimanche de 12h à 17h. Adulte : 15 US$, enfant/étudiant/senior : 8 US$. Gratuit pour les moins de 6 ans.

Situé dans un bâtiment de style Art déco des années 30 agrandi en 2017, le musée Bass consacre une large partie de sa collection à l'art contemporain international. Par exemple, l'exposition *The Willfulness of Objects* rassemble des œuvres qui ont en commun l'utilisation d'objets recyclés ou transformés. Les thématiques des expositions temporaires changent quant à elles tous les 4 à 6 mois. Une partie des œuvres peuvent être vues hors les murs, comme la sculpture *Miami Mountain* de 12 mètres de haut, réalisée par Ugo Rondinone et installée dans Collins Park.

THE WOLFSONIAN MUSEUM ★

1001 Washington Avenue ✆ +1 305 531 1001
www.wolfsonian.org
Mercredi au dimanche de 10h à 18h, jusqu'à 21h le ven. Adulte : 12 US$, 6-18 ans : 8 US$. Gratuit le vendredi après 18h.

Ce musée présente une collection d'œuvres d'art moderne européennes et américaines entre 1885 et 1945 orientée sur les contextes socio-politico-culturels et la propagande des idées de ces époques. Les expositions varient régulièrement et offrent de captivants parallèles entre époques anciennes et contemporaines. De nombreuses affiches anciennes célébrant les Expositions universelles, comme celle de Chicago (1893) côtoient une porte d'ascenseur périodc Art nouveau ou des objets 3D. Le tout abrité dans un ancien dépôt construit en 1927, transformé en musée en 1995.

WORLD EROTIC ART MUSEUM (WEAM) ★★

1205 Washington avenue
✆ +1 305 532 9336
https://www.weammuseum.com
Ouvert tous les jours de 11h à 18h. Adulte : 25 US$.

Un musée unique en son genre qui présente l'érotisme au fil du temps, à travers peintures, sculptures et objets des plus hétéroclites. Les plus grands noms sont présentés, comme Picasso, Dali et Miro. Parmi les œuvres les plus étonnantes, les dessins érotiques de personnages Disney de F. Follmer, qui travaillait pour les studios. Autant vous prévenir, vous n'aurez plus la même image de *Blanche-Neige et les 7 nains* après avoir vu ces dessins... Interdit aux moins de 18 ans tout de même.

BAL HARBOUR BEACH ★

Entre Surfside et Haulover

Cette plage du nord de Miami Beach est une longue bande de sable fin aux eaux cristallines qui a pour avantage d'être vraiment au calme et loin de la foule de South Beach. Cette partie de Miami Beach ne compte en effet que 3 000 habitants et des hôtels ou appartements de luxe moins prisés par les touristes que ceux de South Beach. Bon plan donc pour une baignade tranquille. Vous pouvez vous y rendre avec la ligne de bus 120. A noter que le centre commercial de luxe Bal Harbour Shops n'est pas loin, pas mal pour une séance de lèche-vitrine avant ou après la plage !

MUSEUM OF CONTEMPORARY ART [MOCA] ★

770 Northeast 125th street ✆ +1 305 893 6211

www.mocanomi.org

Le mercredi de 12h à 19h et du jeudi au dimanche de 10h à 17h. Adulte : 10 US$, étudiant : 3 US$. Gratuit -12 ans.

Le MOCA a la réputation de faire émerger les nouveaux talents mais aussi de présenter des expositions plus alternatives, souvent en rapport avec la population de North Miami qui est un vrai *melting-pot* avec beaucoup de Haïtiens et de latinos. À travers des expositions temporaires, il présente un astucieux mélange d'artistes de renommée internationale et de jeunes talents. Le lobby présente quelques œuvres permanentes tandis que les autres salles accueillent des expositions temporaires.

GREYNOLDS PARK

Un vaste parc urbain à North Miami Beach créé sur l'emplacement d'une ancienne carrière de pierres. Très agréable, il est ponctué de nombreux points d'eau – creusés lorsque le site était en exploitation –, de pontons bucoliques, de pavillons de pique-nique et de recoins où s'installer pour se détendre. Un chemin de randonnée, le *Lakeside Nature Trail Trailhead,* permet de découvrir les environs du lac Ouest. Insolite : vous pourrez grimper au sommet d'une tour en pierres de 14 mètres au-dessus du niveau de la mer. Un parcours de golf de 9 trous complète les lieux.

NORTH BEACH OCEANSIDE PARK ★

Collins Ave

Du lundi au jeudi de 8h à 19h30, jusqu'à 20h30 du vendredi au dimanche.

Un agréable parc situé en bordure d'une jolie plage pour ceux qui détestent la foule et le spectacle permanent de South Beach. Vous y trouverez des coins pour barbecue avec grill à charbon à disposition ainsi que des tables de pique-nique sous de grands pavillons, idéal pour déjeuner à l'ombre. Pratique : un grand parking public est situé de l'autre côté de la rue. C'est donc un très bon spot, bien qu'il faille s'attendre à une foule plus importante durant le week-end.

HAULOVER BEACH PARK ★

10800 Collins Avenue

La plage préférée des gens du coin, parfaite pour le surf et le pique-nique avec barbecue à disposition. On trouve également des douches, trois terrains de golf et un quai pour bateaux de croisière de l'autre côté de la route. Pas de grands immeubles pour gâcher l'illusion. L'eau est claire et il est parfois possible d'y apercevoir des lamantins, ou *manatee*. A noter que le demi-kilomètre le plus au nord de cette plage de 2,5 km est la plus grande plage naturiste du pays. Elle attire près de 1,3 million de visiteurs chaque année.

OLETA RIVER STATE PARK

3400 NE 163rd Street

✆ +1 305 919 1846

www.floridastateparks.org

Ouvert du 8h du matin au coucher du soleil. 6 US$ par voiture, 2 US$ par piéton ou cycliste.

Un parc national de 4 km² à deux pas de la ville, que demander de plus ? Vous profiterez d'une multitude d'activités de plein air : location de canoë, kayak, paddle pour naviguer au choix sur la rivière Oleta, dans la mangrove ou dans la baie de Biscayne, randonnées à pied ou à vélo sur les dizaines de kilomètres de *trails* aménagés... Mais aussi nager et faire du snorkeling dans un lagon d'eau salée ou tout simplement s'adonner à l'observation de la faune alentour (hérons, lamantins, dauphins...). Camping et restaurant vous attendent également sur place.

© B CRUZ - SHUTTERSTOCK.COM

Sunny Isles Beach.

SUNNY ISLES BEACH ★★

17875 Collins Avenue

Une longue plage préservée et calme. Un véritable havre de paix loin de la foule de touristes qui fréquentent les plages de South Beach. Ici, on quitte Miami pour entrer dans la ville de Sunny Isles Beach. C'est principalement une zone résidentielle, même si les hôtels se développent. On y croise surtout des familles et des couples, peu de gens viennent ici pour se montrer contrairement à South Beach. Bon plan location de voiture : les tarifs à Sunny Isles Beach sont moins élevés qu'à Miami, vous pouvez vous y rendre en Uber et démarrer votre *road-trip* de là.

SURFSIDE BEACH ★

93rd Street

Des immeubles au pied de la plage et des maîtres-nageurs au niveau de 93rd Street. Comme la plage de Sunny Isles, celle de Surfside est loin de la folie des plages de SoBe, elle est au calme et bien tranquille. Elle s'étend de la 87th Terrace à la 96th Street. Ici, point de *show off*, la part belle est donnée au repos et à la bronzette. Profitez-en pour déambuler dans les charmantes rues de la ville de Surfside, ponctuée de villas art-déco. L'animée avenue Harding concentre quant à elle la majorité des commerces et restaurants.

THE ANCIENT SPANISH MONASTERY ★★

16711 W Dixie Highway

✆ +1 305 945 1461

www.spanishmonastery.com

Mercredi-jeudi : 10h-16h. Vendredi-samedi : 10h-14h. Dim : 14h-17h.Adulte : 10 US$, 5-18 ans : 5 US$. Gratuit -5 ans.

Cet ensemble monacal, composé d'un magnifique cloître, de jardins, et de l'église Saint-Bernard de Clairvaux, est largement mis en valeur comme le plus vieux bâtiment d'Amérique du Nord. Il se voit souvent attribuer une date de naissance qui remonte abusivement au IXe siècle. Il s'agit en fait d'un monastère de Ségovie datant de 1141. Il semble que l'ensemble fasse partie des bâtiments que William Randolph Hearst (*Citizen Kane*) acheta en Europe en 1925. Le monastère fut démantelé pièce par pièce et chaque élément soigneusement mis en caisse. Le tout devait être reconstruit à San Simeon, la propriété de Hearst en Californie. Mais quand les caisses arrivèrent aux États-Unis, les douaniers les mirent en quarantaine, craignant la contagion d'une maladie qui sévissait dans la région d'origine. La paille suspectée de véhiculer le virus fut brûlée et les blocs de pierre furent extraits de leur emballage numéroté et il fut ensuite impossible de revenir à un ordre cohérent. C'est le scénariste Ben Hecht qui raconte l'histoire dans ses mémoires, *Child of the Century*. Le monastère resta à l'abandon à New York pendant 26 ans avant d'être racheté par deux entrepreneurs. Il leur fallut 19 mois pour reconstituer le monastère. En 1964, il fut revendu au colonel Robert Pentland Junior. Le monastère est encore actif aujourd'hui. Des messes ont lieu le dimanche et les jours de la semaine en anglais et en espagnol. Une visite surprenante qui plaira aux amateurs d'insolite !

À VOIR / À FAIRE

BAY OF PIGS MUSEUM & LIBRARY

1821 SW 9th Street
✆ +1 305 649 4719
www.bayofpigsbrigade2506.com
Ouvert du lundi au vendredi de 10h à 16h. Gratuit.

Ce petit musée commémore l'invasion de la *Bay of Pigs* qui se déroula à Cuba entre le 17 et le 20 avril 1961, en pleine Guerre froide. Orchestrée par les USA, cette opération militaire envoya une brigade de 1 511 exilés cubains envahir les plages de la Baie des Cochons à Cuba. La Brigade 2 506 avait été entraînée par la CIA. Mais Castro eut vent de l'opération : 118 membres de la brigade furent tués et plus de 2 000 furent emprisonnés. Des visites guidées sont menées par des vétérans.

BLACK ARCHIVES - HISTORIC LYRIC THEATER

819 NW 2nd Avenue
✆ +1 786 708 4610
Ouvert du lundi au vendredi de 9h à 17h, le samedi de 10h à 15h.

Cet ancien cinéma ouvert en 1913 inscrit au registre national des Monuments historiques est situé dans le quartier d'Overtown. Il était majoritairement fréquenté par la communauté afro-américaine de Miami. En 1988, la *Black Archives, History and Research Foundation of South Florida* achète les lieux pour héberger ses collections d'archives et d'objets datés des XIXe et XXe siècles. Ce lieu culturel de référence organise notamment des expositions sur l'histoire de Black Miami.

CALLE OCHO ★★

SW 8th Street

C'est la rue principale et commerçante de Little Havana, celle qu'il faut parcourir si l'on veut avoir un aperçu de la vie de ce quartier, qui était un quartier juif jusqu'aux années 1950. Il est recommandé de visiter ce quartier en journée et d'éviter de s'y attarder une fois la nuit tombée. De nombreux restaurants vous feront goûter la fameuse cuisine cubaine en terminant sur un café cubain (il a la particularité d'être sucré lors de l'extraction), mais aussi des jus de fruits frais à Los Pinareños Fruteria ou des glaces artisanales comme celles d'Azúcar. Les boutiques ne manquent pas : fabriques de cigares, créateurs locaux, galeries d'art... Une visite le long de la Calle Ocho permet de retracer l'histoire de ces immigrés cubains venus s'installer aux Etats-Unis. Le Brigade 2506 Memorial (à l'angle de SW 13th Ave), est un mémorial discret dédié à la mémoire des Cubains morts dans la baie des Cochons. Une flamme perpétuelle y est allumée. Juste à côté, le Máximo Gómez Park est surnommé Domino Park en raison du grand nombre de joueurs de dominos qui viennent ici se rencontrer. Quelques rues plus loin, le bar Hoy Como Ayer est l'un des plus connus et des plus populaires de Little Havana et voit se produire de nombreux groupes jouant de la musique latino. Enfin le cimetière (3260 SW 8th St) célèbre les combattants pour la libération cubaine et abrite les tombes des trois anciens présidents cubains. Pour préserver son authenticité, une partie de la Calle Ocho a été inscrite trésor national en 2017.

Calle Ocho.

© FOTOLUMINATE LLC - SHUTTERSTOCK.COM

Domino Park.

DOMINO PARK - MÁXIMO GÓMEZ PARK ★★

SW 8th Street

Ouvert de 10h à 18h.

Cet ancien terrain vague a été transformé en parc dans les années 1960 et toutes les installations ont été spécialement conçues pour accueillir des jeux de dominos, ici des dominos doubles 9. Pour pouvoir jouer ici, il faut être membre du Domino Club et avoir au moins 55 ans. Vous pouvez vous poster là et observer les joueurs, ils sont imperturbables. Pour prendre une photo, mieux vaut leur demander avant, afin ne pas les froisser. Un spectacle inattendu au milieu de la Calle Ocho.

FREEDOM TOWER ★

600 Biscayne Blvd

✆ +1 305 237 7738

https://moadmdc.org

Au coeur de Downtown, cette jolie tour jaune octogonale aux nombreux ornements contraste avec les gratte-ciel du quartier. Construite en 1925 pour servir de siège au journal *The Miami News*, la Freedom Tower s'inspire directement du clocher de la cathédrale de la Giralda à Séville en Espagne. Le monument a servi de centre d'accueil pour réfugiés cubains de 1962 à 1974 ce qui lui a valu son nom de Freedom Tower qui signifie « Tour de la liberté ». Il accueille aujourd'hui un musée d'art et design en cours de rénovation au moment où nous bouclons ce guide.

FROST MUSEUM OF SCIENCE ★★

1101 Biscayne Blvd ✆ + 1 305 434 9600

www.frostscience.org

Tous les jours de 10h à 18h. Adulte 29,95 US$, enfant (4-11 ans) 24,95 US$, gratuit moins de 3 ans. Planétarium inclus.

Le Frost Science Museum est un magnifique musée, autant pour son architecture ultra-contemporaine que pour ses expériences variées. Nous vous conseillons de débuter votre visite par la terrasse du 6e étage pour apprécier la vue sur Downtown et le port de Miami, puis de découvrir les divers animaux, l'incroyable aquarium sur 3 niveaux et les expositions, notamment celle sur le thème de la science. Ne manquez pas non plus de réserver l'un des 4 *shows* du planétarium. On apprécie le côté ludique des lieux qui plaira aux enfants : tablettes, fouilles de fossiles...

HISTORIC BLACK POLICE PRECINCT COURTHOUSE - MUSEUM

480 NW 11th Street ✆ +1 305 329 2513

https://historicalblackprecinct.org

Mardi au samedi de 10h à 16h. Visite guidée : 10 US$ (adulte), 5 US$ (étudiant), gratuit pour les 6 ans et moins.

Ce musée est consacré à la première unité de police noire de Miami, durant la Ségrégation. Il est hébergé au sein du *Black Police Precint*, un commissariat réservé aux policiers noirs bâti en 1950 et fermé en 1963, lorsqu'ils furent intégrés au *Miami Police Department*. Deux expositions permanentes sont à découvrir : « The First Five », dédiées aux 5 premiers policiers noirs de Miami, et « Courthouse and Judges ». Les visites guidées menées par d'anciens policiers sont passionnantes.

HISTORIC LUMMUS PARK

360 NW 3 Street
https://dadeheritagetrust.org
Des visites sont organisées par le Dade Heritage Trust, consulter le site internet.

Créé en 1909, l'Historic Lummus Park, à ne pas confondre avec le Lummus Park de South Beach (Miami Beach) est peut-être l'un des lieux les moins connus de Miami. Pourtant, il est le tout premier parc de la ville. Situé en bordure de la Miami River, le parc abrite deux bâtiments faisant partie intégrante de l'histoire de la ville. Le premier, Fort Dallas, jouit d'un passé des plus complexes. En effet, il fut construit en 1836 à l'initiative du gouvernement américain pour empêcher les échanges commerciaux entre les Seminole et les commerçants de Cuba et des Caraïbes. Il servit ensuite de forteresse militaire puis de quartier d'escales avant d'être à nouveau utilisé comme fort durant la troisième guerre Seminole (1855-1858). À la fin du XIXe siècle, Fort Dallas est habité par Julia Tuttle, considéré comme la fondatrice de Miami. Au milieu des années 1920, le lieu devient un restaurant avant que la parcelle ne soit rachetée pour construire un hôtel. Pour éviter sa destruction, la bâtisse est démontée pierre par pierre et reconstruite en 1929 dans l'Historic Lummus Park. Le second monument que vous pourrez apercevoir est la Wagner Homestead. Cette maison en bois fut bâtie en 1857 par William Wagner, un ancien militaire de Fort Dallas, et déplacée en 1979 dans Lummus Park. Elle est aujourd'hui le dernier témoin de la colonisation de Miami durant le XIXe siècle. Fort Dallas et Wagner Homestead ont été rénovés par le Dade Heritage Trust qui propose ponctuellement des visites guidées gratuites.

LITTLE HAVANA ROOSTERS ★

A l'angle de la SW 16th avenue
et de la SW 8th avenue

Ces deux grands et beaux coqs multicolores que vous ne pourrez pas rater sur Calle Ocho sont en fait deux sculptures de l'artiste cubain exilé Tony Lopez. Ces deux coqs sont devenus emblématiques de Little Havana et ils évoquent les exilés cubains de Miami en général. Pourquoi des coqs ? Ces animaux sont très présents dans la culture caribéenne : combats de coqs, vaudou, nourriture... et un clin d'oeil à la personnalité fière et résignée des Cubains. C'est également un hommage du sculpteur à son coq domestique auquel il était très attaché.

MAURICE A. FERRÉ PARK

1075 Biscayne Blvd
✆ +1 305 358 7550

Anciennement Museum Park, le Maurice A. Ferré Park est considéré comme l'extension du Bayfront Park, plus au Nord. C'est aujourd'hui la plus longue promenade au bord de l'eau de la ville. Le cadre est magnifique avec les buildings contemporains de Downtown derrière vous et la vue sur le port de croisière en face. Depuis le parc, vous pouvez vous rendre à pied dans deux très beaux musées : le Frost Science Museum et le Pérez Art Museum. Pratique : le Metromover, métro aérien gratuit de Miami, s'arrête au pied du parc à l'arrêt Museum Park.

HISTORY MIAMI MUSEUM ★

101 West Flagler street
✆ +1 305 375 1492
www.historymiami.org
Du mardi au samedi de 10h à 16h, le dimanche de midi à 16h. Adulte : 10 US$, enfant (6-12 ans) : 5 US$ gratuit -6 ans.

Pour tout savoir sur l'Histoire de la Floride de l'époque précolombienne à nos jours, ce musée est incontournable. La collection permanente est enrichie d'expositions temporaires ayant pour thèmes Miami et la Floride à travers l'art ou la documentation. Le parcours chronologique remonte à l'époque précolombienne, soit 10 000 ans d'histoire, à travers une exposition permanente intitulée : l'histoire des habitants de la Floride du Sud (*Tropical Dreams : A People's History of South Florida*). C'est donc un arrêt essentiel pour tout visiteur curieux de cette région.

MIAMI CHILDREN'S MUSEUM ★★

980 Mac Arthur Causeway
✆ +1 305 373 5437
www.miamichildrensmuseum.org
Tous les jours sur 3 créneaux : 10h-12h, 13h-15h et 16h-18h. Réservation obligatoire. Tarif : 22 US$ (gratuit -1 an).

En fait d'un musée, il s'agit plutôt d'une aire de jeux divisée en sections thématiques. Les enfants peuvent ainsi s'improviser pompier, policier, aller faire leurs courses, jouer avec une caisse enregistreuse, appréhender un studio de télévision, essayer quelques instruments de musique, etc. À vocation éducative, ce musée ne présente pas grand intérêt, à part s'il pleut et que vous cherchez à occuper vos enfants. Au-delà de 10 ans, ceux-ci risquent néanmoins de s'ennuyer rapidement. Le bâtiment est insolite et évoque les quatre éléments (eau, terre, feu, air).

BALADE

LITTLE HAVANA

C'est l'un des quartiers les plus symboliques de Miami. Ici s'est progressivement installée la communauté cubaine après la révolution en 1959. Rendez-vous sur Calle Ocho (8th Street), l'artère principale du quartier. C'est là que se concentre toute son animation. Elle possède plusieurs restaurants et cafés où vous pourrez déguster le fameux café cubain, très serré et très sucré, et casser la croûte avec un bon sandwich cubain, préparé comme sur l'île crocodile. Faites aussi le tour des boutiques et concept stores pour rapporter un souvenir typique. Vous croiserez plusieurs statues de coqs ultra colorées, œuvres du sculpteur cubain exilé Tony Lopez. A l'angle de la 13e Avenue, le Brigade 2506 est un mémorial discret dédié à la mémoire des Cubains morts pendant l'attaque de la Baie des Cochons à Cuba. Juste à côté, le Máximo Gómez Park est à voir absolument. Sur ce square en plein air, vous pourrez voir les Cubains du quartier s'adonner à un de leurs jeux de société préférés : les dominos. L'ambiance y est studieuse et sérieuse, et les joueurs sont vraiment concentrés. L'espace est ouvert à tous : postez-vous discrètement derrière l'un des joueurs et observez la partie. Si vous comprenez l'espagnol, tendez l'oreille car en général les blagues entre les joueurs fusent et sont souvent très drôles.

Comptez environ 1h pour cette promenade.

MIAMI TOWER

100 SE 2nd Street

La Miami Tower, anciennement Bank of America Tower, est l'un des buildings les plus emblématiques du quartier de Downtown. Haut de 191 mètres et achevé en 1987, cet immeuble post-moderne a été conçu par l'architecte Ieoh Ming Pei, à qui l'on doit également... la pyramide du Louvre à Paris ! La Miami Tower se distingue par sa silhouette entièrement vitrée à 3 niveaux, superbement éclairée au gré des saisons par des millions de LED. C'est également le seul building de Downtown possédant sa propre station de *metromover* (métro aérien gratuit), *Knight Center*.

THE MIAMI CIRCLE AT BRICKELL POINT SITE ★

River Walk Trail

Visites de 8h à 18h en hiver, jusqu'à 20h le reste de l'année. Entrée libre.

Découvert en 1998, le Miami Circle, à Brickell, est un site archéologique en plein air situé à l'embouchure de la rivière de Miami. Les fouilles ont mis au jour les ruines du premier village des Indiens Tequesta, l'un des peuples amérindiens autochtones d'Amérique du Nord que rencontra le conquistador Juan Ponce de León lorsqu'il découvrit la Floride en 1513. Le Miami Circle, vestige d'une construction circulaire d'origine préhistorique, a été classé site historique au niveau national.

PÉREZ ART MUSEUM MIAMI ★★

1103 Biscayne Blvd

✆ +1 305 375 3000

pamm.org

Jeudi : 11h-21h. Ven. au dim : 11h-18h. Adulte : 16 US$, 7-18 ans : 12 US$, gratuit -6 ans et le 2e samedi du mois.

Ce musée ultra-design installé sur la baie s'inscrit dans la politique d'urbanisation de la ville visant à dynamiser le quartier de Downtown. Du nom de Jorge M. Pérez, grand collectionneur d'art latino-américain qui a financé le projet à hauteur de 35 millions de dollars, il offre des collections permanentes qui reflètent l'esprit artistique bouillonnant de Miami ainsi que des œuvres de toute l'Amérique latine et de la Caraïbe, à l'image du melting pot culturel de la ville. Une promenade aménagée permet d'avoir une vue imprenable sur les gratte-ciel de Downtown.

TORCH OF FRIENDSHIP

Bayfront Park

La Torche de l'Amitié a été installée en 1960 dans Bayfront Park. Posée sur un socle de pierre de 5 m de haut, elle symbolisait l'amitié entre Miami et les pays d'Amérique latine et des Caraïbes, à une période où de nombreux immigrants arrivaient à Miami. Quatre ans plus tard, le monument est dédié au président Kennedy suite à son assassinat. Y figurent les armoiries des 20 pays des Caraïbes et d'Amérique latine, avec un espace entre le Costa Rica et la République dominicaine. Devrait y figurer Cuba dès lors que les relations entre les deux pays s'apaiseront.

SKYVIEWS MIAMI OBSERVATION WHEEL

✆ +1 786 529 7177

https://skyviewsmiami.com

Du lundi au vendredi de 13h à 22h, samedi et dimanche dès 12h. 12 ans et + : 17,06 US$. Enfant (4-11 ans) : 14,92 US$.

C'est l'une des dernières attractions de Miami : cette grande roue de plus de 60 mètres de haut vous invite à grimper dans l'une de ses 42 cabines pour contempler la baie de Biscayne et la *skyline* de Miami. De jour comme de nuit, le spectacle est incroyable. En plus, vous repartirez avec votre *selfie* gratuit imprimé en guise de souvenir. Avant ou après votre tour, profitez-en pour flâner à l'intérieur du Bayside Market où vous attendent nombre de boutiques et restaurants.

WARD ROOMING HOUSE

249 NW 9th Street

✆ +1 786 529 8624

www.hamptonartlovers.com/

Ouvert du jeudi au dimanche de 12h à 18h. Gratuit.

Construite en 1925 lorsque le quartier s'appelait encore « Colored Town », cette élégante demeure historique accueillait les Afro-Américains et Amérindiens qui ne pouvaient trouver de logement. Aujourd'hui rénovée, c'est une galerie d'art consacrée aux œuvres d'artistes afro-américains, généralement contemporains. Les expositions, organisées par l'association Hampton Art Lovers, rassemblent peintures et sculptures autour de thématiques fortes telles que la place de la femme afro-américaine, l'immigration ou encore l'histoire de Miami. Une visite passionnante.

BILL BAGGS CAPE FLORIDA STATE PARK ★

✆ +1 305 361 5811
www.floridastateparks.org
Tous les jours de 8h au coucher du soleil. 8 US$/ véhicule (2 à 8 pers) ; 5US$/véhicule (1 pers) ; 2 US$ (piéton, vélo).

Une vaste et belle plage de près de 2 km de long, d'où partent un chemin de randonnée et une piste cyclable qui vous permettent de traverser une partie de la forêt de l'île. Le *spot* permet de faire du *snorkeling* et, sur la terre ferme, de louer vélo, rollers, paddle ou encore canoë. L'endroit abrite également un phare construit en 1825, l'un des premiers bâtiments construits dans la région, fièrement été épargné des divers ouragans qui se sont abattus sur la région.

COMMENOZ GALLERY ★

328 Crandon Boulevard
✆ +1 305 361 7052
https://commenozgallery.com
Ouvert du lundi au vendredi de 10h à 18h, le samedi de 10h à 14h. Entrée libre.

Une superbe galerie d'art contemporain qui expose des productions d'artistes locaux et internationaux depuis 1982. La fondatrice, Naynu Commenoz, sélectionne les artistes avec un grand soin afin d'offrir aux visiteurs et aux acquéreurs des œuvres intemporelles. On découvre dans sa galerie des tableaux, de la photographie, du petit mobilier ou encore des sculptures. Parmi les artistes ayant exposé en ce lieu, nous pouvons citer le peintre haïtien Jean-Gilles Joseph, la photographe française Colette Birambo et le plasticien américain Benjamin Edwards.

CORAL GABLES MERRICK HOUSE

907 Coral way
✆ +1 1305 460 5093
www.coralgables.com
Le week-end, vérifier les dates sur le site. Visite guidée à 13h, 14h et 15h (45 min). Adulte : 5 US$, 6-12 ans : 1 US$

C'est depuis cette maison en calcaire oolithique que George Merrick s'est occupé de l'entreprise de maraîchage de son père avant d'en prendre la suite et de devenir le fondateur de la ville de Coral Gables. La maison a été restaurée telle qu'elle était dans les années 1920. Quatorze pièces meublées comme à l'origine sont ouvertes à la visite, ainsi qu'un parc d'un demi hectare composé d'une grotte, d'un bassin d'agrément et d'un jardin nommé « Heritage Garden ».

CORAL GABLES MUSEUM

285 Aragon Avenue
✆ +1 305 603 8067
https://coralgablesmuseum.org
Du lundi au vendredi de 12h à 17h, samedi et dimanche de 12h à 18h. Adulte : 12 US$, 7-12 ans : 5 US$, gratuit -6 ans.

Ce musée prend place au sein d'un superbe bâtiment historique qui était autrefois un commissariat et une station de pompiers. Il se consacre à la création, l'architecture, l'histoire, la préservation environnementale et l'évolution de la ville de Coral Gables. Les expositions présentées sont particulièrement riches et varient plusieurs fois par an. Le musée poursuit sa mission culturelle hors les murs en proposant des promenades à vélo le troisième dimanche du mois ainsi que des sorties en kayak le quatrième dimanche du mois (réservation en ligne).

FAIRCHILD TROPICAL GARDENS ★

10901 Old Collier Road
✆ +1 305 667 1651
www.fairchildgarden.org
Ouvert tous les jours de 10h à 17h. Adulte : 24,95 US$, enfant (6-17 ans) : 11,95 US$.

Le plus grand jardin tropical des Etats-Unis (à l'exception de celui d'Hawaï) avec une superficie de 33 hectares. Il comporte plus de 11 300 plantes, 4300 espèces différentes, 3 800 palmiers et une forêt équatoriale qui se visite via des sentiers ou à bord d'un tram. La zone était jadis célèbre pour ses longues portions de routes bordées de ficus géants (vous en verrez des photos au musée). L'ouragan Andrew les a abattus mais en cherchant, vous tomberez peut-être sur un tronçon intact.

LOWE ART MUSEUM ★

1301 Stanford drive
✆ +1 305 284 3535
www.lowe.miami.edu
Ouvert du jeudi au samedi de 10h à 16h. Adulte : 13 US$, gratuit pour les moins de 12 ans.

La plus importante collection d'art en Floride du Sud est abritée dans ce musée situé sur le campus de l'université de Miami. On y retrouve onze collections d'art permanentes couvrant l'Antiquité Grecque jusqu'au XXe siècle : Afrique, Amériques anciennes, Méditerranée ancienne, Asie, Caraïbes, Amérique du Sud, du Nord et Amérique centrale, Égypte, Europe, Îles Pacifiques et art autochtone américain. Aussi varié que riche, c'est le musée à faire pour les amateurs d'art. Des expositions itinérantes sont également organisées tout au long de l'année.

Fairchild Tropical Gardens.

HISTORIC VIRGINIA KEY BEACH PARK ★★

4020 Virginia Beach Drive
✆ +1 305 960 4600
virginiakeybeachpark.net
Dès 8h du lun au jeu, dès 7h du ven au dim, jusqu'au coucher du soleil. 8 US$ par véhicule le w-e, 5 US$ en semaine.

Pendant la ségrégation, Virginia Beach Park était la seule plage autorisée aux personnes Noires. Accessible uniquement en bateau depuis Miami, elle était très fréquentée par les Afro-américains mais aussi par les Latino-américains noirs. Cependant, c'était beaucoup plus qu'une plage puisqu'elle a joué un rôle social très important dans la communauté noire de Miami avec de nombreuses activités sur place, des offices religieux et même un dancefloor. Mais à partir de 1959, à la fin de la ségrégation, la plage a été peu à peu délaissée par la communauté noire puis complètement abandonnée. En raison des infrastructures très abimées, elle a finalement été fermée au public en 1982. Ce n'est qu'à partir de 1999 que des travaux de réhabilitation sont lancés par une association d'Afro-américains, soucieux de préserver leur passé, avec le soutien des autorités locales, pour finalement aboutir à la réouverture du parc en 2008.

Aujourd'hui, le parc, classé monument historique, est ouvert à tous et on peut profiter de la magnifique plage de plus d'un kilomètre de long tout en découvrant les bâtiments historiques de l'époque de la ségrégation. Un centre culturel devrait même ouvrir sur place dans les années à venir. Le parc possède aussi un écosystème unique avec une petite mangrove et de nombreuses espèces endémiques de Floride. On peut découvrir cette zone grâce à des sentiers aménagés. Vous pouvez aussi prévoir des grillades grâce aux barbecues en libre accès.

MARJORY STONEMAN DOUGLAS BISCAYNE NATURE CENTER

6767 Crandon Blvd
✆ +1 305 361 6767
https://biscaynenaturecenter.org/
Ouvert tous les jours de 9h à 15h. Gratuit. Parking : 7 US$.

À l'entrée du Crandon Park, ce centre vous invite à observer la faune et la flore environnante (coquillages, plantes, fleurs, oiseaux...) depuis un sentier aménagé. Il y a également un musée avec un aquarium d'eau salée dans lequel nagent méduses, hippocampes et poissons tropicaux, et une mangrove intérieure où évoluent les habitants de cet environnement particulier. Les plus curieux adoreront le « touch tank », un bassin où l'on peut toucher concombres de mer et autres petits homards.

MIAMI SEAQUARIUM ★★

4400 Rickenbacker Causeway
✆ +1 305 361 5705
www.miamiseaquarium.com
Ouvert tous les de jours 10h à 17h. Adulte : 49,99 US$ enfant (3-9 ans) : 39,99 US$. Parking 10 US$.

Avec ses différentes expositions, ses spectacles d'animaux marins dont dauphins et éléphants de mer et ses nombreuses animations, le Seaquarium est la plus grande attraction privée de Miami. Le lieu a accueilli le tournage de la série *Flipper* dans les années 1960. Depuis 2022, le Seaquarium a interrompu ses spectacles avec l'orque Lolita, élevée en captivité depuis 50 ans, après que celle-ci a attaqué un dresseur. Le PETA (People for the Ethical Treatment of Animals) a lancé une campagne pour que l'orque soit emmenée dans un sanctuaire marin.

SEVEN MERRICK VILLAGES

George Merrick, le fondateur de Coral Gables, fit construire à partir de 1925 sept villages insolites. Le Florida Pionneer Village (Santa Maria Street) rappelle la Nouvelle-Angleterre. Trois autres évoquent le style français : le French Country Village, le French City Village (Hardee Road) et le French Normandy Village (South Le Jeune Road). Le Chinese Village (Riviera Drive) est de style chinois. L'Italian Village (Palmarito Street) imite les villas italiennes du XVIIe et les maisons du Dutch South African Village s'apparentent aux fermes des colons hollandais.

THE AMERICAN MUSEUM OF THE CUBAN DIASPORA

1200 Coral Way ✆ +1 305 529 5400
https://thecuban.org
Ouvert du mercredi au dimanche de 12h à 18h. Adulte : 12 US$, étudiant : 8 US$, gratuit pour les moins de 12 ans.

Non loin de Little Havana, ce petit musée inauguré en 2016 nous immerge dans la culture et l'histoire cubaine par le prisme d'artistes et penseurs exilés ou nés en dehors de Cuba. Leur regard singulier et leur manière de faire vivre la culture cubaine à travers le monde sont mis en avant via des expositions temporaires admirablement documentées. Une visite indispensable pour mieux comprendre l'héritage cubain inhérent à Miami. Bonus : la terrasse offre une vue à 360° sur la ville.

THE BARNACLE HISTORIC STATE PARK

3485 Main Highway ✆ +1 3054426866
www.floridastateparks.org
Ouvert du dimanche au mercredi de 9h à 17h. Entrée : 2 US$. Visite guidée de la Munroe House à 10h, 11h30, 13h et 14h30.

Ce parc située au cœur du quartier bohème de Coconut Grove est une vraie bulle de nature face à la mangrove. Pour payer l'entrée, il faudra déposer votre monnaie dans la boîte prévue à cet effet sur le sentier. Vous déboucherez ensuite dans le jardin de la Munroe House, la maison que fit construire Ralph Munroe à la fin des années 1880. Elle est surnommée « The Barnacle » en raison de la forme particulière du toit, qui rappelle la coquille du bernacle. La promenade est très agréable.

VIZCAYA MUSEUM AND GARDENS ★★

3251 South Miami Avenue
✆ +1 305 250 9133
https://vizcaya.org
Du mercredi au lundi de 9h30 à 16h30. Adulte : 25 US$, enfant 6-12 ans : 10 US$. Visite guidée : 5 US$. Parking gratuit.

Cette sublime maison fut construite entre 1914 et 1916 par James Deering, l'héritier d'une famille qui avait fait fortune dans les machines-outils agricoles. Elle devait ressembler à une villa italienne du XVIe siècle. Vizcaya vient du mot basque signifiant « lieu élevé ». La maison, en béton armé recouvert de corail, est mise en valeur par une série de détails : encadrements de fenêtres en calcaire oolithique local, colonnes faites à partir de la pierre calcaire de Cuba, sans oublier les légendaires tuiles à cylindre de La Havane, dont on dit que les cuisses des *señoritas* ont fourni le modèle. Le domaine comportait 85 hectares, la plus grande partie du terrain fut vendue à la mort de Deering en 1925. Il reste aujourd'hui environ 12 hectares. Comme les flots de Biscayne Bay lèchent littéralement les escaliers de Vizcaya, une digue a été construite et déguisée en barque vénitienne. Les jardins sont tout aussi stupéfiants, il a fallu 7 ans au jardinier en chef Diego Suarez pour en achever le dessin. Si certains sont conventionnels, il y a aussi des innovations : un jardin secret comme on les aimait durant la Renaissance florentine, des fontaines, des piscines dans l'eau desquelles l'environnement se reflète, des chutes d'eau, des escaliers d'eau, un labyrinthe, un théâtre d'été, une maison de thé, un casino et un jardin pour les aveugles. Vizcaya est une des attractions touristiques majeures de Miami. Comptez 2 heures de visite, voire plus si vous vous attardez dans les jardins.

ZOO MIAMI ★

12400 SW 152nd street, South Miami
✆ +1 305 251 0400
www.zoomiami.org
Ouvert tous les jours de 10h à 17h. Adulte : 22,95 US$, enfant (3-12 ans) : 18,95 US$. Gratuit pour les moins de 2 ans.

Le Zoo Miami est le plus grand zoo de Floride et l'un des cinq plus grands d'Amérique avec 120 hectares. Vous pourrez y rencontrer plus de 3 000 animaux, notamment des tigres blancs, des mangoustes d'Afrique australe, des dragons de Komodo et des koalas. Le climat particulier de Floride permet en effet d'accueillir une grande variété d'animaux. Le zoo propose aussi des tours en pédalo sur le lac, un carrousel, une attraction aquatique et un safari en tram (en supplément). L'incontournable monorail permet de se déplacer facilement sur le site.

BAKEHOUSE ART COMPLEX ★★

561 NW 32nd Street
✆ +1 305 576 2828
www.bacfl.org
Ouvert tous les jours de 12h à 17h. Gratuit.

Fondée en 1985, cette galerie installée dans un ancien entrepôt de boulangerie de style Art déco a la particularité d'accueillir les artistes qui exposent dans des ateliers, directement sur place. Chaque artiste peut louer son atelier sur place après avoir été sélectionné par le jury de la galerie. Pendant la visite, on peut donc à la fois découvrir des œuvres d'art contemporain (photographie, sculpture, peinture...) et rencontrer les artistes qui en sont à l'origine. Ne manquez pas de jeter un œil aux fresques murales sur la façade du bâtiment.

ICA MIAMI ★★

4040 NE 2nd Avenue ✆ +1 305 901 5272
www.icamiami.org
Ouvert du mercredi au dimanche de 12h à 18h. Entrée libre avec réservation obligatoire sur le site du musée.

L'Institute of Contemporary Arts est le musée d'Art contemporain de Miami. Il a ouvert ses portes à l'occasion du festival Art Basel, en décembre 2017. Conçu par les architectes espagnols Aranguren & Gallegos, il abrite, entre autres, une collection de la Cruz, et des œuvres d'Anthea Hamilton, Mark Handforth, Carlos Alfonzo ou encore Allora & Calzadilla. À noter que plusieurs expositions temporaires se déroulent en même temps. Les œuvres sont disséminées dans les 3 étages du musée et dans le jardin. Un audioguide est disponible gratuitement via un QR code.

GALERIES BARTOUX

127 NE 40th Street
✆ +1 786 5344 574
www.galeries-bartoux.com
Du lundi au samedi de 10h à 20h. Le dimanche de 10h à 19h. Entrée libre.

Les Galeries Bartoux ont été fondées en France par la famille éponyme. Les premières Galeries Bartoux ont ouvert leurs portes à Honfleur et Saint-Paul-de-Vence dans les années 1990, avant de s'implanter à l'international (New York, Londres, Miami en 2020...). Elles rassemblent des œuvres d'artistes contemporains de tous horizons, qu'ils soient très connus ou émergents. La galerie de Design District se veut accessible et ouverte à tous, visiteurs curieux comme collectionneurs. On apprécie la savante mise en valeur de ces œuvres pour le moins éclectiques.

LAUNDROMAT ART SPACE ★

185 NE 59th Street
✆ +1 305 766 6635
www.laundromatartspace.com
Ouvert du mardi au samedi de 11h à 16h. Lundi et dimanche sur rendez-vous uniquement. Gratuit.

Cette ancienne laverie automatique transformée en un complexe d'art contemporain en 2015 accueille une quinzaine d'artistes en résidence pour un an dans onze studios. Vous pourrez aussi visiter la galerie qui propose essentiellement des créations d'artistes locaux (notamment ceux qui ont leur atelier sur place) et internationaux. Les œuvres exposées sont souvent originales et riches d'une belle créativité. Pour les amateurs d'art, c'est un lieu à ne pas manquer dans le quartier de Little Haïti, à deux pas du Cultural Center.

HAITIAN HERITAGE MUSEUM ★

4141 NE 2nd Avenue
✆ +1 305 371 5988
www.haitianheritagemuseum.org
Ouvert du mardi au vendredi de 10h à 17h. Adultes 10 US$, étudiants 7 US$.

Inauguré en 2004 à l'occasion du bicentenaire d'Haïti, ce petit musée met en avant l'héritage culturel haïtien, notamment au travers des artistes de sa diaspora. Il se présente ainsi comme un véritable lieu de mémoire et de transmission pour les générations futures. Parmi les œuvres exposées : artisanat, photos, extraits musicaux, extraits de films mais aussi œuvres littéraires et objets divers. Des expositions temporaires sur le thème de l'art haïtien sont également régulièrement organisées. La boutique de souvenirs est bien fournie.

LITTLE HAITI CULTURAL CENTER ★★

212 North East 59th Terrace Miami
✆ +1 305 960 2969
https://www.miamigov.com/LHCC/Home
Ouvert de 11h à 17h du lundi au samedi.

Ce centre culturel permet de tout savoir sur la culture haïtienne. Vous y trouverez des expositions temporaires en rapport avec Haïti, des concerts d'artistes haïtiens mais aussi de l'artisanat créole. Le Caribbean Marketplace qui lui est attenant mérite le coup d'œil pour son architecture colorée inspirée du marché de Port-au-Prince en Haïti. C'est aussi un *Visitor Center*. Vous pourrez flâner entre les étals pour dénicher de l'artisanat haïtien. Le samedi, c'est jour de marché !

© LAZYLLAMA - SHUTTERSTOCK.COM

Palm Court, design district.

MARGULIES WAREHOUSE ★★

591 NW 27th Street
✆ +1 305 576 1051
www.margulieswarehouse.com
Ouvert d'octobre à avril du mardi au samedi de 11h à 16h et durant Art Basel. Adulte : 10 US$, étudiant : 5 US$.

Une galerie dont les collections sont toujours impressionnantes. La raison : Martin Margulies, le collectionneur, est un riche passionné d'art qui ne lésine pas à la dépense quand il a un coup de cœur. Depuis 1999, cette galerie expose ainsi ses trésors, majoritairement des oeuvres d'artistes contemporains des 20 et 21e siècles, parmi lesquels Miró et Wharol. Les expositions temporaires sont plus passionnantes les unes que les autres. Si Martin Marguilies est là, prenez le temps de discuter avec lui : c'est un personnage à la fois charismatique et passionnant.

MUSEUM OF GRAFFITI

276 NW 26th Street
✆ +1 786 580 4678
https://museumofgraffiti.com/
Lundi au vendredi de 11h à 18h, week-end de 11h à 19h. Adulte : 16 US$, étudiant : 12 US$. Gratuit 13 an et moins.

Au cœur du quartier arty de Wynwood, voici le tout premier musée au monde dédié au graffiti ! Ouvert en 2019, il présente dans une ambiance ultra-colorée et immersive l'histoire et l'évolution de ce mode d'expression depuis les années 1970 à grand renfort d'œuvres et fresques *indoors* et *outdoors*. Le musée a également une vocation éducative en proposant des ateliers de graffitis pour débutants tous les samedis ainsi que des cours de dessins pour les enfants chaque dimanche. Une belle introduction avant de partir débusquer les *murals* de Wynwood !

ORIGINAL SELFIE MUSEUM

179 NW 25th Street ✆ +1 305 549 5020
https://originalselfiemuseum.com
Ouvert tous les jours de 11h à 20h. Adulte : 29 à 34 US$, enfant (4-12 ans) : 22 US$, gratuit -3 ans.

Pas vraiment un musée, voici plutôt un studio photo où vous pourrez prendre vos meilleurs *selfies* dans une succession de décors plus créatifs les uns que les autres : monochrome, sushi géant, laverie, mur de kiwis ou de donuts, baignoire remplie de bulles et de canards en plastique, *street art*... De quoi créer des souvenirs mémorables de votre séjour et animer vos réseaux sociaux ! Chaque créneau dure une heure et des casiers gratuits à l'entrée permettent de laisser vos affaires. Des trépieds sont disponibles si vous vous prêtez au jeu des *selfies* en solo.

PALM COURT ★★

140 NE 39th Street
✆ +1 305 722 7100
www.miamidesigndistrict.net
Plusieurs fois par mois : visite guidée gratuite des principales œuvres d'art du quartier. Réservation en ligne.

La seule place piétonne de Design District ! Ornée de 50 palmiers et parsemée d'œuvres d'art colorées, elle est ultra-design et accueille des boutiques de luxe. Au centre, l'immense boule transparente désormais iconique donne accès à un parking souterrain. Sur la mezzanine dominant la place, vous découvrirez une impressionnante sculpture représentant le buste de l'architecture français Le Corbusier, réalisée par Xavier Veilhan. Palm Court est aussi le point de départ des « public art tours » qui permettent de découvrir gratuitement les œuvres du quartier.

À VOIR / À FAIRE

PAN AMERICAN ART PROJECTS ★

274 NE 67th Street
✆ +1 305 751 2550
panamericanart.com
Ouvert du mardi au samedi de 11h à 17h. Entrée libre.

Une dizaine d'artistes originaires de toute l'Amérique latine exposent ici. Les œuvres sont toujours intéressantes et expriment souvent une vraie prise de position politique des artistes, notamment pour ce qui est des Cubains. C'est l'une des galeries les plus en vue de Wynwood. Si vous voulez investir dans l'œuvre d'un artiste latino qui est, peut-être, la prochaine Frida Kalho, vous êtes probablement à la bonne adresse. Dans tous les cas, la visite vaut le détour !

RUBELL FAMILY COLLECTION ★

1100 NW 23rd Street
✆ +1 305 573 6090
https://rubellmuseum.org
Mer., jeudi et dim : 11h30-17h30. Vendredi et samedi : 11h30-19h30. Adulte : 15 US$, enfant : 10 US$. Parking gratuit.

La famille Rubell a commencé à rassembler sa collection d'œuvres d'art à New York en 1965 avant de la déplacer à Miami en 1993 et de la présenter au public l'année suivante. Leur collection est aujourd'hui l'une des plus importantes du monde avec pas moins de 7 200 œuvres de plus de 1 000 artistes contemporains actifs entre 1975 et aujourd'hui. Depuis 2019, le musée a déménagé dans un espace plus important lui permettant de proposer plus de 300 œuvres de leur collection. Profitez-en pour goûter la cuisine du chef Mikel Goikolea au Leku Restaurant.

SUPERBLUE

1101 NW 23 Street
✆ +1 786 697 3414
www.superblue.com/miami/
Lun-mer. (11h-19h), jeu. et dim. (10h-19h), ven. et sam. (10h-20h). Adulte : 36 US$, 3-12 ans : 32 US$. Résa en ligne.

Après Londres, Superblue s'installe à Miami à deux pas du Rubell Museum. Cette expérience d'art immersive vous invite à plonger dans les oeuvres poétiques et colorées d'Es Devlin, James Turrell et teamLab, projetées à 360° autour de vous. Un moment de contemplation, mais pas seulement puisque les oeuvres réagissent à vos pas et vos mouvements : des fleurs bourgeonnent sous vos pieds, les éléments s'agitent... Finalement, vous devenez vous aussi l'artiste. Superblue est desservie par la ligne orange du Metrorail, arrêt Santa Clara.

WYNWOOD WALLS ★★

2520 NW 2nd Avenue ✆ +1 305 531 4411
thewynwoodwalls.com
Du dimanche au jeudi : 11h-19h. Vendredi et samedi : 11h-20h. Adulte : 12 US$, étudiant : 10 US$, gratuit moins 12ans.

Point de départ de toute visite de ce quartier *arty*, les Wynwood Walls sont une invitation à découvrir, dans un parc aménagé, des fresques murales d'artistes qui changent environ tous les 6 mois à 1 an (quelques-unes sont permanentes). Lors d'une petite balade qui longe les murs, on peut ainsi découvrir de très jolies œuvres murales et réaliser de magnifiques *selfies*. Le site accueille également deux galeries dédiées au *street art*. Les Wynwood Walls sont dont une excellente manière de s'initier à l'art du graffiti, de manière autonome ou lors de visites guidées.

Wynwood Walls.

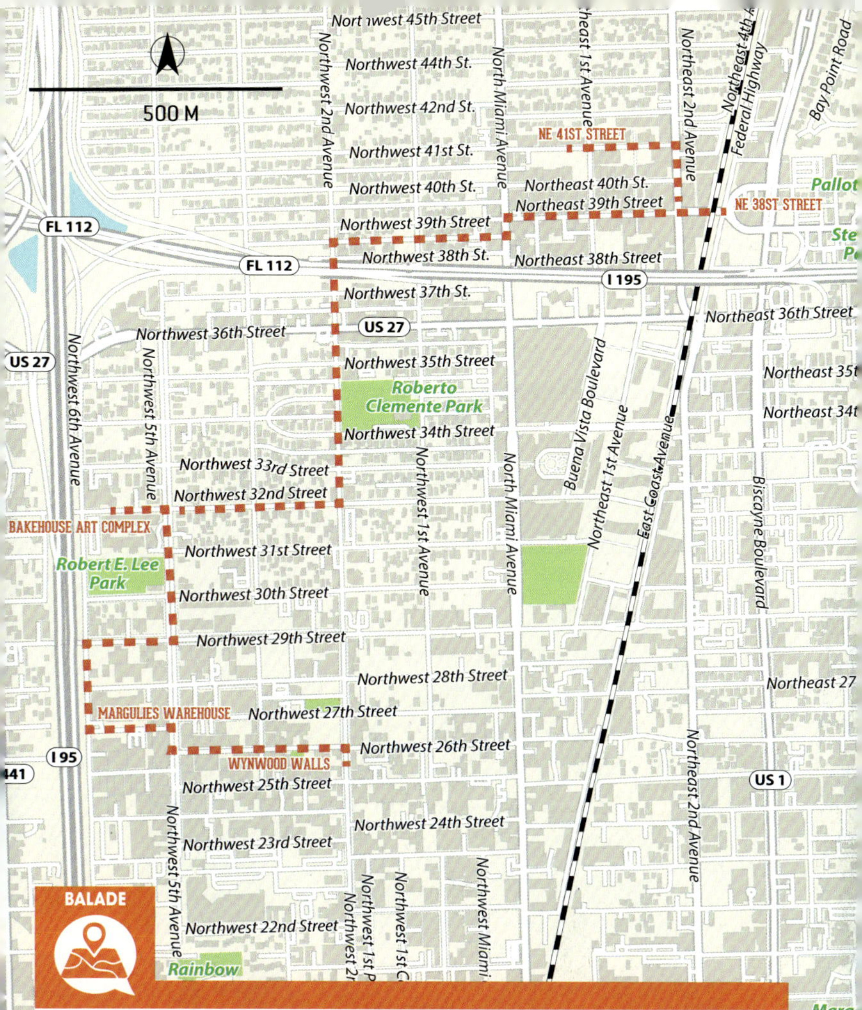

BALADE

WYNWOOD ET DESIGN DISTRICT

Ces deux quartiers sont nés dans les années 2000 après avoir été réaménagés par des promoteurs immobiliers bien inspirés. Wynwood et ses plus de 800 fresques murales et graffitis est le paradis du street art. Quant à Design District, qui est juste à côté, c'est l'épicentre de la mode et du design à Miami. On vous propose une balade de 3h environ qui couple ces 2 quartiers. Commencez par vous rendre aux Wynwood Walls (2516 NW 2nd Ave) pour vous mettre tout de suite dans l'ambiance street art du quartier. Ce petit parc aménagé est une concentration de magnifiques œuvres murales d'artistes de street art venus de toute la planète. Poursuivez par une balade dans les rues alentour, on trouve énormément de street art à chaque recoin. Côté galeries, vous pouvez faire un saut à la Margulies Warehouse, aux collections toujours originales (591 NW 27th Street) ou au Bakehouse Art Complex (561 NW 32nd Street), où vous pourrez rencontrer directement les artistes. Mettez ensuite le cap sur Design District, à une dizaine de minutes de route de Wynwood. Vous pourrez admirer les multiples vitrines de boutiques de grandes marques de la mode de la NE 38st Street à la NE 41st Street : Dior, Tiffany, Hermès, Vuitton... Les édifices à eux seuls sont intéressants, car pour cadrer avec l'esprit design de ce quartier, toutes les boutiques sont installées dans des bâtiments très design. Vous trouverez aussi un musée gratuit, l'Institute of Contemporary Art (61 NE 41st Street).

SE RÉGALER

Miami est une ville multi-culturelle, et cela se ressent décidément dans l'assiette ! Chaque quartier de la ville décline son identité culinaire tout en mixant des spécialités venues d'ici et d'ailleurs. Un vrai *melting-pot* ! Ainsi, Brickell devient branché tendance fusion tandis que Little Havana recèle de petits établissements authentiques et abordables ; Wynwood est *fun* et éclectique et le sud de Miami plus chic. Quant à South Beach, c'est simple, on y trouve de tout, à tous les budgets ! Alors fouillez bien entre ces pages et vous dégoterez tantôt des adresses face à la mer, tantôt des terrasses vertigineuses, tantôt des restaurants de quartiers prisés des locaux. Que les végétariens et vegans se rassurent : les options sont nombreuses et qualitatives. De quoi partir en quête de tout ce que Miami a de savoureux à offrir, avec pour mots d'ordre : authenticité, bons produits et générosité.

SE RÉGALER

HORAIRES

La plupart des restaurants sont ouverts toute la journée en continu, bien que ce soit moins le cas depuis la pandémie. Les restaurants ont des horaires un peu décalés par rapport à la France, car les Américains dînent tôt par rapport à nous. Donc, vous pourrez facilement obtenir une table à 17h et le restaurant fermera vers 22h, plus tard s'il possède un bar. Mieux vaut donc vérifier les horaires à l'avance pour éviter toute déception. Certains *fast-foods* et *diners* peuvent fonctionner 24h/24.

BUDGET / BONS PLANS

Vous pourrez manger sur le pouce pour moins de 10 US$ mais il s'agira généralement de tacos ou de sandwichs. Dans un restaurant traditionnel, vous trouverez des plats à partir de 15 US$, jusqu'à 60 US$ ou plus selon la gamme. L'addition peut vite grimper si vous ajoutez une boisson et un dessert. Il est très courant de demander un *doggy bag* si vous ne terminez pas votre assiette. Pour manger sainement à prix raisonnable, sachez que les grands supermarchés comme Publix ou Wholefood Market disposent d'immenses rayons traiteur. On y trouve des salades à composer, des plats chauds comme des soupes, des viandes marinées ou encore des légumes cuisinés. Le principe : on choisit une barquette (différentes tailles au choix) que l'on remplit avec tout ce que l'on souhaite. Le prix au kilo est indiqué à côté de chaque plat, et on paye la totalité à la caisse. Sont aussi proposées les traditionnelles parts de pizza et des sushis. Il est également possible de customiser son sandwich sur place. Vous croiserez énormément de locaux dans ces rayons, particulièrement le soir. En effet, les habitants de Miami comme les Américains en général cuisinent globalement moins que les Européens.

EN SUPPLÉMENT

Les prix affichés sur les menus sont hors taxes. Il faut donc ajouter une taxe de 6 % ainsi que des pourboires. Il est en effet très mal vu de ne laisser aucun pourboire. En général, le minimum est de 15 % du prix hors taxes. Gardez donc en tête que le coût final de votre repas sera forcément plus élevé. Vous pouvez laisser des pourboires en espèces, ou les ajouter manuellement via le TPE lorsque vous payez par carte bancaire. Les pourboires ne sont pas obligatoires dans les établissements de type *fast food*.

Sachez que dans certaines zones très touristiques comme South Beach, les pourboires sont automatiquement inclus dans la note. Vérifiez bien ce point avant de régler, ou vous risqueriez de les payer deux fois !

C'EST TRÈS LOCAL

La plupart des bars et restaurants de Miami proposent des *happy hours* les soirs de semaine, généralement entre 16h et 19h. C'est l'occasion de profiter de boissons et plats à prix réduits. Le week-end, le brunch est légion dans la grande majorité des restaurants de la ville : à vous les pancakes, gauffres et oeufs Bénédicte ! Il n'est également pas rare de voir des restaurants proposer des petits-déjeuners à toute heure de la journée (c'est le fameux *all day breakfast*).
Voyager à Miami est aussi l'occasion de découvrir des cuisines du monde, et tout particulièrement la cuisine cubaine. À vous le *cuban sandwich* (sandwich chaud à base de jambon, porc rôti et fromage) ou l'*arroz con pollo* (riz au poulet) à accompagner de pâtisseries à la goyave et d'un café cubain (sucré lors de l'extraction). C'est dans le quartier de Little Havana que vous aurez le plus de choix.
Enfin, ne soyez pas surpris lorsque vous lirez les menus : l'entrée se dit *appetizer*, et le plat principal se dit *entree*.

FUMEURS

Il est interdit de fumer dans les restaurants, mais certains autorisent de fumer sur la terrasse. Autrement, il existe des zones fumeurs à proximité.

LES ATTRAPE-TOURISTES

Sur Ocean Drive et Collins Avenue, des artères très touristiques, il est intéressant de comparer les prix des restaurants et les avis sur les plateformes. En effet, certains restaurants n'hésitent pas à gonfler leurs prix alors que la qualité n'est pas forcément au rendez-vous.

LES PHRASES CLÉS

Bonjour, je voudrais réserver une table pour deux personnes pour ce midi ou ce soir.
Hello, I'd like to reserve a table for two for lunch or dinner today.

Avez-vous un menu en français ou en anglais ?
Do you have a menu in French or in English?

Je suis végétarien, y a t-il des plats sans viande ?
I'm a vegetarian. Do you offer any meatless dishes?

Je n'ai vraiment plus faim mais avez-vous une carte des desserts ?
I'm not really hungry anymore, but do you have a dessert menu?

Puis-je avoir l'addition s'il vous plait ? Je peux payer par carte ou en espèces ?
Could I get the check, please? Can I pay by card or cash?

C'était très bon, nous reviendrons. Merci et à bientôt.
It was excellent. We'll be back. Thank you and see you soon.

11TH STREET DINER €€

1065 Washington avenue
✆ +1 305 534 6373
https://eleventhstreetdiner.com
Ouvert tous les jours de 7h30 à 23h45. Plat : 17 US$ environ.

Il s'agit d'un véritable *diner* à l'américaine : l'extérieur, avec ses airs de wagon de métro et sa carapace en métal rutilante au soleil, a été construit en 1948 dans le New Jersey, puis démantelé et installé à South Beach en 1992. À l'intérieur, le skaï bleu et rouge des banquettes et tabourets de bar se mêle aux couleurs fluo des néons. Si vous souhaitez découvrir un vrai hamburger *made in America*, vous êtes à la bonne adresse ! C'est aussi une adresse sympathique pour le petit-déjeuner et le brunch (du vendredi au dimanche). Une ambiance unique !

ALMA MEXICANA €

1344 Washington Avenue
✆ +1 305 695 0880
almamexicanamiamibeach.com/
Ouvert tous les jours de 11h à minuit, jusqu'à 2h le vendredi et samedi. Plat : 11 US$ environ.

Au cœur de South Beach, voici un petit restaurant mexicain au décor chaleureux qui propose des plats typiques comme des *burritos*, des *tacos*, des *enchiladas* ou encore des *fajitas*, du poulet grillé et des *nachos*. Le tout à arroser d'une *Margarita* ou une *Michelada* (cocktail mexicain à la bière). Si vous êtes plutôt du matin, vous découvrirez des assiettes complètes pour prendre des forces pour la journée, comme les *Huevos a la Mexicana* (œufs brouillés, riz, haricots rouges, guacamole et *tortillas*). Les prix sont très abordables et vous croiserez de nombreux locaux.

AMALIA €€

1900 Collins Avenue
✆ +1 786 583 0510
www.lennoxmiamibeach.com/dining/
Lundi au samedi : 7h30-11h30, 12h30-15h30 et 18h30-21h30. Le dimanche : matin et midi. Plat à partir de 23 US$.

Au sein du bel hôtel Lennox, Amalia vous invite à une pause gourmande dans un cadre fleuri à la décoration très joliment travaillée. Vous apprécierez les touches multiculturelles apportées à une cuisine à l'influence méditerranéenne affirmée. Le midi, les plats se la jouent décontractés, à l'image du *Lennox Burger* ou du *Grilled Cheese*. Le soir, les propositions se font plus chics et on se délecte d'un filet de bar grillé ou de pâtes à la ricotta et à la truffe. Au dessert, on hésite assurément entre la pavlova italienne et la crème brûlée à la banane.

BAGATELLE MIAMI €€€

1669 Collins Avenue
✆ +1 305 704 3900
https://bagatelle.com/venues/miami
Ouvert du mardi au samedi de 19h à 2h du matin. Plat : à partir de 45 US$.

Suite au succès des établissements de New York, Los Angeles, São Paulo et d'autres, Bagatelle a ouvert ses portes dans le quartier Art déco de South Beach. On vient ici pour renouer avec de bons plats français revisités de façon contemporaine, comme le filet de Saint-Pierre aux artichauts violets et les côtelettes d'agneau et ses légumes du soleil, ou bien pour déguster un cocktail dans une ambiance festive au bar. L'endroit attire une clientèle mêlant locaux et touristes. En résumé, Bagatelle c'est la bonne adresse pour une soirée festive et/ou gastronomique.

BARCELONETA €

1400 20th Street
✆ +1 305 538 9299
www.barcelonetamiami.com
Lundi au jeudi : 17h-22h. Vendredi : 17h-23h. Samedi : 12h-23h. Dimanche : 12h-22h. Plat à partir de 20 US$.

Si vous avez envie de vous faire un repas à base de tapas espagnoles tendance Catalogne, voilà un restaurant qui vous plongera par ses plats et sa décoration dans un petit Barcelone. Jambon ibérique, chorizo, gaspacho, fromage Manchego et olives sont autant de produits que vous pourrez déguster version tapas dans une ambiance conviviale et un cadre coloré à l'espagnole. Sans oublier l'incontournable crème catalane en dessert. On se régale aussi à l'heure du brunch avec des oeufs au chorizo et des tortillas au chèvre et épinards. De quoi changer d'air à SoBe.

CHOTTO MATTE €€

1664 Lenox Ave
✆ +1 305 690 0743
www.chotto-matte.com
Ouvert du lundi au vendredi de 15h à minuit, samedi et dimanche à partir de midi. Plat : à partir de 18 US$.

Derrière une façade blanche design, se cache un restaurant fusion péruvien-japonais à la déco hors normes puisque qu'une énorme pierre de type volcanique trône au milieu du bar juste en dessous d'une grande verrière au milieu d'une salle au look épuré et coloré. Le bar à sushis est une bonne affaire car les chefs péruviens qui les préparent sont doués. La carte du restaurant propose toutes sortes de spécialités péruviennes revisitées à la sauce contemporaine avec une bonne dose nippone. Très bons cocktails à base de Pisco Quebranta en prime.

A FISH CALLED AVALON €€

700 Ocean Drive ✆ +1 305 532 1727
www.afishcalledavalon.com
Ouvert du dimanche au jeudi de 17h30 à 22h, jusqu'à 11h le vendredi et samedi. Plat : 45 US$ environ.

Une très belle terrasse qui donne sur Ocean Drive, une salle à la décoration raffinée, des plats originaux et délicieux préparés par le talentueux chef Kal Abdalla, de la musique *live* tous les soirs : voilà les ingrédients de la réussite de cet établissement, l'un des meilleurs restaurants d'Ocean Drive. L'éclairage aux bougies, les nappes blanches et le service impeccable en font une excellente adresse pour un dîner en amoureux. Côté cuisine, vous pourrez manger de tout : viandes, poissons et fruits de mer. Une très belle adresse qui appartient à l'hôtel Avalon.

FL CAFÉ €

1360 Collins Ave
✆ +1 305 763 8007
www.flcafesouthbeach.com
Ouvert tous les jours de 8h30 à 16h. Plat à partir de 11,50 US$.

Cet agréable bistrot au milieu de Collins Avenue est très apprécié pour ses formules petit déjeuner sur une belle terrasse ensoleillée. La déco, qui rappelle, tout comme le nom du restaurant, le célèbre architecte Eiffel, est enrichie de magnifiques luminaires tout droit venus de la Samaritaine à Paris. Rien de surprenant lorsqu'on sait que le lieu est tenu par Elise, une sympathique française ayant fait ses armes à Montmartre. Mention spéciale pour les prix très doux. Le restaurant est situé dans un bâtiment Art déco qui ne manque pas d'intérêt architectural.

FRATELLI LA BUFALA €

437 Washington avenue
✆ +1 305 532 0700
www.flbmiami.com
Ouvert du lundi au jeudi de 12h à 23h30, vendredi au dimanche jusqu'à minuit. Plat à partir de 10 US$.

Le restaurant est dirigé par trois frères italiens, « La Bufala Brothers » qui, après avoir parcouru le monde chacun de leur côté, se sont retrouvés pour ouvrir une pizzeria en 2005. Vous pourrez d'ailleurs découvrir leurs portraits colorés à l'intérieur du restaurant. C'est une très bonne adresse pour savourer tranquillement de bonnes spécialités italiennes, des assiettes de charcuterie, des lasagnes maison aux cèpes et à la truffe ou de croustillantes pizzas comme l'incontournable Napoli ou la Delicata et sa mozzarella fumée. Sans oublier le tiramisu !

GIANNI'S €€

1116 Ocean Drive
✆ +1 305 908 1462
https://vmmiamibeach.com/giannis/
Ouvert tous les jours de 11h à 16h30 et de 18h à minuit. Menu du midi : 34 US$. Plat : à partir de 20 US$.

Vous êtes ici dans la mythique maison que Gianni Versace a rachetée en 1992 avant de s'y faire assassiner en 1997 alors qu'il sortait de chez lui. Les touristes se font d'ailleurs prendre en photo devant cette maison qui a été transformée en hôtel depuis, mais qui a gardé le style baroque extravagant du couturier et designer. Le restaurant, installé en grande partie en terrasse, devant la sublime piscine de style vénitien qu'adorait Versace, propose une cuisine italienne raffinée. Le soir, l'ambiance est des plus romantique. Pensez à réserver !

HAKKASAN €€€

4441 Collins Avenue ✆ +1 305 674 4670
https://hakkasan.com/miami/
Ouvert du dimanche au jeudi de 18h à 23h, vendredi et samedi jusqu'à minuit. À partir de 45 US$ le repas.

De la cuisine chinoise revisitée de façon ultra-contemporaine, associée à une excellente carte de vins et de *sakés*, voilà ce qui fait le succès d'Hakkasan depuis son ouverture en 2009. Dans un cadre luxueux et moderne, on se régale d'un poulet à l'orange croustillant, de bœuf aigre-doux au litchi ou de tofu mijoté avec une sauce aux haricots noirs. Les tablées de plus de 4 personnes pourront également opter pour d'exquis menus Signature. Mention spéciale pour la sublime vue sur la plage qu'offre ce restaurant situé au 4e étage du mythique hôtel Fontainebleau.

JOE'S STONE CRAB €€

11 Washington Avenue
✆ +1 305 673 0365
https://joesstonecrab.com
Ouvert tous les jours de 11h30 à 21h. Comptez de 12,95 US$ à 35 US$ le plat.

A ses débuts en 1913, Joe's Stone Crab était une simple sandwicherie à base de poissons, puis il s'est imposé comme l'un des restaurants les plus visités de Miami et il a fêté ses plus de 100 ans d'existence ! Outre les *stone crabs* (accompagnés d'épinards à la crème et de frites), les fruits de mer sont excellents, tout comme le poulet et les oignons frits (bien moins onéreux que le crabe). Leur *Key Lime Pie* est réputée comme l'une des meilleures de la ville. L'attente peut être longue car il n'est pas possible de réserver. Vous pouvez aussi commander à emporter.

JUVIA €€€

1111 Lincoln Rd ✆ +1 305 763 8272
www.juviamiami.com
Mercredi, jeudi et dimanche de 17h30 à 22h, jeudi et vendredi jusqu'à 23h. Brunch le dimanche. Plat à partir de 42 US$.

Ce restaurant-bar de Miami est perché au dernier étage d'un immeuble moderne. Vous pourrez y profiter d'une vue exceptionnelle sur South Beach tout en savourant des spécialités françaises, japonaises et péruviennes, élaborées dans une cuisine ouverte par les chefs Sunny Oh côté salé et le *frenchy* Grégory Gourreau côté sucré. Nous vous recommandons l'un des accords vin / dessert. La décoration très moderne attire une clientèle branchée et festive. La terrasse, avec son immense mur végétal, est très prisée pour l'apéritif vers 19h. Il est prudent de réserver.

LOLO'S SURF CANTINA €€

161 Ocean Drive
✆ +1 305 735 6973
https://loloscantina.com
Ouvert tous les jours de 7h à 23h. Tacos à partir de 5 US$, burritos à partir de 14 US$.

Un restaurant aux airs de cantine mexicaine avec un chef mexicain aux commandes. Le nom est un clin d'œil à sa grand-mère qui s'appelait Lolo (surnom de Dolorès). Les plats sont typiques avec une pointe de créativité qui ne porte en rien préjudice aux recettes originales. On a adoré le guacamole maison et le cocktail Bloody Maria, à base de tequila et des ingrédients secrets de Lolo. Les plats du petit déjeuner apportent une note mexicaine aux classiques du genre, comme les œufs Bénédicte au chorizo et chipotle. Le lieu est bien caché dans l'hôtel Marriott.

A LA FOLIE €€

516 Espanola way
✆ +1 305 538 4484
www.alafoliecafe.com
Ouvert tous les jours de 9h à 23h. Galette et plat : 16 US$ environ.

Voilà une crêperie de très bonne qualité et plutôt bon marché située sur la rue piétonne Espanola Way dans le cœur de SoBe. Qu'elles soient salées (galettes) ou sucrées (crêpes), tout est délicieux et le goût identique aux crêperies bretonnes. Pour le reste, belle sélection de sandwichs et salades, d'entrées à la française, de plats généreux comme la tartiflette ainsi que de beaux plateaux de fromages et de charcuterie. Le cadre intimiste évoque les traditionnels bistrots français, et on apprécie s'installer en terrasse ou dans le patio joliment arboré.

LT STEAK & SEAFOOD €€

1440 Ocean Drive
✆ +1 305 673 0044
Ouvert tous les jours pour le petit-déjeuner, le déjeuner et le dîner. Plat à partir de 16 US$.

Ce restaurant cossu se situe dans le hall plein de charme de l'hôtel historique The Betsy. Si vous aimez les steaks dans la pure tradition new-yorkaise et les fruits de mer, vous allez vous régaler ! Les amateurs de sushis et sashimis ne seront pas en reste car ils sont vraiment onctueux et bien préparés. Place ensuite au dessert avec le cheesecake au citron ou la salade de fruits aux tropicaux au yuzu. Libre à vous ensuite de digérer ce copieux repas en faisant une petite balade sur Ocean Drive pour un bon bol d'air marin. La terrasse est aussi très agréable.

LILIKOI ORGANIC LIVING €€

500 South Pointe Dr #180
✆ +1 305 763 8692
https://lilikoiorganicliving.com
Ouvert tous les jours de 8h à 17h. Plat à partir de 15 US$.

Une adresse qui fait la part belle au local, à la saisonnalité et au bio ! Le chef Manuel, originaire d'Hawaï, porte en effet une attention toute particulière à l'origine de ses produits. Les personnes végétariennes et véganes seront séduites par les plats à la fois créatifs, gourmands et *healthy* comme les carbonara véganes, le risotto aux champignons et au « fauxmage » de chèvre ou les wraps au quinoa et au houmous. Un soin tout aussi rigoureux est porté aux viandes et poissons qui composent *bowls*, burgers et autres plats. On peut y bruncher tous les jours.

MORENO'S CUBA €€

1850 Collins Avenue ✆ +1 305 497 2341
www.morenoscuba.com
Ouvert du dimanche au jeudi de 11h à 22h, jusqu'à 23h le vendredi et samedi. Plat à partir de 12 US$.

Avec sa vaste terrasse végétalisée flanquée d'une voiture rétro rouge, on se croirait vraiment dans un restaurant cubain et ceux qui connaissent l'île crocodile ne s'y tromperont pas. Dans l'assiette, les spécialités sont *made in* Cuba avec des classiques comme le *Bistec Palomillo* un steak de bœuf avec riz, haricots noirs et bananes plantains, mais on peut aussi se délecter des fameux mojitos, très bien préparés. Pour la petite histoire, le patron, Jorge Moreno, est un chanteur américain d'origine cubaine qui a gagné un Grammy dans la catégorie « Musique latino ».

OLIVER'S BISTROT €€

959 West Ave #15
✆ +13055353050
oliversmiamibeach.com
Ouvert tous les jours jusqu'à 15h. A partir de 40 $.

Lorsqu'il parle de son restaurant, le chef Legrand le qualifie de bistrot de quartier international. Déjà, pas d'hôtesse ici, les clients descendus des bureaux alentour s'assoient sans façon où il y a de la place. Et ce Lyonnais a mis au point une carte qui louche aussi bien du côté des plats traditionnels français qu'italiens ou sud-américains : en plus des escargots, tartares, bœuf bourguignon et moules marinières, il sert de la burata, des pâtes ou encore des ceviches, de la soupe caribéenne, des tacos... L'adresse idéale pour ne jamais se lasser.

RED STEAKHOUSE €€€

119 Washington avenue
✆ +1 305 534 3688
www.redthesteakhouse.com
Ouvert tous les jours de 18h à minuit. A partir de 50 US$ le repas.

Red est ce qui se fait de plus chic en matière de steakhouse. Ce restaurant sera un bon début de soirée au cœur de la fièvre de SoBe. La viande est délicieuse et tellement tendre qu'on la découperait avec un couteau à beurre ! Un délice accompagné d'asperges grillées ou de purée de pomme de terre à la truffe. La carte propose également de savoureuses pâtes comme celle au homard sauce Marinara. Et pour le dessert, laissez-vous tenter par le décadent New York Cheesecake et sa compotée de fruits rouges ! Une adresse de référence à South Beach depuis 2008.

PIZZA RUSTICA €

863 Washington avenue ✆ +1 305 674 8244
www.pizza-rustica.com
Dimanche au mercredi de 11h à 3h, jeudi au samedi jusqu'à 5h. À partir de 5,50 US$ la part et 21 US$ la pizza entière.

Cette adresse est la première fondée qu'a fondée Pino Piroso en 1996. Elle propose d'énormes pizzas généreusement garnies, vendues entières ou à la part, parfaites pour le post-clubbing puisque l'établissement ferme tard dans la nuit (ou tôt le matin, au choix !). C'est aussi un bon spot pour pour une pause avec les enfants et un petit budget. Service jeune et dynamique au comptoir. Matt Dillon et Anna Kournikova sont déjà venus chercher leur part, photos à l'appui. Bon à savoir : si avez apprécié, vous serez ravis d'apprendre qu'il existe deux adresses à Paris !

PUERTO SAGUA RESTAURANT €

700 Collins avenue
✆ +1 305 673 1115
Ouvert tous les jours de 7h à 23h. Plat à partir de 11,95 US$.

L'une des meilleures cuisines cubaines et espagnoles de Miami Beach. Les crevettes sont très bonnes, et le porc excellent, mais essayez leur picadillo, qui est vraiment unique, ou leur spécialité, la paella. Très réputé, ce restaurant plutôt bon marché attire aussi bien les vieux Espagnols que les jeunes branchés, dans une ambiance élégante, où les serveurs portent la chemise blanche impeccablement boutonnée, rentrée dans un pantalon noir au pli marqué. N'hésitez pas à partager un plat si vous n'avez pas très faim car les assiettes sont copieuses.

SEMILLA €€

1328-1330 Alton Road
✆ +1 305 674 6522
https://semillamiami.com
Ouvert du lundi au samedi de 17h à 23h. Plat : 24 US$ environ. Happy hours de 17h à 19h30.

© SEMILLA

Le restaurant du chef *Frenchy* Frédéric Joulin vous séduira par son ambiance chaleureuse, où se côtoient touches industrielles et casseroles en cuivre. Autour du comptoir entourant la cuisine ouverte, en terrasse ou sous l'une des oeuvres ornant les murs, on savoure une gastronomie aux influences d'ici et d'ailleurs, savamment ponctuée de clins d'oeil à la cuisine française, comme le tartare de thon / avocat où la béarnaise qui accompagne les *croquetas* à partager. Escargots persillés, ravioles à la truffe et crème brulée sont aussi de la partie.

LA SANDWICHERIE €

229 14th Street ✆ +1 305 532 8934
https://lasandwicherie.com
Tous les jours de 7h à 17h. Entre 7 et 10 US$ le sandwich. Aussi à Brickell, Wynwood, North Beach et Coral Gables.

Cette sandwicherie existe depuis plus de 30 ans à South Beach, ce qui en fait une référence ! Elle est tenue par un couple de Français. La carte offre un large choix de produits d'une excellente fraîcheur : salades, smoothies, milkshakes et sandwichs très généreux, format XL. Vous y retrouverez des compositions originales comme le *Tropical Houmous* (Végan) ou le *SoBe Club* (avocat, brie, dinde), tout cela dans une baguette française ou un croissant au beurre. La formule petit-déjeuner avec jus d'orange, café et sandwich toasté devrait séduire les plus matinaux.

TIME OUT MARKET €€

1601 Drexel Avenue
✆ +1 786 753 5388
Lundi au jeudi + dimanche : 9h-22h, jusqu'à 23h le vendredi et samedi. Paiement par carte bancaire uniquement.

Un nouveau food-hall pour South Beach ! Time Out Market, c'est près de 1700 m² réunissant le meilleur de la scène gastronomique de Miami, pour le plus grand bonheur des *foodies* ! Des crèmes glacées d'*Azucar !* au poulet frit de *Chick'n Jones* en passant par les burgers de *Little Liberty*, il y en a pour tous les goûts. On apprécie le style industriel et le côté convivial avec les grandes tables et bancs en bois placés du centre. Chacun peut choisir son plat sur l'un des stands, et tout le monde se retrouve pour partager le repas. Le tout à moins de 1 min de la plage.

SUSHI EXPRESS €

1518 Washington Avenue
✆ +1 305 949 0776
https://sushiexpress.com
Dimanche au jeudi de 12h à 23h. Vendredi-samedi jusqu'à minuit. Plat : 9 US$ environ. Formule midi en semaine : 9,5 US$.

Le vrai bon plan pour les amateurs de sushis, nigiris, sashimis et autres spécialités japonaises ! Ce tout petit restaurant situé non loin de Lincoln Road propose un large choix de plats cuisinés sous nos yeux à partir d'ingrédients frais. La clientèle est éclectique, et vous croiserez sans doute un ou deux policiers durant leur pause déjeuner ! Une adresse authentique au rapport qualité-prix imbattable pour South Beach. Vous êtes indécis ? Laissez-vous tenter par l'un des combos. Si vous êtes plus de trois, les plateaux à partager sont une bonne option.

UNDER THE MANGO TREE €

714 6th Street
✆ +1 786 558 5103
www.mangotreemiami.com
Ouvert du lundi au vendredi de 8h à 18h, le samedi de 9h à 18h, le dimanche de 9h à 17h.

Bar à jus et *smoothies* où l'on peut grignoter des snacks et sandwichs dans un cadre bohème et coloré. Pour végétariens et amateurs de produits bio, c'est parfait ! C'est aussi un restaurant très inspirant avec du bon wifi pour travailler. Il est donc fréquenté par des nomades digitaux également. Le jus sur place vous donnera vraiment de l'énergie pour recharger les batteries. C'est une très bonne adresse de Miami à ne pas manquer de découvrir sur place et où vous pourrez donc soit travailler, soit vous détendre et recharger les batteries.

THE LINCOLN EATERY €€

723 N Lincoln Lane
✆ +1 305 695 8700
www.thelincolneatery.com
Ouvert de 8h à 22h tous les jours.

C'est l'un des derniers-nés des *food markets* à Miami avec le Citadel à Little Haiti et le Time Out sur Lincoln Road. Au cœur de South Beach, Lincoln Eatery propose dans un grand hall design 13 stands de *street food* raffinée aux prix abordables. C'est varié, tendance fusion, et ça ne fait pas piège à touristes comme beaucoup d'adresses sur South Beach. Il y en a pour tous les goûts, avec par exemple, les pâtisseries françaises du Café des Fleurs, les assiettes de pâtes de Pesto Italian Cuisine, les burgers de Vice Burger ou les bowls *healthy* de Fresh Garden Bowls.

VILLA AZUR €€€

309 23rd Street
✆ +1 305 763 8688
www.villaazurmiami.com
Ouvert du mercredi au dimanche de 18h30 à tard dans la nuit. A partir de 65 US$ sans le vin.

Avec son grand patio arboré et sa décoration chic, le Villa Azur vous transporte dans l'ambiance de la French Rivera. La carte offre des propositions raffinées aux influences françaises et méditerranéennes, comme les *arancini* au homard, le filet mignon ou la sole meunière. Autre incontournable, les pâtes à la meule flambées au cognac, préparées devant vous. Le personnel, dont une grande partie parle français, est aux petits soins. Si vous souhaitez vivre une soirée de fête *so Miami*, rendez-vous le jeudi : la musique bat son plein et l'ambiance est à son climax.

BOURBON STEAK €€€

19999 W.Country Club Drive
✆ +1 786 279 6600
www.bourbonsteakmia.com
Ouvert de 18h à 22h du dimanche au mercredi, jusqu'à 23h vendredi et samedi. Comptez 60 US$ le repas.

Voici un *steakhouse* qui ravira les amateurs de bonnes viandes ! Tous les steaks du restaurant, quelle que soit leur provenance, sont issus d'élevages 100 % bio qui n'ont jamais été nourris aux hormones. Ajoutez à cette excellente qualité du bœuf les talents du très brillant chef Gabriel Fenton, une déco contemporaine chic, et vous obtenez un des meilleurs *steakhouses* de Miami. Alors oui, c'est un peu cher, mais vous vivrez une belle expérience culinaire dont votre palais se souviendra longtemps ! Bon à savoir : le lieu propose également poissons et fruits de mer.

BURGERS & SHAKES €

7401 Collins Avenue
✆ +1 305 866 1145
www.burgers-and-shakes.com
Ouvert de 11h à 4h du matin. Burger + frites : à partir de 11,95 US$.

C'est dans ce petit restaurant au cadre simple que vous pourrez manger l'un des meilleurs burgers de la ville. La carte est courte mais efficace, les ingrédients sont frais et la viande de bœuf Angus très tendre. On vous conseille le *Classic Cheeseburger* ou le *Chicken & Avocado Burger* avec poitrine de poulet grillée, fromage suisse, bacon, avocat, tomate fraîche et roquette. Les végétariens ne seront pas en reste car un burger 100 % *veggie* est au menu. Vous pourrez aussi déguster un hot dog ou une salade. Très bon rapport qualité/prix.

CAFÉ CRÈME €

750 NE 125th Street
✆ +1 786 409 3961
cafecrememiami.com
Ouvert du mardi au dimanche de 8h à 22h. Plat de 6 à 15 US$. Happy hour de 17h à 19h du mardi au vendredi.

Ce café tenu par les Français Corentin Finot et Claude Postel propose des plats rapides typiquement français comme des quiches, des tartines ou des sandwichs baguette. Vous trouverez également un large choix de salades. Mais ce n'est pas tout ! Si vous ne souhaitez pas manger sur le pouce, vous pouvez vous tourner vers les plats chauds maison comme les lasagnes ou le filet-mignon. Une bonne adresse pour manger sainement et à prix corrects dans le nord de Downtown. Profitez-en pour visiter le MOCA (Museum of Contemporary Art) situé à proximité.

CAFÉ PRIMA PASTA €€

414 71st Street
✆ +1 305 867 0106
www.primapasta.com
Ouvert du lundi au samedi de 16h30 à 23h, le dimanche de 16h à 22h30. Comptez 25 US$ le repas.

Dans un bistrot aux airs de bar de nuit, avec lumières tamisées et musique festive en fond sonore, vous vous régalerez de bons petits plats typiquement italiens. L'atmosphère est conviviale et la cuisine savoureuse. La *mama* des propriétaires d'origine italienne n'aurait pas à rougir des plats préparés ici, c'est certain. On vous recommande tout particulièrement les *Black Linguini Seafood* et les *Fiocchi Rapera.* Ne manquez pas d'observer les photos en noir et blanc des stars qui sont venues manger sur place (une petite salle leur est réservée).

CARPACCIO €€

9700 Collins Avenue
✆ +1 305 867 7777
www.carpaccioatbalharbour.com
Ouvert de 11h30 à 23h tous les jours. Plat à partir de 22 US$.

Dans un cadre chic et élégant, ce restaurant situé à l'entrée du luxueux centre commercial de Bal Harbour propose des spécialités italiennes traditionnelles avec la part belle laissée à la *pasta*, aux *pizze* cuites au feu de bois et aux onctueux carpaccios. Vous pouvez vous installer dans la belle salle ou en terrasse pour admirer les voitures de luxe qui arrivent au niveau du Valet parking ou pour observer les éventuels people qui seraient vos voisins de table. Leonardo DiCaprio, Serena Williams ou Will Smith seraient des habitués des lieux... Alors ouvrez l'œil !

IL MULINO NEW YORK €€€

17875 Collins Avenue
✆ +1 305 466 9191
www.ilmulino.com/miami
Du lundi au dimanche pour le petit-déjeuner et le dîner, du lundi au samedi pour le déjeuner. Plat à partir de 31 US$.

Dans cet établissement chic au sol en moquette pourpre et au mobilier de bois sombre, vous serez directement transporté en Italie, dans les Abruzzes. Les ingrédients et les plats 100 % italiens, bien présentés, sont directement à l'origine de cette invitation au voyage gustatif. Une très belle adresse pour les amateurs de cuisine italienne authentique, avec en prime une très belle vue sur l'océan depuis la terrasse. Le menu du midi à prix fixe offre un très bon rapport qualité/prix et permet de profiter du cadre tout en restant raisonnable niveau budget.

LOS FUEGOS BY FRANCIS MALLMANN €€€

3201 Collins Avenue ✆ +1 786 655 5600
www.faena.com/miami-beach/dining
Petit-déjeuner : 7h-11h. Déjeuner : 12h-16h. Dîner : 18h30-22h30, jusqu'à 23h vendredi et samedi. Plat : 45 US$ environ.

Francis Mallmann est un chef argentin célèbre qui maîtrise particulièrement l'art des grillades, une spécialité traditionnelle dans son pays d'origine. Dans le restaurant chic de l'hôtel Faena, il prépare des spécialités de viande argentine au bon goût fumé, mais les assiettes se veulent plus élégantes et contemporaines qu'elles ne le seraient au cœur de la pampa. Ici, on cuisine aussi bien à la plancha qu'au four à bois et au grill ! Une bonne adresse pour les amateurs de viande !

MAKOTO €€

9700 Collins Avenue
✆ +1 305 864 8600
makoto-restaurant.com
Ouvert tous les jours de 11h30 à 23h. Plat : 25 US$ environ.

Dans le très chic centre commercial Bal Harbour Shops, le Makoto propose une cuisine japonaise à la fois authentique et créative. Vous n'y trouverez pas que des *sushis*, mais aussi des nouilles *ramen*, de salades ainsi que des *tempuras*. La spécialité du chef Makoto Okuwa c'est surtout des plats de viandes ou de poissons préparés à l'occidentale, qu'il retravaille en y incorporant des ingrédients 100 % japonais. Les Bento au poulet, au saumon ou avec des sushis sont une très bonne idée pour découvrir plusieurs saveurs. Un lieu agréable entre 2 sessions de shopping.

NEYA RESTAURANT €€

9491 Harding Avenue ✆ +1 305 452 0768
www.neyarestaurant.com
Ouvert du dimanche au jeudi de 18h à 23h, vendredi et samedi jusqu'à minuit. Assiettes à partager à partir de 13 US$.

Au sein d'un bâtiment Art déco, dans un cadre chic et boisé où trône un immense bar surplombé d'énormes bocaux de légumes marinés, vous dégusterez des assortiments de *mezze* dans la plus pure tradition israélienne avec une touche savante de modernité apportée par le chef Ben Siman Tov. Garnissez votre table de houmous, aubergines grillées, *borek* ou encore *matbucha* (salade de tomates et poivrons grillés), à déguster accompagnés de délicieux pains pita. Cocktails et desserts créatifs complètent cette expérience culinaire dépaysante. Une excellente adresse à Surfside.

PARADIS BOOKS & BREAD €

128,1 W Dixie Highway
http://pbb.cafe/
Dimanche, lundi et jeudi de 11h à 22h, jusqu'à minuit le vendredi et samedi. Fermé mardi et mercredi. À partir de 3 US$.

Coup de cœur pour cette adresse intimiste, véritable pépite à des années lumières de l'image jet-set que peut avoir Miami. On y déjeune de savoureux petits plats accompagnés d'un pain réalisé sur place avec une farine moulue sur pierre. En fin de journée, on s'attable en terrasse pour siroter un verre de vin de petit producteur soigneusement sélectionné. La particularité du lieu : les étagères garnies d'ouvrages publiés par de petites maisons d'édition sur des thèmes tels que les *black studies* ou la théorie critique. Une adresse où l'on referait bien le monde.

RICE ASIAN HOUSE & SUSHI BAR €

17100 Collins Avenue ✆ +1 305 944 1185
www.riceasianhouse.com
Ouvert du lundi au samedi de 11h30 à 22h30, le dimanche de 13h à 21h30. Comptez 15 à 25 US$ le repas.

Un petit restaurant de quartier qui ne paye pas de mine de l'extérieur mais qui propose depuis sa création en 2008 une cuisine asiatique fusion laissant la part belle aux sushis et aux rolls. Le rapport qualité-prix est très bon, la présentation élégante et le service attentif. Au menu, vous trouverez également différents curry servis avec du riz au jasmin (curry rouge, curry vert…), du riz frit aux fruits de mer ou encore des pad thaï et des *bento boxes* pour le déjeuner.

SARDINIA ENOTERICA €€

1801 Purdy Avenue ✆ +1 305 531 2228
www.sardinia-ristorante.com
Tous les jours de midi à 23h. Brunch samedi et dimanche de midi à 16h. Happy hour de 16h à 19h. A partir de 50 $.

Si vous cherchez un bon restaurant à Miami Beach, laissez tomber Ocean Drive et ses attrape-touristes Art déco. C'est plus en arrière, dans les rues parallèles, que vous trouverez votre bonheur. On vous conseille par exemple Sardinia Enoterica, où vous mangerez de la bonne cuisine italienne et même sarde. Vous nous donnerez des nouvelles de la salade de poulpe avec ses haricots cannellini, ses tomates raisins, ses olives noires et son orange, ainsi que du saumon au four avec son fenouil braisé, sans oublier le petit vin rouge sarde bien sûr !

AREA 31 €€€

270 Biscayne Boulevard ✆ +1 305 424 5234
area31restaurant.com
De 7h à 11h (pdj). Dîner : dim. au mer. (18h-22h), 23h du jeudi au sam. Brunch le w-e. Plat : à partir de 40 US$.

Un restaurant de poissons et fruits de mer de style contemporain, avec une vraie touche US. Tous les poissons proviennent de Fishing Area 31, une zone de pêche écologique, qui explique aussi le nom du restaurant. Certains produits sont même cultivés dans le jardin du restaurant ! La terrasse au 13e étage offre une très belle vue sur « la skyline de Downtown », c'est-à-dire sur la ligne que forment les gratte-ciel de Downtown à l'horizon. En résumé, c'est une adresse de renom à ne pas manquer si votre budget vous le permet, à découvrir à toute heure de la journée.

BAYSIDE MARKET PLACE €

401 Biscayne boulevard
✆ +1 305 577 3344
www.baysidemarketplace.com
Du lundi au jeudi de 10h à 22h, du vendredi au dimanche de 11h à 23h. Vérifier les horaires de chaque restaurant.

Cet énorme centre commercial offre la plus grande concentration et la plus large sélection de restaurants dans le quartier : sushi, pizza, cuisine thaïe, indienne, mexicaine, californienne, du Sud-Ouest… dont des grandes chaînes de restauration bien connues. C'est dire l'importance commerciale de ce Bayside Marketplace, bâtie par les promoteurs qui ont aménagé les bords des quais à Boston, New York et Baltimore. Il n'en reste pas moins que c'est un lieu très agréable, en front de mer, avec une vue panoramique sur la Baie de Biscayne.

CAFÉ BASTILLE DOWNTOWN €€

248 SE 1st Street
✆ +1 7864253575
www.cafebastilledowntown.com
Lundi au vendredi : 8h-16h. Samedi et dimanche : 8h-18h. Plat : 16 US$ environ. Pas de réservation.

Après des années dans la restauration à Paris, Estelle et Ben ont une frustration : impossible de découvrir de nouveaux brunchs parisiens en travaillant le week-end ! C'est pourquoi au Café Bastille, le brunch, c'est tous les jours ! Au cœur de Downtown, vous pourrez déguster l'une de leurs spécialités comme les croissants bénédictes au saumon, d'incroyables pancakes aux myrtilles ou encore le fameux pain perdu au Nutella. En plus, le cocktail Mimosa est à volonté ! On nous souffle à l'oreillette qu'une nouvelle adresse va bientôt ouvrir ses portes à South Beach.

CANTINA LA VEINTE €€

495 Brickell Avenue
✆ +1 786 623 6135
www.cantinala20.com
Lundi-jeudi : 12h30-minuit. Ven : 12h30-1h. Sam : 12h-1h. Dim : 11h-minuit. Résa recommandée. 40 à 45 US$ le repas.

C'est LE restaurant mexicain de Miami et un gros coup de cœur ! On vous recommande vraiment d'aller y dîner au moins une fois. Dans cette belle salle dotée de hauts plafonds, parsemée de clins d'œil à l'architecture Art déco mexicaine, on se régale de plats typiques et faits maison. Pendant votre repas, un groupe de mariachis viendra pousser la chansonnette à votre table, à vous de choisir le titre (pourboire attendu) et vous voilà vraiment transporté au Mexique. Enfin ne manquez pas de goûter aux cocktails à base de tequila ou au mezcal !

LA CARRETA €€

3632 SW 8th Street
✆ + 1 305 444 7501
lacarreta.com
Ouvert du lundi au dimanche de 8h à 23h. Sandwich : 10 US$ environ. Plat : 12 US$ environ.

Un très bon restaurant cubain de Calle Ocho au cadre simple dont le nom espagnol signifie « chariot » en référence à un moyen de transport typique du monde paysan cubain. Vous pourrez y manger toutes les spécialités cubaines possibles et imaginables, à base de poisson, poulet ou fruits de mer, ainsi qu'une large variété de sandwiches dont le fameux *cuban sandwich* (jambon, porc rôti, fromage suisse, moutard et pickles). Si vous avez encore de la place pour le dessert, ne manquez pas le typique *dulce de leche*, un délicieux pudding préparé comme à Cuba.

CASA JUANCHO €€

2436 SW 8th street ✆ +1 305 642 2452
www.casajuancho.com
Ouvert du dimanche au jeudi de 12h à 22h, vendredi et samedi jusqu'à 23h. Fermé le lundi. Plat à partir de 30 US$.

Casa Juancho est spécialisé dans les cuisines cubaine et espagnole, cette dernière étant sans doute l'une des meilleures de Miami dans ce restaurant. On peut autant manger du poisson que de la viande et surtout partager à plusieurs une généreuse paella aux fruits de mer ou en version végétarienne. Le menu propose également une vaste sélection de tapas comme les traditionnelles *croquetas de la abuela* ou *tortilla a la Española* : convivialité assurée ! Des musiciens accompagnent parfois les soirées et le cadre, une maison en pierre, met aussi dans l'ambiance.

CVI.CHE 105 DOWNTOWN €€

105 N.E. 3rd Ave ✆ + 1 305 577 3454
www.ceviche105.com

Ouvert du dimanche au jeudi de 12h à 22h, vendredi et samedi jusqu'à 23h. Ceviche à partir de 16,95 US$.

Le *ceviche* est une spécialité péruvienne qui fait fureur à Miami et vous voici dans le temple de cette spécialité péruvienne ! En effet, comme l'annonce le nom du restaurant, ici vous pourrez déguster une multitude de préparations de *ceviche* concoctées par le chef Juan Chipoco. Les recettes de ce plat de poisson cru mariné qu'on peut préparer avec différentes sauces sont en effet variables à l'infini, ou presque. En outre, le cadre *design et contemporain* est aussi chaleureux grâce au plafond végétalisé. Un paradis pour les amateurs de poisson et de fruits de mer !

EL NUEVO SIGLO €

1305 SW 8th Street
✆ +1 3058541916
www.elnuevosiglousa.com

Ouvert de 7h à 21h. Restaurant situé à l'intérieur du supermarché. Plat : 7-15 US$ environ. Café cubain : 1,60 US$.

Si vous êtes à la recherche d'un lieu authentique pour déguster des plats traditionnels cubains entouré de locaux, vous pouvez pousser la porte de ce supermarché de quartier pour découvrir l'un des meilleurs rapports qualité-prix de la Calle Ocho. Vous aurez le choix entre les plats du jour comme le poulet rôti, les ribs de porc ou le poisson, servi avec 3 (!) accompagnements, à moins que vous ne goûtiez au fameux *Cuban sandwich*. Poursuivez par un flan coco avant de terminer par un café cubain (sucré lors de l'extraction). Copieux, insolite et délicieux !

DOCE PROVISIONS €€

541 SW 12th Avenue
✆ +1 786 452 0161

Du mercredi au dimanche de 17h à minuit. Plat : 25 US$ environ.

Ce qui nous charme tout d'abord chez Doce Provisions, c'est la vaste terrasse verdoyante ponctuée de fresques et éclairée à la lumière des guirlandes. Puis arrive la découverte de la carte qui révèle une cuisine d'inspiration cubaine authentique, savoureuse et généreuse. Les plats sont réalisés à partir de produits locaux et de saison. On craque pour le poulet frit et sa gaufre sauce goyave et miel ou pour le le Mahi-Mahi (poisson floridien) à la noix de coco et à la mangue. La part de gâteau à la coco, au rhum et au *tres leches* achève de nous convaincre.

FI'LIA €€

1300 South Miami Avenue
✆ +1 305 912 1729

Du lundi au vendredi pour le déjeuner, du lundi au dimanche pour le petit déjeuner et le dîner. Plat à partir de 15 US$.

Ce restaurant situé au sein de l'hôtel SLS Brickell propose une cuisine italienne authentique à base de produits frais. La décoration, agréablement boisée et végétalisée, fait que l'on se sent bien tout de suite. Les pâtes et le pain sont faits maison, et les pizzas cuites au feu de bois dans la cuisine ouverte. Moyennant un petit supplément, il est possible de commander des plats en version *gluten free*. La formule midi (lundi au jeudi) est un vrai bon plan pour déguster des plats savoureux à prix doux. Une adresse chaleureuse au milieu des buildings de Brickell.

EDGE STEAK & BAR €€

1435 Brickell Avenue ✆ +1 305 381 3190
www.edgesteakandbar.com/

Ouvert tous les jours de 7h à 22h. Brunch le dimanche. 34 US$ le menu midi en semaine, plat à partir de 32 US$ le soir.

Dans un cadre sophistiqué, ce *steakhouse* propose une cuisine moderne où la viande est savoureuse et les portions consistantes et raisonnables à la fois. Les recettes des plats sont créatives et originales. Nous vous recommandons particulièrement le *brunch* pantagruélique du dimanche qui a été primé pour sa grande qualité, bien qu'il faille y mettre un certain prix. Il faut dire que rien ne manque, y compris les huîtres et le champagne mimosa. Un menu spécial coucher du soleil est également disponible en semaine de 17h à 20h, parfait pour profiter de la terrasse.

GARCIA'S SEAFOOD GRILLE & FISH MARKET €€

398 NW North River Drive ✆ +1 305 375 0765
www.garciasmiami.com

Ouvert du dimanche au jeudi de 11h à 22h, jusqu'à 22h vendredi et samedi. Plat à partir de 15 US$.

Installé au bord de la Miami River depuis près de 50 ans, ce restaurant propose de délicieuses spécialités de poissons et de fruits de mer, dont de savoureuses grillades. La fraîcheur est incomparable puisque les poissons proviennent directement des bateaux de pêche de Garcia's. Sont à découvrir soupes variées, homard, *stone crab* ou encore crevettes à la créole. Vous apprécierez de savourer votre repas sur la terrasse avec vue sur la River. Un endroit bien connu des locaux à Downtown.

GRAZIANO'S €€

177 SW 7th Street ✆ +1 305 860 1426
www.grazianosgroup.com
Lundi au jeudi (8h-15h et 17h-22h), jusqu'à 23h30 le ven. Samedi : 12h-23h30, dim : 12h-22h. Plat à partir de 18 US$.

Un des meilleurs restaurants argentins de Miami. L'histoire débute à Buenos Aires en 1962 lorsque Mario et Maria Graziano ouvrent leur boucherie. Trois générations plus tard, la saga familiale se poursuit à Miami avec six *markets* et quatre restaurants. On vous recommande le *carpaccio* de bœuf, la *buratta* ou les *empanadas au bœuf et au poulet* en entrée, avant de poursuivre avec des grillades de viande argentine bien sûr ! Les bœufs sont élevés dans le ranch familial en Argentine, et la viande maturée 21 jours minimum. Les amateurs seront aux anges !

JACKSON SOUL FOOD €

950 NW 3rd Avenue
✆ +1 305 374 7661
www.jacksonsoulfood.com/
Ouvert du mercredi au dimanche de 6h à 14h. Plat à partir de 10 US$.

Une adresse emblématique du quartier d'Overtown, fréquentée par les familles locales depuis des dizaines d'années. Si c'est une bonne adresse pour un petit déjeuner à l'américaine, on préfère s'y rendre à l'heure du déjeuner pour goûter à la *soul food,* cette cuisine réconfortante issue des traditions culinaires afro-américaines. Par exemple : poulet ou crevettes panés servis avec haricots rouges et pain de maïs, *chitterlings* (beignets à base d'intestin grêle de porc), *green collards* (choux cuits) ou *black eyed peas* (ou cornilles). Assiettes très copieuses !

LOS PINARENOS FRUTERIA €

1334 SW 8th Street
✆ +1 305 285 1135
Du lundi au samedi de 8h à 17h. Le dimanche jusqu'à 15h. Comptez 5 US$ le jus ou les quelques fruits.

Une épicerie authentique et familiale avec de nombreux étals de fruits exotiques et locaux au cœur de Calle Ocho. L'idéal pour faire une pause *healthy* en s'achetant quelques fruits à grignoter mais ce qu'on a adoré, c'est surtout le jus de canne à sucre typiquement cubain fait devant nos yeux avec une machine artisanale, comme on le fait encore à Cuba. C'est un vrai délice et un très bon rafraîchissement. Vous pourrez aussi goûter des jus de fruits exotiques, de l'eau de coco à même le fruit, du vrai café cubain ou bien des mojitos sans alcool.

LUNG YAI THAI TAPAS €

1731 SW 8th Street
✆ +1 786 334 6262
www.lungyai.com
Mardi au jeudi (12h-15h et 17h-22h), jusqu'à 23h vendredi et samedi. Le dimanche de 16h à 22h. Plat à partir de 12 US$.

Un tout petit restaurant thaïlandais qui fait figure d'ovni au milieu de la très cubaine Calle Ocho ! Mais c'est vraiment délicieux et pas cher du tout. Nous vous conseillons de goûter les nouilles au porc et au crabe, préparées sous vos yeux dans la cuisine ouverte. Autre option, le pad thaï qui mettra tout le monde d'accord avec ses diverses options (crevette, végétarien, poulet, tofu, boeuf ou porc). Il est très agréable de déjeuner sur la petite terrasse en observant l'animation de la Calle Ocho. Un vrai bon plan que seuls les locaux habitués connaissent !

LA MAR BY GASTON ACURIO €€

500 Brickell Key Drive ✆ +1 305 913 8358
www.mandarinoriental.com/miami
Tous les jours de 7h à 11h (pdj) et du dim. au jeudi de 18h à 23h, minuit vendredi et samedi. Plat : à partir de 34 S$.

Dans un cadre très contemporain avec une magnifique terrasse donnant sur la baie de Biscayne et la *skyline* de Miami, vous dégustez une cuisine péruvienne revisitée avec beaucoup de créativité par le chef Gaston Acurio. On a beaucoup aimé le bar à *ceviches* pour goûter à des saveurs inoubliables comme le *ceviche* de poulpe à l'olive. Mais aussi le mix d'influences asiatiques et péruvienne dans les plats tels que les *anticucheros* végétariennes (brochettes de légumes) ou le filet de bar et sa sauce au beurre miso. Réservez si possible une table sur la terrasse !

MARION MIAMI €€

1111 SW 1st Avenue
✆ +1 786 717 7512
marionmiami.com
Mardi et mercredi de 19h à 1h, jeudi à samedi de 19h à 3h. Comptez 35 US$ le repas.

Dans un très joli cadre avec une décoration feutrée et un long bar, on se régale de spécialités d'inspiration japonaise (sushis, sashimis, rolls...) et de grillades savoureuses. Le lieu offre plusieurs salles aux ambiances différentes selon notre food. L'ambiance ne manque pas, tout particulièrement le jeudi soir lors de la *Thursday Marion Soirée* avec DJ et musique live. *So Miami !* Le mardi soir, on ne manque pas le *Lobster Tuesday* où le roi des crustacés est décliné sous de multiples formes : *tempura*, *ceviche*, *lobster roll* ou entier façon Thermidor.

OLD'S HAVANA CUBAN BAR & COCINA €

1442 SW 8th Street ✆ +1 786 518 2196
www.oldshavana.com
De 11h à 23h tous les jours, jusqu'à minuit le samedi. Plat : 14 US$ environ. Happy hour du lundi au vendredi (16h-20h).

Si vous avez envie de faire une pause déjeuner dans un restaurant typiquement cubain où vous pourrez vous régaler à prix doux, notamment avec un excellent sandwich cubain, ne cherchez pas plus loin, vous êtes à la bonne adresse ! Installez-vous au niveau du patio pour un peu d'air frais dans une atmosphère très *cosy*. En prime, les coqs sauvages du quartier vous tiendront compagnie. Le lieu est aussi particulièrement prisé au moment de l'*happy hour*. Une ambiance comme on les aime !

QUINTO LA HUELLA €€

788 Brickell Plaza ✆ +1 786 805 4646
www.quintolahuella.com
Dim. au jeudi (7h-22h30) ; ven. et sam. jusqu'à 11h. Brunch le w-e. Plat : dès 32 US$. Buffet midi en semaine : 21 US$.

Dans ce restaurant de l'hôtel East, on se régale de spécialités péruviennes et latino-américaines. Mention spéciale pour les grillades de viande qui sont vraiment tendres et savoureuses, préparées dans un four *made in* Uruguay. La terrasse entourée de gratte-ciel dans le quartier de Brickell est un endroit *trendy chic*, on y dîne en profitant des lumières de Miami *by night* et de la douce brise floridienne. Le midi en semaine, la formule buffet à volonté « Chef's Table » est un vrai bon plan. Il est conseillé de réserver au moins la veille pour s'assurer une table.

LA PLACITA €€

6789 Biscayne Boulevard
✆ +1 305 400 8173
www.laplacitamiami.com
Ouvert du mercredi au samedi de 12h à 23h, jusqu'à 22h le dimanche. Plat à partir de 19 US$.

C'est le tout premier restaurant portoricain de Miami et vous ne pouvez pas le rater avec sa façade sur laquelle est un immense drapeau de Porto Rico ! L'association de préservation du MiMo, le quartier où se trouve le restaurant souhaite toutefois le retrait de cette fresque qui dénaturerait le quartier... A l'heure où on termine ce guide, elle est toujours là. En cuisine, le talentueux chef portoricain Jose Mendin prépare de bons petits plats typiques et savoureux : poissons grillés, *croquetas, empanadillas*... à déguster dans un cadre coloré et décontracté.

SEASPICE €€€

422 NW River North River Drive
✆ +1 305 440 4200
seaspicemiami.com
Ouvert du mardi au dimanche de 12h à à minuit. Comptez au minimum 50 US$ le repas.

Installé au bord de la Miami River, ce restaurant fait fureur auprès des *beautiful people* et de la *jet-set* locale. Dans l'assiette, des spécialités de la mer revues à la sauce contemporaine minimaliste vous attendent. C'est assez cher globalement mais le *show off* a un prix à Miami... Il est très agréable de déjeuner en terrasse car elle donne sur la rivière et on a le sentiment d'être sur un bateau. Le brunch du week-end est l'un des plus courus de Miami, et des soirées à thème sont régulièrement prévues. Une belle adresse bling-bling qui séduira les amateurs.

PUBELLY SUSHIS €€

701 South Miami Ave ✆ +1 786 899 5043
www.pubbellyglobal.com/
Ouvert du dimanche au jeudi de 11h30 à 23h, vendredi et samedi jusqu'à minuit. Comptez entre 25 et 30 US$ le repas.

Dans un cadre urbano-chic, au quatrième étage du très design Brickell City Centre, vous découvrirez une cuisine nippone tendance fusion latino et des sushis aux recettes originales élaborées par le talentueux chef Jose Mendin. Pubelly Sushi a remporté le prix *Best Sushi* décerné par le *Miami New Times* en 2020. L'*happy hour* est l'occasion de découvrir à prix doux les sakés et la bière de la maison, la Yoshitomo Blonde Ale. Coup de cœur pour les *Korean Chicken and Waffles* du brunch dominical. Egalement 3 autres adresses à Miami dont Miami Beach et Aventura Mall.

TACOS EL PORKY €

16 W Flagler Street ✆ +1 305 359 7997
http://tacoselporky.com
Ouvert du dimanche au jeudi de 12h à 22h, vendredi et samedi de 12h à minuit. Tacos à partir de 4 US$.

Comme son nom l'indique, ce petit restaurant sobrement décoré dont l'enseigne est flanquée d'un gentil petit cochon propose des tacos... et uniquement des tacos ! La spécialité : le tacos *Al Pastor* dont la viande de porc agrémentée de sauce salsa et d'ananas frais est cuite à la broche sous vos yeux, de la même manière qu'un kebab. À accompagner de *guacamole* et de chips tortillas. Fort du succès de cette première adresse, El Porky vient d'ouvrir ses portes à New York. Un établissement authentique qui garantit à vos papilles un aller simple pour le Mexique !

LA TAVERNA CALLE OCHO €€

1652 SW 8th Street
✆ +1 305 456 7279
Ouvert le lundi de 9h à 17h, du mardi au dimanche de 11h à 23h. Comptez 25 US$ le repas.

Un très joli restaurant méconnu sur la célèbre Calle Ocho dans Little Havana. C'est sûrement parce qu'il est installé dans une galerie d'art ! C'est celle de l'artiste cubain Agustín Gainza. On y mange de bonnes spécialités cubaines accompagnées d'un mojito sur une grande table en bois centrale, à la bonne franquette, ou encore des tapas espagnoles. Le cadre, intimiste et chaleureux, est coloré grâce aux nombreuses toiles et sculptures de l'artiste exilé de Cuba depuis des années déjà. Mention spéciale pour le bar aux couleurs flashy au fond de la salle.

UNION CAFE & RESTAURANT €

120 S.E. 3rd Avenue
✆ +1 305 374 8444
www.unioncafe.menu
Ouvert du lundi au vendredi de 11h à 15h. Plat à partir de 10 US$.

Si vous avez envie d'un burger juteux préparé avec des ingrédients frais, vous êtes à la bonne adresse. Pour 10,5 US$, vous vous régalerez avec le Classic burger accompagné de frites croustillantes à souhait. Vous pourrez aussi choisir parmi l'une des 10 généreuses salades : thaïe, grecque, Caesar... Vous êtes plutôt d'humeur à déguster un plat aux saveurs latines ? Alors les *fajitas* et les *quesadillas* vous tenteront probablement. Avec un service attentif en prime. Depuis 2001, c'est le bon plan de Downtown pour un déjeuner à prix doux sans lésiner sur la qualité.

TEA ROOM €€

788 Brickell Plaza ✆ +1 786 805 4655
www.easthotels.com/en/miami
Mer. et dim : 18h-1h. Jeudi, vendredi et samedi : 18h-3h. Asian Night Brunch du jeudi au samedi (18h-23h) : 88 US$/pers

Au 40e étage de l'hôtel ultra moderne East, en plein centre de Brickell, se trouve un vrai petit bijou avec une vue splendide sur Brickell et Downtown Miami. Outre les séduisants cocktails, Tea Room propose un concept novateur du jeudi au samedi : un *Asian night brunch* soit un brunch asiatique *by night*. Vous pourrez choisir cinq plats, au croisement de Hong Kong, de la Chine, du Japon et de l'Amérique latine, avec Prosecco, bière ou encore vin à volonté. Le tout accompagné par une musique jazz en *live*, avant qu'un DJ ne prenne le relais. Une expérience unique !

VERSAILLES €

3555 SW 8th street
✆ +1 305 444 0240
www.versaillesrestaurant.com
Du lundi au jeudi de 8h à minuit, vendredi et samedi jusqu'à 1h, le dimanche de 9h à minuit. Plat : 15 US$ environ.

Sur la Calle Ocho depuis 1971, Versailles est considéré comme l'un des meilleurs restaurants cubains de Miami. D'ailleurs, il est surtout fréquenté par la communauté cubaine. Le cadre est insolite avec une pseudo architecture française déployée dans une salle décorée de verre, de chandeliers et de miroirs. Si le porc est la spécialité de la maison, vous pourrez déguster des *ceviches* de poisson, du poulet sous toutes ses formes et des sandwichs. Chaque jour de la semaine apporte aussi son lot de plats. Le pain, les pâtisseries et les glaces sont faits maison.

TERRAS €€

528 SW 9th Avenue
✆ +1 3052041793
www.lifehousehotels.com
Du lundi au dimanche : 8h-11h et mercredi-jeudi : 16h-minuit ; vendredi-samedi : 16h-2h. Plat : 15 US$ environ.

Le toit du très bel hôtel Life House Little Havana cache une surprise de taille : un *rooftop* végétalisé offrant une vue incroyable sur les *buildings* de Downtown. L'atmosphère et les saveurs évoquent la chaleur de l'Amérique du Sud et des Caraïbes. On vient déguster un cocktail « La Exploradora » (tequila, agrumes, curaçao, sirop d'agave) en partageant un *ceviche* de crevettes suivi d'un burger original rehaussé de confiture de goyave. Encore plus magique à la nuit tombée avec l'ambiance musicale offerte par le DJ ! On peut aussi y prendre le petit-déjeuner.

ZUMA €€€

270 Biscayne Boulevard Way ✆ +1 305 577 0277
zumarestaurant.com
Lundi au jeudi : 18h-23h. Vendredi jusqu'à minuit. Week-end : 11h-14h30 / 18h-00h, 23h le dim. 50 US$ environ le repas.

Zuma est une célèbre chaine de restaurants spécialisés dans la cuisine japonaise, que l'on trouve aussi à Dubaï, Londres, Hong Kong ou encore Istanbul. La spécialité du Zuma, c'est l'*izakaya*, les tapas japonaises en quelque sorte, puisque ce sont de petites entrées très raffinées à partager entre amis. Vous pouvez ainsi commander des assiettes au fur et à mesure. Outre les sashimis et tempura, la carte propose des plats signature comme le *gin-dara no saikyo yaki* (cabillaud mariné dans une sauce saikyo). Une très bonne adresse japonisante au cœur de Brickell.

SE RÉGALER

ARIETE €€

3540 Main Highway
✆ +1 305 640 5862
www.arietecoconutgrove.com
Dimanche au jeudi de 18h à 22h, vendredi et samedi jusqu'à 23h. Brunch le dimanche de 11h à 15h. Plat de 31 à 95 US$.

Dans un cadre chaleureux et rétro, vous vous régalerez chez Ariete avec des plats de la nouvelle cuisine de Miami, créative et à base de bons produits issus de Floride et d'ailleurs. Le chef Michael Beltran est très inspirant, il a d'ailleurs été nommé « Meilleure chef du Sud » en 2020 et 2022. Lors de notre passage, on a ainsi pu tester le foie gras assorti de bananes plantains ou encore la charcuterie maison. Mention spéciale pour le *canard à la presse* (à partager) : Ariete est l'un des seuls restaurants des USA à utiliser cet instrument de la cuisine française.

ATCHANA'S HOMEGROWN THAI €

3194 Commodore Plaza
✆ +1 305 774 0404
https://atchanas.com
Ouvert du dimanche au jeudi de 12h à 22h, vendredi et samedi de 12h à 23h.

Ce restaurant lumineux sert une très bonne cuisine qui mélange les influences de l'Est et de l'Ouest ; en d'autres termes, une cuisine fusion qui fait la part belle aux recettes thaïlandaises mariées avec quelques saveurs des Caraïbes. Parmi les plats : raviolis asiatiques, *Pad See Ew* (nouilles de riz, œuf, brocolis sauce soja), filet de mérou floridien au curry... Pour la touche sucrée, on opte pour les donuts thaïs coco-caramel-chocolat et un café glacé thaï à la cardamome. De quoi satisfaire tous les palais. Sympathique, la petite terrasse à même les pavés.

AYESHA INDIAN FINE DINING €€

328 Crandon Blvd
✆ +1 786 953 4761
https://ayeshagroupmiami.com/
Ouvert du mardi au dimanche de 11h30 à 14h45 et de 17h à 22h. Plat : 24 US$ environ.

Les restaurants indiens ne sont pas si fréquents à Miami, celui-ci mérite donc notre attention. Commençons le repas en partageant des crevettes à l'ail et des samoussas végétariens. Poursuivons avec l'un des nombreux plats cuits dans un tandoor (four traditionnel en terre) : poulet tikka, poisson tandoori ou côtelettes d'agneau, accompagnés par un *cheese naan*. À noter que la carte offre aussi des options végétariennes. Les desserts au miel et aux noix achèvent ce voyage culinaire.

LE BOUCHON DU GROVE €€

3430 Main Highway
✆ +1 305 448 6060
www.lebouchondugrove.com
Ouvert du mercredi au samedi de 11h30 à 21h. Dimanche : 8h30-15h. De 26 US$ à 48 US$ le plat principal.

Petit morceau de Lyon au cœur de Coconut Grove, ce sympathique bistrot propose en effet une cuisine française pour le plus grand plaisir des Américains qui se sentent vite dépaysés. Au contraire, vous vous sentirez tout de suite chez vous. Au menu : entrecôte aux échalotes, moules marinières, escargots, fricassé de volaille à l'ancienne ou filet-mignon. Côté sucré, on retrouve les classiques tarte tatin, crème brulée et mousse au chocolat. Le matin, il est possible de prendre un copieux petit déjeuner. Bon à savoir : la quasi-totalité du menu est *gluten-free*.

CAFFE ABBRACCI €€

318 Aragon Avenue
✆ +1 305 441 0700
http://caffeabbracci.com/
Lundi-jeudi (11h30-15h30 et 18h-22h30), ven. jusqu'à 23h, samedi (18h-23h), dim. (18h-22h30). Plat à partir de 24 US$.

Ce restaurant ouvert en 1988 est une institution locale. On y déguste une cuisine italienne authentique, de grande qualité et ultra-généreuse. Faites-vous plaisir en démarrant votre repas par une planche d'*antipasti* à partager, puis laissez-vous tenter par un plat de pâtes maison comme les étonnants raviolis au homard ou les incontournables *fettuccini* à la bolognaise. À moins que vous ne préfériez un risotto ou un poisson à la poêle ? Pour la touche sucrée, le *Napoleon* avec ses couches de pâtes feuilletées garnies à la vanille remporte tous les suffrages.

DONUT GALLERY DINER €€

83 Harbor Drive
✆ +1 305 361 9985
www.donutgallerydiner.com
Ouvert tous les jours de 6h à 15h. Plat : 10 US$ environ.

Ce petit *diner* authentique au charme *old school* est tenu par la même famille depuis 1972. Pour une expérience des plus locales, attablez-vous au comptoir sur un tabouret en Formica et observez les cuisiniers s'affairer. La spécialité : le petit-déjeuner ! *Egg sandwiches*, pancakes, omelettes et café à volonté composent le combo idéal. L'assiette « *Ted's Special* » s'adresse particulièrement aux indécis qui ne sauraient que choisir ! Le *diner* sert également des sandwiches et des burgers. Ne vous y méprenez pas : il n'y a pas de donut à la carte !

EL CARAJO €€

2465 SW 17th Avenue
✆ +1 305 856 2424
el-carajo.com
Ouvert de 12h à 22h du dimanche au jeudi, jusqu'à 23h le vendredi et samedi. Plat de 15 à 40 US$.

Voilà une adresse bien cachée puisqu'elle se trouve au fond d'un supermarché quelconque, un « Food store & Deli » en bord de route. Et pourtant c'est un bijou de restaurant qu'on découvre une fois passée la porte du fond. Et les locaux adorent. Ici, c'est le paradis des tapas à l'espagnole et des bons produits de la péninsule ibérique : poulpe à la galicienne, chorizo, tortillas, gaspacho ou paëlla ! Un régal. Sans oublier les vins espagnols ou d'Amérique latine. Enfin, le cadre boisé chaleureux, sans chichis, fait qu'on se sent bien tout de suite. Coup de cœur !

EL GRAN INKA €€

606 Crandon Boulevard ✆ +1 305 940 4910
graninka.com
Ouvert du dimanche au jeudi de 12h à 22h, et de 11h30 à 23h vendredi et samedi. Plat à partir de 15 US$.

Une très bonne adresse de restaurant péruvien, dans un cadre sophistiqué et relax à fois. On adore le bar à *ceviches,* (l'une des spécialités phares de la cuisine péruvienne) qui permet de goûter au *ceviche* de langouste, de poulpe ou de crevette. Autre plaisir gourmand : l'hamburger Inka au bœuf Angus, fromage, confiture de tomates maison et aïoli à la coriandre. Nos papilles s'évadent aussi au dessert avec le *suspiro limeño*, une recette péruvienne à base d'œufs et de confiture de lait, ou le *Chocololucuma*, une mousse au chocolat au Lucuma, un fruit du Pérou.

HARRY'S PIZZERIA €€

2996 McFarlane Road
✆ +1 786 655 0121
https://harryspizzeria.com
Ouvert du dimanche au jeudi de 11h30 à 22h, vendredi et samedi de 11h30 à 23h. Pizza à partir de 14 US$.

Envie d'une pizza ? Allez donc vous attabler chez Harry's ! Ce restaurant a réussi à se créer une clientèle fidèle grâce à la qualité incroyable de ses pizzas qui seraient les meilleures pizzas au feu de bois de Miami. Vous trouverez forcément votre bonheur entre recettes classiques comme la *Margherita* et propositions plus originales comme la *Short Rib* (travers de porc, gruyère, oignons grillés, roquette). La carte propose aussi de grandes salades à l'italienne bien fraiches. L'ambiance est bon enfant, les prix corrects et les portions généreuses.

JAGUAR €€

3067 Grand avenue ✆ +1 305 444 0216
https://jaguarrestaurant.com/
Ouvert de 11h à 22h du dimanche au jeudi ; vendredi et samedi jusqu'à 23h. Plat à partir de 18 US$.

La spécialité du Jaguar est le *ceviche* : une préparation péruvienne à base de poisson cru mariné dans du citron. La carte propose également d'excellents plats mexicains dans une ambiance chaleureuse et tranquille, comme du poisson fumé, des *quesadillas* au fromage et différentes grillades. La réputation du lieu n'est plus à faire puisque Enrique Iglesias et Colin Farrell y sont passés. L'*happy hour* en semaine est une excuse toute trouvée pour goûter aux cocktails de la maison. Bon à savoir : un dress code est exigé, mieux vaut éviter les tongs et les bermudas.

LOKAL €

3190 Commodore Plaza
✆ +1 305 442 3377
www.lokalmiami.com
Lundi et jeudi : 12h à 22h. Mercredi et samedi : 12h-23h. Dimanche : 12h-22h. Burger : 17 US$. Plat : 15 US$ environ.

Un petit restaurant à la déco urbaine, très branché *street art* et hip hop, où on se régale de bons burgers faits maison comme le *Miami Heat Burger* et sa viande préparée sur place avec fromage, laitue, tomate, piment Jalapeños, oignons grillés, mayonnaise épicée et sauce Sriracha. Vous pourrez aussi vous régaler de petits rapides à base de produits frais comme la salade de thon ou le grilled-cheese. Les prix sont très corrects et libre à vous ensuite d'aller juste à côté prendre un bon milkshake chez Vicky's (les adresses appartiennent au même groupe).

MINTY Z €€

3206 Grand Avenue ✆ +1 786 409 71 51
https://mintyz.com
Dimanche-jeudi (12h-16h et 17h30-22h), vendredi jusqu'à 23h, samedi (11h30-16h et 17h30-22h). Plat à partir de 12 US$.

Voici une adresse 100% végétalienne fondée par Alex et Huimin. Dans un cadre alliant sol en béton, nombreuses plantes et fresques en hommage à la pop-culture japonaise, vous dégusterez des plats fusion asiatique aux saveurs marquées, élaborées avec des produits de saison. Parmi les produits phares : pleurote (*oyster mushroom*), brocolis chinois et tofu, rehaussés avec des *pickles* maison, du basilic thaï ou de la mayonnaise chili-tofu. Si vous êtes plusieurs, laissez-vous tenter par le menu *Tasting* qui propose de petites assiettes salées et sucrées à partager.

MONTY'S RAW BAR €€

2550 South Bayshore drive ✆ +1 305 856 3992
www.montysrawbar.com
Dimanche au jeudi de 11h30 à 22h, vendredi jusqu'à 23h, samedi jusqu'à minuit. Plat de 15 US$ à 45 US$.

Sur le port de plaisance de Coconut Grove, ce restaurant ouvert en 1969 a été fondé par Monty *himself*, originaire de Key West. Son restaurant est renommé pour ses salades Caesar (les meilleures de la ville), ses crevettes grillées et autres spécialités de poisson et fruits de mer. A l'extérieur, le bar attenant accueille un groupe de musique qui joue du lundi au jeudi dès la fin d'après-midi. Le week-end, place au DJ ! Profitez-en durant l'happy hour ! Monty's sera sans doute familier aux amateurs de séries TV puisqu'il est notamment apparut dans *Miami Vice*.

NARBONA €€

3015 Grand Ave Ste 116
✆ +1 305 340 3242
https://narbona.com
Ouvert du dimanche au mercredi de 8h à 22h, du jeudi au samedi jusqu'à 23h. Plat à partir de 15 US$.

À l'origine, Narbona est une ferme située en Uruguay. Présente depuis peu en Floride, elle est à mi-chemin entre une épicerie fine, un restaurant, un bar et un café. Dès la porte franchie, on se laisse séduire par les nombreux produits fermiers estampillés Narbona : yaourts dans de jolies bouteilles en verre, confitures de myrtille, fromages... Le midi ou le soir, on s'attable avec plaisir pour déguster une pizza Uruguayenne, dont la pâte épaisse est coupée en carrés. Au goûter, on craque pour les glaces artisanales, à savourer en flânant sur Coco Walk.

PEACOCK GARDEN RESTO BAR + GRILL €€

2889 Farlane Road ✆ +1 305 774 3332
https://peacockgardenrestobar.com
Lundi au jeudi de 11h à 23h. Vendredi : 11h-23h30. Samedi : 11h30-23h30. Dimanche : 11h30-22h. Plat dès 23 US$.

Ce restaurant est l'un des secrets les mieux gardés de Coconut Grove ! Niché dans une végétation luxuriante, il vous charmera instantanément avec son grand patio et son mobilier en rotin. Çà et là, des orchidées rappellent que le Peacock participe au *Million Orchid Project*, visant à réintroduire ces fleurs dans le sud de la Floride. Dans l'assiette, il y en a pour tous les goûts : risotto aux fruits de mer, viande grillée... et la *panna cotta* à la mangue pour la touche de fraicheur.

RINCON ARGENTINO €€

2345 Douglas Road
✆ +1 305 444 2494
www.rinconargentino.com
Ouvert du mardi au dimanche de 12h à 21h. Plat : à partir de 15 US$.

Le « recoin argentin », restaurant familial fondé en 1987, propose une cuisine argentine et italienne à la fois. Il fallait y penser ! Les viandes sont tendres et bien grillés au feu de bois et les *empanadas* sont « ricas » comme à Buenos Aires. Quant à la *pasta*, elle semble avoir été préparée par des mamas italiennes. Autre plus de cet établissement : l'atmosphère chaleureuse et authentique qui règne dans ce restaurant donne l'impression que l'on a été télétransporté en Argentine, le temps d'un repas. Très bon rapport qualité-prix.

RUSTY PELICAN €€

3201 Rickenbacker Causeway
✆ +1 786 686 1599
www.therustypelican.com
Lundi : 12h-16h et 17h22h. Mardi-jeudi : 17h-22h. Vendredi-samedi : 17h-21h. Brunch le w-e (11h-17h). Plat dès 24 US$.

Situé au bord de l'eau avec vue sur la magnifique baie de Biscayne et les buildings illuminés en soirée, le Rusty Pélican fait partie de ces adresses dont la réputation n'est plus à faire. On s'y rend pour le cadre enchanteur mais aussi pour la qualité de la cuisine du chef Jim Pastor qui allie inspirations latines et produits de la mer. Laissez-vous tenter par un plateau de fruits de mer, un poulpe mariné ou un risotto de crevettes. Le week-end, on apprécie les propositions classiques revisitées comme le homard sauce Bénédicte. Sans oublier le Mimosa à volonté !

SANDBAR SPORTS GRILL €

3064 Grand avenue
✆ +1 786 359 4510
www.sandbargrove.com
Ouvert tous les jours de 11h à 3h. Plat : 13 US$ environ. Happy hour de 15h à 19h du lundi au vendredi.

Ce restaurant ouvert tous les jours pour le déjeuner et le dîner est surtout fréquenté par des locaux qui viennent regarder des matchs de sport sur les nombreux écrans. Côté assiettes, la table est réputée pour ses *tacos* de poisson, ses *burritos* de 2 kilos (!) ou ses entrées à partager en toute convivialité. À arroser avec l'une des 40 bières pression de la maison. Tous les vendredis soir, la salle s'ambiance au son de la musique *live*. Une belle façon de s'immerger dans la culture locale ! Nous vous conseillons de venir pour l'*happy hour*, cela vaut le coup !

100 MONTADITOS €

3252 NE 1st Avenue, suite 104
✆ +1 786 577 3235
us.100montaditos.com
Ouvert tous les jours de 10h à 23h. Comptez entre 10 et 15 US$ le repas.

Cette petite chaîne locale est spécialisée dans la cuisine espagnole. Le concept simple et original : des mini-sandwiches coûtant une poignée de dollars chacun. Au bout de 3 à 5 sandwiches, on n'a généralement plus faim. Le choix est colossal : pas moins de 95 recettes sont à découvrir ! Au poisson, à la viande, végétariens... On peut aussi régaler de différentes spécialités espagnoles en mode tapas comme le jambon Serrano, la tortilla ou les croquettes à base de chorizo. En somme, une bonne adresse pour un repas décontracté dans une ambiance conviviale.

L'ATELIER DE JOËL ROBUCHON €€€

✆ +1 305 402 9070
https://latelier-miami.com
Ouvert du mardi au dimanche de 18h à 21h30. Plat à la carte : 45 US$ environ.

Depuis 2019, il est possible de goûter aux plats signatures de Joël Robuchon (1945-2018), chef français le plus étoilé au monde, au cœur de Design District. Dans un cadre contemporain aux tons rouge et noir, on découvre une carte qui allie savamment grands classiques de la cuisine française comme le pigeon servi avec la fameuse purée du chef, et saveurs floridiennes, à l'image des crevettes de Key West. Les desserts rivalisent de créativité. Une très belle adresse.

1-800-LUCKY €€

143 NW 23rd Street ✆ +1 305 768 9826
www.1800lucky.com
Ouvert du lundi au mercredi de 12h à 1h, du jeudi au dimanche de 12h à 3h. Comptez environ 25 US$ le repas.

C'est une des adresses les plus *hype* du moment à Miami. Ce grand marché au cœur de Wynwood, en grande partie à ciel ouvert et avec sa déco éclectique branchée, regroupe plusieurs enseignes de cuisine asiatique pour des tarifs abordables : B-side, Taiyaki NY, Usagi Tokyo, Yip... On y mange aussi bien des spécialités thaïes que japonaises, c'est très varié. Le soir, l'ambiance bat son plein : le grand bar, très fréquenté par les *hipsters* de Miami, s'anime avec souvent de la musique *live*. Le patio est très agréable pour danser ou boire un verre. On recommande !

BOTECO €€

916 NE 79th Street
✆ + 1 305 757 7735
www.botecomiami.com
Ouvert du lundi au mercredi de 12h à 1h, du jeudi au dimanche de 12h à 2h. Plat : 18 US$ environ.

C'est le restaurant brésilien tendance de Miami. À vous les croquettes de *bacalhau* et les caipirinhas sur des airs de samba ! Le week-end, découvrez aussi la spécialité de la maison, la *feijoada*, en mode buffet. C'est un plat brésilien composé d'haricots et de viandes au choix, servi avec des bananes frites, du *farofa* et du chou. Vous apprécierez la terrasse qui ressemble à un club de vacances au Brésil, le cadre exotique et la décoration.. Mention spéciale pour la bonne ambiance festive des lieux (musique live, matchs de soccer...). Une adresse de caractère.

ANDIAMO €

5600 Biscayne Boulevard
✆ +1 305 762 5751
andiamopizzamiami.com
Dimanche au jeudi (11h30-23h), minuit ven. et sam. Pizza à partir de 10,5 US$ (10 »), 14,50 US$ (14 »), 18,25 US$ (18 »).

C'est un des meilleurs restaurants de pizzas de Miami ! Elles sont préparées au feu de bois et elles sont délicieusement croquantes. Côté recettes, vous aurez l'embarras du choix avec près d'une trentaine d'options : à la viande ou veggies, ainsi que des paninis et des salades. Et si vous avez envie de manger ailleurs que dans une salle climatisée (pour une fois !), n'hésitez pas à profiter de la terrasse, si agréable le soir dans son petit coin de verdure loin de la circulation... Le lieu en lui-même vaut le détour : un ancien magasin de pneu à l'allure vintage.

CHEF CREOLE €

200 NW 54th Street
✆ +1 305 754 2223
https://chefcreole.com/
Ouvert du lundi au mercredi de 11h à 22h, du jeudi au samedi de 11h à 23h. Plat : 14 US$ environ.

Un restaurant dont la réputation n'est plus à faire, installé dans une case créole typique avec une musique haïtienne qui tourne en boucle. Le chef Wilkinson Sejour cuisine savamment des recettes créoles avec des twists des Caraïbes. Les plats sont authentiques et généreux : crevettes panées, poisson du marché, ailes de poulet grillées... À accompagner de bananes plantain, d'haricots rouges ou de riz. Côté boisson, c'est l'occasion de goûter un soda caribéen. En plus, les prix sont raisonnables. On a surtout adoré l'ambiance. Immersion totale à Haïti garantie.

ENRIQUETA'S €

186 NE 29th Street
✆ +1 305 573 4681
Ouvert de 7h à 15h du lundi au vendredi, le samedi jusqu'à 14h. Fermé le dimanche. Comptez 10 US$ le repas.

Pour manger des plats et des sandwichs typiquement cubains, c'est ici. Cette petite cantine qui ne paye pas de mine de l'extérieur accueille d'ailleurs de nombreux employés cubains du quartier qui ne s'y trompent pas. Une ambiance de diner des années cinquante avec tables et chaises en fer, une ambiance décontractée et des assiettes généreuses qui sentent délicieusement bon. Un conseil : laissez-vos tenter par le *steak sandwich*. On peut aussi y prendre le petit-déjeuner avant de partir explorer Wynwood. Un vrai bon plan pour manger pas cher dans le quartier !

JIMMY'S EASTSIDE DINER €€

7201 Biscayne Boulevard
✆ +1 305 754 3692
Ouvert tous les jours de 6h30 à 16h. Plat : 11 US$ environ.

L'authentique *diner*, celui que l'on voit dans les films américains avec son panneau géant, ses banquettes en skaï rouge et son café à volonté. On y sert à toute heure de généreux petits-déjeuners avec pancakes à la myrtille, gaufres, œufs au plat et *roasties* ou encore saucisse et bacon. Vous pouvez aussi opter pour des omelettes, un poulet rôti ou le très américain *meatloaf* (pain de viande). Les assiettes sont présentées simplement, et les prix sont raisonnables. Sachez que le lieu est très populaire, surtout depuis qu'il est apparu dans le film *Moonlight* en 2016.

JOEY'S €€

2506 NW 2nd Avenue
✆ +1 305 438 0488
www.joeyswynwood.com
Ouvert du mardi au dimanche (12h-17h et 17h-19h). Jusqu'à 23h45 du jeudi au samedi. Plat : 17 US$ environ.

Joey's est un bistrot italien au look design et cosy. C'est l'un des premiers restaurants de Wynwood, ouvert en 2008 par Joey Goldman, à qui l'on doit la transformation du quartier. Vous y mangerez de la bonne pasta comme les incontournables *Joey's Spaghetti & Meatballs* ou les délicieuses *linguine a la Vongole*, mais aussi d'excellentes pizzas (vous pouvez voir les pizzaïolos à l'œuvre dans la cuisine ouverte). Sans oublier les goûteux *antipasti* et les desserts généreux. Une référence en matière de cuisine italienne à Wynwood.

LUNA PASTA E DOLCI €€

6815 Biscayne Blvd
✆ +1 305 956 2431
https://www.lunapastaedolci.com/
Du lundi au dimanche de 11h30 à 23h30. Brunch le dimanche de 12h à 15h. Plat : 18 US$ environ.

Une petite adresse italienne nichée à quelques encablures de Little Haiti. Ici, tout est fait maison ! Choisissez votre recette de pâtes préférées : raviolis à la ricotta, *spaghetti all'amatriciana* (sauce tomate épicée et guanciale - viande séchée italienne) ou tortellini à la sauce crémeuse à la truffe ? Vous pouvez aussi opter pour un sandwich à base de pain focaccia ou de savoureuses *empañadas*, suivis d'un *tiramisù* au Nutella ou d'un cheesecake. Si vous avez la possibilité de cuisiner durant votre séjour, sachez qu'il est possible d'acheter des pâtes fraiches.

MANDOLIN €€

4312 NE 2nd Ave
✆ +1 305 749 9140
www.mandolinmiami.com
Ouvert tous les jours de 12h à 23h.
Plat : 28 US$ environ.

Depuis 2009, Mandoline apporte un peu de Méditerranée au cœur de Design District. Le dépaysement débute en pénétrant dans cette maison de 1940, blanche aux volets bleus. On y déguste une cuisine simple mais savoureuse issue de recettes de grands-mères turques et grecques, le tout alimenté par un jardin bio à proximité. À noter que les prix sont tout de même assez élevés pour ce que c'est. Mais quoi de plus agréable que de déguster de somptueuses tentacules de pieuvre à l'huile d'olive ou une bonne feta dans un jardin abrité et fleuri ?

MIA MARKET €€

140 NE 39th Street
✆ +1 786 638 3275
https://www.miamarket.com/
Ouvert du dimanche au jeudi de 12h à 20h, vendredi-samedi jusqu'à 21h.

Ce *food market* situé en plein cœur de Design District accueille neufs restaurants miniatures de chefs en vogue qui vous feront découvrir la nouvelle cuisine de Miami, souvent assez créative tendance fusion et à base de produits locaux. Vous aurez ainsi le choix entre cuisine italienne, vietnamienne, israélienne, mexicaine... ou, pour une pause fraicheur, des jus de fruits pressés, des cappuccinos et de délicieux cookies. Un lieu convivial au cœur d'un Design District parfois un peu trop guindé, et une cuisine raffinée qui plaira à tous les palais.

MICHAEL'S GENUINE FOOD & DRINK €€

130 N.E. 40 th Street ✆ +1 305 573 5550
michaelsgenuine.com
Ouvert du lundi au jeudi de 11h30 à 23h, jusqu'à minuit vendredi et samedi, dimanche de 11h à 22h. Plats de 19 à 68 US$.

Sur une place charmante entourée de boutiques chic, ce restaurant est installé en grande partie en terrasse, ce qui le rend particulièrement agréable. Les produits sont frais et locaux et le menu change au rythme des saisons. Vous vous régalerez de bons burgers, de pizzas et de plats copieux variés. Si l'adresse affiche un style décontracté, sachez que c'est un « must » de déjeuner là pour les fans de mode et les *people*. Alors, ouvrez l'œil pendant votre repas. Une très bonne adresse !

SUGARCANE RAW BAR GRILL €€

3252 N.E. 1st Avenue ✆ +1 786 369 0353
sugarcanerawbargrill.com
Ouvert du lundi au vendredi de 11h30 à minuit, samedi et dimanche dès 10h30. Comptez 35 US$ le repas.

Une cuisine originale, au croisement des gastronomies japonaise et latine. Les plats créatifs et la décoration à la fois épurée et chaleureuse font de cet établissement un lieu unique en son genre à Design District. Au menu : des sushis et sashimis colorés, de la viande rôtie, du poisson snacké à la plancha ou encore l'incontournable burger avec ses deux steaks. Le week-end, on démarre la journée avec un brunch ultra-gourmand. Le cadre néo-industriel orientalisant rend l'établissement d'autant plus unique. Pour l'anecdote, Sugarcane est aussi présent à Las Vegas.

OASIS WYNWOOD €€

2335 North Miami Avenue
https://www.oasiswynwood.com/
Jeudi et dimanche : 12h-2h. Vendredi-samedi : 12h-3h. Fermé lundi et mardi.

Inauguré en 2021, Oasis Wynwood fait partie de ces nouveaux lieux tendances et très instagramables à découvrir dans le quartier. Une allée végétale mène vers une place centrale entourée de six *corners* de cuisine du monde, astucieusement installés dans d'anciens containers. Le *Tower Bar* est particulièrement insolite, car surmontée d'une tour de huit containers décorés de fresques, designée par l'artiste Antonyo Marest. Des concerts live sont régulièrement organisés. Le lieu idéal pour sortir le soir ou pour partager un repas en bonne compagnie.

SWAN €€

90 NE 39th Street
✆ +1 305 704 0994
www.swanbevy.com/
Ouvert de 12h à 16h et de 18h à 23h, minuit vendredi et samedi. Comptez 45 US$ le repas minimum.

Avec ses airs de maison de poupée et ses tons rose et vert pâle, ce restaurant est contre toute attente la propriété du chanteur Pharell Williams... On aurait imaginé un restaurant au look plus urbain mais le bar *Swan Upstairs*, à l'étage donc, avec ses tableaux d'art contemporain et ses fauteuils à la marocaine, lui ressemble plus. Côté plats, le Swan propose une cuisine européenne contemporaine avec une forte influence italienne et des notes japonisantes. C'est pas mal du tout mais un peu cher comme toute table à la mode à Miami...

SE RÉGALER

R HOUSE WYNWOOD €€

2727 NW 2nd Avenue ✆ +1 305 576 0201
www.rhousewynwood.com
Mercredi - jeudi (16h-22h), vendredi (16h-minuit), samedi (11h30-minuit), dimanche (11h-18h30). Plat à partir de 12 US$.

Ce restaurant à l'ambiance festive décline dans les assiettes une cuisine latine aux influences méditerranéennes avec : empanadas, paella, planches de charcuterie et fromages espagnols... Mention spéciale aux cocktails étonnants à l'image du Kiwi Berry Blast (Tequila, kiwi, fruits rouges, menthe, citron vert, fleur d'oranger). Le lieu, très vaste, est lumineux et accueillant. R House est surtout réputé dans le sud de la Floride pour ses *Drag Brunches* qui ont lieu chaque week-end. Une expérience unique et populaire que nous vous conseillons de réserver en avance !

THE CITADEL €€

8300 NE 2nd Avenue ✆ +1 305 908 3849
https://thecitadelmiami.com
Du mardi au jeudi et dimanche de 8h30 à minuit, jusqu'à 1h vendredi et samedi. Rooftop du mer. au ven. de 16h à 00h/1h.

The Citadel, le nouveau lieu qui dynamise les abords de la rivière de Miami. Dans un cadre contemporain et industriel, le Food Hall offre une offre pléthorique de petits plats à consommer sur place ou à emporter : cuisine italienne avec pizza ou *pasta bar*, caribéenne, japonaise, thaïlandaise... Sans oublier les incontournables burgers. Côté sucré, vous pourrez savourer des crèmes glacées fabriquées à Miami ou des cappuccinos bien mousseux. Pour trinquer au coucher du soleil, rendez-vous au bar du rooftop. Découvrez aussi PIVOT, une boutique de créateurs locaux.

PASSEPORT

FAIRE UNE PAUSE

Que ce soit sur les terrasses de South Beach, du haut d'un *rooftop* à Brickell ou encore entouré d'effluves de cigares à Little Havana, les occasions de boire un verre ne manquent pas ! La tradition de l'*afterwork* est bien présente à Miami et les locaux se retrouvent dès la fin d'après-midi pour partager une pinte, un mojito ou un Cuba Libre, et plus si affinité. C'est d'ailleurs le meilleur créneau pour profiter de l'*happy hour* ! Véritable institution, c'est l'occasion de profiter de boissons et tapas à prix réduits, de quoi se faire plaisir sans exploser son budget. Et tous les bars de la ville se prêtent au jeu ! Généralement, l'*happy hour* se déroule de 16h à 19h les soirs de semaine. Sachez toutefois que les consommations vous couteront plus cher le long d'Ocean Drive, car c'est souvent là que se ruent les touristes. Vous ne pourrez pas manquer les cocktails géants, que vous pourrez choisir de partager... ou pas !

PRATIQUE

FAIRE UNE PAUSE

HORAIRES

Les commerces de bouche et cafés sont généralement ouverts du matin à la fin d'après-midi. La plupart proposent une petite carte de restauration pour le midi. Les bars ouvrent généralement leurs portes dès 10h ou 11h et ferment à 2h du matin.

BUDGET / BONS PLANS

Comme pour les restaurants, il faut ajouter taxes et pourboires à la note finale. Tous les types de paiement sont généralement acceptés.

C'EST TRÈS LOCAL

Nous vous conseillons de privilégier les *happy hours* dans les bars, il est ainsi possible des trouver des cocktails à moins de 10 US$, à accompagner d'assiettes à partager à prix réduits. Souvent, les *happy hours* ont lieu en semaine uniquement.

ENFANTS

Les enfants sont autorisés à pénétrer avec leurs parents dans un bar si celui-ci fait également restaurant. Au-delà de 21h, l'entrée peut être refusée.

LES PHRASES CLÉS

Bonjour, quelle est la spécialité de la maison ? Nous voulons découvrir.
Hello, what is the specialty here? We'd like to try it.

Avez-vous de la place en terrasse ?
Do you have a table available outside?

Quel est votre nom ? Je m'appelle… Ravi de vous rencontrer !
What is your name? My name is ... Pleased to meet you!

A votre santé ! Zut, j'ai renversé mon verre… pouvez-vous m'aider ?
Cheers! Oh, no, I've spilled my drink. Can you help me?

C'était très bon. Nous allons reprendre la même chose s'il vous plait.
It was very good. We'll have the same again, please

BÂOLI MIAMI

1906 Collins Avenue
✆ +1 305 674 8822
www.baolimiami.com
Ouvert le mardi au samedi de 19h à 3h.

C'est une bonne adresse pour sortir en *before* ou pour passer toute la soirée. Le bar lounge s'organise sur deux espaces, l'un à l'intérieur et l'autre à l'extérieur. Notre préférence va pour le *patio* très accueillant, avec un long bar et de grands arbres joliment illuminés. Il y flotte comme un petit parfum de Provence qui s'explique facilement : il existe aussi un Bâoli à Cannes ! Le Bâoli Miami fait partie du même groupe et appartient à des Français. Passé 22h, le son monte, la piste de danse s'enflamme et le champagne coule à flots. *Welcome to Miami* !

BETTANT BAKERY & CAFÉ

1043 Washington Avenue
✆ +1 305 673 5522
Ouvert tous les jours de 7h à 15h.

Bettant est une boulangerie française familiale, ancrée dans le paysage de Miami depuis 1935 ! Aujourd'hui, c'est Matthieu, de la 4e génération, qui est aux manettes. Il prépare chaque jour plusieurs variétés de pains, notamment baguettes, pain multi-céréales et pain blanc. Côté pâtisseries, spécialités françaises (pains aux raisins, croissant, brioche...) côtoient les douceurs préférées des locaux (empanadas, *pecan pie*...). Sans oublier le large choix de cafés et les sandwiches pour la pause déjeuner. La décoration fourmille d'objets rapportés de France.

BROKEN SHAKER AT FREEHAND MIAMI

2727 Indian Creek Drive
✆ +1 786 476 7011
www.brokenshaker.com/miami-happenings/
Ouvert du lundi au jeudi de 17h à 1h, vendredi et samedi de 16h à 2h, le dimanche de 16h à 1h.

Un petit bar agréable au cadre exotique, un brin caché, à découvrir au sein de l'*hostel*, de style *vintage* chic Freehand. On y sirote de délicieux cocktails comme le *What's up Doc ?* au jus de carotte, mezcal, liqueur de fruit de la passion, liqueur de piment et citron. La carte propose aussi des infusions avec les herbes du jardin et de quoi grignoter. La terrasse au bord de la piscine est joliment éclairée à la nuit tombée. L'endroit idéal pour *chiller* jusque tard dans la nuit.

D'VINE HOOKHA LOUNGE

445 Lincoln road
✆ +1 305 674 8525
www.dvinelounge.com
Ouvert tous les jours de 12h à 2h.

Un bar à chicha situé sur la trépidante Lincoln Road pour passer l'après-midi à flemmarder. Le D'Vine est très agréable avec sa musique reggae ou orientale et sa terrasse aux canapés confortables. Choisissez parmi les dizaines de saveurs différentes et détendez-vous le temps d'un après-midi ou d'une soirée. L'endroit fait également office de bar et restaurant ; vous pourrez choisir parmi des tapas du monde, des pizzas, des assiettes méditerranéennes et des desserts gourmands. Parmi les plats les plus originaux : les Rigatoni à la vodka.

KILL YOUR IDOL

222 Española Way
Ouvert tous les jours de 20h à 4h du matin.

Un nom insolite pour ce bar niché dans l'animée Española Way. L'ambiance est clairement décalée : une statue de Bruce Lee plus vraie que nature semble prête à se jeter sur vous depuis le bar, des têtes de cerf et de requin côtoient un astronaute suspendu au plafond... Kill Your Idol est l'adresse idéale pour siroter une bière artisanale, écouter un groupe de rock jouer en live ou s'égosiller lors de soirées karaoké. En prime : l'entrée est gratuite et pas besoin de réserver ! Un bon plan pour une soirée improvisée au cœur de South Beach.

MONTY'S SUNSET

300 Alton Road
✆ +1 305 672 1148
www.montyssobe.com
Ouvert tous les jours de 12h à 21h.

Un bistrot agréable, côté baie de Biscayne, pour prendre un verre et profiter du coucher de soleil. D'ailleurs, le site web de Monty's indique l'heure du coucher de soleil du jour. Impossible de le manquer ! On peut également manger des petits plats à base de produits locaux comme des salades, des sandwichs, des grillades de poissons... Mention spéciale pour les fruits de mer comme les pinces de crabe ou le ceviche de crevettes. L'ambiance est conviviale, surtout le vendredi soir avec les concerts de musique très éclectiques.

NIKKI BEACH

1 Ocean Drive
✆ +1 305 538 1111
https://miami-beach.nikkibeach.com
Beach club tous les jours de 9h à 18h, jusqu'à 19h du vendredi au dimanche.

Ce complexe face à la mer est l'endroit où l'on vient faire la fête… en journée ! Eh oui la musique commence à faire résonner ses basses et les corps se trémoussent avant même qu'il fasse nuit. On profite de la douceur du climat, de la proximité avec la mer. Le brunch du dimanche est parfait pour prendre des forces et faire la fête. Le reste de la semaine, le Nikki Beach fait beach club et restaurant en journée et c'est tout aussi agréable mais plus calme. La cuisine proposée est de style méditerranéen avec des influences internationales.

SKY YARD

723 Lincoln Ln N
✆ +1 305 903 4076
www.thelincolneatery.com/skyyard/
Dimanche, mercredi et jeudi de 18h à minuit, vendredi et samedi de 18h à 2h.

Sky Yard est un *rooftop* au sommet du Lincoln Eatery, le food-court de l'avenue commerçante Lincoln Road. La terrasse est ultra-cosy avec ses canapés et fauteuils dans lesquels on se love volontiers pour admirer le soleil se coucher sur Miami. Dès la nuit tombée, guirlandes colorées et néons s'illuminent. Le bar est adossé contre une immense fresque à l'effigie de la ville. Un lieu très tendance pour déguster une Margarita à l'ananas et faire la fête dans une ambiance chargée de *Miami vibes*. Suivez le bar sur les réseaux sociaux pour suivre les nombreux événements.

SOUTH POINTE TAVERN MIAMI

40 South Pointe Tavern Drive
✆ +1305 763 8368
www.southpointetavern.com
Ouvert tous les jours de 9h à 2h du matin. Cocktails à partir de 14 US$.

Un pub chaleureux à l'ambiance agréable dans le quartier paisible et résidentiel de South Pointe, à la pointe de South Beach, loin de la foule de touristes. Les cocktails sont variés et originaux, vous aurez l'embarras du choix. Si vous préférez la bière, vous pourrez aussi piocher dans le large éventail de marques américaines ou étrangères. Et en cas de petite faim, une bonne sélection de tapas tendance latine vous attend. En somme, vous aurez de quoi refaire le monde !

SWEET LIBERTY DRINKS & SUPPLY COMPANY

237-B 20th Street
✆ +1 305 763 8217
mysweetliberty.com
Ouvert tous les jours 16h à 5h du matin. Happy hour de 16h à 20h.

Ce bar de South Beach est un peu à l'écart de Collins avenue et se trouve dans une rue très calme. Il est donc surtout fréquenté par les locaux qui y ont leurs habitudes. L'ambiance est tamisée et la déco *vintage* apporte une atmosphère chaleureuse que les grandes lettres lumineuses du fond, « Pursue Happiness », ne font qu'amplifier. Au bar, on vous recommande vraiment les cocktails qui sortent de l'ordinaire. La carte propose aussi des plats typiquement américains comme des burgers.

SWIZZLE RUM BAR & DRINKERY

1120 Collins Avenue
✆ +1 347 977 6428
www.swizzlerumbardrinkery.com/
Ouvert tous les jours de 19h à 3h.

Vous êtes amateurs de rhums et recherchez un bar à cocktails à l'ambiance chic et vintage façon *speakeasy* ? Swizzle est fait pour vous ! Les *bartenders* vous proposeront une belle sélection de rhums locaux distillés à Saint Augustine, Key West ou Miami, à siroter *neat* (purs) ainsi qu'un grand choix de cocktails sophistiqués à base de rhum, vodka ou whisky. On vous recommande vous installer dans le patio au bord de la piscine et de partager une assiette de crevettes croustillantes !

CACHITO COFFEE AND BAKERY

251 71st Street
✆ +1 305 868 3554
www.cachitocoffee.com
Ouvert du lundi au samedi de 8h à 19h, le dimanche jusqu'à 14h.

Un agréable petit *coffee-shop* au nord de Miami Beah dans lequel les grains de café sont torréfiés sur place. Fraîcheur et arômes garantis ! Faites votre choix parmi une vingtaine de cafés chauds ou froids, comme le Cortadito – un café crème version cubaine –, le Red Eye (café long et shot d'expresso) ou le Latte frappé. Cachito propose aussi des assiettes petit déjeuner pour bien démarrer la journée, des pâtisseries ainsi que des quiches et sandwiches à prix doux pour le midi.

GELATO-GO BAKERY

✆ +1 786 275 62
www.gelatogo.net/
Ouvert tous les jours de 8h à 21h.

Direction l'Italie dans cette boutique qui combine parmi les meilleures spécialités de la Botte italienne. Côté sucré : des *gelati* crémeux préparés sur place tous les jours, des *Cannoli* siciliens, des *Sfogliatella Napoletana* – pâtisseries en forme de coquillage fourrées à la picota – ou encore des *Cassatina* – de petits gâteaux traditionnels siciliens au glaçage vert –. Côté salé : des pizzas bien sûr, mais aussi des lasagnes, des *arancinis* (boules de risotto farcies à la viande ou au fromage) et des *Schiacciate* – pain plat farci. *Delizioso* !

DUFFY'S SPORTS GRILL

3969 NE 163rd Street
✆ +1 305 760 2124
www.duffysmvp.com
Ouvert du dimanche au mercredi de 11h à 23h, vendredi et samedi jusqu'à minuit.

Un très grand pub sur la baie de North Beach, avec 200 écrans répartis un peu partout et une capacité de 1 000 personnes, ce qui en fait l'endroit rêvé pour aller visionner un match des Miami Dolphins ou du Miami Heat ! Les bons plans : *happy hour* tous les jours à partir de 16h, et Margarita à tout petit prix les lundis soirs. Si vous préférez prendre l'air, rendez-vous sur la terrasse avec vue sur les eaux calmes du canal Intracoastal. Le Duffy's Sports Grill étant une chaîne locale, vous retrouverez d'autres adresses un peu partout en Floride.

LILY AND ROSE TEAROOM

3725 NE 163rd Street
✆ +1 305 922 8209
www.lilyandrosetearoom.com/
Ouvert du lundi au vendredi de 10h à 18h, samedi et dimanche jusqu'à 18h30. Fermé le mercredi.

On se rend dans cet adorable salon de thé aux accents british pour déguster un thé « Mariage Frères » servi dans une jolie théière fleurie et sa tasse en porcelaine assortie, mais aussi pour goûter aux French Crepes aux fruits frais, des pâtisseries aériennes mais également des glaces artisanales élaborées avec des produits bio et locaux que vous pourrez *pimper* avec les *toppings* de votre choix. La spécialité de la maison : « The cage », un présentoir doré à 3 étages en forme de cage à oiseau dans lequel sont savamment disposés des mignardises, façon *afternoon tea*.

FLANIGAN'S BAR & GRILL

9515 Harding Avenue, Surfside
✆ +1 305 867 00 99
www.flanigans.net
Ouvert du dimanche au jeudi de 11h à minuit, vendredi et samedi jusqu'à 1h.

Un pub à l'ambiance conviviale, où vous n'aurez jamais faim ni soif, car la carte est variée et les prix doux. On y trouve de nombreuses bières locales (n'hésitez pas à demander conseil !) que l'on peut accompagner d'ailes de poulet, de nems maison farcis au porc effiloché ou d'un Texas Burger, parmi les plats signature. Flanigan's Bar & Grill est une enseigne locale qui existe depuis une cinquantaine d'années et possède une vingtaine de bars en Floride. C'est une valeur sûre pour faire la fête à la bonne franquette sans se ruiner !

NEVERLAND COFFEE BAR

17830 W Dixie Highway
✆ +1 786 916 3560
https://neverlandcoffeebar.com/
Ouvert tous les jour de 8h à 23h.

Une terrasse végétale aux arbres illuminés et au mobilier de bois, un bâtiment en brique, une salle cosy au mobilier chiné où sont disséminés des bibelots vintage évoquant le Pays Imaginaire. et l'univers de Peter Pan. Sommes-nous encore à Miami ? L'évasion est garantie pendant que l'on se régale de petits plats du matin au soir, ou tout simplement d'un thé glacé à la menthe et au citron, d'un smoothie bien frais ou d'une sangria blanche. Les enfants sont les bienvenus avec un menu conçu pour eux. Une adresse qui sort assurément du lot.

AZUCAR ICE CREAM

1503 SW 8th Street
✆ +1 305 381 0369
www.azucaricecream.com
Lundi au mercredi : 11h-21h. Jeudi au samedi : 11h-23h. Dimanche : 11h-22h. Cornet avec une boule de glace : 5,5 US$.

Impossible de manquer la devanture de ce glacier avec son immense cône rempli de boules de glaces colorées. Le nom est un clin d'œil à la chanteuse de salsa cubaine Célia Cruz qui criait « Azucar ! « lors de ses *shows*. La fondatrice Suzy Batlles, qui a suivi la même formation que les fameux Ben et Jerry, s'est inspirée du savoir-faire de sa grand-mère et propose des saveurs uniques comme « Abuela Maria » (glace à la vanille, confiture de goyave, morceau de goyave et biscuit) ou « Burn in hell Fidel ! « (chocolat noir et piment). Les cônes sont aussi faits maison.

BAR NANCY

2007 SW 8th Street
www.nancy305.com
Mercredi, jeudi et dimanche de 16h à 2h, vendredi et samedi de 16h à 3h. Fermé lundi et mardi.

Dans ce chaleureux bar de quartier, on s'immerge dans une ambiance nautique : bar en forme de poupe de bateau, hublot provenant d'un ancien navire, gouvernail sur la devanture... Les cocktails sont aussi dans le thème : opterez-vous pour le « We're gonna need a bigger boat » (gin, liqueur, myrtille, citron et soda) ou le « Skipper's daughter » (vodka, Aperol, liqueur de gingembre, rose et orange) ? On vient aussi chez Nancy pour chanter à tue-tête lors du traditionnel karaoké dominical, assister à un concert ou danser au son d'un DJ set.

BABY JANE COCKTAIL HOUSE & NOODLE BAR

500 Brickell Avenue
✆ +1 786 803 8004
www.babyjanemiami.com
Du dimanche au jeudi de 12h à 3h, jusqu'à 5h le vendredi et samedi.

Une adresse plutôt confidentielle à Brickell. Le Baby Jane est un petit bar à l'allure rock'n roll, aux lumières tamisées et à la déco iconoclaste, comme l'atteste par exemple l'écriteau lumineux « I'm not your baby ». La spécialité de la maison, ce sont les cocktails, dont certains sont vraiment très originaux comme le *Lavender Fields Forever* composé de vodka, vin cuit, sirop de lavande, citron et vin pétillant. À accompagner avec de la *finger food* d'inspiration japonaise.

BLACKBIRD ORDINARY

729 SW 1st Avenue
✆ +1 305 671 3307
Ouvert tous les jours de 15h à 1h.

Quand on a commencé à faire la fête dans les bars de Mary Brickell Village, c'est en général ici qu'on atterrit pour la poursuivre car c'est à 5 minutes à pied. Le Blackbird est une référence pour ceux qui veulent boire une bière dans un cadre cool aux lumières tamisées. Mais on peut aussi aller dehors, dans le grand patio, histoire d'admirer le ciel étoilé entre deux gratte-ciel. La foule est hétéroclite et un tantinet bobo/décalée. On a aimé cette ambiance hors du temps et loin des sentiers battus touristiques. Aux antipodes de South Beach en somme.

BALL AND CHAIN

1513 SW 8th Street
✆ +1 305 643 7820
www.ballandchainmiami.com
Lundi et mardi (11h-minuit) ; mercredi et jeudi (11h-1h) ; vendredi et samedi (11h-3h) ; dimanche (11h-1h).

Ce grand bar ouvert depuis 1939 à Little Havana connaît une seconde jeunesse depuis quelques années déjà. C'est là que ça se passe pour écouter de la bonne salsa *live* le soir venu et faire quelques pas de danse *caliente*. Les mojitos sont excellents, mais il y a bien d'autres cocktails à la carte. Les tapas *latinas* sont tout aussi délicieuses, bien fraîches et savamment présentées. Ne manquez pas d'aller faire un tour dans le patio pour prendre l'air, la scène à la coupole historique en forme d'ananas ne manquera pas de vous faire sourire.

BLUE MARTINI BRICKELL

900 S. Miami Avenue, suite 250
✆ +1 305 981 2583
https://bluemartini.com
Ouvert du mercredi au dimanche de 16h à minuit.

C'est l'un des bars les plus festifs de Brickell. Musique commerciale à fond, boissons qui coulent à flots au bar central et jeunesse locale éméchée qui se trémousse sur les rythmes du DJ ou de la musique *live*. Pour profiter à fond de l'ambiance, on check en avance le planning des événements. À découvrir : les cocktails signatures au Martini à l'image du *Blue Martini* servi dans un immense verre à pied (vodka bleue, curaçao, jus d'orange). Parfait pour faire la fête à Brickell. Profitez de l'*happy hour* par goûter aux petits plats façon tapas à moitié prix.

CASA FLORIDA

437 SW 2nd Street
✆ +1 833 635 0006
www.casafloridamiami.com/
Mercredi-jeudi : 17h-23h ; vendredi : 17h-2h ; sam : 11h-2h ; dim : 11h-23h. Happy hour : mercredi-vendredi (17h-19h).

Casa Florida, c'est le bar à cocktails hautement *instagrammable* de l'hôtel Selena Miami River. Partout, le rose pâle prédomine, faisant échos aux flamants roses déco posés ici et là. Dans le patio agréablement ombragé, l'ambiance se fait tropicale à grand renfort de palmiers. Il y a même une table de ping-pong ! Mention spéciale pour le bus vintage de 1965 dans lequel il est possible de se faufiler. On y mange, on y brunche, on y boit des cocktails au bon goût de Floride, et même on y danse, grâce aux DJs qui se relaient le soir les vendredis et samedis.

FLOYD MIAMI

34 NE 11th Street
✆ +1 786 618 9447
www.floydmiami.com
Ouvert du jeudi au samedi à partir de 22h jusqu'à 3h le jeudi, 8h le vendredi et 5h le samedi.

Bienvenue dans l'un des bars les mieux cachés de Miami ! Ce *speakeasy bar* possède une entrée secrète – une porte noire sans aucune indication – juste à côté du club électro Space. On adore l'ambiance tamisée et la décoration qui fait penser à ces bars de l'époque de la Prohibition où on se cachait pour boire de l'alcool. Côté musique, c'est *lounge* et *jazzy* quand les DJ ne mettent pas une ambiance de folie ! Une adresse locale, à la fois élégante et délicieusement subversive, qui manquait à Miami ! Les prix sont toutefois un peu élevés.

LA COLADA GOURMET

1518 SW 8th Street
✆ +1 3058734007
Du lundi au samedi de 10h à 22h. Le dimanche jusqu'à 21h. Expresso : 2,40 US$, cappuccino : 5,75 US$.

Sur la Calle Ocho, ce *coffee-shop* coloré est réputé pour servir l'un des meilleurs cafés de la ville, notamment parce qu'il fait partie des rares à pratiquer la torréfaction sur place. L'arôme est puissant et les choix sont multiples. Pour sortir de l'ordinaire, nous avons opté pour le « Tres leches Cafe » à base de lait concentré sucré et non sucré et de lait entier. Le résultat est très doux en bouche. Les prix sont plus élevés qu'ailleurs, nous vous conseillons de bien regarder l'ardoise, le personnel pouvant tenter de vous orienter vers des boissons « premium ».

HARD ROCK CAFE MIAMI

401 Biscayne boulevard
✆ +1 305 377 3110
www.hardrock.com
Du lundi au jeudi + dimanche de 12h à 20h, vendredi et samedi jusqu'à 22h.

Le Hard Rock Café de Miami se trouve à Bayside Market Place depuis 1993, parmi d'autres bars et restaurants avec une vue imprenable sur la marina. L'endroit offre un bon point de chute à Downtown pour boire un verre ou manger, avec sa traditionnelle carte de burgers et autres sandwichs. Les soirées sont régulièrement animées par des concerts de musique et des DJ sets. Envie de rapporter un souvenir ? Vous trouverez bien sûr les tee-shirts légendaires estampillés « Hard Rock Cafe Miami » à acheter dans la boutique juste à côté.

LA CROQUANTINE DE MATTHIEU

7930 NW 36th St suite 30, Doral
✆ +1 786 899 0509
lacroquantine.com
Ouvert tous les jours de 8h à 21h, le dimanche jusqu'à 16h. Repas à partir de 20 US$.

Ce boulanger de Royan installé près de l'aéroport balade son savoir-faire depuis 20 ans entre Paris, les Antilles, New York et Miami. Tous ses flans, croissants et brioches, des recettes familiales, sont faits maison avec de la farine des Moulins de Paris. Mais il propose aussi des croissants au Nutella, à la pâte de goyave ou au *dulce de leche*, ainsi qu'un pain au jambon, bacon et olives qui plaisent aux palais américains et surtout vénézuéliens, qui représentent 80 % de sa clientèle.

KIKI ON THE RIVER

450 NW North River Drive
✆ +1 786 502 3243
https://kikiontheriver.com
Lundi de 17h à 23h, mardi au jeudi de 13h à 23h, vendredi et samedi de 13h à minuit.

Au bord de la Miami River, Kiki on the River est l'un des endroits bien connus des locaux. Si on adore la décoration intérieure conçue par une agence d'architectes d'intérieur très talentueuse, notre coup de cœur va pour la terrasse avec vue plongeante sur la marina. On se délecte de cocktails savamment préparés aux noms évocateurs tel que le *Kiki Love Potion* ou le *Kiki do you love me ?* que l'on accompagne de tapas d'inspiration grecque et méditerranéenne. Si l'ambiance vous plaît, vous pouvez rester dîner pour profiter de la vue un peu plus longtemps.

PARTY CAKE BAKERY

1356 SW 8th Street
✆ +1 786 558 7141
www.partycakebakery.com
Ouvert du lundi au samedi de 6h à 20h, le dimanche de 6h à 18h.

Dans cette boutique artisanale à la façade décorée de *street-art*, vous pourrez déguster d'authentiques pâtisseries cubaines, notamment les onctueuses *guayavas*, les *Pastelitos de Coco* (gâteaux à la noix de coco) ou les traditionnels *Pan de Gloria* (petits pains sucrés), à accompagner d'un *cafe con leche*. C'est donc l'adresse gourmande idéale pour le petit-déjeuner ou le goûter sur Calle Ocho. Pour le déjeuner, vous trouverez également des sandwichs cubains et autres mets salés : *empanadas*, croissants au jambon et au fromage, *pastelito* à la viande...

SWEET CAROLINE KARAOKE BAR

1111 SW 1st Avenue ✆ +1 786 673 2522
www.sweetcarolinebar.com
Ouvert le lundi de 18h à 3h, du mardi au samedi de 18h à 4h, le dimanche de 19h à 3h. Réservation conseillée.

Cet établissement au cœur de Brickell a été élu meilleur bar-karaoké de Miami ! On y pousse la chansonnette dans une ambiance décontractée et super fun. Un conseil : osez monter sur scène, vous êtes à Miami et personne ne vous jugera ! Vous passerez assurément un bon moment. Autre bon point : les cocktails, originaux et savoureux, comme le Smooth Criminel (rhum, goyave, liqueur de cerise, citron, menthe). Le lieu est très populaire donc préparez-vous à faire la queue pour entrer.

ROSETTA BAKERY BRICKELL

824 S Miami Avenue
✆ +1 786 534 7512
www.rosettabakery.com
Du lundi au jeudi de 7h30 à 21h, du vendredi au dimanche de 7h30 à 22h30.

Rosetta est une boulangerie italienne lumineuse à deux pas du centre commercial Brickell City Center. Au petit matin, la file s'allonge pour s'approvisionner en *Bombolone*, ces beignets fourrés à la crème ou à la pâte à tartiner et saupoudrés de sucre, *Saccottino* (pain au chocolat) ou croissants. Vous trouverez aussi de savoureuses *focaccia*, divers sandwiches et d'élégants entremets. À consommer sur place ou à emporter ! Rosetta propose également des spécialités italiennes durant les temps forts de l'année, comme le *Pannettone* à Noël ou le *Colomba* à Pâques.

THE CORNER

1035 North Miami Avenue
✆ +1 305 961 7887
www.thecornermiami.com
Ouvert du dimanche au jeudi de 16h à 5h du matin, vendredi et samedi de 16h à 7h.

A deux pas des clubs E11even et Space Club, ce pub de nuit accueille toute la faune nocturne de Downtown et de Miami en général. Le lieu est cosy avec ses chaises de bar en bois et son grand bar décoré d'un large miroir doré où se reflètent les visages des habitués. On y boit, on y déguste des planches de charcuterie et de fromage, on y fait des rencontres (souvent avec des personnes plutôt alcoolisées...). L'ambiance reste cependant bon enfant et c'est surtout un des rares bars qui restent ouverts toute la nuit et jusqu'au petit matin à Miami.

SUGAR

788 Brickell Plaza
✆ +1 786 805 4655
www.east-miami.com
Ouvert jusqu'à 3h vendredi et samedi, 1h du matin les autres jours.

Gros coup de foudre ! Perché au 40e étage de l'hôtel ultra-design de Brickell, l'East, le Sugar Bar est un des meilleurs *rooftops* qu'il nous ait été donné de voir. Alors qu'on est dans l'univers très urbain de Brickell, on se retrouve dans un monde luxuriant digne de Bali tout en profitant d'une vue panoramique sur Brickell, Miami et la *skyline*. Au bar, vous dégusterez une multitude de cocktails (la tequila est particulièrement délicieuse !). Nos conseils : habillez-vous un peu chic et essayez d'arriver tôt le vendredi et le samedi pour écourter l'attente.

THE LOUNGE AT SLS BRICKELL

1300 South Miami Avenue
✆ +1 305 859 0200
Ouvert le vendredi de 18h à 2h du matin et le samedi de 22h à 3h du matin.

Un beau bar à l'ambiance douillette et cosy : larges canapés, plaids en fourrure, et même une cheminée ! Après tout, la décoration est signée Philippe Starck, le célèbre designer. Le tout au cœur du superbe hôtel SLS Brickell. Musique électro pour l'ambiance et dans les verres, des cocktails savoureux que l'on commande en carafes - soyons fou ! Une belle adresse originale en *before* ou même pour une soirée toute entière car le menu propose un large choix d'assiettes à partager.

BIANCO GELATO

3137 Commodore Plaza
✆ +1 786 717 5315
www.biancogelato.com/
Ouvert du dimanche au jeudi de 12h à 22h, vendredi et samedi de 11h à 23h.

Envie de faire une pause glacée à déguster durant votre promenade dans Coconut Grove ou après votre dîner ? Pénétrez dans cette petite boutique accueillante à la devanture blanche qui propose depuis 2013 des glaces artisanales sans additifs, ni colorants, ni OGM. Parmi les parfums : ananas et menthe, beurre de cacahuètes ou encore Key Lime Pie, disponibles en cornet ou en pot. Également des options *vegan, gluten-free* et *sugar-free*. À découvrir aussi : des expressos, des cappuccinos, des cookies et même des paninis les vendredis et samedis !

LA BOULANGERIE BOUL'MICH

328 Crandon Blvd #125 ✆ +1 305 365 5260
https://laboulangerieusa.com/
Du lundi au samedi de 7h30 à 18h30, le dimanche de 8h à 16h. Viennoiserie à partir de 2,5 US$. Plat à partir de 12 US$.

Nommée d'après le célèbre boulevard Saint-Michel à Paris, cette boulangerie française fondée en 1998 est une vraie *sucess-story* puisque l'enseigne compte désormais cinq boutiques à Miami et ses environs ! On vous conseille toutefois de vous rendre à celle de Key Biscayne, puisque c'est ici que tout a commencé. A vous les viennoiseries bien beurrées comme le croissant amandes et chocolat, les palmiers croustillants et les brioches moelleuses. Vous pouvez aussi déjeuner sur place grâce au grand choix de sandwiches baguette, d'*avocado toast* et de croque-monsieur.

CAFE VIDITA

2982 Grand Avenue
✆ +1 786 671 6490
www.cafevidita.com/
Ouvert du lundi au mercredi de 11h à 17h, jeudi et dimanche de 11h à 18h, vendredi et samedi de 11h à 19h.

Cafe Vidita est unique en son genre à Miami puisque le café servi ici est cultivé par la famille de Rina, la propriétaire, dans trois fermes au Nicaragua. Les grains sont ensuite torréfiés sur place à Coconut Grove. La qualité et la fraîcheur sont incomparables. Rina est passionnée et saura vous expliquer les nuances et spécificités de chaque breuvage. Elle propose aussi du *Cascara Tea* élaboré à partir d'enveloppes de grains de café séchés. Le *coffee-shop* est quant à lui joliment agencé et très cosy. Une adresse de référence pour les amateurs de café !

FLOUR & WEIRDOUGHS

19 Harbor Drive
✆ +1 305 361 9000
www.flourandweirdoughs.com/menu
Ouvert du mardi au dimanche de 8h à 16h.

Une excellente pâtisserie à Key Biscayne pour goûter *cinnamon rolls*, viennoiseries ou pains spéciaux aux recettes originales. Toutes les préparations sont sans additifs et élaborées avec de la farine bio moulue sur place. Quand vient midi, ces mêmes pains et croissants se déclinent en version salée pour un snack sain et gourmand. Le week-end, il vous faudra absolument goûter au *Croissant Cube*, un généreux croissant à la forme cubique dont le *topping* varie au gré des saisons. La bonne idée : commander à emporter et déguster vos victuailles au sein de Crandon Park.

VICKY'S HOUSE

3190 Commodore Plaza
✆ +1 305 442 3377
www.vickyshouse.com
Du lundi au jeudi de 15h à 22h, du vendredi au dimanche de 13h à 23h. Milkshade : 7 à 15 US$.

Une très bonne adresse de milkshakes dans un cadre vraiment original puisqu'il s'agit de la reconstitution d'un authentique appartement des années 1980. La tapisserie, le vieux frigo, les aimants du frigo, la console Nintendo et les VHS dans le fond, tout vous donnera l'impression d'être dans un clip des années 1980 ou dans un épisode de la célèbre série Netflix *Stranger Things*. Les milskshakes sont un régal, ce qui ne gâche rien. Coup de coeur pour la recette nommée d'après l'extraterrestre E.T. avec caramel salé, pop-corn, crème fouettée et sirop au chocolat.

VINOS IN THE GROVE

2889 McFarlane Road
✆ +1 305 400 8191
http://vinoswinebars.com/
Ouvert du mardi au jeudi de 17h à 22h, vendredi et samedi de 17h à minuit, dimanche de 16h à 23h.

Vinos in the Grove est un bar à vin décontracté et intimiste qui vous accueillera aussi bien pour débuter votre soirée en douceur ou refaire le monde des heures durant. La carte fourmille de références pointues de vins au verre, dont des crus français, espagnols, chiliens ou encore californiens. Breuvages qui peuvent s'accompagner de planches de fromages et de charcuterie. Le bar accueille des artistes pour jouer en *live* tous les jeudi et dimanche. La terrasse avec ses tables éclairées à la bougie est quant à elle idéale pour une soirée romantique.

CERVECERIA LA TROPICAL

45 NE 25th Street
✆ +1 305 741 6991
www.cerveceríalatropical.com
Mercredi-jeudi : 16h-23h. Vendredi-samedi : 12h-1h. Dimanche : 12h-21h. Fermé lundi et mardi.

Fondée en 1888, La Tropical est à l'origine l'une des plus anciennes brasseries de Cuba. Tombée dans l'oubli à partir des années 60 en raison du contexte politique cubain, elle est reprise en 1998 par Manny Portuondo, arrière-arrière-petit-fils de son fondateur Federico Kohly. En 2021, conforté par le succès de sa brasserie, il choisit d'installer La Tropical à Miami, dans le quartier de Wynwood. Dans un jardin luxuriant, on y déguste une bière (forcément !) accompagnée de tapas et petits plats d'inspiration cubaine. Il est aussi possible de visiter la brasserie.

LAGNIAPPE

3425 NE 2nd Avenue
✆ +1 305 576 0108
lagniappehouse.com
Ouvert de 18h à 2h, jusqu'à 3h vendredi et samedi. Concert tous les soirs de 20h30 à 23h30.

Situé à l'intersection de Wynwood, de Design District et de Midtown, ce bar à vins est très original avec son style *vintage* et son mobilier à l'ancienne. C'est une sorte de bar de la Nouvelle-Orléans avec de la musique *live* tous les soirs, notamment grâce au superbe piano dans le grand salon aux fauteuils cosy qui fait office de salle principale. A l'arrière, un très grand jardin vous attend pour profiter de la brise du soir autour d'un bon vin et de quelques assiettes de bons fromages ou de tartines variées. Un bar vraiment part à Miami !

DANTE'S HIFI

519 NW 26th Street
https://danteshifi.com
Mercredi et dimanche de 19h à 2h, jeudi au samedi de 19h à 3h. Fermé lundi et mardi. Résa conseillée (créneau de 1h30).

Loin des bars bondés où retentit du son électro, Dante's Hifi est une adresse feutrée où la musique s'écoute... sur vinyle ! Ce concept inspiré des *listening room* au Japon propose d'écouter un DJ diffuser un choix éclectique de chansons. Les murs sont recouverts de vinyles et l'on déguste des cocktails créatifs confortablement installé dans de grands canapés en cuir marron. Une pépite cachée dans le quartier de Wynwood à mille lieues de l'image que l'on se fait de l'ultra festive Miami. Ambiance rétro et *old-fashioned* assurée ! Il est conseillé de réserver.

MIAMI CAFE

2750 NW 3rd Avenue Suite 21
✆ +1 786 703 1451
www.miamcafe.com
Ouvert de 8h à 15h du lundi au jeudi, vendredi et samedi de 8h à 16h, dimanche de 9h à 16h.

Impossible de manquer ce *coffee-shop* situé dans le Wynwood Building, reconnaissable entre tous avec ses rayures noires et blanches. On apprécie y venir faire une pause petit-déjeuner et se régaler avec un bol de granola maison, une tranche de pain perdu au sirop d'érable et à la crème fouettée ou des oeufs Bénédicte. Les boissons chaudes, à consommer sur place ou à emporter, sont également excellentes. Au déjeuner, *avocado toast*, burgers et salades sont de la partie, le tout à un prix plutôt raisonnable. Une nouvelle adresse a ouvert récemment à Brickell.

FIREMAN DEREK'S BAKESHOP & COFFEE

3435 Main Highway ✆ +1 7865022396
www.firemandereks.com/
Ouvert tous les jours de 10h à 22h, jusqu'à 23h le vendredi et le samedi. Environ 8 US$ la pause café/thé avec tarte.

C'est l'histoire vraie d'un pompier qui s'est reconverti en pâtissier car il faisait d'excellentes tartes ! Tout a commencé à Coconut Grove en 1983, et désormais, le fameux pompier Derek a aussi une boulangerie/café à Wynwood. C'est le paradis des gourmands avec des tartes onctueuses pour tous les goûts, au chocolat et noix de pécan, aux pommes, à la noix de coco... La meilleure de toutes serait la *Key lime pie*, cette spécialité de Floride bien connue à base d'un petit citron local.

PANTHER COFFEE

2390 NW 2nd Avenue
✆ +1 305 677 3952
www.panthercoffee.com
Ouvert tous les jours de 7h à 19h. Wifi gratuit.

Amateurs de bon café espresso, ne cherchez plus, c'est bien au Panther Coffee que vous devez faire une petite halte. Oubliez le café américain trop allongé du Starbucks et le Nespresso de George ; ici, on vous propose du café fait sur place par de vrais pros. Les meilleurs grains de café du monde sont sélectionnés par le couple de propriétaires (qui se sont justement rencontrés dans un séminaire sur le café à Minneapolis !). C'est aussi un endroit très agréable pour se poser avec un bon livre, dans la petite salle ou en terrasse.

SHOTS MIAMI

311 North West 23rd Street
✆ +1 855 217 4687
www.shots-miami.com
Ouvert du mercredi au dimanche de 19h à 3h du matin.

Dans ce bar de Wynwood, le ton est donné avec un cadre déjanté et coloré dès l'entrée. Les graffitis sont omniprésents, bien sûr, car vous êtes à Wynwood, le royaume du *street art*. La spécialité du bar, ce sont les boissons servies dans des *shots*. Et on ne se lasse pas, car ils sont très variés avec plus d'une centaine de saveurs différentes ! Bonne programmation musicale. Plus la soirée passe, plus il y a d'ambiance et les lieux se transforment en boîte de nuit. Bon à savoir : *happy hour* le mercredi et *locas ladies night* le jeudi.

SWAN UPSTAIRS

90 NE 39th Street
✆ +1 305 704 0994
www.swanbevy.com/
Lundi, jeudi, vendredi et samedi de 23h à 4h.

Les bars du Miami Design District ne sont pas nombreux, et celui-ci mérite tout notre intérêt ! Swan Upstairs est un bar à cocktail situé au-dessus du restaurant Swan. L'ambiance s'y veut méditerranéenne, chic et cosy avec de larges tapis orientaux au sol, des voilages et une succession d'assises confortables.On peut aussi prendre place sur la terrasse illuminée pour siroter des cocktails élaborés rehaussés de fruits frais. Le *dance floor* n'est pas immense mais l'ambiance est bien présente. Une bonne façon de prolonger la soirée après un repas au Swan.

THE SALTY DONUT

50 NW 23rd St
✆ +1 305 639 8501
saltydonut.com
Ouvert de 7h à 19h tous les jours. Donuts à partir de 2,25 US$.

Les gourmands ne doivent pas manquer de faire une halte à cette adresse qui sert sans doute les meilleurs *donuts* de Miami. Le secret ? Des recettes créatives mais toujours délicieuses qui varient au rythme des saisons : citrouille, pomme, caramel ou encore cranberry... Les saveurs plus classiques comme le donuts au Nutella ou au sucre mettront tout le monde d'accord. Ne manquez pas d'accompagner votre douceur d'un *latte* tout aussi créatif. On devient vite *addict* et on comprend pourquoi le café ne désemplit pas. La petite terrasse est très agréable.

WE WE'S BAKERY & BISTRO

7420 Biscayne Boulevard
✆ +1 305 305 8380
Du lundi au vendredi de 7h à 15h, le samedi de 8h à 15h, le dimanche de 8h à 14h.

Sur Biscayne Boulevard, entourée de motels et bâtiments à l'architecture typique des années 1950, cette petite boulangerie lumineuse ravira les amateurs de pâtisserie française. On note le grand choix de croissants (Oreo, goyave, pomme, amandes...) aux côtés de *bagels* et d'*empanadas*. Eh oui, nous sommes à Miami ! On apprécie de se poser sur la terrasse pour déguster un bon cappuccino. We We's est aussi un bon plan à l'heure du déjeuner puisqu'on y trouve bon nombre de petits plats à déguster sur le pouce, comme des quiches et des sandwiches à base de croissants.

WYNWOOD BREWING COMPANY

565 NW 24th Street
✆ +1 305 982 8732
www.wynwoodbrewing.com
Ouvert tous les jours de 12h jusqu'à minuit et jusqu'à 22h dimanche, lundi et mardi.

Une microbrasserie au cœur de Wynwood où les bières sont donc brassées sur place. La Rubia, bière blonde rafraîchissante à souhait, est l'un des *best seller*, mais la gamme est très large et vous trouverez forcément votre bonheur. N'hésitez pas à demander conseil ! L'ambiance est décontractée, bon enfant, et on peut y jouer à des jeux de société à l'ancienne comme par exemple au fameux « Puissance 4 ». Et côté déco, on reste dans le *street art* de Wynwood bien sûr ! En somme, ne manquez pas de faire un stop à ce bar pour passer un bon moment entre amis.

ZAK THE BAKER

295 NW 26th Street
✆ +1 786 294 0876
https://zakthebaker.com
Ouvert du dimanche au vendredi de 7h à 17h.

Coup de cœur pour cette délicieuse boulangerie artisanale à la façade colorée située en plein cœur de Wynwood ! Pour la petite histoire : Zak Stern, *alias* Zak the Baker, a commencé par vendre ses pains dans les marchés locaux avant de finalement se lancer et ouvrir sa boulangerie en 2014. On y déguste de délicieux pains ronds, des *bagels* aux graines ou encore de savoureuses brioches filantes, le tout concocté de la façon la plus artisanale possible. A accompagner d'un café de caractère. Bon à savoir : la boulangerie et le café sont certifiés kasher.

PASSEPORT

[SE] FAIRE PLAISIR

Miami et le shopping, une histoire en constante évolution. Certaines artères commerciales comme Lincoln Road à South Beach concentrent les plus grandes enseignes de mode, dont certaines introuvables en Europe. Autrement, ne comptez pas trop sur Ocean Drive et Collins Avenue qui pullulent de magasins touristiques avec magnets à gogo et tee-shirts *made in China*. Le récent quartier de Design District, qui compte un grand nombre de boutiques de luxe parmi les plus chères de la ville, ravira plutôt les amateurs de mode et les plus fortunés. Dans des quartiers tels que Wynwood ou Little Havana, de plus en plus de boutiques indépendantes ouvrent leurs portes et font le choix de proposer des produits de créateurs locaux, façon *concept store* tendance. Selon nous, il s'agit de la meilleure option pour rapporter un souvenir *made in Miami*. Enfin, n'hésitez pas à franchir la porte d'échoppes gourmandes et autres épiceries fines.

(SE) FAIRE PLAISIR

HORAIRES

La plupart des commerces sont ouverts tous les jours, à partir de 10h le matin jusqu'à parfois 22h selon la ville. Ils sont rarement fermés entre midi et deux, et presque toujours ouverts le dimanche. C'est également le cas pour les supermarchés.

Parmi les jours fériés aux États-Unis, nous pouvons citer le Nouvel An (1er janvier), *President's Day* (3ème lundi de février), *Memorial Day* (dernier lundi de mai), *Independance Day* (4 juillet), *Labor Day* (1er lundi de septembre) ou encore *Veteran's Day* (11 novembre).

BUDGET / BONS PLANS

Le coût de la vie est majoritairement élevé en Floride, particulièrement à Miami. Côté shopping, il existe des centres commerciaux entièrement dédiés aux grandes marques à prix cassés : les *outlets*. Souvent à ciel ouvert, ces magasins d'usine regroupent les plus grandes marques de mode (Levi's, Converse, Adidas, Nike, Tommy Hilfiger...) qui vendent à prix réduits les produits de collections précédentes. Les réductions peuvent aller jusqu'à 75% ! Il n'est ainsi pas rare de dégoter un jean Levi's à 30 € après conversion. Les principaux outlets se trouvent autour d'Orlando, de Miami et de Fort Lauderdale. Là aussi, il faut rajouter une taxe de 7,25%.

SOLDES

Comme en France, il existe des périodes de soldes en Floride. Ainsi, la *Back-to-school Sale* a lieu à la fin juillet, juste avant la rentrée scolaire début août. À l'automne, le *After Thanksgiving Weekend Sale featuring Midnight Madness* démarre le lendemain de Thanksgiving (vers la fin novembre) pour 3 jours, soit du vendredi au dimanche. Dès le 26 décembre, c'est au tour des *After Holiday Sales* de débuter, jusqu'au 1er janvier. Ce sont parmi les principales, mais il y en d'autres durant l'année. Certaines soldes se déroulent durant une journée particulière : *Valentine's Day Sale* (le 14 février), *Mother's Day Sale* (jour de la fête des mères), *Father's Day Sale* (jour de la fête des pères), *Black Friday* (fin novembre)... Vous l'aurez compris, les occasions de faire des bonnes affaires ne manquent pas !

C'EST TRÈS LOCAL

Miami n'a pas réellement d'artisanat qui lui est propre. Parmi les souvenirs classiques à rapporter, on peut toutefois citer des produits gourmands au Key Lime (le fameux petit citron vert des Keys), des cigares de Little Havana ou des plaques d'immatriculation décoratives. Pour d'autres idées de souvenirs, vous pouvez consulter notre rubrique « Que rapporter de son voyage ».

Le marchandage n'est pas une pratique courante en Floride.

LES ATTRAPE-TOURISTES

Vous trouverez d'innombrables boutiques de souvenirs, généralement *made in China*. Elles sont concentrées sur Ocean Drive et Collins Avenue.
Mieux vaut privilégier les produits et artisans locaux lorsque cela est possible.

LES PHRASES CLÉS

Bonjour, c'est superbe, mais combien ça coûte ?
Hello. This is really nice. How much does it cost?

Vous auriez ma taille ? Où se trouvent les cabines d'essayage ?
Do you have my size? Where are the fitting rooms?

Est ce que je pourrai vous le rapporter et l'échanger si ça ne va pas ?
Will I be able to return it for an exchange if it doesn't fit?

J'ai trop dépensé aujourd'hui, pouvez-vous me faire une réduction sympa ?
I've spent too much today. Could you give me a nice discount?

Je prendrai celui-ci. Pouvez-vous me faire un paquet cadeau ?
I'll take this one. Could you gift wrap it for me?

Vous prenez la carte de crédit ? Où puis-je trouver un distributeur de billets ?
Do you take credit cards? Where can I find an ATM?

AVENTURA MALL

19501 Biscayne boulevard
✆ +1 305 935 1110
www.aventuramall.com
Ouvert du lundi au samedi de 11h à 21h, le dimanche jusqu'à 20h.

Aventura Mall est un immense centre commercial comme on sait les faire aux Etats-Unis : plus de 300 boutiques, des restaurants et même un cinéma. On y retrouve les grands classiques : Victoria's Secret, Abercrombie & Fitch, Apple Store, Fossil... mais aussi Hugo Boss, Calvin Klein, Guess ainsi que des boutiques de jeunes créateurs. N'hésitez pas non plus à vous procurer la carte de fidélité, au Visitor Center du complexe, qui vous permettra de bénéficier de nombreuses remises sur une grande partie des boutiques. Le lieu est agréable et ponctué d'oeuvres d'art.

BAL HARBOUR SHOPS

9700 Collins avenue
✆ +1 305 866 0311
www.balharbourshops.com
Ouvert du lundi au samedi de 11h à 22h, le dimanche de 12h à 18h.

Un centre commercial chic, à ciel ouvert et à taille humaine, ce qui le rend très agréable. Mais il est très cher avec toutes les marques dont les prix affichent plusieurs zéros : Chanel, Dior, Armani, Bulgari, Valentino, Prada... Qu'à cela ne tienne, vous pouvez toujours faire une pause café ou déjeuner en terrasse. Le *mall* a des allures de jardin tropical, et les amateurs de potins ne manqueront pas de remarquer les stars de passage. Quant aux fans de voitures de collection, ils en prendront plein les yeux au niveau du valet parking... *Must do* à Miami.

BAYSIDE MARKET PLACE

401 Biscayne boulevard ✆ +1 305 577 3344
www.baysidemarketplace.com
Lundi au jeudi : 10h à 22h ; vendredi au dimanche : 10h à 23h. Restaurants et cafés ouverts plus tard. Parking payant.

Bayside Market est un centre commercial à ciel ouvert situé au bord de la marina. Il est divisé en deux pavillons de deux étages chacun, comprenant grandes enseignes et restaurants variés. Les deux bâtiments sont reliés par le Pier 5 Market. Vous y trouverez des boutiques spécialisées de gadgets high-tech et des boutiques souvenirs. L'entrée principale (ou Great Gate) se situe en face de NE 4th street. Au centre de Bayside, une scène accueille régulièrement des musiciens. C'est également depuis Bayside Market que vous pourrez embarquer à bord de la Grande Roue.

BRICKELL CITY CENTRE

701 S.Miami Avenue
✆ +1 305 676 9480
www.brickellcitycentre.com
Ouvert de 11h à 21h, le dimanche jusqu'à 19h. Les horaires des commerces peuvent varier.

Ce centre commercial de Brickell est impossible à rater en raison de son architecture ultra design qui se remarque de loin ! Il est agréable pour une simple balade car son look est surprenant. Côté boutiques, la tendance ici est au luxe (Saks, Coach, Agent Provocateur, etc.). Vous trouverez peut-être votre bonheur à prix correct dans quelques boutiques aux enseignes moins connues, mais les tarifs restent globalement élevés. Finalement, le grand intérêt de ce centre commercial est avant tout son design impressionnant et ses quelques terrasses à la jolie vue.

COCO WALK

3015 Grand Avenue
✆ +1 305 444 0777
https://cocowalk.com
Ouvert de 10h à 22h, le vendredi jusqu'à 23h.

Un centre commercial agréable, car il est en partie en plein air. Vous y trouverez des boutiques de souvenirs et quelques grandes marques, mais rien à voir avec la variété des boutiques des grands *malls*. Le Coco Walk est, comme le suggère son nom, plutôt adapté pour une balade. On s'y arrête également pour déjeuner, le choix de cuisines est intéressant et le cadre sympathique. Récemment rénové, Coco Walk est toutefois devenu un centre commercial plus moderne et beaucoup plus standardisé, ce qui lui ôte une partie de son charme.

DADELAND MALL

7535 North Kendall Drive
✆ +1 305 665 6227
www.dadelandmall.com
Ouvert du lundi au jeudi de 11h à 20h, vendredi et samedi jusqu'à 21h, dimanche jusqu'à 19h.

Ouvert en 1962, c'est le centre commercial le plus ancien de Miami. Récemment agrandi (13 hectares au total !) et rénové, il reste au top de la modernité et il est fréquenté par plus de 15 millions de visiteurs chaque année. Parmi ses 185 boutiques et restaurants, on compte la plupart des grands magasins américains dont le plus grand Macy's de Floride, JcPenney, Nordstrom et des marques connues comme Tommy Bahama, Urban Outfitters ou Levi's. En résumé, de quoi faire chauffer votre carte de crédit pour faire quelques emplettes avant votre retour !

LINCOLN ROAD MALL

Lincoln Road
https://lincolnroadmall.com
Ouvert tous les jours de 10h à 23h.

Ce centre commercial à ciel ouvert est l'artère commerçante la plus célèbre de South Beach. Elle est inspirée de la 5e Avenue à New York. On y retrouve les plus grandes enseignes de mode et de beauté : H&M (dans l'ancien Lincoln Theater), Havaïanas, Guess, Nike, Zara ou encore Sephora, entourés de bâtiments Art déco, de palmiers et d'œuvres d'art. De nombreux bars et restaurants complètent l'avenue pour faire une pause entre deux achats. Toutefois, Lincoln Road Mall n'est pas un outlet, ce n'est donc pas forcément ici que vous ferez les meilleures affaires.

SOUTHLAND MALL

20505 South Dixie Highway
✆ +1 305 235 8880
www.mysouthlandmall.com
Ouvert du lundi au samedi de 10h à 20h et le dimanche de 12h à 18h.

Un centre commercial à ciel ouvert avec là encore de nombreux magasins situé au sud de Miami. Inauguré en 1978 en tant qu'extension de l'ancien Culer Ridge Shopping Center, Southland Mall dispose de 154 boutiques et restaurants. Côté shopping, vous ne retrouverez pas d'outlets mais des enseignes très appréciées aux États-Unis comme JCPenny, Macy's et Ross Dress for Less. Les opérations promotionnelles sont courantes, tout comme les animations. Particularité : le hall dispose d'un carrousel à l'italienne auparavant en service à Rotterdam, dans l'État de New York.

MIRACLE MARKETPLACE

3301 Coral Way
✆ +1 305 443 9620
Ouvert du lundi au samedi de 10h à 20h, le dimanche de 10h à 18h.

Ce centre commercial ouvert en 1989 n'est certes pas le plus pimpant de Miami mais il y a moyen d'y faire de bonnes affaires, notamment dans les enseignes à petit prix comme *Dollar Tree*. On note aussi la présence d'un vaste *Marshalls*, magasin qui propose à la fois des vêtements, des chaussures et des objets pour la maison. Très sympa pour dégoter des produits saisonniers (Pâques, Halloween, Noël...). Également quelques options de restauration rapide. Si vous le pouvez, venez à pied ou en Uber car le parking est souvent pris d'assaut et peu pratique.

THE SHOPS AT MIDTOWN MIAMI

3401 N. Miami Avenue, suite 132
✆ +1 954 845 7157
Ouvert de 10h à 21h tous les jours.

Un centre commercial à ciel ouvert situé non loin de Design District, en direction de Wynwood. Il compte des boutiques américaines bon marché comme Target ou Ross Dress For Less, mais aussi des boutiques spécialisées comme *Bath and Body Works* (bougies et produits de bain). On peut aussi s'y arrêter pour une pause déjeuner ou dîner, les enseignes sont nombreuses, du fast-food comme Five Guys et Chipotle aux bars branchés comme le bar louage Negroni.

SHOPS AT MERRICK PARK

358 San Lorenzo Avenue
✆ +1 305 529 1215
https://www.shopsatmerrickpark.com/
Ouvert du lundi au samedi de 11h à 20h, le dimanche de 12h à 18h.

À l'image de Coral Gables, Shops at Merrick Park est un centre commercial haut de gamme sur trois niveaux abritant majoritairement des enseignes de luxe telles que Hugo Boss, Gucci, Jimmy Choo ou bien Louis Vuitton et Tiffany & Co. Si ses boutiques ne s'adressent pas à toutes les bourses, ce *mall* - dont une partie est à ciel ouvert - reste très sympathique pour une petite promenade au sein des jardins agrémentés de fontaines, particulièrement agréables à la nuit tombée. Vous trouverez sur place un cinéma doté de 7 salles, le Landmark.

UPPER BUENA VISTA

184 NE 50th Terrace
✆ +1 305 539 9555
https://www.upperbuenavista.com
Ouvert tous les jours de 10h à 23h30.

Situé entre Little Haïti et le Design District, ce centre commercial à ciel ouvert distille une ambiance bohème et tropicale très différente de l'environnement impersonnel de certains *malls* des environs. On flâne dans une végétation luxuriante ponctuée d'arbres immenses à la découverte de la vingtaine de *micro-boutiques* indépendantes. À shopper : des vêtements fabriqués à partir de bouteilles recyclées, des pièces vintage, des bijoux artisanaux ou encore des objets ésotériques. À découvrir aussi : des restaurants *healthy*, de la cuisine du monde et un rooftop.

BEN & GIULES CONCEPT STORE

811 Lincoln Road
✆ +1 954 681 2711
https://benandgiules.com
Ouvert du lundi au vendredi de 12h à 21h, samedi et dimanche de 11h à 21h.

On peut dire que cette boutique fait office d'ovni sur la commerçante Lincoln Road avec ses enseignes internationales. On adore l'ambiance bohème apportée par l'accumulation de matières chaleureuses et les meubles en bois brut garnis d'objets artisanaux : coussins, céramiques, bijoux, savons ou encore bougies... Les produits proviennent des quatre coins du monde. Impossible de ne pas craquer ! Vous trouverez une seconde boutique au sein du Brickell City Center.

GLOTTMAN

2213 Northwest 2nd Avenue
✆ +1 305 438 3711
https://glottman.com
Ouvert tous les jours de 11h à 19h.

Cette jolie boutique au cadre moderne et lumineux est tenue par l'architecte et fait également office de *showroom*. Vous y trouverez des accessoires pour la maison (luminaires, art de la table...), de la papeterie (cartes...), des bijoux, des savons artisanaux ou encore une excellente sélection de livres. De nombreux produits sont estampillés Miami, pouvant par la même occasion faire office de souvenir. Les collections sont contemporaines et colorées. Quant aux prix, ils sont variés et peuvent donc convenir à toutes les bourses.

CARIBBEAN MARKETPLACE

A l'angle de la NE 2nd Avenue et la NE 59th Terrace
✆ +1 305 960 2969
littlehaiticulturalcenter.com
Ouvert du lundi au vendredi de 10h à 21h, le samedi de 10h à 16h.

Ce marché à l'architecture colorée typiquement haïtienne (c'est une république du marché de Port-au-Prince en Haïti) est constitué de boutiques d'artisanat colorées où se vendent pêle-mêle objets d'artisanat ou de culte, poulets en sauce et bananes plantain. Le marché dispose aussi d'un bar. Un vrai lieu de vie et de convivialité à ne pas manquer pour une immersion totale dans la culture haïtienne et dans la vie du quartier. Le Visitor Center adjacent vous donnera de nombreuses idées de visites dans Little Haiti et ses environs.

HAPPY MONKEY SHOP

8120 NE 2nd Avenue ✆ +1 786 488 3270
https://happymonkeyshop.com/
Ouvert le lundi de 11h à 15h, du mardi au jeudi de 11h à 18h, le samedi de 11h à 19h, le dimanche de 11h à 16h.

Cette adorable boutique pour enfants a une spécificité qui la rend unique à Miami : elle propose uniquement des jouets *eco-friendly*. Ils sont généralement en bois issus de forêts gérées durablement et décorés avec des peintures utilisant des colorants naturels. La plupart sont fabriqués en Europe. On y trouve notamment une sélection de jeux Montessori. On peut aussi se procurer d'adorables vêtements pour bébé et enfant, des lampes en forme de champignons ou encore des jouets pour rendre le bain plus fun. Retour en enfance garanti ! Difficile de ne pas craquer...

FRANGIPANI

2239 NW 2nd Avenue
✆ +1 305 573 1480
www.frangipanimiami.com
Ouvert tous les jours de 11h à 19h.

La boutique parfaite pour (se) faire un cadeau ! On trouve en effet de tout dans ce *concept store* indépendant agréablement achalandé : des espadrilles brodées, d'adorables coupelles décoratives en céramique peintes à la main, de la jolie papeterie, des livres de collection, de nombreuses bougies *made in* USA... La collection à destination des enfants risque de vous faire craquer, notamment les poupées Aggie originaires d'Australie ou les casquettes de baseball stylées. Vous pouvez avoir un aperçu des collections et des tarifs en visitant le site internet.

KCÜLL SHOP

1735 SW 8th Street
✆ +1 305 342 9440
www.kcull.com
Ouvert du mardi au dimanche de 11h à 22h. Aussi une autre boutique à Little Havana (1358 SW 8th St) et à Coconut Grove.

Kcull est un *concept store* coloré qui rassemble les créations d'une trentaine d'artistes du coin. Bijoux, vêtements, affiches, parfums, vaisselle, papeterie, lunettes de soleil... Il y en a vraiment pour tous les goûts et tous les budgets ! Parmi nos coups de cœur : les boucles d'oreille en forme de cafetière italienne by Le Chic Miami et les tee-shirts en coton bio de la marque Bichõn® (créée par la française Marilou !), ornés de broderies en hommage aux néons colorés d'Ocean Drive. Un bon moyen de (se) faire plaisir tout en soutenant l'artisanat local.

LOWER EAST COAST

7219 NW 2nd Avenue
✆ +1 305 200 5154
www.lowereastcoast.com
Ouvert du mercredi au samedi de 11h à 19h, le dimanche de 12h à 18h.

Dans le quartier de Little River, Lower East Coast est une boutique indépendante éclectique notamment reconnue pour sa sélection pointue d'ouvrages (livres et magasines) aux thèmes variés : société américaine, art, sport... On y trouve aussi des collections de vêtements de designers internationaux (Full Court Press, PAA, The Good Company...). Les lignes sont intemporelles avec un petit côté vintage. En somme, c'est un commerce qui a su gagner le cœur des locaux et que nous vous recommandons de découvrir si vous êtes de passage dans le quartier.

SENTIR CUBANO

3100 SW 8th Street
✆ +1 305 644 8870
www.sentircubano.com
Ouvert du lundi au samedi de 10h à 18h.

Cette boutique phare de la Calle Ocho met en avant la culture cubaine en proposant une multitude de produits en tout genre. Vous pourrez dégoter des *guayaberas*, ces chemises cubaines traditionnelles et colorées, des affiches rétro à l'effigie de Cuba ou de Little Havana mais aussi des services à mojito, des tasses à expresso, ainsi que des souvenirs un peu kitsch à petits prix. Le plus : un petit coin musée qui permet d'en apprendre un peu plus sur l'histoire de Cuba, à grand renfort d'objets historiques et d'images d'archives.

OFFICIAL ART DECO GIFT SHOP

1001 Ocean Drive
✆ +1 305 531 3484
Ouvert tous les jours de 9h à 17h.

Si vous souhaitez dénicher un souvenir Art déco à rapporter de Miami, c'est ici et nulle part ailleurs qu'il vous faut aller ! La sélection de la boutique est très pointue et la plupart des produits ne sont vendus nulle part ailleurs. On y trouve des affiches et cartes postales à l'effigie des plus emblématiques hôtels d'Ocean Drive, des livres sur l'architecture de Miami, des objets déco, des tee-shirts et *stickers*... On peut aussi y chiner des bijoux *vintage*. Un passage obligé !

THE WOLFSONIAN DESIGN STORE + COFFEE BAR

1001 Washington Avenue
✆ +1 305 535 2680
https://wolfsonian.org/visit/shop/
Ouvert du mercredi au dimanche de 10h à 18h.

Que vous visitiez ou non l'excellent musée Wolfsonian, n'hésitez pas à passer la porte de cette petite boutique qui fait la part belle aux thèmes de l'architecture, du design et des arts décoratifs. Elle est très bien achalandée avec ses étagères en fer datant de 1915 garnies de livres, de jeux pour enfants, d'accessoires pour la maison ou d'objets déco designés par des artistes de talent. Le corner café de la boutique sert quant à lui de délicieuses boissons et pâtisseries.

PIVOT MARKET - THE CITADEL

8300 NE 2nd Avenue
✆ +1 305 908 3849
Du lundi au jeudi de 12h à 20h, le vendredi de 12h à 21h, le dimanche de 12h à 18h.

Au sein du nouveau *food-hall* The Citadel, Pivot est une vaste boutique qui rassemble les produits de plus de 40 créateurs locaux. Toute les marques sont écoresponsables. Parmi les pépites, vous pourrez dégoter les tee-shirts ultra fun de la marque Bichon (la créatrice Marilou est française), les bijoux *arty* de la designer Lisa Vega, les sacs en matière recyclée The Other Bag ou encore les jolies bougies véganes créées par Two Guys. Le lieu parfait pour un shopping local et responsable.

WYNWOOD SHOP

196 NW 24th Street
✆ +1 954 338 0520
www.wynwoodshop.com
Ouvert du dimanche au vendredi de 12h à 19h, le samedi de 12h à 20h.

Une jolie boutique design au cœur de Wynwood qui reflète parfaitement l'esprit et l'ambiance particulière du quartier. Idéalement située juste en face des Wynwood Walls, on y trouve uniquement des objets et accessoires de créateurs locaux : bijoux, vêtements, lunettes, affiches, pin's, carnets... L'originalité est de mise, comme avec ces boucles d'oreilles à l'effigie d'allumettes ou de cœurs version anatomique. C'est donc bien LA boutique à visiter pour dénicher un souvenir du quartier pour soi ou ses proches. En plus, les prix sont abordables. Un incontournable.

CHÈVRE MIAMI

1295 Coral Way
✆ +1 786 332 4128
www.chevremiami.com/
Ouvert du mardi au samedi de 10h à 19h, le dimanche de 10h à 18h.

Avec un nom pareil, Chèvre ne pouvait être qu'une fromagerie ! Cette adresse est chérie par les locaux qui affirment sans l'ombre d'une hésitation que l'on y trouve les meilleurs fromages de la ville. Le service est sympathique et passionné. Pour prolonger ce moment de pure gourmandise, nous vous conseillons de commander un plateau de charcuteries et fromages à partager : un plaisir autant gustatif que visuel. N'hésitez pas à demander conseil pour choisir la bouteille de vin qui accompagnera le mieux votre choix. Pour la touche sucrée, goûtez au cheesecake.

FARMER'S MARKET

405 Biltmore way
✆ +1305 460 5600
Ouvert tous les samedis de janvier à mars, de 8h à 14h.

Un marché authentique en plein air, avec des produits de la région et de vrais *cook shows*. Vous pourrez y faire vos courses de fruits et légumes, même si vous êtes en appartement. Pensez à faire le plein d'oranges de Floride, très juteuses et réputées. Ce marché est très prisé par les locaux, et c'est une vraie référence en matière de produits bio et frais. On peut même assister à des ateliers de jardinage, des ateliers pour enfants et des cours de taï-chi gratuitement ! N'hésitez pas à venir y flâner si vous visitez Miami entre janvier et mars.

MARKY'S GOURMET

687 NE 79 Street
✆ +1 305 758 9288
Ouvert du lundi au samedi de 9h à 20h, le dimanche de 10h à 18h.

Quelque peu à l'écart du centre-ville, voici une adresse qui ravira les épicuriens. Cette épicerie fine créée en 1983 réunit en effet les meilleurs produits gourmands du monde. Chaque produit que l'on met dans notre panier est en effet rigoureusement sélectionné : charcuterie ibérique, chocolats belges, pâtes italiennes, fromages de Savoie... On déniche également des mets de luxe comme le caviar ou le foie gras. De quoi composer un apéritif dînatoire aux saveurs internationales ! Les prix sont toutefois assez élevés. Marky's réalise aussi des sandwiches gourmets.

MERCATO MIAMI

460 NE 28th Street
✆ +1 305 514 0259
Ouvert du lundi au samedi de 8h à 21h, le dimanche de 9h à 19h.

Au nord de Wynwood et à deux pas de Biscayne Beach, Mercato Miami est un lieu hybride, à la fois épicerie italienne et *coffee-shop*. Dans un environnement agréablement lumineux, on s'approvisionne en vins italiens (pourquoi pas un chianti ou un pinot noir ?), en mozzarella, en *pasta*, en *mortadella et* en *panetone*. Mais aussi en produits de base, bien pratiques pour dépanner. On apprécie tout autant de déguster un croissant accompagné d'un excellent espresso en terrasse, où nous attendent de petites tables ornées de nappes à carreaux rouges et blancs.

MIMMO'S MOZZARELLA

475 NE 123rd Street
✆ +1 305 351 6826
www.mimmosmozzarellaitaliancafe.com
Ouvert du lundi au samedi de 9h à 20h.

Cette boutique italienne respire l'authenticité. C'est un plaisir de franchir la porte pour découvrir les vitrines garnies de fromages italiens à commander à la coupe ou sur un plateau pour goûter à différentes saveurs, accompagnés ou non de charcuterie artisanale. Sur les murs, les étagères sont quant à elle remplies de tartinades, sauces tomates et gressins. On peut rester déjeuner pour goûter à la Pascualina, une généreuse tarte aux épinards, ou au panini burrata et pesto. Un délice. À coupler avec la visite du Museum of Contemporary Art, à 10 minutes à pied.

PUBLIX

Une quinzaine d'adresses à Miami. Généralement ouverts de 7h à 22h.

Cette chaîne de supermarchés mérite sa place dans ce guide car elle fait partie de la culture locale. En effet, Publix a été créée en Floride, plus précisément à Winter Heaven, en 1930. Aujourd'hui, on compte plus de 1 300 magasins dans le sud des États-Unis, dont 832 rien qu'en Floride. Nous vous recommandons d'y faire un tour pour découvrir leurs vastes rayons traiteur avec bar à salade, bar à soupe et des dizaines de recettes de plats cuisinés sur place. C'est un vrai bon plan pour manger équilibré à un prix raisonnable, puisque vous payez au poids !

AMNESIA CONCEPT STORE

713 5th Street
✆ +1 786 800 4069
https://www.amnesiaconceptstore.com
Ouvert tous les jours de 9h à 20h.

Une boutique de prêt-à-porter féminin qui revendique d'apporter sa touche européenne pour être on ne peut plus stylée à Miami. Sachez que pour les Américains, un look européen se définit dans les grandes lignes par des pièces chics et intemporelles, aux imprimés fleuris, ou colorées, et à la coupe ajustée. C'est donc ce type de vêtement que propose ce concept store, version *casual* ou plus élégante. On apprécie les couleurs franches qui mettent de bonne humeur, et il est vrai que les produits proposés ici sont différents de ceux que l'on trouve ailleurs à Miami.

GROOVEMAN MUSIC

1121 Washington Avenue
✆ +1 305 535 6257
https://groovemanmusic.com/en-fr
Ouvert tous les jours de 12h à 22h.

Un magasin pour tous les fans de vêtements et chaussures *street*, mais aussi pour ceux qui veulent des tee-shirts souvenirs chics de Miami, tendance urbaine et *dance culture*. On y trouve des pièces sobres comme extravagantes, comme des bottines à talons compensés fluorescentes ! Côté accessoires, on dégote des casquettes exclusives créées par la marque. Également en vente sur place : du matériel pour DJ, parce que Grooveman Mudic était un *DJ store* lors de sa création dans les années 1990 ! Bonne musique électro ou hip-hop pour l'ambiance.

BASICO WYNWOOD

189 NW 25th street
✆ +1 786 360 3688
https://www.shopbasico.com
Ouvert du lundi au vendredi de 12h à 21h, le samedi de 11h30 à 21h, le dimanche de 12h à 20h.

Une boutique de prêt-à-porter masculin au cœur de Wynwood. C'est le bon endroit pour se procurer des pièces basiques (comme le nom le laisse penser) qui accompagneront toutes vos tenues : tee-shirt unis, jeans, sneakers et casquettes, créées par des designers internationaux. Mais Basico s'adapte à toutes les envies en proposant des vêtements plus fantaisistes comme des chemises à fleurs, des shorts à rayures colorés ou des lunettes de soleil originales. Une adresse qui habille les hommes des pieds à la tête avec style depuis plus de 20 ans.

LOVESHACKFANCY

3401 Main Highway
✆ +1 305 446 2010
https://www.loveshackfancy.com
Ouvert du lundi au samedi de 10h à 19h, le dimanche de 11h à 18h.

Avant même de pénétrer dans cette boutique, sa façade poudrée surmontée d'une énorme guirlande de fleurs vous fera faire « wahou ! « . Loveshackfancy coche toutes les cases du boudoir anglais ultra girly et c'est un vrai plaisir pour les yeux. Ici, les nuances de rose se déclinent à l'infini, des robes courtes ou longues en passant par des vestes en tweed ou des pyjamas. Il y a même une collection « Mommy and Me » pensée pour que mères et filles puissent assortir leurs tenues. Les objets déco apporteront quant à eux une touche de rêve et de douceur à votre intérieur.

FLY BOUTIQUE

7235 Biscayne Boulevard
✆ +1 786 332 4156
Ouvert du dimanche au vendredi de 11h à 19h. Fermé le samedi.

Cette boutique vintage s'accorde à merveille avec le quartier rétro de MiMo (Miami Modernist) dans lequel elle s'est implantée. En pénétrant à l'intérieur, on croirait que le temps s'est arrêté : des sofas des années 1960 côtoient vieux téléviseur et autres mobiliers d'un autre âge, des vitrines renferment des bijoux précieux, des chaussures Prada font face à des bottes de cowboy... Un vrai paradis pour qui aime chiner ! Les vêtements et accessoires sont d'excellente facture et les prix varient selon la marque et la rareté. On se croirait presque dans un musée !

LULU LABORATORIUM

173 NW 23rd Street
✆ +1 305 438 0071
http://www.lululaboratorium.com
Ouvert tous les jours de 12h à 19h.

Une belle boutique de près de 500 m² pleine d'originalité au cœur de Wynwood. Elle mêle en effet vêtements et accessoires de style urbain chic et œuvres d'art contemporain colorées. On peut tout acheter, aussi bien les vêtements et les accessoires que les œuvres. Si les vêtements ont des tarifs accessibles, les créations sont beaucoup plus chères... Cocorico : le propriétaire de la boutique est français et son surnom c'est Lulu, d'où le nom du magasin... Deux autres adresses sont à découvrir sur Lincoln Road et à Wynwood Walls.

MRKT

3824 NE 2nd Avenue
✆ +1 305 603 9682
https://shop-mrkt.com
Ouvert du lundi au samedi de 12h à 19h. Fermé le dimanche.

Avec sa devanture violette, MRKT est une boutique qui se fond complètement dans l'ambiance à la fois arty et contemporaine du Design District. Votre expérience shopping s'apparentera à la visite d'une galerie d'art où les toiles sont remplacées par des chaussures stylées. Les portants violets exposent des vêtements de créateurs et même les cabines d'essayage disposent de mobilier ultra looké. On ne vous cache pas que les prix sont clairement élevés mais vous ne verrez pas souvent ce genre de boutique, alors ne vous privez pas d'aller y faire un tour !

RAMONA LARUE BY ARIANNE

3400 North Miami Avenue
✆ +1 305 456 8191
www.ramonalarue.com
Ouvert du lundi au vendredi de 10h à 17h.

Une boutique de vêtements et d'accessoires par une designer de talent, le tout dans un cadre plutôt tendance. On trouve essentiellement des tenues pour femmes. Le style *hippie chic* est à l'honneur avec des vêtements colorés et des matières *loose*. Chaque imprimé est décliné en version top, pantalon, robe ou encore bandeau, ce qui permet d'opter pour un *total look* ou simplement pour une pièce à assortir avec vos propres vêtements. C'est assez cher mais la qualité est au rendez-vous et ce ne sont certainement pas des tenues que vous trouverez ailleurs !

ODDS CONCEPT

3850 N Miami Avenue
✆ +1 786 452 7030
https://oddsconcept.com
Ouvert du lundi au samedi de 11h à 18h, le dimanche de 12h à 18h.

Ce magasin de prêt-à-porter multi-marques est une expérience à lui seul : les vêtements sont avant-gardistes et beaucoup sont *odd* (bizarres). Sur les mannequins décorés de casques étranges, vous apercevrez par exemple des cuissardes jaune fluo, une robe entièrement faite de plumes noires, des salopettes couvertes de graffitis... C'est très contemporain, très design, à l'image du quartier, et il faut bien reconnaitre que vous ne verrez pas ce type de pièces ailleurs ! C'est le genre de boutique à découvrir même sans rien acheter, tant le cadre est original.

THE WEBSTER

1220 Collins Avenue
✆ +1 305 674 7899
https://thewebster.us
Ouvert du lundi au samedi de 11h à 19h, le dimanche jusqu'à 18h.

Installée sur Collins Avenue dans un superbe édifice Art déco aux tons bleus et roses, c'est l'une des boutiques tendance du moment. Elle rassemble les tenues de designers triés sur le volet par la styliste française Laure Heriard Dubreuil : Givenchy, Versace, Balenciaga... On y trouve aussi des produits de beauté et des objets déco. Qu'on se le dise, les prix ne sont pas à la portée de toutes les bourses. N'hésitez tout de même pas à passer la porte, ne serait-ce que pour admirer l'édifice d'un peu plus près. À voir aussi de nuit avec les néons illuminés.

OUT OF THE CLOSET

2400 Biscayne Boulevard
✆ +1 305 764 3773
outofthecloset.org
Ouvert tous les jours de 10h à 19h, jusqu'à 18h le dimanche.

Une boutique qui vend des articles de seconde main, essentiellement des vêtements et des chaussures mais aussi des accessoires en tous genres. Et la qualité est au rendez-vous. Parfait pour un shopping unique et *vintage* à prix imbattables. Et, en plus, c'est pour la bonne cause puisque tous les bénéfices vont à une fondation qui aide les personnes séropositives. Les fans de shopping adoreront, en espérant qu'il reste de la place dans la valise ! Profitez-en pour flâner dans le quartier de Midtown à la découverte de ses buildings et motels typiques des années 1950.

WYNWOOD TRIBE

2301 NW 2nd Avenue
✆ +1 786 867 7342
www.wynwoodtribe.com
Ouvert tous les jours de 11h à 21h, le lundi à partir de 12h et le samedi jusqu'à 22h.

Une boutique qui propose des vêtements pour hommes et femmes ainsi que des accessoires de marques du monde entier (Lawess Apparel, Mata Traders, Cool Tricks...). La particularité : elles sont toutes écologiques et les produits sont soit créés à partir de matières recyclées, soit fabriqués à la main ou à faible impact. La boutique détient même sa propre marque de vêtements en coton bio fabriqués au Pérou : Wyntribe. Outre les vêtements, vous trouverez des lunettes, des sacs, des chaussures ou encore des bijoux et des objets de décoration.

BOOKS & BOOKS

3409 Main Hightway
✆ +1 305 477 0866
www.booksandbooks.com
Ouvert du dimanche au jeudi de 11h à 19h, vendredi et samedi de 10h à 21h.

Books & Books est une chaîne de librairies indépendantes fondée en 1982. Le magasin de Coconut Grove, à proximité du Barnacle Historic State Park, ravira les amateurs de beaux livres, particulièrement si vous appréciez la lecture en anglais. Le choix est colossal, mais vous serez invité à prendre votre temps, parcourir les étagères remplies de livres du sol au plafond, vous assoir sur un banc pour feuilleter des ouvrages... Si vous avez apprécié l'ambiance de la librairie, profitez-en pour faire une pause café ou déjeuner en terrasse du Cafe at Books & Books.

LIBRAIRIE MAPOU

5919 NE 2nd Avenue
✆ +1 305 757 9922
www.mapoubooks.com
Ouvert du lundi au samedi de 12h à 17h.

Une petite librairie à la devanture rose au milieu de Little Haïti. C'est le meilleur centre de documentation de Miami sur Haïti depuis 1986 (en créole, en français et en anglais). C'est Jan Mapou, le patron de cette librairie spécialisée dans les ouvrages sur Haïti (en créole, en français et en anglais) qui s'en occupe depuis toujours. Il est très impliqué dans la préservation de l'héritage culturel de la diaspora haïtienne, notamment à Miami. Vous pourrez aussi goûter le Krémas, une boisson haïtienne à base de lait de coco, de lait, de rhum et de cannelle.

LUCKY RECORDS

143 NW 23rd Street
✆ +1 833 735 5929
https://www.luckyrecordsmiami.com
Ouvert tous les jours de 12h à 22h.

Bien que de petite taille, cette boutique à la façade décorée de *street art* est une véritable caverne d'Ali Baba emplie de CD et vinyles, neufs ou d'occasion. On apprécie l'éclectisme des albums proposés et c'est un plaisir de fouiller dans les étagères à la recherche de pépites musicales. Si vous ne savez pas par où commencer, faites confiance au staff qui saura vous dénicher de quoi vous satisfaire selon vos goûts. Également des *goodies* sympathiques à l'effigie du *maneki-neko* (chat porte-bonheur très populaire au Japon), emblème de la boutique.

MUSEO DEL DISCO RECORDS

1301 SW 70th Avenue
✆ +1 305 267 5511
https://museodeldisco.com/
Ouvert tous les jours de 10h à 18h.

Contrairement à ce que son nom laisse penser, cette adresse n'est pas un musée mais un magasin qui rassemble une incroyable sélection de CD et vinyles. Les locaux viennent ici pour dégoter des albums qu'ils ne trouvent pas ailleurs. Tous les styles musicaux sont représentés, du jazz au metal en passant par le RnB d'hier et d'aujourd'hui. Le personnel, très sympathique, saura vous guider et vous conseiller. Il est même possible d'écouter les CD dans les rayons. Une boutique qui fleure bon la nostalgie, excepté que tous les produits sont neufs.

SWEAT RECORDS

5505 NE 2nd Avenue
✆ +1 786 693 9309
www.sweatrecordsmiami.com
Ouvert de 12h à 17h du dimanche au lundi, jusqu'à 19h du mercredi au samedi.

Sweat Records est un magasin de vinyles de style vintage qui fait aussi café. Ouvert depuis 2005, il fait partie des commerces de références dans le quartier de Little Haiti. On y trouve notamment la plus grande sélection de vinyles neufs et d'occasion de tout Miami. Il est très agréable d'y chiner des trésors de styles variés tout en écoutant de la bonne musique, avant d'aller commander un bon cappuccino. Vous pouvez aussi consulter le stock de la boutique directement depuis le site internet. Un lieu original et un tantinet *hipster*.

TASCHEN STORE

1117 Lincoln Road
✆ +1 305 538 6185
https://www.taschen.com/
Ouvert du lundi au samedi de 11h à 19h.

Taschen est une maison d'édition allemande créée en 1980. Ses spécialités : l'art, le cinéma, l'architecture ou encore la photo. L'enseigne dispose de points de vente dans les plus célèbres villes du monde comme Hong Kong, Londres, Milan, Los Angeles, Paris et Miami. Tous ont pour point commun d'avoir été imaginés par le populaire designer français Philippe Stark. La boutique de Miami est très arty avec son ton turquoise. Vous y trouverez de très beaux livres. Preuve en est de sa notoriété, on peut voir une librairie Taschen dans un épisode des *Simpsons* !

PASSPORT

BOUGER & BULLER

Miami combine le meilleur des deux mondes : un patrimoine culturel et artistique très riche, et un cadre idyllique. Impossible de ne pas poser sa serviette sur les plages de South Beach ou de Key Biscayne ; de ne pas s'assoir en terrasse ou sur un *roof top* pour savourer un cocktail ; en bref, de se détendre ! Alors pourquoi ne pas en profiter pour vous accorder une pause bien-être ? Vous trouverez ainsi d'excellents spas, souvent au cœur de très beaux hôtels, et plein d'options pour prendre du temps pour vous. Et si au contraire, vous ne tenez pas en place, à vous les loisirs nautiques, les tours en bateau, les matchs de basket ou de baseball dans une ambiance de folie... Autre possibilité, gratuite cette fois : partir en *running* le long de l'Ocean Walk avant de plonger dans les eaux claires de l'Atlantique, et profiter des équipements sportifs en libre service, aux côtés de locaux hyper musclés. Ou comment vous croire dans un film !

BOUGER & BULLER

BUDGET / BONS PLANS

Miami se prête à de nombreuses activités extérieures à petit prix. La moins chère est bien évidemment la baignade en mer ! Pour quelques dollars, vous pourrez également accéder aux *state parks* qui fourmillent de chemins de randonnées. D'autres activités nautiques sont possibles un peu partout en Floride (kayak, snorkeling...) mais il faudra payer une somme plus conséquente.

C'EST TRÈS LOCAL

Si vous avez un peu de place dans votre valise, vous pouvez emporter des palmes, un masque et un tuba ainsi que des chaussons aquatiques. Vous serez ainsi paré pour une sortie *snorkeling* improvisée dans les eaux claires de la Floride. Pour compléter le kit du parfait Floridien, il vous faudra également une chaise de plage pliable et un parasol (certains hôtels en bord de mer peuvent les prêter).

VOS PAPIERS SVP

Si vous pouvez pratiquer librement la plupart des activités, certaines nécessitent une autorisation particulière. C'est notamment le cas de la plongée sous-marine pour laquelle il vous faudra présenter une certification (ou la passer sur place) et de la pêche qui requiert un permis de pêche d'eau douce ou d'eau de mer (il peut être acheté en ligne sur le site myfwc.com/license).

A RÉSERVER

Il est recommandé de réserver pour la plupart des activités payantes (locations de kayak ou canoë, plongée sous marine, visite guidée en bateau, *airboat*...), surtout en haute période touristique. C'est aussi le cas pour les événements sportifs comme les matchs de basket-ball des Miami Heats à la FTX Arena.

LES ÉVÉNEMENTS

Des matchs de basket de la NBA ont régulièrement lieu à Miami (Hard Rock Stadium ou FTX Arena) et à Orlando (Amway Center). C'est une expérience à part entière dans une pure ambiance américaine !
Des événements sportifs sont ouverts au grand public, comme le *Marathon de Miami* (en janvier) ou le *Seven Mile Bridge Run* dans les Keys (en avril). Il est toutefois nécessaire de s'inscrire au plus tôt car ces courses affichent vite complet.

LES ATTRAPE-TOURISTES

Les tickets vendus à la sauvette devant les stades les jours de match sont rarement officiels. Privilégiez les sites de vente traditionnel pour éviter les mauvaises surprises.

LES PHRASES CLÉS

Bonjour, comment puis-je me rendre à… ? Est-ce loin ?
Excuse me, how can I get to... ? Is it far?

J'aimerais aller courir. Il y a un coin sympa pour cela dans la ville ?
I'd like to go running. Is there a nice place to run in the city?

J'adore cuisiner. Savez-vous où je peux trouver des cours de cuisine ?
I love cooking. Do you know where I can take a cooking class?

Vous pourriez m'indiquer une salle de sport pas très loin ?
Could you tell me where there is a gym nearby?

Quel est le sport national ?
What is the national sport?

Pensez-vous que nous pourrions voir cela ou même participer ?
Do you think we could watch it, or maybe even try it?

BILTMORE GOLF CLUB

1210 Anastasia avenue
✆ +1 305 460 5364
www.biltmorehotel.com
Ouvert tous les jours de 6h30 à 19h. À partir de 89 US$ le parcours 9 trous, 155 US$ le parcours 18 trous.

Ce parcours 18-trous rattaché au magnifique hôtel Biltmore a été conçu en 1925 par le célèbre architecte spécialisé Donald Ross, puis a été modernisé en 2018. Depuis 1964, c'est là que se tient Junior Orange Bowl International Championship. C'est donc un cadre qui ravira les amateurs, au cœur de la charmante ville de Coral Gables (qui n'est pas un quartier de Miami comme on le croit souvent). Vous aurez la possibilité de vous restaurer dans l'un des restaurants de l'hôtel, le Fontana, la Cascade ou le 19th Hole, le restaurant du golf avec vue sur le *green*.

FTX ARENA

601 Biscayne Boulevard
www.ftxarena.com
Programmation des événements, matchs et concerts sur le site internet.

C'est LA salle de référence à Miami en matière de concerts ou de matchs sportifs ! La FTX Arena (anciennement connue sous le nom d'American Airlines Arena) est d'ailleurs la maison de l'équipe de basket des HEAT de Miami. C'est donc ici qu'il faudra vous rendre pour assister à un match de NBA (jusqu'à 19 600 spectateurs), dans une ambiance survoltée typiquement américaine ! Les billets partent vite, alors n'hésitez pas à réserver vos places dès que vos connaissez vos dates de voyage ! Pour info, la saison de basket court généralement de fin octobre à mi-avril.

AQUASPORT MIAMI

1635 N Bayshore Dr
✆ +1 305 903 0244
www.aquasportmiami.com
Flyboard : 129 US$. Tubing : 50 US$. Tour en bateau : 59 US$/personne les 1h15. Package : 200 US$.

© AQUASPORT MIAMI

Avez-vous déjà vu à la télévision ces drôles de personnage en apesanteur au-dessus de l'eau, débout sur une sorte de tuyau géant cracheur d'eau ? Ça s'appelle un flyboard et il est possible d'en faire à Miami avec Olivier, un Français qui est un des spécialistes mondiaux de l'exercice ! Il propose en plus des sorties en surf électrique, de la bouée tractée et des tours en bateau privé pour partir à la découverte de la baie de Miami. Si vous lui demandez gentiment, il vous montrera quelques tours en flyboard, il donne carrément des ballets aériens !

GRANADA GOLF COURSE

2001 Granada boulevard, Coral Gables
✆ +1 305 460 5367
www.coralgables.com
Golf ouvert entre 7h et 19h. Entre 22 et 39US$ pour le greenfee de 9 trous.

Parcours de 9 trous, ce par 36 est localisé juste en dehors du centre offrant ainsi une offre parfaite pour les golfeurs situés en ville. Ouvert depuis 1923, ce golf est particulièrement adapté aux débutants comme aux seniors avec des fairways larges, des zones d'approches relativement faciles. Pour compléter l'offre, un vestiaire parfaitement entretenu, un pro shop complet, de nombreuses zones de practice pour tous types de jeu sans oublier les professeurs nombreux et de qualité pour vous permettre d'améliorer votre jeu. Un parcours agréable !

HARD ROCK STADIUM

347 Don Shula Drive
✆ +1 305 943 8000
www.hardrockstadium.com
Programmation des événements, matchs et concerts à consulter sur le site.

Anciennement New Miami Stadium, le Hard Rock Stadium est le domicile de l'équipe de football américain des Dolphins de Miami. Il fut aussi la maison des Marlins de Miami (baseball). Le stade peut accueillir plus de 65 000 spectateurs. Outre les matchs, c'est une importante salle de concert qui a vu passer des têtes d'affiche de renommée mondiale. D'autres événements sportifs y sont organisés, comme l'Open de Tennis de Miami (en mars et avril) et le Grand Prix de Miami. Le Hard Rock Stadium est situé dans la ville de Miami Gardens, au nord-ouest de Miami.

LOCK & LOAD MACHINE GUN EXPERIENCE & RANGE

2545 N Miami Ave ✆ +1 305 424 8999
www.lockandloadmiami.com
Lundi-vendredi (12h à 20h,) samedi (11h à 20h), dim. (11h à 18h). Adulte : 169 US$ à 599 US$, 10-13 ans : 145 US$.

Voici une activité en dehors des sentiers battus ! Lock and Load vous propose des sessions de 25 tirs sur cible dans une ambiance pédagogue et sécurisée. Vous choisirez parmi différents packages dont le prix varie selon le type d'armes. Elles sont toutes automatiques, ce qui facilite la prise en main. Cette activité est ouverte à tous, un instructeur prendra le temps de vous familiariser avec votre arme. Les protections sont fournies. Il est conseillé de réserver un créneau en ligne.

AQUARIUS BOAT RENTAL

5225 Collins Avenue
✆ +1 786 636 1008
www.aquariusboattours.com

Le truc à ne pas rater à Miami, c'est bien sûr le tour en bateau dans la baie, histoire de profiter de la perspective sur la *skyline*. L'équipe francophone d'Aquarius Boat Rental propose une flotte de cinq yachts plus beaux les uns que les autres. C'est du sur mesure : vous pouvez être d'une à dix personnes, naviguer une heure ou toute la journée, partir à la découverte des villas des stars, vous baigner sur les îles, siroter un cocktail devant le coucher de soleil... Préparez le maillot de bain, les lunettes de soleil et la crème solaire : à vous la belle vie !

MIAMI BEACH GOLF CLUB

2301 Alton road ✆ +1 305 532 3350
www.miamibeachgolfclub.com
18 trous : 131 US$ et 235 US$ selon la période. Réservation 5 jours à l'avance sur le site. Location de clubs : 70 US$.

Le Miami Beach Golf Club est un parcours historique de 18-trous fondé en 1923 par Carl Fisher. Idéalement situé au cœur de South Beach, c'est l'un des rares golfs publics de la ville. L'environnement est superbe, très floridien avec de nombreux palmiers et points d'eau. Le parcours est plutôt technique. Si vous n'êtes pas golfeurs, nous vous recommandons de vous rendre au restaurant du club avec vue sur la fin du parcours. Au déjeuner sont proposés différents buffets (entrée, plat, dessert) à des prix raisonnables, comme l'*Italian Buffet* ou le *Miami Flavor Buffet*.

MIAMI WATERSPORTS

3400 Pan American Drive ✆ +1 786 713 8006
www.miamiwatersports.com
Tous les jours (10h-17h30). Résa en ligne. Jet-ski : 99 US$/30 min, paddle : 30 US$, catamaran : à partir de 80 US$/h.

Au sud de Coconut Grove, Miami Water Sports propose une multitude d'activités nautiques à découvrir en couple, en famille ou entre amis. Vous pourrez prendre de la hauteur en flyboard ou en parachute ascensionnel, explorer la baie en jet-ski, naviguer en catamaran, vous essayer au paddle, au kayak et à la planche à voile... ou encore vous amuser en *banana boat*. Si aucune expérience n'est nécessaire pour la majorité des activités, il est conseillé aux débutants souhaitant louer un catamaran de prendre des leçons. Vous trouverez une autre adresse à Key Biscayne.

MIAMI KITEBOARDING

Crandon Park
✆ +1 305 345 9974
www.miamikiteboarding.com
Ouvert tous les jours de 10h à 18h.

Cette école, tenue par un Français – Christophe Ribot, l'un des inventeurs des codifications du kitesurf – et affiliée IKO, est sans doute la plus importante de Miami. C'est en tout cas la première à avoir vu le jour en 2001. Elle propose des cours de *kitesurf* en français pour tous les niveaux, un service de location et d'achat de matériel. Vous pourrez aussi louer des kayaks et paddle pour une balade le long de la plage. Si vous souhaitez fuir les plages bondées de South Beach, réfugiez-vous sur North beach, cette plage superbe et tranquille bordant Crandon Park.

OCEAN FORCE ADVENTURES

300 Alton Road
✆ +1 305 372 3388
oceanforceadventures.com
Ouvert tous les jours de 9h à 18h. 150 US$ par personne la visite guidée en bateau de 2h (maximum 6 passagers).

Cette compagnie propose des visites guidées en bateau (6 passagers maximum) de 2 heures dans la baie de Biscayne avec un stop aux principaux points d'intérêt : les maisons des stars, Star Island, Fisher Island, le port de Miami, Miami River, mais aussi certains lieux de tournage de la série *Miami Vice*. Vous aurez peut-être même la chance d'apercevoir des dauphins durant votre balade, alors ouvrez bien les yeux ! On apprécie le côté convivial créé par la petite taille des bateaux, on est loin des croisières très touristiques.

AQUARIUS
BOAT RENTAL & TOURS
N°1 de la location de bateau du sud de la Floride
Prix transparents - Parle français - Tours personnalisés
MIAMI BEACH
+1 786-636-1008 - info@aquariusboatrental.com

PADL

695 Ocean Drive
✆ +1 786 749 6730
www.padl.co
Accessible de 6h à 19h. Paddles en libre-service via l'application Padl. 10 points de retraits à Miami. 25 US$/heure.

Ça, c'est innovant ! À la manière des vélos ou trottinettes en libre-service, Padl propose de jolies planches de paddle en turquoise et blanc à retirer à travers Miami Beach et Key Biscayne. Le fonctionnement est très simple : il vous suffit de télécharger l'application *Padl*, de repérer le point de retrait le plus proche puis de payer en ligne et débloquer votre paddle. Il n'y a plus qu'à se jeter à l'eau ! À la fin de votre session, replacez la planche sur son support et terminez la location sur l'application. Gilet de sauvetage et pagaie sont fournis.

SCOTT RAKOW YOUTH CENTER

2700 Sheridan Avenue
✆ +1 305 673 7000
www.miamibeachfl.gov/
Patinoire (vendredi : 18h-20h, w-e : 15h-17h) : 14 US$ + 8 US$ (patins). Bowling (lundi à vendredi et dimanche) : 9 US$.

Il pleut ou il fait trop chaud et vous recherchez une activité familiale et fun ? Ce centre dédié à la jeunesse est ouvert aux locaux et aux visiteurs. Il accueille une patinoire de 1 200 m², une piscine extérieure chauffée, un bowling de six pistes, une salle de jeux pour enfants, et encore un terrain de basket, au cœur de Miami Beach ! Certes, les installations ne sont pas immenses mais elles permettent de passer un moment sympathique à prix raisonnable. C'est donc un vrai bon plan dont il serait dommage de ne pas profiter si vous en avez l'occasion !

TARPOON LAGOON DIVE CENTER

300 Alton road
✆ +1 305 532 1445
www.tarpoonlagoon.com/
Du lundi au vendredi de 10h à 18h, le samedi et dimanche de 8h à 18h. Comptez 110 US$ d'une demi-journée (4h).

Fondé en 1952, le Tarpoon Lagon Dive Center est un centre de plongée qui organise des excursions de plongée au départ de Miami Beach. Après une trentaine de minute de trajet, vous pourrez partir à la découverte de la barrière de corail et de l'écosystème marin. Les départs ont lieu à 12h du lundi au vendredi et à 8h30 et 12h le week-end. Si vous ne souhaitez pas plonger, vous pouvez tout de même accompagner votre famille en restant sur le bateau pour un coût réduit (85 US$).

TRUMP NATIONAL DORAL MIAMI

4400 NW 87th Ave, Miami, FL 33178
✆ +1 800 713 6725
www.trumphotels.com
Golf ouvert de 8h au coucher du soleil. Comptez entre 150 et 350 US$ le greenfee.

Tout simplement l'un des golfs les plus prestigieux de Floride ! Hôte du PGA tour pendant 55 années consécutives, il est aussi le premier de l'état. Quatre parcours sont proposés au jeu dont le célèbre Bleu Monster, aussi mythique que challengeant. Bunkers, obstacles naturels, greens et fairways coupés au rasoir et entretenus à la perfection... Tout est fait ici pour jouer dans un cadre paradisiaque. En parallèle, un resort luxueux, un practice, un pro-shop... Un site à ne pas manquer.

VENETIAN POOL

2701 De Soto boulevard, Coral Gables
✆ +1 305 460 5306
www.coralgables.com
Haute saison : 11h-17h30 (10h à 16h30 le we). Vérifier les horaires sur le site. Adulte : 21 US$, 3-12 ans : 16 US$.

Une création fantasmagorique de Merrick qui, pour sa Beautiful City, ne voulait pas d'une piscine ordinaire. Le projet émerge en 1921 et la piscine ne sera achevée qu'en 1924 avec une importante restauration fin des années 1980. Elle abrite aujourd'hui un magnifique décor naturel avec une grotte taillée dans le corail. Si dans le passé, elle servit de cadre à des défilés de beauté et à de somptueuses réceptions, aujourd'hui on vient se rafraîchir dans l'eau turquoise dès que la température monte trop. Le prix est un peu élevé mais le décor est absolument unique.

WYNWOOD GRAFFITI EXPERIENCE

266 NW 26th Street
✆ +1 305 814 9290
Les mercredis, vendredis et samedis. Réservation en ligne. Adulte : 42 US$, enfant (13 ans et moins) : 34 US$.

Envie de vous initier à l'art du graffiti au cœur d'un quartier *street-art* emblématique ? Spray de peinture à la main, vous réaliserez votre propre création sur une toile blanche de 45 x 60 cm. Vous disposerez d'un chevalet, d'un masque et de gants. Un animateur vous apprendra comment tenir la bombe de peinture, écrire des lettres ou réaliser des motifs. Ensuite, à vous de jouer ! Assurez-vous d'avoir assez de place dans votre valise pour ramener votre œuvre à la maison !

ELEGANCE BEAUTY SALON

301 Altara Avenue
✆ +1 786 452 9275
Ouvert de 9h à 19h. Fermé le dimanche et le lundi.

On vous recommande vivement ce salon tenu par Fabrice Mira, un génie de la coiffure, et son équipe, tous aussi chaleureux que professionnels. Installé à Miami avec sa famille depuis près de 15 ans, Fabrice fait partie des meilleurs coiffeurs de la ville et son salon ne désemplit pas. Quand il ne coiffe pas les stars de passage à Miami, il « chouchoute » ses clientes locales, ravies que leur styliste coiffe les stars. Fabrice est aussi célèbre pour ses incroyables balayages si naturels qu'ils font fureur auprès des Américaines. Une belle *success story* !

RED SALON

7326 Biscayne Boulevard
✆ +1 305 757 7662
De 10h à 19h. Fermé le dimanche. Parking gratuit à l'arrière. Shampooing/coupe/brushing : 95 US$. Avec et sans rdv.

Ce nouveau salon de coiffure appartient à Gauthier Paolini, un jeune Français plein d'énergie originaire de Nice. Tous les coiffeurs qui y travaillent sont doués et chaleureux. Et avantage non négligeable : vous pouvez vous faire comprendre en français et bien expliquer ce que vous voulez comme coupe de cheveux ou couleur. Une bonne façon d'éviter les malentendus et de repartir avec la coiffure de ses rêves. Toutes les prestations coiffure classiques sont proposées (brushing, soins, couleurs, balayages, extensions...) et le tout dans une ambiance ultra conviviale.

K'ALMA SPA

1144 Ocean Drive
✆ +1 305 728 6500
http://kalmaspas.com/
Ouvert tous les jours de 9h à 18h. Soin à partir de 145 US$.

Au cœur de South Beach, pénétrez dans l'atmosphère Art déco de l'hôtel Victor pour vivre un moment de détente et de spiritualité. Ce spa est spécialisé dans les soins utilisant des cristaux collectés historiquement par les guérisseurs du Pérou. Chaque cristal possède sa propre énergie : l'améthyste pour se débarrasser de la négativité, l'albâtre pour nettoyer ses chakras et s'apaiser, l'opale pour développer la connaissance de soi... K'Alma Spa propose des soins en duo ou en solo. Vous pourrez également profiter du hammam, de la salle de méditation et du lounge.

THE PALMS SPA AVEDA

3025 Collins Avenue
✆ +1 305 908 5460
www.thepalmshotel.com
Ouvert du lundi au vendredi de 10h à 18h, samedi et dimanche de 10h à 19h. A partir de 130 US$ le massage.

Un superbe Spa au sein de l'hôtel The Palms. Salon de coiffure (qui travaille avec les produits de la marque Aveda à base de végétaux), service de pose d'ongles et institut de beauté offrent un service irréprochable. Les massages sont exceptionnels et vous procureront une détente incroyable. Ils sont tous fortement influencés par la zen attitude asiatique. Nous vous recommandons le « Stress-Fix massage » ou le « Chakra reflexology massage » qui ouvriront tous deux vos chakras et vous mettront dans un état d'apaisement absolu. Une très bonne adresse.

NEO NAIL BAR - KEY BISCAYNE

905 Crandon Boulevard
✆ +1 305 922 2726
www.neonailbar.com
Ouvert du mardi au samedi de 10h à 20h. Manucure classique : 20 US$, ongles gel : 39 US$.

Envie de vous octroyer un moment de bien-être et de détente lors de votre journée à Key Biscayne ? Dans un cadre lumineux et agréable, Neo Nail Bar prendra soin de vos ongles (mains et pieds) avec un grand professionnalisme tout en vous prodiguant des conseils avisés. Le choix de vernis est colossal et vous pourrez laisser libre cours à votre imagination en optant pour un effet *tie and dye*, des paillettes ou des dorures délicates. Également un salon à Brickell.

VENETIAN NAIL SPA

3401 N Miami Ave
✆ +1 786 485 9999
Ouvert de 10h à 20h du lundi au samedi, le dimanche de 11h à 18h. Il vaut mieux réserver sa place la veille.

Si vous avez envie de faire une manucure-pédicure lors de votre séjour à Miami, ce salon situé entre le Design District et Wynwood est l'un des meilleurs de la ville. L'espace, immense, élégant et très chic avec son beau mobilier et ses magnifiques lustres, abrite une multitude de fauteuils massants sur lesquels on peut se faire chouchouter les mains et les pieds par des pros. Que vous souhaitiez une simple manucure ou pédicure ou une pose de vernis fantaisiste, tout est réalisable ! En prime, vous serez très bien accueilli.

PASSEPORT

SORTIR

Miami est LA ville de Floride pour profiter d'une vie nocturne intense. Il suffit de voir l'affluence dans les rues lors des *Spring Breaks* ! Tous les soirs des dizaines d'établissements rivalisent d'ingéniosité pour attirer les clients désireux de s'amuser. Très m'as-tu-vu, le plus important à Miami est l'apparence. Les tenues sont donc osées, originales, souvent moulantes et sexy. Mais ne vous inquiétez pas pour autant, ce style est surtout réservé aux soirées et il existe quantité d'endroits où le *casual*, c'est-à-dire la tenue décontractée, est en vigueur. La plupart des clubs et bars de nuit sont concentrés à South Beach et attirent une clientèle plutôt jeune. Brickell et Downtown sont le rendez-vous des locaux trentenaires ; Wynwood et Design District ont un côté alternatif et *bobo*. Dans ces quartiers animés, vous ne devriez pas ressentir d'insécurité, mais évitez tout de même les rues désertes.

SORTIR

HORAIRES

Miami et Miami Beach comptent plusieurs club et boites de nuit sont principalement situées à South Beach, Wynwood ou Brickell. De manière générale, elles vous accueillent dès 21h jusqu'à 4h ou 5h du matin. Il n'est pas rare que ce type de lieu soit fermé du dimanche au mercredi. Concernant les activités plus familiales comme le bowling ou le cinéma les horaires varient énormément selon le lieu.

BUDGET / BONS PLANS

Comme en Europe, l'entrée en boite de nuit peut être gratuite ou payant. Certains lieux organisent des *ladies nights*, l'entrée est alors gratuite pour les dames. Un certain nombre de cinémas et théâtres proposent des réductions pour les séances et spectacles du matin.

A RÉSERVER

Nous vous conseillons de réserver à l'avance vos billets pour assister à un concert ou à une performance artistique. Certaines salles ne sont pas très grandes et peuvent être rapidement complètes.

TRANSPORTS NOCTURNES

Certaines lignes de bus de Miami circulent toute la nuit, mais il ne s'agit pas d'une majorité. De manière générale pour vos trajets nocturnes et ce quelle que soit l'heure, nous vous conseillons d'opter pour Uber ou Lyft, plus rapides et fiables au niveau des horaires.

A PARTIR DE QUEL ÂGE

En Floride comme partout aux États-Unis, il est interdit de consommer de l'alcool en dessous de 21 ans. La même limite d'âge s'applique pour entrer en boite de nuit. Certains clubs autorisent toutefois l'entrée aux personnes de plus de 18 ans.

C'EST TRÈS LOCAL

Miami est particulièrement réputée pour être un haut lieu de fête. Les visiteurs viennent de loin pour se déhancher et savourer des cocktails branchés dans les lieux les plus *hype* de la ville. Certaines boites de nuit appliquent ainsi un dress code assez strict, mieux vaut donc se renseigner sur le site internet du lieu en question avant de sortir !

FUMEURS

S'il est généralement interdit de fumer à l'intérieur des lieux publics en Floride, certaines boites de nuit peuvent le tolérer.

LES ATTRAPE-TOURISTES

À nouveau, nous vous déconseillons d'acheter des billets de spectacle à ds vendeurs de rue. Rien ne vaut les canaux officiels !

LES PHRASES CLÉS

Bonsoir, comment puis-je me rendre à…
Good evening, how can I get to…

Est ce que cet endroit est tranquille ? Il n'y a pas de problème de sécurité ?
Is this a quiet area? Are there any safety issues?

J'aimerais voir un spectacle typique ! Qu'est-ce qu'il y a en ce moment ?
I would love to see a traditional show! What is available at the moment?

Je ne comprends pas… pouvez-vous répéter s'il vous plait ? Merci.
I don't understand... Could you please repeat that? Thank you.

Est-ce que je peux vous offrir un verre ? Quel est le meilleur cocktail de la maison ?
Can I buy you a drink? What is your best signature cocktail?

J'ai la gueule de bois, auriez-vous quelque chose pour que j'aille mieux ?
I have a hangover. Do you have anything to help me feel better?

BASEMENT MIAMI

2901 Collins Avenue
✆ +1 786 257 4500
basementmiami.com
Du jeudi au samedi de 17h à 2h. Bowling : réservation obligatoire (60 US$ la piste/1h). Roller : 30 US$/pers les 30 min.

Ce club, qui plaît beaucoup aux locaux, est situé dans le sous-sol de l'hôtel Miami Beach Edition, d'où son nom. La déco semble tout droit sortie d'un film des années 1970 et la musique est logiquement disco ou soul, avec quelques soirées house. L'originalité de cette boîte c'est qu'en plus de sa piste de danse, elle dispose d'un bowling *high-tech* et d'une petite patinoire. De quoi vous défouler et vous amuser comme des petits fous tout au long de la semaine. On a adoré le concept qui détonne clairement dans la sphère clubbing de la Magic City !

BODEGA TAQUERIA Y TEQUILA

1220 16th Street
✆ +1 305 704 2145
Lounge ouvert de 18h à 3h du matin.

Même si vous trouvez d'abord un petit *fast-food* de *tacos* en arrivant sur place, rassurez-vous, vous êtes bien à la bonne adresse. Ici se trouve en réalité un club clandestin à l'image des *speakeasy* du temps de la Prohibition, caché derrière une grande porte métallique. Quand le physio vous laisse entrer, c'est la surprise totale. La musique est à fond, sur des rythmes hip-hop dans un grand loft. Très bonne ambiance pour faire la fête à South Beach !

CLUB SPACE

34 NE 11th St ✆ +1 786 357 6456
www.clubspace.com
Vendredi et samedi de 23h à 11h, le dimanche de 22h à 6h. Entrée : à partir de 15 US$/pers (tarifs variant selon le DJ).

Si vous aimez la musique electro et les grands clubs avec des centaines de personnes qui dansent, le Space Club est la bonne adresse pour faire la fête à Downtown. Si tout le monde ne carbure clairement pas qu'à l'alcool, on s'amuse beaucoup et les DJ sont tout simplement excellents. Vous trouverez plusieurs ambiances et styles musicaux : techno, house, electro, hip-hop... Il y a même une incroyable salle *outdoor*, The Terrace. Vraiment pas mal pour une sortie jusqu'au bout de la nuit, loin des froufrous de South Beach et à deux pas du mythique E11even.

DO NOT SIT ON THE FURNITURE

423 16th Street
✆ +1 510 551 5067
www.donotsitonthefurniture.com
Ouvert du mercredi au dimanche de 22h à 5h du matin. Soirées spéciales : 25 US$.

Un club pour danser jusqu'au bout de la nuit car comme le dit le nom de l'établissement « Il est interdit de s'asseoir sur les meubles ». Dans un cadre à la déco des années 1960, et dans une ambiance bon enfant, vous pourrez danser sur des rythmes house et electro. Mention spéciale pour l'immense boule à facettes qui illumine la piste. L'espace est intimiste, on est loin des immenses clubs bondés. Ici, la fête est moins superficielle qu'ailleurs à South Beach et cela fait du bien.

E11EVEN

29 NE 11th Street
✆ +1 305 829 2911
www.11miami.com
Ouvert 24h/24. Les tickets varient selon la programmation, à partir de 20 US$ (prix réduit pour les femmes).

Bienvenue dans l'un des clubs les plus fous, les plus tendance et les plus déjantés de Miami. Le E11even est unique en son genre. Chaque soir, des invités de renoms se relaient pour faire le show, comme 50 Cent ou Rick Ross, dans une immense arène avec un jeu de lumière incroyable. Une ambiance de folie dans ce temple du Miami Vice ! Dans cette atmosphère surréaliste, on s'amuse tellement qu'on perd vite la notion du temps et, comme le club est ouvert 24h/24, on peut très bien en sortir à 11h du matin sans même avoir vu le temps passer !

LIV, HOTEL FONTAINEBLEAU

4441 Collins avenue
✆ +1 305 674 4680
www.livnightclub.com
Ouvert du jeudi au dimanche de 23h à 5h.

Dans le très chic hôtel Fontainebleau, vous pourrez vous déhancher dans l'une des boîtes les plus tendance de Miami : le Liv.T très chic, ce club accueille des DJs de renommée internationale. Le Liv possède des murs très hauts et donne un sentiment de grand espace avec ses 2 bars intérieurs et sa musique impeccable. C'est à faire au moins une fois pendant votre séjour à Miami, même si, vous verrez, c'est un peu impersonnel en raison du monde... Mettez-vous sur votre 31 avant d'y aller, car les videurs sont sans pitié et il y a beaucoup de monde qui veut rentrer !

MAD CLUB WYNWOOD

55 NE 24th Street
✆ +1 786 843 7021
https://madclubwynwood.com
Ouvert du jeudi au samedi de 23h à 5h.

Ouvert en décembre 2021, MAD est un club qui a déjà fait ses preuves auprès des fêtards du quartier arty de Wynwood jusqu'au bout de la nuit. Le décor industriel a des airs d'entrepôt, sublimé par des jeux de néons, mais l'ambiance est aussi chic et sophistiquée. Partout, des références à l'abeille, symbole du club. L'insecte est d'ailleurs représenté version XXL devant la table de mixage du DJ. Consultez le site internet pour être informé des nombreux événements qui se déroulent au club et faire votre réservation. Le *dress code* se veut quant à lui assez strict.

LE ROUGE MIAMI

318 NW 23rd Street
✆ +1 786 973 5159
https://lerougemiami.com
Ouvert du jeudi au samedi de 22h à 3h. Le prix d'entrée varie selon la soirée, comptez entre 15 US$ et 30 US$.

Un club qui a choisi de se distinguer par l'utilisation d'un système son et vidéo des plus performants. L'expérience n'en est que plus immersive ! Le fait que le DJ soit installé au milieu du *dancefloor* au lieu de le surplomber comme c'est le cas généralement permet une véritable interaction. Chaque soirée a son propre thème, de quoi donner envie de revenir. Précision : le *dress code* est clairement indiqué sur le site internet, nous vous conseillons de jeter un œil afin d'éviter un refus à l'entrée. Certains soirs, l'entrée est gratuite pour les dames avant 23h.

MANGO'S TROPICAL CAFE SOUTH BEACH

900 Ocean Drive ✆ +1 305 673 4422
https://mangos.com/mangos-miami-beach/
Du lundi au jeudi de 16h à 5h du matin, du vendredi au dimanche à partir de 12h. Leçons de salsa de 19h30 à 22h.

En vous promenant sur Ocean Drive, vous ne pourrez pas manquer de remarquer ce bar cabaret. Le décor, la musique, les serveuses latines en tenue ultra-minimaliste... Pas de doute, vous êtes à Miami ! C'est l'endroit *caliente* toute l'année, à découvrir absolument avec musique à fond et ambiance très hot ! Vous pouvez aussi opter pour l'option dîner spectacle (le célèbre *Mango's Dinner & Show*). C'est aussi l'endroit idéal pour s'adonner à des cours de salsa tout en sirotant un mojito.

STORY

136 Collins Avenue
✆ +1 305 479 4426
storymiami.com
Ouvert vendredi et samedi de 23h à 5h.

Un des clubs tendance à Miami Beach. Vous serez impressionné par l'immensité des lieux (plus de 2 500 m²) et par ses cinq bars. Parfait pour danser jusqu'au bout de la nuit sur de la bonne électro et de la *deep house*, le tout dans une ambiance lumineuse extra. Les meilleurs DJ viennent mixer ici, les prix d'entrée varient en fonction de leur notoriété. Pensez à réserver en ligne à l'avance lorsque la programmation annonce un DJ très connu. Vous aurez peut-être même la chance de croiser des stars : Drake est récemment venu fêter ici la sortie de son dernier album.

MYNT LOUNGE

1921 Collins Avenue
✆ +1 305 532 0727
www.myntlounge.com
Ouvert du jeudi au samedi de minuit à 5h du matin.

Un club réputé où passe de la bonne musique house. Le DJ en résidence ici, AXL, est français, mais selon la soirée, vous découvrirez différents artistes. L'ambiance se fait au milieu de la grande salle, animée par un important jeu de lumière laser et très fluo. Le lieu est surtout à fréquenter le vendredi soir. À savoir : le *dress code* est l'un des plus stricts de Miami, il vous faudra donc vous surpasser pour espérer passer l'épreuve du physio. Une fois à l'intérieur, vous pourrez profiter de votre soirée, mais armez-vous de patience si vous désirez une table !

TWIST

1057 Washington avenue
✆ +1 305 538 9478
www.twistsobe.com
Ouvert tous les jours de 15h à 5h du matin.

Fondé en 1993, Twist est le club gay le plus connu de South Beach, mais également celui qui détient le record de longévité ! Le lieu est impressionnant puisqu'il compte pas moins de 7 bars et 3 *dancefloors*. On découvre ainsi plusieurs univers : jungle, chic, arty... L'ambiance est bon enfant et les soirées à thème rivalisent d'imagination pour faire passer un bon moment : show de *drag queens*, classiques de Broadway, années 80's et 90's... Une chose est sûre : il est difficile de s'ennuyer ! Le tout au cœur du quartier Art déco.

ACTORS' PLAYHOUSE AT THE MIRACLE THEATRE

280 Miracle mile
✆ +1 305 444 9293
www.actorsplayhouse.org
Billetterie en ligne.

La troupe Actors' Playhouse, fondée en 1988, a créé plus de 180 productions de tout genre : comédies musicales, humour, thrillers... Elle se produit régulièrement au Miracle Theatre depuis le milieu des années 1990. Pour la petite histoire, la troupe s'est engagée à restaurer le théâtre en échange de 45 ans de loyer gratuit. Elle y joue depuis des pièces pour adultes dont la programmation varie tous les mois ou presque. Les enfants ont également droit à des spectacles dédiés.

ADRIENNE ARSHT CENTER FOR THE PERFORMING ARTS

1300 Biscayne boulevard
✆ +1 305 949 6722
www.arshtcenter.org
Programmation et réservation sur le site internet.

Ce superbe complexe, très design est le plus grand centre culturel de Floride. Il regroupe trois salles de spectacle et propose de nombreuses prestations musicales d'ici et d'ailleurs, des pièces de théâtre, des comédies musicales et des spectacles de ballets. La programmation est variée et éclectique et parvient à séduire le plus grand nombre. Le City Ballet de Miami s'y produit souvent, et nous vous recommandons vivement d'assister à l'une de ses représentations si vous le pouvez.

EL TUCAN

1111 SW 1st Ave
✆ +1 305 535 0065
eltucanmiami.com
Ouvert du mercredi au samedi de 19h30 à 3h.

Un superbe bar de nuit avec une salle intimiste aux lumières tamisées vous transporte tout de suite dans l'univers du show. Le DJ met l'ambiance, et on apprécie boire un verre au bar où les cocktails sont plus tentants les uns que les autres. El Tucan, c'est aussi un restaurant chic avec une cuisine fusion à l'inspiration japonaise. Des soirées évènements sont régulièrement organisées en semaine, jetez un oeil au site internet avant de venir ! En résumé, le Tucan c'est vraiment une adresse de sortie à Miami à ne pas manquer !

FAENA THEATER

3201 Collins Avenue
✆ +1 786 655 5600
www.faena.com/miami-beach/
A partir de 95 US$/personne. Consulter le site internet pour voir le programme des spectacles.

Au sein de l'hôtel Faena, dans une ambiance tout en pourpre et en velours, venez passer une soirée mémorable en assistant à un spectacle inspiré des plus grands cabarets européens. Au programme : du glamour, du burlesque, des paillettes, de magnifiques costumes et surtout, des artistes de grand talent. Vous pourrez savourer un *lobster roll* ou partager une planche de fromages tout en profitant du spectacle, confortablement installé à votre petite table éclairée seulement par une bougie. Une soirée digne d'un film, à réserver bien à l'avance !

FILLMORE MIAMI BEACH AT THE JACKIE GLEASON THEATER

1700 Washington avenue
✆ +1 305 673 7300
http://fillmoremb.com/
Programmation sur le site internet.

Cette salle de concert construite en 1950 à South Beach accueille des spectacles d'artistes américains et internationaux. C'est notamment ici que se produisent de nombreuses stars françaises à Miami. La salle est cosy et l'ambiance chaleureuse. Cela peut valoir le coup de consulter la programmation avant votre arrivée, vous pourriez avoir une bonne surprise ! Ce sera peut-être l'une des rares occasions d'assister à un spectacle dans une authentique salle Art déco !

GABLESTAGE

1200 Anastasia Avenue
✆ +1 305 445 1119
www.gablestage.org
Programmation et réservation sur le site internet.

GableStage est l'une des plus anciennes compagnies de théâtre du sud de la Floride. Engagée, elle souhaite rendre le théâtre accessible au plus grand nombre et joue régulièrement ses pièces hors les murs. Elle monte chaque année 6 pièces avant-gardistes créées par des dramaturges contemporains internationaux. Le théâtre est situé au sein de l'iconique Biltmore Hotel, dans la très chic Coral Gables. Une très jolie expérience dans une salle intimiste. Nous vous conseillons de profiter d'être sur place pour aller prendre un verre au Biltmore Bar après le spectacle.

JUST THE FUNNY

3119 Coral Way
✆ +1 305 693 8669
www.justthefunny.com/
Vendredi et samedi soir à 21h, 22h et 23h. Spectacle de 1h : 10 US$, 2h : 20 US$.

Envie de passer une soirée à rire aux éclats ? Just the Funny est une salle de spectacle tenue par la troupe comique du même nom, spécialisée dans les shows d'improvisation et de *stand up*. Le principe : les performances sont fondées sur vos suggestions ! Les salles sont intimistes et accueillent une centaine de spectateurs, ce qui facilite grandement les interactions entre le comique et le public. Vous trouverez aussi un excellent bar où déguster des vins et des bières locales. De quoi passer un très bon moment tout en décontraction !

NEW WORLD CENTER

500 17th Street
✆ +1 305 673 3330
www.nws.edu
Programmation à consulter sur le site internet.

Cette salle de concerts à l'architecture futuriste était un ancien cinéma Art déco qui a été magnifiquement restauré par Franck Gehry dans un style moderne et ultra design. Le New World Center a ouvert ses portes en 2011 et c'est le lieu d'accueil du New World Symphony Orchestra. Cette salle est aussi un vivier de jeunes artistes, musiciens des orchestres de demain. La programmation oscille entre concerts et happenings. Sur la pelouse extérieure, il est possible d'assister gratuitement à la retransmission des concerts sur écran géant. Apportez votre pique-nique !

O CINEMA SOUTH BEACH

1130 Washington Avenue
✆ +1 786 471 3269
www.o-cinema.org/
Adultes 11 US$, étudiants, enfants et retraités 9,5 US$.

Ce petit cinéma Art déco construit en 1927 au cœur de South Beach et rénové en 2011 propose la projection de films d'auteur. On y retrouve du cinéma européen ou américain dont de nombreux classiques comme parfois *The Shining* ou *Beetlejuice*. Les prix sont raisonnables et c'est une bonne idée de sortie pour une expérience qui sort de l'ordinaire. Il faut toutefois être à l'aise avec l'anglais car les films ne sont pas sous-titrés. C'est également l'occasion de pénétrer dans le bâtiment qui abritait autrefois l'hôtel de ville de Miami.

REGAL SOUTH BEACH CINEMA

1120 Lincoln road
✆ +1 305 674 6766
www.regmovies.com
Adulte : 14,70 US$, enfant : 11,50 US$.

Envie de vous faire une toile à South Beach ? Situé sur Lindoln Road, ce cinéma de 18 salles propose à l'affiche toute l'artillerie américaine, mais également quelques films alternatifs, des vieux classiques et quelques films étrangers. Certaines salles sont équipées d'écrans 3D. Les sièges inclinables sont très confortables. Avant ou après votre séance, vous pourrez profiter d'être sur Lincoln Road pour faire une session shopping, boire un verre ou dîner dans l'un des nombreux restaurants de l'avenue. Le cinéma dispose de son propre parking.

TEATRO AVANTE

744 SW 8th street
✆ +1 305 445 8877
Programmation sur le site internet.

Un théâtre de quartier situé sur la *Calle Ocho* où se produisent des troupes en langue espagnole qui interprètent des pièces modernes ou des grands classiques. Cela permet de promouvoir et faire connaître la culture hispanique tout en mettant en avant des artistes locaux, nationaux ou internationaux. Chaque année depuis plus de trente ans et pendant près de trois semaines, le Teatro Avante accueille le Festival International du Théatre Hispanique de Miami (en juillet). L'occasion de découvrir de nouvelles œuvres et de pratiquer son espagnol !

TOWER THEATER

1508 SW 8th Street
✆ +1 305 237 2463
www.towertheatermiami.com

Présent depuis 1926 sur la Calle Ocho, ce cinéma était lors de son ouverture le plus moderne du sud de la Floride. Sa façade de style Art déco, son enseigne métallique et sa tour d'acier de 12 mètres de haut en font une figure de référence à Miami. Dans les années 1960, il a permis aux familles cubaines arrivées dans le quartier de se familiariser avec la culture américaine. Il dispose de deux salles intimistes de 250 et 140 places. À l'affiche, point de *blockbusters* américains mais une sélection de films indépendants en espagnol ou sous-titrés en espagnol.

CASINO MIAMI

3500 NW 37th Avenue
✆ +1 305 633 6400
www.playcasinomiami.com
Ouvert tous les jours 24h/24.

A 3 km de l'aéroport, cet immense casino accueille plus de 1 000 machines à sous identiques à celles de Las Vegas. Parmi les plus populaires : Tiki Fortune, Jumanji ou la Roue de la Fortune. Vous pourrez aussi jouer à des jeux électroniques comme la roulette ou rejoindre des parties de poker. Chaque jour, vous découvriez une nouvelle promotion, à l'image d'un *happy hour* mais version casino ! De quoi vous amuser jusqu'au bout de la nuit ! Les soirs de week-end, le casino accueille des concerts d'artistes variés. Un vaste parking permet de se garer facilement.

INBATTLE

2818 NW 5 Avenue ✆ +1 305 456 9249
https://inbattle.com/
Du mercredi au vendredi de 14h à minuit, samedi et dimanche de 11h à minuit. De 45 à 50 US$/ joueur. 13 ans et plus.

Quand la réalité virtuelle se met au service de l'aventure et du jeu ! InBattle est fraîchement installé à Wynwood mais il fait déjà des émules. Les parties se jouent à 8 joueurs, divisés en 2 équipes. Muni d'un casque de réalité virtuelle et d'une arme, vous choisirez le personnage que vous incarnerez (chacun possède des compétences particulières) et serez transporté dans une autre galaxie pour livrer une bataille mémorable. Vous aurez véritablement l'impression d'être ailleurs ! Comptez 45 minutes par session, dont 30 minutes de jeu. Une expérience hors norme !

K&K BILLIARDS

1100 NE 79th Street
✆ +1 305 530 8805
www.kkbilliardsmiami.com/
Ouvert tous les jours de 16h à 2h du matin.

Que vous soyez joueur apprenti ou confirmé, voici l'endroit où passer une bonne soirée à taquiner les billes dans une ambiance très *friendly*. Quinze tables de billard professionnelles sont réparties dans la salle, ce qui devrait vous permettre de commencer à jouer sans attendre ! Entre deux parties, vous pourrez boire un verre et grignoter des tacos au bar ou vous installer dans l'espace *lounge* pour écouter le DJ en *live*. Chaque dimanche soir, c'est soirée karaoké. En somme, un lieu insolite que l'on vous recommande car il est bien difficile de s'y ennuyer !

LOCK & LOAD MACHINE GUN EXPERIENCE & RANGE

2545 N Miami Ave ✆ +1 305 424 8999
www.lockandloadmiami.com
Lundi-vendredi (12h à 20h,) samedi (11h à 20h), dim. (11h à 18h). Adulte : 169 US$ à 599 US$, 10-13 ans : 145 US$.

Voici une activité en dehors des sentiers battus ! Lock and Load vous propose des sessions de 25 tirs sur cible dans une ambiance pédagogue et sécurisée. Vous choisirez parmi différents packages dont le prix varie selon le type d'armes. Elles sont toutes automatiques, ce qui facilite la prise en main. Cette activité est ouverte à tous, un instructeur prendra le temps de vous familiariser avec votre arme. Les protections sont fournies. Il est conseillé de réserver un créneau en ligne.

PANIQ ESCAPE ROOM

388 NW 27th Street
✆ +1 305 768 9849
https://paniqescaperoom.com/miami/en
Ouvert tous les jours de 10h à 00h30. Tarif : 30 à 35 US$/pers. 7 joueurs maximum. 10 ans et plus.

Cet *escape room* vous propose trois salles immersives aux ambiances particulièrement travaillées : *L'hôpital hanté*, où vous rechercherez l'origine d'un virus mortel ; *Le repaire des pirates*, qui vous plonge dans les années 1800 pour débusquer le trésor du capitaine James ; et *Mon espion*, où vous devrez retrouver un code secret pour vous libérer. La première aventure est la plus inquiétante, les deux autres sont *family friendly*. Dans tous les cas, vous aurez une heure pour tenter de vous échapper. Coopération, entraide et réflexion seront de mise !

SOUTH BEACH ROOM ESCAPE BAR & ROOFTOP

235 Lincoln Road ✆ +1 786 509 7202
http://southbeachroomescape.com/
Dimanche au jeudi (12h à minuit), vendredi et samedi (12h à 1h). Prix selon le nombre de joueurs (35 à 70 US$/pers)

Cet escape game vous propose 3 salles : Diamond Heist, Panic Room et Black Ops. Chaque partie dure une heure et peut accueillir de 2 à 12 joueurs. S'il s'agit de votre première partie, optez plutôt pour Panic Room. Vous pouvez choisir une partie privée (votre groupe seulement) ou partagée (vous jouerez alors avec d'autres personnes). Nous vous conseillons cette option si vous êtes 3 joueurs ou moins car le prix sera plus intéressant. Ne manquez pas de faire un tour sur le *rooftop* !

PASSPORT

ENVIRONS DE MIAMI

Vous prévoyez de vous échapper quelques jours de la ferveur de Miami ? Excellente idée ! En moins de deux heures de route, vous pouvez longer la côte vers le nord, un itinéraire qui vous conduira de Hollywood à Palm Beach en passant par Fort Lauderdale. Hollywood et Fort Lauderdale sont d'agréables villes balnéaires avec un grand choix de loisirs nautiques et surtout des plages parfaites pour la baignade. Elles ont aussi pour avantage d'avoir des tarifs plus accessibles que Miami en matière d'hébergement, de restauration ou de sorties. À Palm Beach, c'est l'inverse, les tarifs sont au mieux identiques à ceux de Miami et souvent beaucoup plus chers côté hébergement et shopping car Palm Beach compte un grand nombre de boutiques et d'hôtels de luxe. Au sud de Miami, l'ambiance est tout autre : vous plongerez plutôt dans l'atmosphère nature et préservée du Biscayne National Park.

Environs de Miami
Loxahatchee Groves
Sixmile Bend
Wellington
Lake Worth Beach
PALM BEACH COUNTY ★★
441
Boynton Beach
Delray Beach
Boca West
Boca Raton
27
Coral Springs
Pompano Beach
Sunrise
Andytown
FORT LAUDERDALE ★★
Weston
Broward Gardens
Southwest Ranches
Pembroke Pines
HOLLYWOOD ★★
Country Club
Surfside
Hialeah
Virginia Gardens
MIAMI ★★★★
West Miami
41
Key Biscayne
The Crossings
Kendall
Lindgren
Baie de Biscayne
Princeton
Redland
The Keyhole
HOMESTEAD ★
BISCAYNE NATIONAL PARK ★★
Sponge Rocks
FLORIDA CITY ★
10 KM

HOLLYWOOD ★★

Hollywood est une agréable ville balnéaire de 153 000 habitants, dotée de près de 10 km de plage de sable fin. Celle-ci n'a rien à envier à South Beach, et on y retrouve même des cabanes de sauveteurs ! Elle est bordée d'une jolie promenade piétonne de 4 km, le *Broadwalk*, jalonnée de restaurants, boutiques et petits hôtels. Ici, le tourisme est familial et relax. La ville est aussi très verte puisqu'elle compte environ 60 parcs et 600 hectares de mangrove. Pour la petite histoire, Joseph Young, qui fonda la ville en 1925, était originaire de Californie et il avait envie de recréer le même type de commune quand il en a posé les jalons.

La ville aujourd'hui

Hollywood représente la station balnéaire par excellence. Le tourisme est avant tout familial, loin des chichis de South Beach, et... québécois. Eh oui, tout au long de l'année des milliers de touristes canadiens (majoritairement des Québécois) viennent passer leurs vacances ici, notamment pour fuir les longs mois d'hiver. On les surnomme les *snowbirds*. Il suffit d'ailleurs d'observer les plaques d'immatriculation en ville pour se rendre compte que la plupart des voitures viennent de la Belle Province. C'est pourquoi, à Hollywood, de nombreux restaurateurs, hôteliers et vendeurs parlent français. C'est un avantage non négligeable quand on maîtrise mal la langue de Shakespeare.

Autre spécificité : depuis la dernière décennie, le centre-ville s'ouvre au *street-art* avec de nombreux graffitis d'artistes mondialement connus. Pour en savoir plus, jetez un œil au Downtown Hollywood Mural Project.

ANN KOLB NATURE CENTER ★

751 Sheridan Street

✆ +1 954 357 5161

Visitor Center ouvert de 9 à 17h. Week-ends et vacances : 1,5 US$. Entrée libre. Balades en bateau possibles.

© JAIMIE TUCHMAN - SHUTTERSTOCK.COM

Un parc naturel de 600 hectares de mangrove avec une large variété de plantes et d'animaux dont de nombreuses espèces en danger. Il est possible de visiter cette réserve en bateau, d'y louer des canoës et d'y pêcher. Il y a également des sentiers pour faire du vélo et des balades à pied à la découverte du parc. Vous trouverez toutes les informations nécessaires au Visitor Center. Ne manquez pas de monter dans la tour d'observation de cinq étages pour avoir une jolie vue panoramique sur le parc. C'est aussi un spot pique-nique de premier choix.

ART AND CULTURE CENTER OF HOLLYWOOD

1650 Harrison Street ✆ +1 954 921 3274

artandculturecenter.org

Ouvert jeudi et vendredi de 10h à 17h, samedi et dimanche de 10h à 16h. Adulte : 7 US$, enfant et étudiant : 4 US$.

L'Art and Culture Center of Hollywood fut fondé en 1975. Il est installé dans une élégante demeure de 1924 ayant appartenu à une importante famille de l'époque, les Kagey. Il propose des expositions temporaires d'œuvres d'art contemporain (photographie, peinture, sculpture...). Celles-ci varient plusieurs fois dans l'année. Le centre accueille également des performances artistiques *live* et des cours d'art pour tous âges. N'hésitez pas à consulter le programme en amont de votre visite.

DOWNTOWN HOLLYWOOD MURAL PROJECT ★★

Entre la 21st Street, la Van Buren Street et Polk Street

✆ +1 954 540 7219

downtownhollywoodmuralproject.org

Carte des murals à télécharger sur le site internet.

Depuis 2012, des œuvres géantes de *street art* s'affichent sur les murs du centre-ville de Hollywood. On peut ainsi admirer lors d'une balade dans Downtown les graffitis d'artistes connus mondialement comme Ruben Ubiera ou Tati Suarez. C'est un peu un mini Wynwood, le quartier *street art* de Miami. Cet important projet artistique est soutenu par la mairie d'Hollywood mais n'aurait pas été possible sans la dynamique Jill C. Weisberg, responsable du projet, et elle-même artiste accomplie.

Promenade le long d'Hollywood beach.

SUN & FUN CYCLES

1404 N. Boardwalk

✆ +1 954 684 8924

www.sunandfuncycles.com

A partir de 7 US$ les 30 minutes et 10 US$ l'heure, 25 US$ pour 4 heures. Vélo électrique : 25 US$ l'heure.

Sun & Fun Cycles propose la location de vélos classiques et de vélos à assistance électrique à prix raisonnables. Outre les vélos, vous pourrez aussi louer des tricycles et même des *fun cycles*, à savoir des sortes de tricycles qui se dirigent en position couchée. Tous sont disponibles en plusieurs tailles. Les enfants quant à eux adoreront les Rosalies (2 à 6 personnes). Ceux qui n'ont pas envie de pédaler opteront enfin pour les rollers. Vous serez parés pour parcourir le Broadwalk, à savoir la promenade qui borde la plage !

SUN SHUTTLE

✆ +1 646 504 3733

App gratuite « Ride Circuit » pour commander une course (1 US$) ou faire signe au chauffeur. Tous les jours de 10h à 21h.

Sun Shuttle, c'est le niveau système de transport urbain de la ville d'Hollywood. Il remplace les anciens trolleys et circule dans Downtown aux environs d'Hollywood Boulevard et dans les rues proches du Hollywood Beach Broadwalk. Ces navettes électriques bleues et vertes fonctionnent de 2 façons : vous pouvez télécharger l'application « Ride circuit » pour commander une course, ou faire signe au chauffeur lorsque vous croisez une navette (le trajet est alors gratuit). Les navettes peuvent transporter jusqu'à 4 passagers. Un moyen de transport ludique et économique.

SONDER THE CIRC €€

1780 Polk Street

✆ +1 954 500 1780

https://www.sonder.com/fr-fr

Chambre double à partir de 112 € la nuit. Piscine.

Cet hôtel installé dans un gratte-ciel en plein centre d'Hollywood est un vrai bonheur ! Avec ses espaces communs de style contemporain et un lobby ultra design tendance minimaliste, le ton est donné d'entrée. Les chambres sont à la fois cosy et modernes avec un mobilier chic et de belles salles de bains. La piscine sur le toit offre une vue panoramique sur la ville. Ne manquez pas d'aller dîner à Olivia, le très bon restaurant italien sur place. Vous pourrez par exemple déguster une mozzarella onctueuse préparée sous vos yeux dans la cuisine ouverte.

VILLA SINCLAIR BEACH SUITES & SPA €€

317 Polk street ✆ +1 954 450 0000

www.villa-sinclair.com

Chambre de 99 US$ à 249 US$ / nuit selon la saison et le standard. Réduction pour les séjours de plusieurs nuits.

Dans une villa colorée, vous serez accueillis par Hughes Longelin, un français qui vous donnera beaucoup de conseils pour organiser votre séjour. Ce petit hôtel (5 chambres et 1 studio) est situé à deux pas du *Broadwalk* et de la plage d'Hollywood. On apprécie les nombreuses attentions comme l'ananas frais qui vous attend à votre arrivée, les serviettes et chaises de plage à disposition... Les chambres sont de couleurs vives, agréables et spacieuses. Une excellente adresse.

HARD ROCK CAFE HOTEL & CASINO €€€

1 Seminole way
✆ +1 954 327 7625
www.seminolehardrockhollywood.com
Chambre double à partir de 299 US$ la nuit. Piscines.

Le Hard Rock Cafe d'Hollywood rassemble 3 hôtels : l'Oasis Tower, le Seminole Hotel, et le petit dernier - pas des moindres - : le Guitar Hotel. Celui-ci est incroyable car il a la forme d'une immense guitare de verre de 135 m de haut ! Tout autour se déploie un énorme complexe Hard Rock Café avec de nombreux restaurants (dont l'excellent restaurant japonais fusion, Kuro), un casino et une nouvelle salle de concerts, la Hard Rock Live. Un vrai petit Las Vegas ! À visiter absolument !

THE DIPLOMAT BEACH RESORT €€€

3555 South Ocean drive
✆ +1 954 602 6000
www.diplomatresort.com
A partir de 280 US$ la chambre double.

Un immense complexe hôtelier de luxe très design avec ses deux grandes tours, composé de 998 chambres et 96 suites modernes, tout-confort et agréablement décorées dans des tons doux. Le Diplomat compte également 4 restaurant et un bar, un superbe spa, de très grandes piscines extérieures ainsi qu'un club de fitness est ouvert 24h/24. Mention spéciale pour sa situation idyllique face à la plage. Certaines chambres bénéficient ainsi de balcons surplombant l'océan. Magique !

MOONLITE DINER €

3500 Oakwood Boulevard
✆ +1 954 924 2012
https://www.moonlitediner.com
Ouvert du dimanche au jeudi de 8h à 21h, jusqu'à 23h vendredi et samedi. Burger : 12 US$ environ.

Le Moonlite est un *diner* américain tout ce qu'il y a de plus typique, vintage à souhait avec sa façade rutilante et ses banquettes en skaï. On y déguste un copieux petit-déjeuner à toute heure, composé de pancakes à la fraise ou aux M&M's, d'œufs et de bacon croustillant. On craque aussi pour les burgers bien juteux comme le *Blue Cheese* ou le *Texas Burger*. Et, si l'estomac n'est pas trop plein, on termine par une autre spécialité de la maison : un milkshake traditionnel surmonté d'une cerise. Le rapport qualité-prix est très bon et l'accueil sympathique.

THE TIPSY BOAR €€

1906 Harrison Street
✆ +1 954 920 2627
www.thetipsyboar.com
Ouvert de 12h à minuit, vendredi et samedi jusqu'à 1h du matin. Plat à partir de 15 US$.

The Tipsy Bar est un gastro-pub qui propose une cuisine de qualité *made in USA*. Notre préférence va aux excellents burgers à prix plutôt raisonnables, comme le *Texas BBQ Beef Burger* avec effiloché de porc au barbecue, *onion* rings et bacon. Si vous êtes plusieurs, les assiettes à partager sont une bonne idée : il y en a pour tous les goûts, des plus classiques comme les moules aux plus originales comme les dates enrobées de bacon et fourrée au Bleu. Pour ne rien gâcher, l'ambiance est sympa et détendue. Grand choix de bières pression. Une référence depuis 2002.

MOJO DONUTS

7903 Pines Boulevard
✆ +1 954 983 6631
www.mojodonutsvip.com
Ouvert tous les jours de 6h à 18h.

Cette petite boutique est tout simplement le temple du donuts ! Chaque mois, une nouvelle carte révèle des pâtisseries décadentes et multicolores fraichement préparées sur place. Vous aurez le choix entre 3 styles de donuts : les classiques (Oreo, framboise, caramel...), les créations du chef Swan (Key Lime Pie, churros...) et les *best sellers* de la maison (brownie, cheesecake à la mangue, crème à la banane...). Chaque donut est garni de toppings colorés qui rajoutent encore une couche de gourmandise. On préfère vous prévenir : le plus dur sera de choisir !

ARTSPARK AT YOUNG CIRCLE

Palm Court Area, West Side
✆ +1 954 921 3500
Entrée libre au parc. Young Circle Gallery ouverte du lundi au jeudi de 15h30 à 21h30 (gratuit).

Ce parc verdoyant de 4 hectares compte une fontaine, des sentiers, des jeux pour enfants et une grande scène. C'est là que se déroulent de nombreux événements culturels, festivals et spectacles en extérieur.. Entre autres événements, des projections de films en plein air ont lieu tous les vendredis de 20h à 22h. On peut aussi s'y rendre à toute heure de la journée pour promener et admirer les nombreux sculptures disséminées ici et là. D'autres oeuvres d'art sont à découvrir à la Young Circle Gallery, dont l'accès est gratuit.

FORT LAUDERDALE ★★

Fort Lauderdale tient son nom du major William Lauderdale, qui y fit édifier un fort en 1838, époque où les tensions étaient très vives avec les Indiens Séminoles. La ville de 182 000 habitants, située à 48 km au nord de Miami, offre aux vacanciers un autre aspect de la Floride : distingué, paisible, préservé... Ses 400 kilomètres de canaux lui valent le surnom de *Venise of America*. Nous vous conseillons d'ailleurs de visiter la ville en bateau. Parmi les choses à faire : flâner sur le River Walk, vous détendre sur les 37 km de plages ou découvrir les nombreux parcs et musées. Fort Lauderdale est également une ville phare de la communauté gay.

Sortir

Toutes les grandes villes ont un quartier ou une rue particulière où se côtoient les boutiques les plus chics, les nouvelles tendances de la mode, les grandes galeries d'art, les plus délicieux restaurants et les bars où se concentre une activité nocturne des plus animées. A Fort Lauderdale, il s'agit de Las Olas Boulevard. Parallèle à la Fort Lauderdale New's River dans sa course vers l'océan Atlantique, Las Olas Boulevard est une grande avenue longue de 4 kilomètres, ornée de parterres de fleurs et de hauts arbres touffus. Au centre du boulevard, l'architecture des boutiques, des restaurants et des bars témoigne de l'héritage espagnol du Sud de la Floride. En dépit de son charme historique, ce boulevard est surtout un point d'activité commerciale très intense, un temple de la consommation prisé des touristes du monde entier.

Tourisme

Le littoral de la Venise américaine est à l'image des autres villes touristiques des côtes floridiennes : des hôtels et des condos sortent chaque jour de terre et bientôt ne formeront qu'un seul et même amas de béton. Très prisée, la zone de Greater Fort Lauderdale est devenue la capitale mondiale de la navigation de plaisance, à tel point que la marina a été agrandie pour accueillir près de 55 000 bateaux ! Fort Lauderdale n'en reste pas moins une agréable station balnéaire que l'on prend plaisir à découvrir à pied ou sur les flots (et pourquoi pas en gondole !) au gré des nombreux canaux. Moins guindée que Palm Beach, moins *fashion* et huppée que Miami, Fort Lauderdale offre un autre aspect de la Floride : distingué, paisible, réservé... Quelques kilomètres plus au nord, la charmante Lauderdale-by-the-Sea est l'endroit idéal pour lézarder au soleil.

Vue sur Fort Lauderdale.

BONNET HOUSE MUSEUM & GARDENS ★★

900 North Birch Road ✆ +1 954 563 5393

www.bonnethouse.org

Du mardi au vendredi (11h-15h), samedi et dimanche (11h-16h). Adulte : 20 US$,6-17 ans : 8 US$. Jardins seuls : 10 US$.

La maison Bonnet a été conçue par Frederic Clay Bartlett, un artiste américain originaire de Chicago. La construction a commencé dans les années 1920 et s'est poursuivie pendant près de 20 ans. Avec ses fleurs de marbre en trompe-l'œil et ses colonnes mauresques, c'est un très bel exemple d'architecture hispanisante. De nombreuses oeuvres d'art sont à découvrir à l'intérieur. Le jardin subtropical attenant présente cinq écosystèmes variés et une très belle collection d'orchidées.

BUTTERFLY WORLD ★★

3600 West Sample road, Coconut Creek

✆ +1 954 977 4400

www.butterflyworld.com

Ouvert du lundi au samedi de 9h à 17h et le dimanche de 11h à 17h. Adulte : 32,5 US$, enfant (3-11 ans) : 22,50 US$.

Paradis des papillons, ce parc recense la plus importante diversité de papillons au monde. Vous y découvrirez en effet plus de 20 000 papillons volant tout autour de vous dans une vaste serre agrémentée de végétation tropicale luxuriante. Butterfly World dispose aussi d'un jardin extérieur ponctué de pontons, de points d'eau et d'oiseaux exotiques. Vous en apprendrez également davantage sur le cycle de vie des papillons. Une visite très colorée et enchanteresse pour qui affectionne particulièrement ces divines créatures volantes.

FLAGLER VILLAGE

Flagler Village

À l'image de Wynwood à Miami, Flagler Village était jusque dans les années 2000 une zone industrielle et résidentielle délaissée. Petit à petit, son renouveau s'est affirmé grâce à l'arrivée de restaurants et cafés *trendy* et de *street-artistes* qui ont transformé le paysage du quartier. Ne manquez pas de visiter les galeries et boutiques de FAT Village (Flager Arts Technology ou Food Arts Technology). En somme, Flagler Village est aujourd'hui *the place to be* à Fort Lauderdale. Las Olas, Downtown et la plage ne sont qu'à quelques encablures.

FLAMINGO GARDENS ★★

3750 South Flamingo Road
✆ +1 954 473 2955
www.flamingogardens.org
Ouvert tous les jours de 9h30 à 17h. Adulte : 19,95 US$, enfants de 3 à 11 ans : 14,95 US$.

A la fois jardin botanique et sanctuaire pour les animaux, les Flamingo Gardens sont à ne pas manquer. La variété des espèces présentes est impressionnante : oiseaux de proie, flamants roses, ours, panthère de Floride, alligators, plantes endémiques de Floride... Le cadre est sublime avec son arboretum, ses jardins variés et ses points d'eau. Vous en prendrez plein les yeux ! Le site propose aussi une visite commentée en tram (inclus dans le billet) et un musée. C'est une sortie parfaite en famille ou pour les amateurs de nature. Prévoir deux heures de visite.

HISTORIC STRANAHAN HOUSE MUSEUM

335 SE 6th Avenue ✆ +1 954 524 4736
https://stranahanhouse.org
Lundi au vendredi de 10h à 16h, samedi et dimanche de 12h à 16h. Adulte (-60 ans) et enfant : 12 US$, étudiant : 7 US$.

Construite en 1901 au bord de la New River, la Stranahan House est la plus ancienne bâtisse de Broward County, et donc de Fort Lauderdale. Elle appartenait à Franck et Ivy Cromartie Stranahan. L'un est considéré comme le père fondateur de la ville, l'autre était la première enseignante de Broward County. La maison, qui connut au fil du temps plusieurs agrandissements, est aujourd'hui un site historique abritant un musée fascinant que vous pourrez découvrir lors d'une visite guidée.

HUGH TAYLOR BIRCH STATE PARK

3109 E Sunrise Boulevard
✆ +1 954 564 4521
Ouvert tous les jours de 8h au coucher du soleil. 6 US$ / véhicule, 2 US$/piéton ou cycliste.

Cette réserve naturelle de 66 hectares vous offrira une journée de dépaysement à deux pas de la ville ! Au programme : paddle, petite randonnée de 20 minutes via le *Coastal Hammock Trail*, baignade et snorkeling, session bronzage sur la plage du parc... Il est aussi possible de louer un vélo sur place pour profiter de la piste cyclable de 3 kilomètres qui serpente dans la nature environnante. Les rangers du parc organisent régulièrement des sorties et visites guidées sans supplément.

MUSEUM OF DISCOVERY AND SCIENCE ★

401 SW 2nd Street ✆ +1 954 467 6637
www.mods.org
Ouvert du lundi au samedi de 10h à 17h, le dimanche de 12h à 17h. Adulte : 27 US$, enfant (2-12 ans) : 22 US$.

Le musée de la Découverte et des Sciences est l'un des plus vastes du genre en Floride. Ses deux étages offrent des collections consacrées à la Floride : paysages, histoire de l'eau, préhistoire... Ainsi que des expositions autour des sciences : simulateurs de vol, minéraux, grandes découvertes... S'y trouve aussi Great Gravity Clock, la plus grande sculpture à énergie cinétique de Floride. Bonus : chaque billet inclut le visionnage d'un documentaire 3D dans la salle IMAX.

NSU ART MUSEUM ★

One E. Las Olas Boulevard ✆ +1 954 525 5500
http://nsuartmuseum.org
Du mardi au samedi de 11h à 17h, le dimanche de 12h à 17h. Adulte : 12 US$, jeunes (13-17 ans) : 5 US$, gratuit -12 ans.

Cet immense musée d'art fondé en 1958 appartient à la Nova Southeastern University (d'où son nom, NSU Art Museum). Il reçoit chaque année les plus grandes expositions internationales. On a ainsi pu y voir des œuvres de Dali ou des sculptures de Duane Hanson. Plus de 7 500 œuvres sont visibles à l'année, dont la plus importante collection américaine d'artistes du mouvement européen CoBrA (acronyme de Copenhague, Bruxelles et Amsterdam). Le musée présente également des œuvres modernes d'artistes cubains et latino-américains, dont Frieda Kahlo.

© ROBERTO A SANCHEZ - ISTOCKPHOTO

Fort Lauderdale.

SAWGRASS RECREATION PARK ★

1006 Highway 27 ✆ +1 888 424 7262
www.evergladestours.com
Ouvert tous les jours de 8h à 18h30. Départ toutes les 30 min de 9h30 à 17h. Adulte : 26,95 US$, 4-12 ans : 16,95 US$.

À seulement 25 minutes de route à l'ouest de Fort-Lauderdale, les grandes étendues d'herbe grasse du Sawgrass Recreation Park sont adaptées aux excursions en aéroglisseur et c'est ce qui est proposé ici. Vous pourrez ainsi découvrir la faune et la flore et avoir quelques sensations dans les zones dégagées où le bateau va à une plus grande vitesse. A voir également, un petit zoo de la faune locale avec alligators et reptiles et des expositions sur la faune et la flore. Prévoir 2 heures pour la visite complète. Une bonne alternative pour profiter des Everglades.

PORT EVERGLADES CRUISE

Eisenhower Boulevard
✆ +1 954 523 3404
www.porteverglades.net

Port Everglades est le troisième port du monde en terme de fréquentation, avec 3,9 millions de passagers en 2019. Il accueille 9 compagnies de croisières et un ferry de la compagnie Balearia qui fait la liaison avec deux iles des Bahamas en seulement 2 à 3 heures. Ce port a aussi pour avantage d'être seulement à 5 minutes de route de l'aéroport de Fort Lauderdale. Des navettes et taxis font la liaison entre les 2. Port Everglades dispose d'un parking à 15 US$ par jour. C'est plutôt intéressant en cas d'escapade de quelques jours dans la mer des Caraïbes.

BALEARIA CARIBBEAN

Port Everglades
À partir de 200 US$ l'aller-retour par personne entre Port Everglades et Grand Bahama.

Et si vous profitiez de votre séjour en Floride pour faire une petite escale aux Bahamas ? La compagnie de ferries Baleria Caribeean effectue des allers-retours entre Port Everglades (le port de Fort Lauderdale) et la paradisiaque île de Grand Bahama, plusieurs fois par semaine. La traversée dure environ 3 heures. La compagnie dessert aussi les îles de Bimini, plus confidentielles. Comptez alors 2 heures de trajet. Nous vous conseillons de passer au moins trois jours sur place pour avoir le temps de profiter des nombreuses activités offertes par les Bahamas.

B-CYCLE

✆ +1 754 200 5672
broward.bcycle.com
5 US$ les 30 minutes, 50 US$ maximum la journée.

B-Cycle vous propose la location de vélos électriques en libre-service sur tout le front de mer de Fort Lauderdale, et même à Lauderdale-by-the-Sea et Hollywood. Vous aurez la possibilité de payer en ligne ou directement sur place via une borne. C'est en fait le même système de location de vélos que les Vélibs à Paris, mais version électrique. L'application B-Cycle est très pratique pour localiser les bornes à proximité et le nombre de vélos disponibles. Une super manière d'explorer Fort-Lauderdale et ses environs tout en éviter de s'embarrasser d'une voiture.

FORT LAUDERDALE COMMUNITY SHUTTLE

✆ +1 954 761 3543

Gratuit. Cinq lignes dont quatre fonctionnant du lundi au vendredi.

Anciennement connu sous le nom de Sun Trolley, ce service de navette gratuit offre cinq lignes pour parcourir Fort-Lauderdale. Trois lignes sont particulièrement pratiques : la *Beach Link* - la plus populaire - fonctionne 7 jours/7 le long de la plage. *Las Olas Link* dessert le principal boulevard commerçant de la ville, le week-end uniquement. Enfin, la *Downtown Link* rallie les principaux points d'intérêt du centre-ville. La navette circule toutes les heures environ.

RIVERWALK WATER TROLLEY

Riverwalk North

✆ +1 954 761 3543

En service tous les jours de 10h à 22h. Le temps d'attente à chaque arrêt est d'environ 20 minutes. Gratuit.

Ce bateau-bus dessert la New River dans le centre-ville de Fort Lauderdale. Il marque 8 arrêts le long des rives nord et sud de la rivière. Les piétons ont ainsi un accès facile aux différents points d'intérêt du centre mais aussi aux boutiques, restaurants, bars et autres lieux de sortie. Vous profiterez également de points de vue inédits sur les buildings et les superbes villas qui bordent la New River. En bonus : le capitaine vous contera quelques anecdotes durant la traversée. Pratique, insolite, gratuit : aucune raison de s'en priver !

WATER TAXI

✆ +1 954 467 6677

watertaxi.com

Tous les jours de 10h à 22h. Pass journée : 35 US$ (12 ans et +), 15 US$ (5 à 11 ans). Pass soirée (dès 17h) : 20 US$.

Fort Lauderdale est surnommée « la Venise de l'Amérique », alors quoi de mieux que de circuler sur l'eau ! La compagnie Water Taxi offre deux lignes. La *Fort Lauderdale Route* dessert dix arrêts avec un bateau toutes les 35 à 45 minutes. La *Hollywood Express Route* part de Fort Lauderdale jusqu'au sud de la ville d'Hollywood (au niveau du complexe hôtelier de Margaritaville). Comptez trois heures si vous souhaitez faire la totalité de la *Fort Lauderdale Route*. Le billet journée permet de circuler toute la journée en illimité sur les deux lignes.

BAYMINGO - BOAT RENTALS & TOURS

4492 Anglers Ave

✆ +1 786 616 4323

www.baymingoboatrental.com

Bateau 6 pers. 260 US$ les 2h, 720 US$ la journée. 12 pers. 280 US$ les 2h, 680 US$ les 4h. Ajouter prix du capitaine.

© BAYMINGO

Sûrement l'activité la plus fun à Fort Lauderdale ! Rejoignez Ingrid et ses capitaines à Dania Beach : louez un bateau (jusqu'à 6 ou 12 personnes), et *cruisez* sur les fameux canaux qui font de la ville la « Venise de l'Amérique ». Vous ne manquerez pas d'occupation : plongée avec les dauphins, farniente sur matelas flottant, *snorkeling* pour essayer d'apercevoir les lamantins et autres poissons, ou partez direction Hollywood pour le coucher de soleil. Époustouflant !

4145 BY THE SEA €€

4145 Bougainvilla Drive

✆ +1 754 7153479

www.stayat4145.com

Chambre double à partir de 125 US$. Parking gratuit.

Après Lille et Bordeaux, c'est dans la dynamique ville balnéaire de Lauderdale-by-the-Sea que Marjorie, Nicolas et leurs enfants ont débuté leur aventure en Floride. Ils vous invitent à découvrir leur charmant hôtel de 7 chambrres au charme rétro. Toutes ont en commun une ambiance douce et apaisante, et 5 d'entre elles sont équipées d'une cuisine. Vous pourrez aussi vous détendre sur le patio et profiter du barbecue. Mention spéciale pour la situation idéale : la plage est à 200 mètres et les commerces et restaurants animés du centre-ville à 10 minutes à pied.

SONESTA FORT LAUDERDALE BEACH €€

999 North Fort Lauderdale Boulevard
✆ +1 954 315 1460
Chambre double à partir de 178 US$. Wifi gratuit. Piscine.

Installé juste en face de la longue et belle plage de Fort Lauderdale, cet hôtel moderne de la chaîne Sonesta dispose de 240 chambres récemment rénovées, dont 24 suites lumineuses et fonctionnelles qui ont toutes vue sur la mer. Sur place, le restaurant Steelpan propose une bonne cuisine de type floridienne tendance caribéenne avec vue sur la plage. Parmi les autres commodités : un accès privé à la plage, un club de fitness et une piscine extérieure. Un très bon rapport qualité-prix.

LESTER'S DINER €

250 State road 84
✆ +1 954 525 5641
https://lestersdiner.com
Ouvert 24h/24. Plat à partir de 7,99 US$.

Depuis 1958, ce diner américain des plus typique remplit les panses des Floridiens avec de grandes portions de frites croustillantes à souhait… Les œufs Bénédicte sont un régal, tout comme l'un des nombreux desserts maison. Particularité : le petit déjeuner est servi pendant 24h, des horaires très souples qui attirent les locaux, les clubbers, les fonctionnaires… Mention spéciale pour le café servi à volonté dans des mugs de 400 ml ! Bref une atmosphère conviviale, animée par un personnel tout aussi sympathique et rapide. Le rapport qualité/prix est très bon.

VILLA VENEZIA €€

132 Isle of Venice Drive
✆ +1 954 832 0981
www.villa-venezia.com
À partir de 115 US$ la nuit. Logements pour 2 à 5 personnes. Piscine.

Dans une petite rue calme d'Isle of Venice, en plein quartier résidentiel et cossu de Fort Lauderdale, ce petit établissement propose des chambres et appartement cosy, clairs, spacieux et très bien équipés. La décoration est floridienne, sans être *kitsch*. Les appartements disposent d'une cuisine complète (micro-ondes, four, frigo, machine à café), de quoi vous sentir chez vous. Pour vous rafraîchir, une petite piscine est à disposition. Une belle affaire pour des vacances tranquilles, non loin de Miami et à 20 minutes de la plage de Fort Lauderdale.

O-B HOUSE €

333 Himmarshee Street
✆ +1 954 530 7520
www.o-bhouse.com
Du mardi au jeudi de 9h à 13h25, du vendredi au dimanche jusqu'à 14h25. Plat à partir de 15 US$.

La particularité de ce petit restaurant au cadre *cosy* et à l'agréable jardin ombragée en plein centre-ville, c'est de servir le petit déjeuner tout au long de la journée. Pas mal pour les lève-tard ! Au programme, de délicieuses omelettes aux recettes variées mais aussi de très bons gâteaux. Mais la spécialité, ce sont les pancakes cuits au four ! Mention spéciale pour celui aux myrtilles et noix de pécan de Floride. Au déjeuner, grandes salades, petits plats cuisinés et sandwichs raviront les affamés. Un soin particulier est accordé à l'origine des produits.

THE PILLARS HOTEL €€€

111 North Birch road
✆ +1 954 467 9639
www.pillarshotel.com
Chambre double à partir de 350 US$. Wifi gratuit.

Un havre de paix au cœur de la Venise américaine ! Bienvenue dans ce boutique-hôtel de style old British, au cœur d'un jardin tropical. Les chambres sont douces et élégantes, certaines avec vue sur la piscine ou sur la New River. Ce *Small Luxury hotel of the world* offre un service sur mesure qui s'apprécie jusque dans la cuisine, avec un chef qui cuisine *fresh and healthy*. Le restaurant est d'ailleurs seulement accessible aux clients et aux membres du club sélect géré par l'hôtel. Vous apprécierez baigner dans le calme et la sérénité de ce cadre paradisiaque.

CAFE SEVILLE €€

2768 East Oakland Park boulevard
✆ +1 954 565 1148
www.cafeseville.com
Lundi au jeudi de 17h à 22h, jusqu'à 22h30 vendredi et samedi. Fermé le dimanche. Plat principal à partir de 30 US$.

On devinera facilement à son nom que ce restaurant à la façade plutôt quelconque propose des plats typiquement espagnols, et c'est une vraie institution depuis plus de 20 ans ! Au menu, une large sélection de plats : paellas, gaspacho andalous, poulet à la Sévillane... ainsi que des tapas à partager. Ne soyez pas surpris si votre serveur vous apporte un tableau blanc avec des plats ne figurant pas sur le menu ! De quoi compliquer un choix déjà cornélien... La carte des vins est remarquable et maintes fois primée ; l'ambiance chaleureuse et méditerranéenne.

CASA SENSEI €€

1200 E Las Olas Blvd STE 101 ✆ +1 954 5304176
https://casasensei.com/
Lundi : 16h-22h30, mardi/mercredi : 11h30-22h30, jeudi au samedi : 11h30-23h30, dim : 11h30-22h30. Plat : 25 US$ env.

Au cœur de Fort-Lauderdale, installez-vous dans la salle aux tonalités boisées et végétales ou en terrasse avec vue sur les gondoles voguant sur le canal Himmarshee. Vous dégusterez une cuisine créative et élégante savamment présentée, aux influences pan-asiatiques et latines. Coup de cœur pour le steak coréen Chimichurri, la viande marinée est tendre et savoureuse. La carte propose aussi de généreux sushis, un pad-thaï ou du saumon grillé. Insolite, le *dog menu* pour nos amis à 4 pattes. Le premier week-end du mois, place au Rock'n'roll Brunch avec musique live.

CASABLANCA CAFE €€

3049 Alhambra street
✆ +1 954 764 3500
www.casablancacafeonline.com
Ouvert du dimanche au jeudi de 8h30 à 22h, jusqu'à 23h le vendredi et samedi. Plat à partir de 14,95 US$.

Dans un bâtiment sorti de terre en 1927, le Casablanca Cafe fait presque office d'OVNI parmi les grands immeubles de la rue Alhambra. Ce restaurant fusion mélange des influences venues d'Asie, d'Afrique du Nord et des Caraïbes pour des plats originaux aux saveurs variées. L'architecture est de style marocain et le cadre, avec la vue sur l'océan est très agréable. Une très bonne adresse, idéale pour un dîner en tête-à-tête. Les concerts de jazz et le piano bar les soirs, rendent l'endroit particulièrement romantique. L'*happy hour* est aussi très attractif !

VOO LA VOO CAFE €€

2430 NE 13th Avenue ✆ +1 754 200 5285
https://www.voolavoocafe.com/
Ouvert du lundi au vendredi de 7h30 à 15h. Samedi et dimanche de 7h30 à 16h. Plat à partir de 13 US$.

Le nom nous fait sourire, il se prononce « voulez-vous » avec un petit accent américain. Le côté Frenchy se poursuit dans l'assiette : la spécialité, c'est la crêpe ! Rien de surprenant quand on sait que la gérante Sylvie Le Nouail est bretonne ! On la déguste en version salée comme la Ratatouille ou la Chicken Béchamel, ou en version sucrée ultra gourmande à l'image de la Red Velvet (ganache chocolat, fraise, glace à la vanille, amandes caramélisées, coulis de fruits rouges et crème fouettée). La terrasse ombragée est très agréable et l'ambiance chaleureuse.

RIVERWALK

400 South West 2nd street
www.goriverwalk.com

Riverwalk est une promenade longue de 4 kilomètres qui suit le cours de la New River, au cœur de Fort Lauderdale. C'est finalement un complexe commercial et de loisirs en plein air composé de bars, de restaurants et de cinémas. Les œuvres d'art disséminées tout du long et sa position au bord de l'eau lui octroie beaucoup plus de charme qu'un simple centre commercial. Vous pourrez y arriver en *Riverwalk Water Trolley* ou vous amarrer devant, si vous disposez d'un bateau. Le Riverwalk est particulièrement fréquenté le week-end.

STACHE DRINKING DEN + COFFEE BAR

109 SW 2nd Avenue
✆ +1 954 449 1044
https://stacheftl.com
Café : du lundi au vendredi de 9h à 17h. Club : vendredi et samedi de 21h à 4h du matin.

Ce bar est un *speakeasy*, à savoir un bar caché, comme au temps de la prohibition aux USA. Vous verrez donc écrit à l'entrée « Himmie Health Club », mais vous êtes bien à la bonne adresse ! À l'intérieur, une grande salle aux hauts plafonds et à la déco *vintage* vous attend mais aussi plusieurs petits salons à l'ambiance plus intime. Le bar est particulièrement impressionnant avec son grand mur de bouteilles joliment éclairé. Bonne programmation de concerts et de DJ en fin de semaine.

THE WRECK BAR

1140 Seabreeze Blvd
✆ +1 954 245 3836
Du mercredi au samedi de 18h à 2h, le dimanche de 11h à 3h.

Nos pas nous mènent au B Ocean Resort, un hôtel insolite des années 1950 dont la silhouette évoque avec réalisme celle d'un paquebot. À l'intérieur se niche le tout aussi singulier Wreck Bar, dont la décoration toute en bois reconstitue celle d'un galion espagnol. Un vaisseau qui aurait coulé si on en croit la vue sur les fonds marins offerts par les hublots. L'illusion est totale car il s'agit d'aquariums dans lesquels nagent poissons et... sirènes ! Le bar est en effet célèbre pour ses *Mermaid Shows* organisés plusieurs fois par semaine. Une expérience unique !

SAWGRASS MILLS

12801 West Sunrise boulevard
✆ +1 954 846 2300
www.sawgrassmills.com
Ouvert du lundi au samedi de 10h à 21h, le dimanche de 11h à 20h.

C'est un des plus grands *malls* du sud de la Floride. Même sans faire toutes les boutiques, on passe facilement une journée entière à déambuler dans les diverses allées. Toutes les grandes enseignes américaines et de nombreuses boutiques étrangères sont ici concentrées : Guess, Calvin Klein, Aeropostale, Americain Apparel, Levis, Gap, Fossil, Nike, Puma, Adidas, Victoria's Secret, Tommy Hilfiger... Certains sont des *outlets* c'est-à-dire qu'ils proposent des prix plus bas que dans les boutiques normales de la même marque. De quoi faire de bonnes affaires !

THE GALLERIA

2414 East Sunrise Boulevard
✆ +1 954 564 1015
www.galleriamall-fl.com
Ouvert de 11h à 20h, le dimanche de 12h à 18h.

C'est l'un des principaux centres commerciaux de Fort Lauderdale. D'inspiration méditerranéenne, il compte plusieurs grandes enseignes américaines comme Dillards et Macy's. Au total, une centaine de boutiques et plusieurs bonnes tables comme Capitale Grille, Seasons 52 ou P.F. Chang's vous attendent à The Galleria, ainsi qu'un vaste *food court* comme c'est la tradition dans les centres commerciaux américains. Il est situé à 12 kilomètres de l'aéroport, pratique pour un session shopping de dernière minute si vous partez de Fort Lauderdale.

BROWARD CENTER FOR THE PERFORMING ART

201 South West Fifth avenue
✆ +1 954 522 5334
www.browardcenter.org
Les horaires et les tarifs évoluent au fil de l'année en fonction des représentations.

Ce complexe situé dans Downtown se compose de deux salles : l'Au-Rene Theater (2700 places) et l'Amaturo Theater (600 places). Les scènes du Broward Center for the Performing Arts se sont multipliées pour faire honneur au théâtre, à la danse, à l'opéra et aux sons et lumières philharmoniques. L'Au-Rene Théâtre programme notamment de nombreuses comédies musicales, parmi les meilleures de Broadway. Trois restaurants vous accueillent pour diner ou boire un verre avant le spectacle.

PALM BEACH ★★

Palm Beach est une île très cossue, reliée à West Palm Beach par deux ponts. West Palm Beach est une belle commune aux airs de village avec des commerces, des restaurants, des bars à tarifs accessibles... Elle est très différente de l'île de Palm Beach, réputée pour ses boutiques de luxe, ses somptueuses demeures, ses voitures de marque à tous les coins de rue et sa centaine de golfs. Venir y passer la journée pour démystifier sa réputation est un passage obligé, mais de là à y séjourner, il faudra avoir les moyens.

Histoire

La légende veut que ce soit après le naufrage d'un navire espagnol rempli de noix de coco, vers la fin du XIXe siècle, que de nombreux palmiers ont commencé à pousser le long de cette bande de sable blanc. Puis le richissime Flagler, magnat du chemin de fer en Floride et personnage incontournable du développement touristique de l'État, est tombé sous le charme de ce coin paradisiaque. Il l'a baptisé Palm Beach en même temps qu'il a érigé le premier hôtel de la ville, le Poinciana, dans les années 1880. Puis la station balnéaire est devenue l'une des plus huppées de tous les États-Unis, destination hivernale des riches et influentes familles américaines, comme les Kennedy, les Pulitzer, les Trump et autres Rockefeller.

Sports / Loisirs

La côte du comté de Palm Beach est la région idéale pour faire de la plongée sous-marine. Les amateurs seront séduits par la faune et la flore aquatiques de cette région, l'une des plus belles de la côte est. Les eaux marines de Palm Beach, uniques parce que situées à la rencontre des eaux du nord et de celles des Caraïbes, offrent un grand choix d'aventures aquatiques avec des coraux aux couleurs uniques, cinq espèces différentes de tortues marines, des pieuvres, des requins et de nombreuses variétés de plantes tropicales et de poissons multicolores. La présence du Gulf Stream rend la température de l'eau agréable toute l'année. Vous pourrez sans effort accéder aux sites les plus magnifiques de la région, et nombreux sont les récifs qui parsèment la côte et la dotent d'un aspect mystérieux.

L'une des plus belles épaves est celle du *SS Princess Anne*, un navire long de 122 mètres construit en 1933 et coulé dans les années 1990. Il est aujourd'hui encore intact. Toutes les épaves de vaisseaux offrent des possibilités de plongée intéressantes et attirent dans la région de nombreuses écoles de plongée sous-marine.

Récifs les plus connus :

- **The Ranch.** Il mesure entre 21 et 25 m. Cette saillie de calcaire est parsemée de crevasses et on peut y découvrir de nombreuses anguilles qui y ont élu domicile. Des poissons et des tortues de mer ont leurs habitudes dans le coin.
- **Loggerhead Reef.** Ce récif mesure entre 16 et 21 m. Détachés du récif, des gros rochers à la forme arrondie permettent de l'identifier facilement, de même que la plus grande partie de décombres à l'ouest.
- **Rio Jobe Reef.** Récif spectaculaire d'environ 20 à 27 m, avec 4,50 à 6 m de relief torturé fait de crevasses et d'éboulements successifs. Il offre une multitude de recoins cachés qui abritent une vie marine intense. Langoustes, murènes, poissons tropicaux s'y sont réfugiés, et il faut se frayer un passage entre ces nombreux habitants pour pouvoir voir le récif !
- **The Cave.** Il mesure entre 36,50 et 49 m. C'est un récif traversé par un tunnel naturel d'environ 70 m, dont on aperçoit chacune des deux sorties. Une multitude d'énormes poissons colorés et de langoustes habitent ce lieu où l'on pourra même apercevoir des requins et des raies.
- **Northwest Doubles-Shark Dive.** Ce récif de 27 m, marqué par une grande fissure, est un repaire de requins. Les poissons tropicaux abondent également dans ce site impressionnant.
- **Rockpiles.** Récif artificiel, long de 33,50 m et aujourd'hui recouvert de divers coraux, il attire de nombreux habitants de l'océan, poissons et tortues.

COX SCIENCE CENTER & AQUARIUM

4801 Dreher Trail N
✆ +1 561 832 1988
www.coxsciencecenter.org
Du lundi au vendredi de 9h à 17h. Samedi et dimanche de 10h à 18h. Ticket adulte à 20,95 $.

Ce musée a pour objectif d'ouvrir les esprits aux sciences par le biais d'expositions interactives qui plaisent beaucoup aux petits comme aux grands. Il compte un planétarium, un aquarium, un parcours de golf miniature et un espace d'exposition qui présente l'écosystème des Everglades, un simulateur d'ouragan, une cinquantaine de casse-têtes... Chaque mois, il s'ouvre au public pour une nocturne. Vous ne pouvez pas le rater, il se trouve dans le parc Dreher à côté du zoo de Palm Beach.

FLAGLER MUSEUM ★

Cocoanut Row, Whitehall way ✆ +1 561 655 2833
www.flaglermuseum.us
Du mardi au samedi de 10h à 17h et le dimanche de 12h à 17h. Adulte : 26 US$, 6-12 ans : 13 US$. Gratuit pour -5 ans.

L'exceptionnelle maison du millionnaire Flagler, construite en 1902, est monument historique. C'est l'une des plus riches et des plus belles maisons privées des USA, elle contient de vastes salons rappelant la splendeur des années 1920. Henry Flagler était un homme d'affaires qui a cru tôt au potentiel touristique de la Floride ; il permit le développement du tourisme sur place en faisant construire des chemins de fer à travers l'Etat et même jusqu'à Key West ! C'est pourquoi Flagler est considéré comme l'un des « pères de Miami » et le fondateur de Palm Beach.

Palm Beach.

NORTON MUSEUM OF ART

1451 South Olive avenue ✆ +1 561 832 5196
www.norton.org
Lundi, mardi et samedi de 10h à 17h. Vendredi : 10h-22h. Dimanche : 11h-17h. Adulte : 18 US$. Gratuit -12 ans.

Un intéressant musée qui dispose d'une collection riche et variée. La section Américaine présente peintures et sculptures des XIXe et du XXe siècle retraçant l'histoire du pays. Celle consacrée à l'art Européen du XVe au XXe siècle présente des grands maîtres, de Gauguin à Chagall. Le musée est également en possession d'une belle collection de photographies. La section consacrée à l'art chinois présente un panel d'œuvres des différentes périodes. Découvrez enfin une section dédiée à l'art contemporain. Le musée est aussi actif côté expositions temporaires.

THE CHURCH OF BETHESDA-BY-THE SEA

141 S County Road
✆ +1 561 655 4554
https://bbts.org
Église ouverte du lundi au vendredi de 8h à 16h, le dimanche de 8h à 14h30. Fermée le samedi.

L'église épiscopale néo-gothique de Palm Beach est l'une des plus belles de Floride. Elle fut conçue par les architectes new-yorkais Hess et Week et achevée en 1925. Avec sa façade de pierres grises, ses arcades, ses vitraux travaillés et sa charpente en bois, elle possède la plupart des atours des cathédrales européennes et est une démonstration de la richesse de la paroisse. Pour l'anecdote, c'est ici que se marièrent Donald et Melania Trump ainsi que Michael Jordan et Yvette Preto.

THE SOCIETY OF THE FOUR ARTS

100 Four Arts Plaza ✆ +1 561 655 7227
https://fourarts.org
Jardins botaniques et jardins de sculptures ouverts tous les jours de 10h à 17h. Entrée et parking gratuits.

Sur le campus de cette organisation caritative, vous découvrirez les *Four Arts Botanical Gardens*, des jardins de démonstration conçus dans les années 1930 pour présenter les plantes tropicales acclimatées au climat floridien. Ravagés par les ouragans Frances et Jeanne en 2014, ils furent recréés à l'identique. Vous flânerez ainsi parmi sept jardins thématiques, dont une roseraie, un jardin chinois ou tropical. La visite du *Philip Hulitar Sculpture Gardens* est également gratuite.

THE CHESTERFIELD HOTEL €€

363 Cocoanut Row
✆ +1 561 659 5800
www.chesterfieldpb.com
Chambre double à partir de 330 US$. Piscine.

Cet hôtel évoque le charme des vieux manoirs anglais dans un écrin méditerranéen du début du XXe siècle. Les chambres et les suites, toutes uniques, sont décorées avec goût. Les dîners sont exquis et le *tea time*, de 12h à 16 h, n'est jamais oublié. Pour un bon cocktail, rendez-vous dans le Leopard Lounge où il y a souvent de la musique *live* en début de soirée. Prenez le temps d'observer le plafond de la salle du restaurant et ses décorations peintes à la main. L'endroit est à quelques mètres des musées, des boutiques et de l'océan. Un hôtel exceptionnel.

MANGO INN BED & BREAKFAST €€

128 North Lakeside Drive
✆ +1 561 533 6900
https://www.mangoinn.com
Chambre double à partir de 149 US$. Piscine, petit-déjeuner et parking gratuits.

Si vous souhaitez séjourner dans les environs de Palm Beach sans débourser plusieurs centaines de dollars, le Mango Inn B&B est une excellente option. Cette charmante bâtisse de 1905 accueille sept chambres chaleureuses et colorées, complétées par quatre autres situées dans un cottage privatif et dans la *Little House* attenante. Coup de coeur pour le jardin calme et arboré doté d'une agréable piscine. Chaque matin, un délicieux buffet végétarien est proposé au petit-déjeuner.

PGA NATIONAL RESORT €€€

400 Avenue of the Champions
✆ +1 800 863 2819
www.pgaresort.com
Chambre double à partir de 375 $.

C'est l'un des complexes de golf les plus impressionnants des États-Unis. Construit dans les années 1980 et rénové récemment pour la bagatelle de 110 millions de dollars, cet établissement de 339 chambres et deux cottages compte six parcours de 18 trous... Mais on trouve également au PGA des terrains de tennis, une salle de gym, un croquet et un immense spa, ainsi qu'un espace enfant avec des jeux vidéo... en plus de deux excellents restaurants, une chocolaterie et un glacier ! Vous pouvez aussi venir pour le tournoi de golf international en février.

THE BREAKERS €€€

One South County Road
✆ +1 855 430 3527
www.thebreakers.com
A partir de 695 US$ la chambre double. Piscines.

Cet hôtel de luxe est parmi les plus beaux des USA ! C'est le rêve absolu car on trouve tout sur place : cinq piscines face à la mer, des restaurants de qualité, un spa, un bar animé le soir... Construit à la fin des années 1890 sur une idée de l'industriel Henry M. Flagler, dans un style architectural inspiré de la Villa Medicis à Rome, The Breakers a des airs de musée tout en n'ayant subi aucun outrage du temps. Les chambres spacieuses et lumineuses sont décorées sobrement avec une touche floridienne. Un hôtel d'exception à tester au moins une fois dans sa vie.

BUCCAN €€

350 South County Road ✆ +1 561 833 3450
www.buccanpalmbeach.com
Ouvert du dimanche au jeudi de 17h à 21h30, le vendredi et samedi jusqu'à 22h. Assiette à partager à partir de 16 US$.

C'est sans hésiter l'une des meilleures tables de Palm Beach ! Vous y dégusterez la cuisine américaine créative du chef Clay Conley à base d'ingrédients frais locaux. Les plats se présentent dans de petites assiettes à partager, une vraie bonne idée pour goûter à plusieurs saveurs : burrata italienne, falafels, ceviche de poisson... Mais la carte propose aussi des plats plus conséquents. De vraies compositions artistiques aussi belles pour les yeux que bonnes pour le palais ! Ambiance *cosy* et agréable. Buccan propose aussi des sandwiches à emporter le midi.

PISTACHE FRENCH BISTRO €€

101 N Clematis Street ✆ +1 561 833 5090
www.pistachewpb.com
Lundi-jeudi (11h30-20h30), vendredi (11h30-21h30), samedi (11h30-14h30 et 16h30-21h30 (20h30 le dim). Plat dès 15 US$.

Un bistrot de style français avec une déco chaleureuse et rustique. Il donne sur la jolie place de West Palm Beach qui fait très village et on se croirait presque en France, d'autant plus qu'une partie du personnel est français. N'hésitez pas à leur demander des conseils de visite à West Palm et Palm Beach. Dans les assiettes, vous verrez défiler de bonnes spécialités *frenchies* parmi lesquelles la soupe gratinée aux oignons, le pâté de campagne ou les moules marinières. Accompagné, pour varier un peu, de *Mac and Cheese* à la truffe. Une bonne adresse en résumé !

THE PARISIAN €€

201 North US1
✆ +1 561 360 2224
www.theparisianrestaurant.com
Ouvert du lundi au samedi de 17h à 22h. Plat à partir de 24 US$.

Ce restaurant semble tout droit arrivé de Paris avec sa grande salle de style brasserie chic respirant l'élégance. On comprend pourquoi : il a été fondé par un Parisien, Tarzi Benazzouz ! Vous pourrez découvrir de très bonnes spécialités de tout l'Hexagone. Certaines sont particulièrement demandées, comme par exemple le filet mignon ou le steak tartare. On trouve aussi des plats US comme le burger ou le poulet cajun. Pour accompagner votre repas, la carte des vins propose beaucoup de bons crus. En dessert, les profiteroles et la crêpe au caramel sont un *must*.

PALM BEACH OUTLETS

1751 Palm Beach Lakes Boulevard
✆ +1 561 515 4405
Ouvert du lundi au jeudi de 11h à 20h, le vendredi et samedi de 10h à 21h, le dimanche de 11h à 19h.

Cet agréable centre commercial à ciel ouvert compte une centaine de magasins dont beaucoup de grandes marques (Banana Republic, Kate Spade New York, Polo Ralph Lauren...). La plupart des magasins offrent des prix d'usine soit jusqu'à 70% moins chers que dans les boutiques habituelles. C'est notamment le cas d'Adidas, de Nike, de Levi's, de New Balance ou encore de Puma. Pas mal pour un shopping chic sans vous ruiner à Palm Beach ! Vous trouverez aussi sur place des cafés et restaurants pour vous ravitailler entre deux achats.

NARCOSIS DIVE COMPANY

200 E 13th Street
✆ +1 561 630 0606
narcosisdive.com
Lundi au vendredi : départ à 10h. Samedi / dimanche : départ à 8h et 13h. À partir de 105 US$ la sortie avec 2 plongées.

Ce club de plongée organise différentes sorties sur les principaux sites de plongée de Palm Beach, notamment au niveau des barrières de corail situées à 30 minutes de la marina. Durant la sortie, vous effectuerez deux plongées : deux récifs coralliens ou un récif et une épave. Si vous ne détenez pas de certification de plongée, vous pourrez participer à un programme de découverte encadré par un instructeur, qui se déroulera en même temps que la sortie classique. Ill est recommandé de réserver sa sortie à l'avance. Comptez 4,5 heures en mer.

© RUDY UMANS - SHUTTERSTOCK.COM

Biscayne National Park.

BISCAYNE NATIONAL PARK ★★

Etabli en 1968 sur une zone de 72 840 ha, le site invite à la découverte de l'écosystème de la baie de Biscayne, au sud-est de Miami. Le parc se compose à 95 % d'un écosystème marin ; la partie continentale, à Homestead, est une zone forestière avec arbres tropicaux et pins. Entre terre et eau, les mangroves attirent poissons, crustacés, mammifères marins et oiseaux. Au large, des zones d'herbes servent de pâturages aux crevettes, tortues et lamantins des mers. Puis apparait un fameux chapelet d'îles : Boca Chita Key, Elliot Key et Adams Key. Enfin, à l'extrême Est, la barrière de corail protège ces écosystèmes des eaux de l'Atlantique.

Pratique

- **Depuis le nord,** à partir de la Florida's Turnpike, prendre l'extension Homestead de la Turnpike par la sortie 2 en direction de Campbell drive. Prendre à droite, puis continuer vers l'est jusqu'à l'intersection avec Kingman road. En tournant à droite, vous atteindrez North Canal drive. Il ne vous reste plus qu'à prendre à gauche jusqu'au bout de cette voie pour atteindre l'entrée sur le côté gauche. Il est également possible de rejoindre la SW 328th street, également appelée North Canal drive, depuis l'US 1, que l'on soit au nord ou au sud de l'embranchement. A partir de ce point, le Convoy Point est à environ 9 miles sur le côté gauche. Si vous arrivez directement de l'aéroport international de Miami, la distance qui vous sépare du centre est de 35 miles.
- **L'entrée du parc est gratuite,** mais vous devrez vous acquitter d'une taxe de 25 US$ si vous souhaitez passer la nuit aux campings de Boca Chita Key ou d'Elliot Key.
- **Des visites en bateau** ont lieu au départ du Dante Fascell Visitor Center.

Se loger

- **Le parc n'offre aucune infrastructure** pour se loger et les hébergements les plus proches se trouvent à Homestead ou à Florida City. Vous pourrez, en revanche, faire du camping sur Boca Chica Key (qui ne dispose pas d'eau) et Elliot Key (douche froide uniquement), ce qui les rend assez spartiate. Les réservations ne sont pas possibles – premier arrivé, premier servi ! Ces deux campings ne sont accessibles qu'en bateau.
- **Le camping sauvage** est absolument interdit même quand les campings officiels sont complets. Attention : personne ne ramasse les ordures dans les campings, chacun est censé les emporter avec soi en partant.

ADAMS KEY ★

Gratuit.

Une île qui offre un court chemin pédestre à l'extrémité nord du parc. Adams Keys n'est ouverte que du lever au coucher du soleil. Il n'est pas donc possible d'y passer la nuit (préférez pour cela Boc Chita Key ou Elliot Key) mais vous pourrez y rester toute la journée et y pique-niquer si vous avez envie. De 1922 à 1974, Adams Key abritait le Cocolobo Cay Club, un club privé très sélect fréquenté entre autre par les présidents américains Johnson et Nixon. Le bâtiment principal a brûlé en 1974, et le reste du club a été détruit par l'ouragan Andrew en 1992.

BISCAYNE NATIONAL PARK INSTITUTE

9700 SW 328th St.
✆ +1 786 335 3644
Ouvert tous les jours de 8h30 à 17h. Location de paddle : 39 US$ pour 1h30 ; excursion en bateau : à partir de 79 US$.

Le lieu organise de nombreuses excursions à la découverte de ce parc national. Vous pourrez ainsi louer un kayak pour explorer la mangrove, vous initier au *snorkeling* (nage avec tuba) pour admirer le récif corallien ou partir en excursion à la journée. Si vous n'avez pas beaucoup de temps, nous vous conseillons la croisière *Heritage of Biscayne* (3h30) qui vous mènera à la découverte des 3 îles du parc : Adams Key, Elliot Key et Boca Chita Key. Gare aux moustiques en été !

DANTE FASCELL VISITOR CENTER ★

9700 SW 328th street
✆ +1 305 230 7275
www.nps.gov/bisc
Ouvert tous les jours de 9h à 17h.

Ce visitor center fournit toutes de nombreuses infos sur le parc, mais il a aussi pour particularité d'abriter une galerie d'art contemporain où sont exposées des œuvres d'artistes en rapport avec les Everglades pour sensibiliser le public à la nécessité de protéger cet écosystème unique. Les activités sont nombreuses : plongée, kayak, pêche, snorkeling, bateau à fond de verre... Un petit *trail* de 400 mètres permet une balade agréable en bordure de mer jusqu'au bout de la jetée.

BOCA CHITA KEY ★

Boca Chita Key
www.nps.gov/bisc
Gratuit.

Boca Chita Key abrite un phare construit par Mark Honeywell, l'un des premiers propriétaires des lieux dans les années 1930. Le phare de 20 mètres de haut est ouvert par intermittence en fonction du personnel présent sur l'île. Du haut du phare on a une vue magnifique sur l'île et la skyline de Miami. On y trouve aussi un *trail* d'environ 500 m, pour une petite échappée en pleine nature. Si vous souhaitez prolonger l'expérience, vous pouvez dormir dans le camping avec vue sur le front de mer. Boca Chita Key est l'île la plus visitée de Bicayne National Park.

ELLIOTT KEY

Elliott Key
Gratuit.

Un chemin part du camping (du côté de la baie de Biscayne) et fait le tour de cette île (la longueur dépasse tout de même les 11 km) ; il permet de faire la traversée nord-sud de l'île. Pour une option plus rapide, optez pour la boucle de 1,6 km qui part aussi du camping. Elliot Key est la plus grand île du parc ; la légende veut qu'elle servait de refuge aux pirates et aux esclaves qui s'étaient échappés. À la fin du XIXe siècle et au début du suivant, l'île était habitée et possédait des plantations d'ananas, dont la récolte produisait plus de 50 000 fruits.

Phare de Boca Chita Key dans le Biscayne National Park.

PASSPORT

EVERGLADES

Par la route, deux grandes voies permettent d'accéder aux Everglades : la Tamiami trail, qui relie Tampa à Miami (d'où le nom !), et l'Everglades Parkway, une autoroute à péage. D'autres voies secondaires sont aussi praticables. Cinq entrées permettent d'accéder au parc des Everglades : c'est là que vous devrez vous acquitter d'un billet d'entrée valable 7 jours consécutifs (un par véhicule). Sur place, embarcations motorisées privées sont interdites, mais vous pouvez emprunter un hydroglisseur ou le bateau d'une compagnie autorisée pour vous balader. La marche est un excellent moyen de découvrir la faune et la flore sauvages : de nombreux *trails* aménagés de longues variables permettent d'observer alligators, crocodiles et oiseaux. À part des campings, vous ne trouverez pas d'hébergements dans le parc. Privilégiez alors les villes d'Homestead ou de Florida City pour passer la nuit, elles regorgent d'hôtels généralement bon marché.

Turkey Foot
Deep Lake
Jerome
Copeland
BIG CYPRESS NATIONAL PRESERVE ★★
41
Trailtown
EVERGLADES ★
Chokoloskee
Trail Center
Pinecrest
Chatham
Pops Hammock Seminole Villag
Tenmile Corne
Walter Hamilton Place
Leon Hamilton Place
PARC NATIONAL DES EVERGLADES
Golfe du Mexique
20 KM

Weston
Southwest Ranches
essie Willies
Pembroke Pines
HOLLYWOOD ★★
Pembroke Park
Surfside
Hialeah
Miami Shores
Virginia Gardens
MIAMI ★★★★
West Miami
Key Biscayne
Kendall
Lindgren
Baie de Biscayne
Goulds
Redland
The Keyhole
Leisure City
HOMESTEAD ★
BISCAYNE NATIONAL PARK
FLORIDA CITY ★
Sponge Rocks
EVERGLADES NATIONAL PARK ★★★
Cutter Bank
Gold Key
Florida Home
Carysfort Yacht Harbor
Jewfish
KEY LARGO ★★★
Key Largo
Sunset Point
Plantation Key Colony
Everglades

PAGES

HOMESTEAD ★

Homestead, dont le nom signifie ferme, est une petite ville ensoleillée de près de 85 000 habitants, à 50 km de Miami. Elle fut fondée en 1913 par la communauté de *homesteaders* (fermiers) qui participèrent à la construction du chemin de fer reliant Miami à Key West. La ville est la porte d'entrée de deux parcs nationaux : les Everglades et le Biscayne National Park, au nord des Keys. Même si Homestead est une ville étape pour de nombreux visiteurs, plusieurs attractions locales méritent qu'on lui accorde du temps, comme son agréable centre-ville historique qui se découvre aisément à pied. Ce dernier accueille l'un des campus du comté de Miami Dade.

FRUIT AND SPICE PARK

24801 SW 187th avenue
✆ +1 305 247 5727
https://redlandfruitandspice.com
Tous les jours de 10h à 17h. Adulte : 10 US$, enfant (6-11 ans) : 3 US$, gratuit -6ans. Visites guidées à 11h et 13h30.

Créé en 1944 sur la terre fertile du Redland, ce parc abrite plus de 500 variétés de fruits tropicaux, d'épices, de noix et d'herbes aromatiques. On dénombre par exemple 180 variétés de mangues, 70 variétés de bambous et 40 de bananes. La balade à travers ses champs immenses est unique en son genre. La visite en tram est aussi une très bonne option. S'il n'est pas possible de cueillir directement les fruits sur les arbres, vous pourrez ramasser ceux qui sont tombés au sol. De nombreux événements sont organisés tout au long de l'année.

EVERGLADES OUTPOST ★★

35601 SW 192 avenue
✆ +1 305 247 8000
www.evergladesoutpost.org
Lundi, mardi et vendredi (10h à 17h), samedi et dimanche (10h à 18h). Adulte : 20 US$, enfant : 15 US$, gratuit -5 ans.

Vers l'entrée du parc des Everglades, ce refuge pour animaux a été créé en 1991 par Bob et Barbara Free. Ce n'est pas un zoo mais une association à but non lucratif qui recueille les animaux exotiques menacés, abandonnés, enlevés à leur maître ou en attente d'autorisation. Une fois soignés, ils sont autant que possible relâchés dans la nature. Ceux qui ne peuvent l'être restent dans le refuge ou sont envoyés dans des lieux à même de les protéger. Lors de votre visite, vous pourrez observer des panthères, des tigres, des tortues, des alligators et même des ours.

HISTORIC HOMESTEAD TOWN HALL MUSEUM

41 N Krome Avenue
✆ +1 305 242 4463
https://townhallmuseum.org
Ouvert du mercredi au samedi de 13h à 17h. Gratuit.

Hébergé au cœur de Homestead, ce petit musée s'attache à conter l'histoire de la ville. Il prend place dans l'ancienne mairie, construite en 1917 et restaurée après l'ouragan Andrew en 1992. Le rez-de-chaussée accueillait à l'origine policiers et pompiers, le premier étage les bureaux de la mairie. Vous remonterez le temps grâce à d'anciennes photographies et livres, des objets ainsi que d'anciennes cellules de prison. La pièce maîtresse : un superbe camion de pompier de 1924.

EVERGLADES

Seminole Theatre, Homestead.

HOMESTEAD MIAMI SPEEDWAY

Speedway Blvd
✆ +1 305 230 5000
www.homesteadmiamispeedway.com
Accès selon les courses, consulter le site Internet pour voir le programme et réserver vos tickets d'entrée.

Inauguré en 1995, le Homestead Miami Speedway est un circuit automobile de 2,4 km pouvant accueillir 65 000 spectateurs. Il est notamment connu pour accueillir la dernière course des championnats de NASCAR. En dehors de cet événement majeur, il accueille de nombreuses autres courses comme la Dixie Vodka 400 ou la Contender Boat 300. Des visites du circuit sont également ponctuellement proposées. Durant les fêtes de fin d'année, le circuit se pare de décorations lumineuses que les visiteurs peuvent découvrir à bord de leur propre véhicule : Magic of Lights.

THE HOTEL REDLAND €€

5 S Flagler Ave
✆ +1 305 246 1904
www.thehotelredland.com
Chambre double à partir de 70 US$/nuit. Parking gratuit.

A Homestead, vous trouverez surtout des motels sans charme particulier. Si vous souhaitez une expérience un peu différente, l'Hôtel Redland retiendra votre attention. Il est situé au cœur du centre historique, dans un bâtiment construit en 1907 (c'est le plus ancien de la ville). Les 13 chambres sont confortables et chaleureuses, bien que la décoration soit un peu vieillotte. Demandez une chambre à l'étage, plus calme. Nous préférons vous prévenir : il se raconte que les lieux sont hantés... Le City Hall Bistro & Martini Bar, au rez-de-chaussée, est agréable.

ROBERT IS HERE €

19200 SW 344th street
✆ +1 305 246 1592
www.robertishere.com
Ouvert tous les jours de 9h à 18h.

Situé la route principale des Everglades, ce marché couvert est un immanquable ! Vous y trouverez un incroyable choix de fruits exotiques, mais aussi de nombreux étalages de produits d'épiceries locaux, de quoi rapporter chez vous un souvenir gourmand de Floride. Parmi les produits les plus typiques, citons le miel d'avocatier, la moutarde au Key lime (petit citron local) ou encore les chocolats en forme d'alligators. Vous pourrez aussi y déguster d'immenses milk-shakes et des jus d'oranges fraichement pressées. Une petite ferme est à découvrir à l'arrière.

CORAL CASTLE ★

28655 South Dixie Highway (US1)
✆ +1 305 248 6345
www.coralcastle.com
Ouvert du jeudi au dimanche de 9h à 18h. Adulte : 18 US$; enfant (de 7 à 12 ans) : 8 US$. Boutique de souvenirs.

Il ne faut pas rater la visite de cet incroyable château de calcaire et corail construit dans les années 1920 par Edward Leedskalnin, un sculpteur et architecte letton. Son amour de jeunesse prit la poudre d'escampette la veille de leur mariage en Lettonie et il ne s'en remit jamais. Après avoir émigré en Floride, il aurait consacré 30 ans de sa vie à construire ce « château » dans l'espoir qu'elle vienne un jour l'y rejoindre. Admirez la porte de 9 tonnes et le cadran solaire unique au monde... La visite guidée est passionnante !

EVERGLADES GATOR GRILL €

36650 Southwest 192nd Avenue
✆ +1 786 243 0620
Ouvert tous les jours de 11h à 18h30. Plat à partir de 11,95 US$.

Vous vous sentez l'âme d'un aventurier culinaire ? Alors ne manquez pas de faire un saut dans ce petit restaurant traditionnel unique en son genre. Un indice se cache dans le nom ainsi que sur la façade décorée de fresques représentant des alligators... Eh oui, vous pourrez ici goûter à la viande d'alligator sous toutes ses formes : beignets, tacos, sandwiches et même kebab ! On vous rassure, la carte propose aussi des plats bien plus classiques comme des burgers au poulet grillé, et des options végétariennes. En plus, les prix sont très raisonnables.

SCHNEBLY REDLAND'S WINERY & BREWERY €€

30205 SW 217th Avenue ✆ +1 305 242 1224
https://schneblywinery.com
Restaurant : vendredi au dimanche midi et soir. Plat à partir de 18 US$. Boutique et dégustation de vins tous les jours.

Dans un cadre tropical et verdoyant, voici l'un des lieux secrets de Homestead. Bières et vins sont produits ici à partir de nombreux fruits locaux et tropicaux. Goutez ainsi au vin de litchi, au vin de mangue ou encore au rosé goyave-passion. Vous pourrez participer à des dégustations, visiter le site de production, mais aussi vous attabler au Redlander pour déguster la cuisine colorée et goûteuse du chef Dewey LoSasso. Coup de cœur pour la diversité et la présentation des plats.

CORAL CASTLE
Top 35 des meilleurs musées des États-Unis
LOVE STORY
IMMERSIF
EXCEPTIONNEL
INEXPLIQUE
MIAMI / HOMESTEAD
28655 S. Dixie Hwy. Miami, Fl. 33033
Jeudi et dimanche : 9h - 18h
Vendredi et samedi : 9h - 19h
Dernier tour
1 heure avant
Coral Castle Museum
coral_castle
www.coralcastle.com
Redland
BEST OF
Miami
TripExpert

EVERGLADES ALLIGATOR FARM ★★

40351 SW 192nd avenue ✆ +1 305 247 2628
www.everglades.com
Tous les jours de 9h à 17h30. Entrée + airboat : 32 US$ (adulte) et 22 US$ (enfant). Repas des crocodiles 4 fois/jour.

L'*airboat* est conduit par un gars du cru qui affectionne les pointes de vitesse et les virages à 180 degrés. Les sensations sont garanties mais de courte durée (20-25 min). La ferme possède aussi des serpents et autres animaux sauvages. On peut se balader sur le parcours aménagé autour des enclos aux alligators. La ferme œuvre pour la préservation des espèces menacées et présente le crocodile Orinoco, plus grand prédateur d'Amérique du Sud. Des shows d'alligators sont aussi organisés.

FLORIDA CITY ★

Située à une trentaine de miles au sud-ouest du centre de Miami, Florida City (qui est accolée à Homestead) est traversée par la US1 qui rejoint les Keys au sud. Le territoire était nommé Detroit jusqu'à la fondation de la ville en 1914. Son économie est portée par l'agriculture. Florida City est l'un des derniers endroits où vous trouverez de quoi vous ravitailler, faire de bonnes affaires à l'*Outlet* ou passer la nuit avant l'entrée principale de l'Everglades National Park. Quelques bâtiments historiques sont aussi à découvrir. Ne manquez pas de vous photographier devant la fresque *Welcome Florida City* pour immortaliser votre passage.

AMR HOMESTEAD-MIAMI MOTORPLEX

1835 SE 38th Ave ✆ +1 833 527 8267
http://amrmotorplex.com
Location de kart : du vendredi au samedi de 13h à 18h. 1 course : 25 US$, 2 courses : 45 US$, 3 courses : 65 US$.

Homestead est connue pour être la porte d'entrée des Everglades, mais saviez-vous qu'elle est dotée d'un circuit mondialement réputé ? Le Homestead Miami Speedway accueille en effet chaque année la Dixie Vodka 400. Le karting vous permet de fouler ce célèbre asphalte sur un circuit de 500 m. Les karts peuvent aller jusqu'à 32 km/h et chaque course dure environ 8 minutes. Bon à savoir : les pilotes doivent avoir minimum 14 ans et il est nécessaire de porter des chaussures fermées.

FLORIDA PIONEER MUSEUM

826 N Krome Avenue
✆ +1 305 246 9531
Ouvert de novembre à avril. Du mercredi au dimanche de 13h à 17h. Gratuit.

Ce petit musée prend place dans l'ancienne maison de l'agent de gare de Florida City, du temps où la ville était traversée par la Florida East Coast Railway. Il a pour thème principal la vie quotidienne dans le sud de la Floride au début des années 1900 et présente des pièces reconstituées à l'identique ainsi que de nombreux objets, outils et artefacts. Outre la collection permanente, une exposition temporaire présente des thématiques variées. Actuellement, elle est consacrée à la visite de la base de l'armée de l'air d'Homestead par le président Kennedy en 1962.

SEMINOLE THEATER

18 N Krome Avenue
✆ +1 786 650 2073
www.seminoletheatre.org/
Programme et tickets sur le site internet.

Le Seminole Theater, anciennement Airdome Theatre, a une histoire peu commune, puisqu'il a été construit à Miami en 1912 avant d'être démantelé et déplacé à Homestead. Entièrement détruit par les flammes en 1940, il est reconstruit avec la magnifique façade Art déco qu'on lui connaît aujourd'hui. Des films y furent diffusés jusqu'à sa fermeture en 1973. Tombé en désuétude, il est finalement sauvé par la ville de Homestead et rouvre ses portes en 2015. L'unique salle accueille désormais une programmation variée de spectacles de danse, musique et théâtre.

TROPICAL EVERGLADES VISITOR ASSOCIATION

160 US 1
✆ +1 305 245 9180
www.tropicaleverglades.com
Ouvert du mardi au samedi de 9h à 15h.

La Tropical Everglades Visitor Association est un passage incontournable pour qui compte passer quelques jours à explorer les Everglades et leurs environs. Vous trouverez ici de nombreuses brochures et plans, ainsi que de judicieux conseils quant aux visites et aux meilleurs parcours suivant la saison (il n'y a que deux saisons aux Everglades : la saison sèche et la saison humide). Il est aussi possible d'acheter sur places des tickets pour les attractions locales.

AIRBOAT A TRAVERS
LES EVERGLADES
OUVERT TOUS LES JOURS
EVERGLADES
ALLIGATOR
FARM
everglades.com 305-247-2628 • daily 9-5:30
40351 S.W. 192nd Ave., Homestead, FL 33034

HOOSVILLE HOSTEL €

20 SW 2nd avenue
✆ +1 305 363 4644
32,5 US$ (dortoir mixte), dès 58 US$ la chambre double (sdb commune), et 138 US$ la chambre privative avec sdb privée.
Une adresse située non loin de la US1 à l'entrée de la ville. Cette auberge de jeunesse propose des lits en dortoir mixte ainsi que des chambres privatives pouvant accueillir 2 à 8 personnes, certaines avec salle de bain privée. L'un des atouts phares du lieu est sans doute son vaste jardin luxuriant avec gazebo, feu de camp, équipements sportifs et même cabane dans les arbres, sans oublier la piscine naturelle avec cascade. Côté pratique, vous trouverez une laverie, une cuisine équipée ainsi qu'un salon avec TV et internet. Une option économique et conviviale.

EVERGLADES NATIONAL PARK ★★★

Les Everglades, immense marais tropical, ont été déclarés parc national en 1947. Avec ses 6 106 km², c'est le troisième du pays en terme de superficie. Il est également inscrit au patrimoine mondial de l'Unesco. Le parc national des Everglades est le refuge de 36 espèces menacées, notamment la panthère de Floride et le crocodile américain. Les Everglades sont d'ailleurs le seul endroit au monde où cohabitent crocodiles et alligators ! Ces derniers peuvent vivre un an sans nourriture, mais seulement deux semaines sans eau. Deux saisons seulement rythment les Everglades : la saison sèche (décembre à avril) et la saison humide (mai à novembre).
Lors de votre visite, gardez à l'esprit que le parc national des Everglades est un lieu unique au monde, où coexistent de multiples formes de vie sauvage qui représentent une richesse inégalée pour la Floride. Les efforts de préservation doivent être maintenus, car il existe un fort lobbying associé à l'urbanisation, à l'industrie et à l'agriculture. L'augmentation rapide du nombre d'habitants fait entrer en concurrence la population et l'écosystème des Everglades pour l'approvisionnement en eau car les ressources naturelles ne suffisent plus. Le développement de l'agriculture crée aussi une nuisance, notamment à cause des pesticides, herbicides et fongicides. Le soutien des habitants, des législateurs et des pouvoirs publics est donc nécessaire pour assurer la mise en œuvre d'une politique de sauvegarde du parc. La qualité de la vie et la survie d'un héritage national sont en jeu.

Histoire

- **En 1928,** Ernest Coe fonde l'Association tropicale du parc national des Everglades et propose à Stephen Mather, directeur général du National Park Service, de créer un parc national dans les clairières de la Floride du Sud. Une rencontre a lieu à l'issue de laquelle une législation pour la création du parc national des Everglades est établie par le sénateur de Floride, Duncan Fletcher. Cette législation est approuvée et signée par le président Roosevelt en mai 1934, mais il faut attendre encore 13 ans pour acquérir les terres et définir les limites du parc.
- **1930.** A cet effet, une réunion a lieu à Miami, à laquelle assiste, entre autres participants, Marjory Stoneman Douglas. Celle-ci écrira plus tard *Une rivière d'herbe*, un ouvrage qui deviendra un classique du mouvement de soutien aux Everglades.
- **1947.** Le projet d'Ernest Coe se réalise en 1947 : le parc est inauguré par le président Truman. Toutefois, il ne constitue qu'un cinquième des Everglades d'origine. Après la mort de Coe en 1951, le ministre de l'Intérieur, Oscar Chapman, a déclaré que les efforts d'Ernest Coe pour sauver les Everglades lui ont valu une place parmi les immortels du parc national. Un dernier hommage lui a été rendu en décembre 1996, lorsque le nouveau centre des visiteurs fut baptisé Ernest Coe Visitors Center.
- **En 1970.** Pour s'opposer aux constructions de digues, barrages et canaux, Marjory Stoneman Douglas crée une association réunissant les amis des Everglades (The Friends of Everglades). Depuis 1976, le parc est reconnu et inscrit par l'Unesco sur la Liste du patrimoine mondial dans le cadre de son programme l'Homme et la Biosphère, dont fait partie le projet international Biosphere Reserves. Face à la progression de la dégradation de l'écosystème, plusieurs instances gouvernementales se sont efforcées de travailler à la préservation du parc et ont lancé des plans de restauration.
- **En 1972.** Le pouvoir législatif de Floride vote plusieurs lois sur l'environnement, dont le Land Conservation Act, qui autorise notamment la protection de l'environnement en danger.
- **En 1983.** Le gouverneur de Floride, Bob Graham, lance le programme Sauvons nos Everglades, un partenariat entre le South Florida Water Management District et les instances fédérales et gouvernementales. Le but de ce programme est de travailler à la restauration de l'écosystème, afin qu'il soit dans un meilleur état en 2000. Le programme concerne

EVERGLADES

13 000 km², qui incluent Kissimmee, le River Basin, le lac Okeechobee, les Everglades, le Big Cypress Swamp, les estuaires de la baie de Floride, de Biscayne Bay et les Ten Thousand Islands. Fort d'un soutien politique et populaire, ce programme a permis l'expansion de la Big Cypress National Preserve, en 1988, et celle du parc national des Everglades en 1989.

En 1987. Le Surface Water Improvment and Management Act (SWIM) demande à chaque instance de contrôle de l'eau de Floride de mettre en place des programmes de nettoyage et de préservation des rivières, lacs, estuaires et baies gérés par le district.

En 1993. Le South Florida Restoration Task Force est fondé par un accord entre les six départements fédéraux impliqués dans la protection de l'écosystème. Le Congrès établit formellement la Task Force en 1996. Dirigée par le ministère de l'Intérieur, elle coordonne et développe des politiques, stratégies, plans et programmes pour restaurer l'écosystème de Floride du Sud. La Task Force a mis au point le Management and Coordination Working Group pour l'assister dans ses travaux.

Tourisme

Si vous ne disposez que d'une seule journée et que vous logez dans la zone de Miami, nous vous recommandons d'aller à Shark Valley, la partie du parc des Everglades la plus proche de la ville.

Shark Valley se situe à environ 30 miles à l'ouest de Miami, soit à moins d'une heure de route. L'endroit est tellement spectaculaire que vous aurez un formidable aperçu de l'immense diversité de la vie sauvage que les Everglades abritent. Ne manquez pas la tour d'observation, plus haut point des Everglades, qui offre une vue spectaculaire des marais.

La partie sud, en direction de Flamingo, peut faire l'objet d'une escapade de plusieurs jours car les activités ne manquent pas. Comptez une longue journée minimum si vous souhaitez faire l'aller-retour jusqu'à Flamingo depuis Miami. Vous aurez le temps d'apprécier les lieux mais devrez sélectionner vos balades. Si vous disposez de moins d'une journée, renoncez à faire la route jusqu'au bout car finalement vous ne profiterez de rien. Le Royal Palm Visitor Center, à quelques miles de l'entrée du parc, peut vous donner un aperçu intéressant des Everglades. Plusieurs trails de différentes longueurs partent de ce point.

WEST LAKE TRAIL ★

0,5 miles (800 m) de piste. Situé à 7 miles (11 km) au nord-est du Flamingo Visitor Center.

La piste serpente sur les rives d'un grand étang d'eau saumâtre à l'ombre des palétuviers. Protégez-vous contre les moustiques ! Côté flore, vous observerez toutes sortes de palétuviers (rouges, noirs et blancs), ainsi que des arbres *buttonwood* qui ont la spécificité de s'adapter à cet environnement rare où l'eau douce se marie à l'eau salée. Le site, naturellement protégé, serait un havre de paix pour le développement des poissons et crustacés si divers échassiers ou autres oiseaux n'avaient repéré ce garde-manger. Accessible aux personnes à mobilité réduite.

EVERGLADES

Alligator, Everglades national park.

FLAMINGO ★

1 Flamingo Lodge Hwy
✆ +1 855 708 2207
https://flamingoeverglades.com/
Entrée pour les Everglades : 30 US$/véhicule.

Flamingo est une zone où l'eau douce des Everglades coexiste avec l'eau salée du golfe. Les milliers de feuilles de palétuviers qui se décomposent dans l'eau représentent une source de nourriture pour de nombreuses espèces et renferment une forme de vie particulière dont dépendent notamment crocodiles, ratons-laveurs et lamantins. Vous pourrez y louer des canoës et kayaks : les pistes sont celles de Noble Hammock (5 km), de Hells Bay (6 km), de Nine Mile Pond (8 km), de West Lake (13 km) ainsi que de Bear Lake (19 km). La Nine Pond Trail et les excursions dans la baie sont en général les routes les plus suggérées. Des brochures d'information et des cartes indiquant les différentes voies sont disponibles au Visitors Center. Autre option sur l'eau : les tours en bateau au départ de la Marina. Des pistes plus longues se prêteront quant à elles à votre coup de pédale, et certaines vous permettront de traverser des zones de prairies côtières où la flore s'est sélectionnée en fonction de ses affinités avec le sel. Vous y verrez des cactus, des agaves et des yuccas. Les pistes de Christian Point et de Snake Bight sont longues de 6 km chacune, la piste de Rowdy Bend de 8 km, et celle de la Coastal Prairie de 21 km. Suite à certains courriers de lecteurs, nous vous conseillons de venir munis de votre propre VTT car les vélos de ville en location sur place ne sont pas adaptés aux pistes. Il est également possible de passer la nuit au Flamingo Campground. Les éco-tentes safari (avec un vrai lit !) raviront les amateurs de glamping.

FLORIDA BAY ★

www.nps.gov/ever

La Florida Bay est la pointe Sud de la Floride continentale. C'est dans cet estuaire que l'eau douce des Everglades rencontre l'eau salée du golfe du Mexique. Accessible depuis Flamingo, au sud des Everglades, ou depuis les Keys, cette partie maritime du parc national des Everglades est composée principalement d'îlots de mangroves et abrite des populations de dauphins, lamantins, et crocodiles. Pour l'explorer, deux options : visite guidée en bateau ou location de kayak. Afin d'éviter les moustiques, nous vous recommandons d'y aller entre novembre et début avril.

MAHOGANY HAMMOCK TRAIL ★

Situé à 32 miles de l'entrée principale, après une bifurcation au bord de la route qui va vers Flamingo.

Si vous aimez l'acajou, vous allez être servi. La piste de 0,5 miles (800m) permet de pénétrer dans un bosquet de ces arbres et d'admirer le plus grand des spécimens d'arbres Mahogany vivant dans le Nord de l'Amérique. Autour du bosquet, vous verrez quelques palmiers, des figuiers mais aussi des orchidées. Le bosquet est relativement frais et humide. Côté faune, les chasses nocturnes animent le lieu de nuit et, le jour venu, hiboux, chats sauvages ou ratons-laveurs s'endorment dans leur habitat. La piste est accessible aux personnes à mobilité réduite.

MICCOSUKEE INDIAN VILLAGE ★

Mile Marker 36, US-41 ✆ +1 305 552 8365
www.miccosukee.com
Tous les jours (9h-17h). Visite guidée : adulte 15 US$, enfant 8 US$. Airboat : adulte 20$, enfant 12$.

Le Miccosukee Indian Village est un village indien reconstitué comprenant un musée sur l'histoire et la culture amérindiennes, des show d'alligators et un restaurant où vous pourrez goûter des snacks à la viande d'alligator. Vous pourrez aussi glisser en *airboat* sur la rivière jusqu'à un campement indien. La boutique à l'entrée mérite aussi un arrêt : elle propose tout un panel d'objets d'artisanat traditionnel amérindien : bijoux en perles, vêtements, poupées... Prévoir 2h de visite.

PA-HAY-OKEE OVERLOOK ★

40001 State Hwy 9336
Situé à 13 miles (21 km) de l'entrée du Visitor Center Ernest Coe.

Le nom de *pa hay okee* (littéralement rivière d'herbe) était attribué par les Indiens séminoles Miccosukee aux marais qui constituent les Everglades. La courte piste de 130 m de long traverse cette « rivière d'herbe » et vous permettra d'avoir une vue panoramique sur la Shark River Slough dont les eaux coulent calmement vers la zone de transition que constituent les palétuviers avant de se jeter dans le golfe du Mexique. Côté faune, vous aurez peut-être la chance d'observer un épervier ou un cerf et de croiser un alligator sur la piste qui conduit au panorama.

Spatule rosée, Everglades national park.

PINELANDS TRAIL ★

Situé à 7 miles (11 km) de l'entrée du Ernest Coe Visitor Center.

Passant au milieu des pins, la piste de 0,4 miles (650 m) permet l'observation de plus de 200 espèces de plantes, dont une trentaine sont propres au Sud de la Floride. Cet espace constitué de *pins slash* est le vestige d'un passé glorieux pour l'espèce. En effet, un siècle auparavant, les *pins slash* occupaient la plus grande partie de Miami, et de nombreuses villes le long de la côte Est n'étaient que de vastes forêts. La piste est accessible aux personnes à mobilité réduite. Le départ du *Pinelands Trail* se fait à 11 km de l'Ernest Coe Visitor Center.

ROYAL PALM STATE PARK ★

Le Gumbo trail et le Anhinga trail sont tous deux situés à 4 miles (6 km) de l'entrée du Royal Palm Visitor Center. ✆ +1 305 242 7237

Everglades : 30 US$ par véhicule. Entrée possible dans le parc 24h/24.

Situé à 20 km de Florida City, le Royal Palm State Park est une bonne option si vous souhaitez vous imprégner des Everglades sans faire trop de route. C'est le paradis des activités nature : observation des oiseaux, randonnée à vélo (pas de location dans cette partie du parc)... Vous pourrez aussi explorer la Pine Rocklands, une vaste forêt de pins à la hauteur impressionnante, ou vous lancer sur l'un des *trails*. L'Anhinga Trail et le Gumbo Limbo Trail conviendront aux enfants (30 min) tandis que les grands marcheurs opteront pour le Long Pine Key Trails (35 km).

TEN THOUSAND ISLANDS ★

Balade au départ du Gulf Coast Visitor Center : 40 US$/adulte et 20 US$/enfant (1h30).

Les Ten Thousand Islands sont un labyrinthe d'îles de palétuviers et de voies navigables qui s'étendent au sud-ouest d'Everglades City. Lamantins, dauphins et aigles pêcheurs cohabitent dans cette partie d'eau salée des Everglades. Nul doute que vous serez séduits par l'abondance de cette faune et flore abondantes. Il peut être facile de se perdre dans ces îles, c'est pourquoi nous vous conseillons les balades en bateau d'1h30 qui partent du Gulf Coast Visitor Center. Les guides sont des naturalises qui vous expliqueront les particularités de cet écosystème.

SHARK VALLEY ★★

36000 SW 8th Street

La Shark Valley commence au cœur de la rivière d'herbe qui s'étend sur 160 km, du lac Okeechobee jusqu'au golfe du Mexique. La vie sauvage abonde dans l'écosystème d'eau douce des marais. Vous pourrez faire une promenade commentée de deux heures en tramway avec la compagnie Shark Valley Tram Tours (réservation nécessaire), ou bien louer des vélos (autorisation nécessaire pour les groupes de 10 personnes ou plus ; le port du casque est obligatoire pour les enfants de moins de 10 ans). Ceux qui veulent explorer seuls pourront suivre une courte piste et effectuer une partie du trajet du tramway. Au milieu du chemin se dresse une immense tour d'observation haute de 20 m, qui offre une spectaculaire vue panoramique sur les marais de *sawgrass*. Ce que les Indiens, premiers habitants du coin, ont pu contempler voilà 300 ans, ne doit pas être trop éloigné du paysage observable aujourd'hui.

Pour profiter pleinement de Shark Valley, prévoyez au moins une demi-journée. Terminez par une visite au Mickosuckee Indian Village, situé à seulement 5 minutes en voiture de l'entrée de Shark Valley.

- **Le Visitor Center de Shark Valley** est un passage obligé. Il propose une petite exposition sur la faune et la flore des Everglades. Vous pourrez également y louer des vélos pour la journée, vous procurer des billets pour le tour en tram et y acheter des souvenirs et snacks.
- **C'est également le point de départ de l'Everglades Loop,** une route bitumée longue de 15 miles, qui mène jusqu'à la Shark Valley Observation Tower à mi-parcours. C'est le plus haut point des Everglades, vous profiterez d'une vue à 360° sur l'immensité du parc. Si vous avez du temps devant vous, il est possible d'effectuer le parcours à pied (il faut compter 24 km aller-retour tout de même !) ou à vélo (location au Visitor Center). De part et d'autre de la route, vous croiserez de nombreux alligators, crocodiles, tortues, poissons et oiseaux, évoluant en toute liberté dans une végétation luxuriante. C'est impressionnant !
- **Trois trails de 800 mètres** sont également proposés aux alentours du Visitor Center. Le Bobcat Trail Way chemine sur un ponton de bois aménagé à travers les arbres et l'Otter Cave Hammock Trail vous mènera sur un petit sentier dans la forêt tropicale. Le Borrow Pit Trail est situé quant à lui à l'entrée de la Shark Valley Observation Tower. Avant de partir, remplissez vos gourdes, car il n'y a pas de point d'eau entre le Visitor Center et la tour d'observation.

© ANDY LIDSTONE - SHUTTERSTOCK.COM

Shark Valley.

ERNEST F. COE VISITOR CENTER

40001 State Highway 9336 ✆ +1 305 242 7700
www.nps.gov/ever
Ouvert tous les jours de 9h à 17h (avril à mi-décembre), dès 8h de mi-décembre à mars. Everglades : 30 US$/véhicule.

Ouvert en 1996, ce centre est dédié à Ernest F. Coe, à qui l'on doit l'établissement du parc national des Everglades. Nous vous conseillons de vous y arrêter pour piocher quelques informations sur la faune et la flore locales ou bien jeter un œil au petit musée. Six kilomètres plus loin vous attendent l'*Anhinga Trail* et le *Gumbo Limbo Trail,* deux sentiers de 30 min aménagés sur des pontons de bois. Vous pourrez observer de nombreux alligators et oiseaux évoluant en toute liberté.

FLAMINGO VISITOR CENTER

1 Flamingo Lodge Hwy
✆ +1 239 695 2945
www.nps.gov/ever
De novembre à fin avril : tous les jours de 8h à 17h. De mai à octobre : du mercredi au dimanche.

Ce Visitor Center, situé dans une structure temporaire, vous accueille à Flamingo pour vous donner les informations nécessaires à votre visite. Comme celui de Gulf Coast Center, il est habilité à délivrer des permis pour camper sur la Wilderness Waterway (21 US$ de frais administratifs et 2 US$ par personne et par nuit). N'hésitez pas à poser des questions aux rangers *qui* renseignent admirablement sur les opportunités du coin. Des travaux de rénovation sont en cours pour moderniser ce centre, dont le bâtiment d'origine a été détruit par l'ouragan Andrew en 2017.

COOPERTOWN AIRBOAT ★★

22700 Southwest 8th Street
✆ +1 305 226 6048
www.coopertownairboats.com
Visite guidée en airboat d'1h. Adulte : 25,95 US$, enfant (6 à 11ans) : 15 US$). 20 à 25 personnes par embarcation.

Cette société organise des visites guidées dans les Everglasdes en *airboats ou* hydroglisseurs (bateaux à fond plat propulsés par une hélice aérienne). C'est la plus ancienne des Everglades puisqu'elle fonctionne depuis 1945. C'est une valeur sûre. Pour preuve : le bateau que l'on voit dans le générique de la série *Les Experts Miami* appartient à cette compagnie ! Au niveau des guides, le professionnalisme est là et l'on apprend beaucoup de choses. Après votre balade, vous pourrez vous restaurer de spécialités locales au petit restaurant adjacent.

MIAMI OFF ROAD - DE MIAMI AUX EVERGLADES

✆ +1 786 860 2767
www.miamioffroad.com/
Visite de 3h30 : transfert A/R depuis Miami et 1h30 d'airboat avec un guide francophone. 159 US$/adulte, 135 US$/enfant.

Au départ de Miami Beach, Miami Off Road propose une visite guidée des Everglades. Avec votre guide francophone, vous embarquerez pour 1h30 à bord d'un *airboat*, en privé ou en groupe de 9 personnes maximum pour découvrir la faune et la flore de cet écosystème mythique des USA. Le pilote, spécialiste de ces prairies humides, vous amènera au plus près des animaux sauvages, et partagera avec vous anecdotes et techniques ancestrales des tribus locales. Une expérience incontournable !

WILDERNESS WATERWAY ★★

15 US$/piéton ou 30 US$/véhicule pour entrer dans le parc. Permis de camper obligatoire : 21 US$ puis 2 US$/pers/nuit.

La Wilderness Waterway, que l'on peut parcourir en canoë, en paddle ou en bateau, serpente sur plus de 160 km à travers les sections marines et l'estuaire du parc pour rejoindre Flamingo depuis Everglades City. Cette excursion, de 8 ou 10 jours, vous permettra une découverte exceptionnelle de la vie sauvage, mais mieux vaut être un minimum expérimenté ! Dans ces eaux tranquilles au cœur des Everglades, vous pourrez observer en toute quiétude poissons, tortues de mer, échassiers et lamantins. Autant vous rappeler que la rivière d'herbe est un incroyable labyrinthe de marais boueux et de palétuviers où l'on perd vite son sens de l'orientation, la vigilance est donc de mise. Si vous optez pour le *paddle*, certains passages comme Broad Creek ne sont accessibles qu'à marée haute. Dans la zone de Flamingo ou d'Everglades City, des pistes plus courtes vous permettent également de découvrir l'arrière-pays, et de tester ainsi votre endurance pendant une journée avant de vous lancer dans le Wilderness Waterway. Si l'essai est concluant, sachez qu'un permis est obligatoire pour le camping (il est nécessaire de passer plusieurs nuits dans la nature). Vous pourrez vous le procurer en ligne. Une fois sur place, il n'est pas obligatoire de réserver votre nuitée à l'avance. Mieux vaut aimer le camping « sauvage » : la plupart des sites sont dépourvus de toilettes. Pour louer des canoës ou des kayaks, il faut se rendre au Gulf Coast Visitor Center. Tout comme la Flamingo Marina, c'est aussi le point de départ de visites en bateau.

© CHRIS HILL - SHUTTERSTOCK.COM

SHARK VALLEY TRAM TOURS

36000 SW 8th Street
✆ +1 305 221 8455
www.sharkvalleytramtours.com

De mai à mi-déc : à 9h30, 11h, 14h et 16h. De mi-déc. à avr : toutes les heures de 9h à 16h. Adulte : 28$, enfant : 22$.

Il existe trois moyens de parcourir l'Everglades Loop (24 km) au départ du Visitor Center : à pied, à vélo ou en tram. Cette visite en tram est une excellente option pour s'offrir une immersion dans les Everglades. Elle se compose ainsi : 50 min à l'aller, 20 minutes de pause à la Shark Valley Observation Tower (point le plus haut des Everglades) et 50 min au retour. Vous croiserez une multitude d'alligators et oiseaux, et votre guide vous apportera de nombreuses informations. Même si vous ne comprenez pas bien l'anglais, cette visite vous le détour.

FLAMINGO CAMPGROUND €

Flamingo Lodge Hwy
✆ +1 518 885 3639

À partir de 30 US$/emplacement. 15 US$ de plus par nuit avec électricité. Réservations recommandées de décembre à avril.

Flamingo Campground est le camping le plus au sud du parc. Ouvert toute l'année, il a une capacité d'accueil d'environ 270 tentes mais seulement 41 des emplacements ont accès à l'électricité (avec supplément). Il est équipé de douches solaires et de sanitaires. Un Visitor Center se trouve au camping, vous pouvez y réserver des visites guidées avec des rangers. Un loueur de canoës et kayaks ainsi qu'un petit supermarché se trouvent également sur la marina à proximité. Vous pourrez aussi pêcher votre repas et le faire cuire sur les barbecues à disposition.

LONG PINE KEY CAMPING €

Long Pine Key
✆ +1 305 242 7873
https://flamingoeverglades.com/

Ouvert de novembre à fin avril. Emplacement de tente à partir de 30 US$/nuit.

Le camping compte plus de 100 emplacements pour les tentes. Vous pouvez réserver votre nuitée en avance sur le site web. Outre les emplacement de tente, vous pouvez réserver des éco-tentes sans lit et des emplacements pour camping car. Le camping est doté d'une petite boutique, de toilettes et de douches solaires. Il n'y a pas de branchement pour l'eau ou l'électricité. On trouvera une aire de pique-nique près du camp, ainsi qu'un étang pour pêcher, un amphithéâtre pour les programmes d'hiver et plusieurs sentiers de randonnée également praticables à vélo.

EVERGLADES CITY ★

Everglades City, ou Everglades, est située à l'ouest de l'Everglades National Park, dans la Chokoloskee Bay. C'est une petite bourgade verdoyante, calme et authentique en bordure de rivière, ponctuée de bâtiments historiques au cachet préservé. Elle abrite envion 300 habitants et est principalement connue pour être la porte d'entrée des Ten Thousand Islands, un archipel dont la plus grande partie appartient à l'Everglades National Park. La ville est très réputée pour ses fruits de mer et accueille notamment le Sea Food Festival en février. On trouve à Everglades City l'un des quatre Visitor Centers du parc national, le Gulf Coast Visitor Center.

Everglades City.

MUSEUM OF THE EVERGLADES ★

105 West Broadway Avenue ✆ +1 239 252 5026
www.colliermuseums.com

Ouvert du mardi au samedi de 9h à 16h. L'entrée est libre et chacun est invité à donner ce qu'il veut.

Au coeur de la petite ville tranquille qu'est Everglades City, ce petit musée a pris place dans une ancienne blanchisserie construite en 1927, à l'architecture en bois rénovée à l'identique. Entièrement géré par des bénévoles, il présente l'aventure humaine dans les Everglades à travers des photos, archives et objets divers. 2 000 ans d'histoire sont retracés ici. La visite ne devrait pas vous prendre plus de 20 minutes, nous vous conseillons donc de vous y arrêter. Le musée est aujourd'hui inscrit dans le registre des bâtiments historiques.

GULF COAST VISITOR CENTER

815 Oyster Bar Ln
✆ +1 239 695 3311

Situé à Everglades City, dans le coin nord-ouest du parc, le centre est ouvert tous les jours de 8h à 17h.

Un passage obligé pour obtenir des informations sur les Everglades ou vous procurer des tickets pour la balade en bateau vers les Ten Thousand Islands. Tout comme celui de Flamingo, ce Visitor Center est habilité à délivrer des permis le camping sauvage (24h à l'avance) : comptez 21 US$ de frais administratifs et 2 US$ par personne et par nuit. Sachez que certaines randonnées ne sont réalisables que pendant la haute saison. N'hésitez pas à consulter le site Internet avant de partir.

EVERGLADES CITY AIRBOAT TOURS

907 Dupont street
✆ +1 239 695 2400

Lundi au samedi (8h30-16h). Bateaux de 6 pers. Tour d'1h. Adulte : 41,99 US$, 4-10 ans : 25,99 US$, -3 ans : 8,99 US$..

Cette agence familiale fondée en 1982 vous propose de partir à la découverte de la faune et de la flore locales en hydroglisseur. Durant près d'une heure, vous naviguerez sur la rivière Barron, dans la mangrove et dans la baie. Contrairement à d'autres compagnies, les *airboats* accueillent 6 personnes maximum, ce qui rend la balade bien plus agréable et confidentielle. Les capitaines connaissent la région comme leur poche et vous offriront moult conseils et anecdotes.

SANDFLY ISLAND LOOP TRAIL ★

Distance de 5 miles (8 km) environ.
Comptez 3 à 5 heures en canoë / kayak.

Une balade en canoë pour découvrir au plus près la nature sauvage de cette zone. Le départ a lieu depuis le Gulf Coast Visitor Center, où vous pouvez vous procurer une carte de navigation et des explications supplémentaires. Au bout d'une heure de traversée, vous arriverez à l'île de Sandfly où vous pourrez vous arrêter pour parcourir un *trail*. Attachez bien votre bateau ! Nous vous conseillons de porter des chaussures aquatiques et de vérifier l'heure de la marée avant votre départ.

TURNER RIVER CANOE TRAIL ★

17 kilomètres environ. Comptez de 6 à 8 heures.

C'est la promenade en canoë la plus célèbre des Everglades ! Ce chemin à travers les herbes hautes ne fait pas de boucle, les points de départ et d'arrivée sont donc situés à des endroits différents. Il faut donc veiller à vous organiser en conséquence. L'un des points se fait au Gulf Coast Visitor Center, l'autre au niveau de la US 41. Prudence car vous pourriez rencontrer des hydroglisseurs et alligators sur votre chemin. Impossible d'être plus proche de la nature. Une expérience unique qui vous laissera un souvenir impérissable !

CITY SEAFOOD €

702 Begonia Street

✆ +1 239 685 4700

Ouvert tous les jours de 6h à 18h. Plat à partir de 15 US$.

Les restaurants de Miami et d'ailleurs viennent à Everglades City acheter notamment leurs fameux *stone crabs*, notamment au City Seafood. Si vous voulez goûter à cette spécialité, sachez que la saison court de mi-octobre à début mai. City Sea Food offre une nourriture simple à partir d'ingrédients ultra-frais, dans un décor rustique à souhait. Installez-vous sur le ponton avec vue sur les Everglades et savourez des cuisses de grenouille panées, un sandwich de poisson ou encore des pinces de crabe. Le tout accompagné d'une bonne bière fraiche.

EVERGLADES CITY MOTEL €€

310 Collier avenue (state Rd. 29)

✆ +1 239 695 4224

www.evergladescitymotel.com

Chambre double à partir de 99 US$/nuit. Location de vélo offerte.

Ce motel à l'architecture typique propose des chambres rénovées et soignées, parfaitement équipées pour une étape à proximité des Everglades (micro-onde, machine à café, petit réfrigérateur). Certaines sont dotées de kitchenette. L'emplacement du motel en plein centre ville est pratique puisqu'il permet de tout faire à pied : visiter Florida City, aller au restaurant... Toutes les activités nature des Everglades sont à proximité, n'hésitez pas à demander conseil au personnel de l'hôtel qui peut vous aider à organiser vos excursions.

CAMELLIA STREET GRILL €€

202 Camellia Street

✆ +1 239 695 2003

https://www.camelliastreetgrill.com/

Ouvert tous les jours de 11h à 21h. Plat à partir de 15,99 US$.

Un grand restaurant de style rustique doté d'une immense terrasse au-dessus de l'eau, à laquelle on accède via un petit ponton. C'est vraiment agréable, surtout en soirée lorsque les guirlandes s'illuminent au dessus de nos têtes et que l'on peut admirer le soleil se coucher. L'ambiance est détendre et joyeuse. En somme, le Camellia Street Grill est un bon plan pour se régaler de *stone crabs* en saison, de cuisses de grenouilles panées, de tacos de poulet mais aussi de bons poissons comme le *grouper*. Un lieu authentique dans la tranquille Everglades City.

IVEY HOUSE EVERGLADES ADVENTURES HOTEL €€

605 Buckner Ave N ✆ +1 239 323 9836

https://iveyhouse.com

Chambre double à partir de 119 US$ + taxes.
Chambre double à partir de 119 US$ + taxes.
Piscine. Parking gratuit.

Situé dans un charmant *outpost* (ancien bâtiment à usage militaire), l'Ivey House est un pied à terre de premier choix pour découvrir les Everglades. Les chambres décorées de manière sobre et jolie sont très propres (on apprécie le carrelage au sol) et équipées d'un petit réfrigérateur ou d'une kitchenette. Vous profiterez d'une agréable piscine ensoleillée et de vélos prêtés gratuitement. Le bon plan : en séjournant ici, vous bénéficierez de réductions sur des balades en *airboats*.

BIG CYPRESS NATIONAL PRESERVE ★★

La réserve naturelle de Big Cypress a été établie en 1974 pour préserver l'extraordinaire richesse de la faune et de la flore locales. Il s'agissait également de protéger les environs du parc national des Everglades voisin. Le choix du nom de la réserve n'a pas été dicté par l'observation de la taille des arbres, mais par la quantité incroyable de cyprès présents dans la zone. Ils représentent environ le tiers des 294 112 hectares de la réserve. Outre les cyprès, la réserve est constituée de prairies humides, de petites îles de sable, de bosquets de pins ou de mangroves. L'eau est un facteur essentiel dans le développement de la zone.

Big Cypress National Preserve.

AH-TAH-THI-KI MUSEUM ★

34275 West Boundary Road
✆ +1 877 902 1113
www.ahtahthiki.com
Ouvert de 9h à 17h. Tarif : 10 US$ pour un adulte, 18 ans et moins : 7,5 US$, gratuit pour les moins de 4 ans.

Situé dans la réserve, ce musée est entièrement dédié à la vie des Indiens Séminoles. Il possède la collection la plus riche concernant leur mode de vie, leurs coutumes, leur artisanat... De nombreuses reproductions saisissantes de réalité montrent comment les premiers habitants de cette région vivaient dans les années 1800. Ne manquez pas de visionner le film We Seminoles ! pour vous mettre dans l'ambiance du musée. Vous pourrez aussi vous promener le long du *boardwalk* d'1,5 kilomètre à travers le cyprès. Une visite très intéressante.

CLYDE BUTCHER BIG CYPRESS GALLERY ★

52388 Tamiami trail
✆ +1 239 695 2428
https://explorebigcypress.com
Ouvert tous les jours de 10h à 17h. Éco-tour : 125 US$.

Sur la route d'Everglades City, faites une halte à la galerie du talentueux Clyde Butcher. Célèbre photographe, il est passé maître dans l'art de la photographie en noir et blanc, rendant paisible et paradisiaque un univers aussi hostile que les Everglades. Il a spécialement conçu son appareil photo pour jouer avec la lumière. Ses clichés saisissent par leur calme et leur mysticisme. Vous pouvez participer à des randonnées photo dans les marais alentour.

ROUTES SCÉNIQUES ★

Loop Rd Big Cypress National Preserve

Big Cypress possède deux routes scéniques relativement méconnues. Elles permettent d'avoir un bon aperçu de la flore au cœur de la réserve sans quitter son véhicule, et gratuitement ! La première, longue de 27 miles est la Loop Road qui traverse une forêt de cyprès nains et de pins. L'autre route ne fait que 17 miles, c'est la Turner River - Wagonwheel - Birdon Roads Loop qui traverse des prairies, l'occasion d'observer les oiseaux en pleine nature. Ouvrez bien les yeux, il n'est pas rare de croiser plusieurs alligators paresser le long des routes !

OASIS VISITOR CENTER

33100 Tamiami Trail East
✆ +1 239 695 2000
Ouvert tous les jours de 9h à 16h30.

Cet ancien aéroport privé, puis station service, et enfin Visitor Center, est une bonne introduction à Big Cypress, puisqu'il présente un film de 15 minutes consacré au parc et ses principales richesses. Vous y trouverez également des expositions sur la vie sauvage, de nombreuses informations sur les activités et des expositions d'art régulièrement organisées dans l'auditorium. La boutique est également bien fournie avec notamment de très beaux ouvrages consacrés à la faune et à la flore, pas très bon marché mais très pointus.

MIDWAY CAMPGROUND €

52870 Tamiami Trail East
✆ +1 877 444 6777
www.recreation.gov
Ouvert toute l'année. 24 US$ la nuit en tente.

Le Midway Campgroung est le camping le plus confortable de la réserve de Big Cypress, même s'il reste somme toute assez sommaire. Il fournit en effet aux campeurs une arrivée d'eau, de l'électricité (sur les 26 emplacements de camping-car, mais il est possible d'y planter sa tente), de l'eau potable et des sanitaires. Il n'y a pas de douche sur place. Chaque emplacement de tente (10 au total), possède une table de pique-nique et un grill. Le cadre est très agréable, en pleine nature avec un petit lac autour duquel on peut se promener.

MONUMENT LAKE CAMPGROUND €

50215 Tamiami Trail East ✆ +1 239 695 1201
De mi août à mi-avril. 24 US$ par tente. 10 emplacements pour tente (24 US$/nuit), 26 emplacements pour camping-car.

Ce camping fait partie des deux options d'hébergement offerts par la réserve Big Cypress. Il est situé à 10 minutes seulement du Midway Campgroung et contrairement à ce dernier, il ne dispose pas de raccord électrique. Vous y trouverez 10 emplacements pour tentes et 26 pour camping-cars ainsi que des sanitaires (pas de douche) et un accès à l'eau potable à proximité de ceux-ci. Le cadre est superbe, avec un lac où il est possible de pêcher et observer des alligators et oiseaux. Le lieu est encore plus beau au coucher de soleil.

KEYS

Les Keys sont la partie la plus au sud du continent américain. Elles sont constituées de 42 îles principales reliées par des ponts, de plus de 800 îlots, et d'une multitude de petits récifs qui s'étendent sur 180 miles, de Key Largo au nord aux Dry Tortugas au sud. Ces derniers font partie des 7 252 km^2 de récifs coralliens et de ressources marines désormais protégés par le Sanctuaire national marin des Florida Keys. Les îles principales sont reliées par de nombreux ponts (42 au total). L'archipel constitue, entre l'océan et le golfe du Mexique, une étroite bande de terre, le plus souvent bordée par une mangrove ou une végétation tropicale. L'ambiance y change radicalement par rapport à Miami, pourtant très proche : la première île, Key Largo, n'est qu'à 1h30 de route. Au fur et à mesure que l'on avance vers les confins des Keys, une grande quiétude s'empare des lieux. Ici, l'Amérique s'offre différemment.

Keys
KEY LARGO
Sunset Point
ISLAMORADA
Layton
Golfe du Mexique
KNIGHTS KEY
MARATHON KEY
KEY COLONY BEACH
PIGEON KEY
LITTLE DUCK KEY
BAHIA HONDA KEY
BIG PINE KEY
LITTLE PALM ISLAND
GREAT WHITE HERON NATIONAL WILDLIFE REFUGE
SUGARLOAF KEY
LOOE KEY
KEY WEST
KEY WEST NATIONAL WILDLIFE REFUGE
VERS DRY TORTUGAS NATIONAL PARK – FORT JEFFERSON
30 KM

215

●● UPPER KEYS

La partie haute des Keys, à une petite heure de l'aéroport de Miami, présente des changements rapides de décor et de végétation. Les paysages des Keys varient énormément de l'un à l'autre. Ici, les vagues viennent se jeter sur quelques récifs ou sur des plages plus ou moins naturelles ; là, le rivage laisse place à la mangrove et à son extraordinaire enchevêtrement de racines, parfois si dense qu'il ne permet pas toujours de deviner les eaux qui la baignent. À l'intérieur des terres, de longues portions de l'US1 ne sont qu'un simple couloir taillé dans la verdure. L'urbanisme couvre une petite part des Keys, avec des constructions souvent entourées d'une végétation florissante. L'activité est plus dense autour de l'US1 : les principales Keys sont de véritables petites villes étalées le long de cette voie. D'autres Keys sont complètement désertes, laissant libre cours à la végétation tropicale ou à des forêts de pins.

KEY LARGO ★★★

215

Porte d'entrée des Keys, vous passerez inévitablement par ici avant de poursuivre votre route sur l'Overseas Highway. Architecturalement parlant, ce n'est pas la Key la plus charmante mais sa vraie richesse se trouve dans ses espaces naturels protégés, ses eaux claires et les nombreux spots de plongée qui permettent de les découvrir. Y loger coûte aussi moins cher.

ISLAMORADA ★★★

222

Qu'est-ce qu'il fait bon vivre à Islamorada ! Cette ville n'est pas qu'une simple étape sur la route des Keys, mais une destination à part entière. Ici, on s'entraîne pour l'ambiance de Key West : on prend le temps de vivre, on s'installe au soleil couchant pour un cocktail face à la Florida Bay, on déguste des crevettes panées à la noix de coco... La vraie douceur de vivre des Keys commence ici !

Plongée sous-marine dans les eaux de Key Largo.

PAGES

227 ## ●● MIDDLE KEY

À environ 22 miles de Key Largo et 111 miles de Miami, Marathon n'est plus qu'à 48 miles de Key West. Pour attendre cette Key, il suffit de continuer la route toujours plus au sud. Vous voici donc à la porte d'entrée des Middle Keys, au beau milieu de l'archipel des Keys. Cette zone est particulièrement riche en épaves et en récifs coralliens. Marathon est la ville la plus dynamique, avec de nombreux commerces et activités, ainsi que l'une des seules vraies plages des Keys, Sombrero Beach. Les autres îlets des Middle Keys sont plus sauvages, moins urbanisés.

MARATHON KEY ★★

227 À une heure de Key West, Marathon est une key où l'on ne s'ennuie pas : les activités culturelles et nature sont nombreuses. C'est également la dernière ville avant Key West, et donc une étape intéressante pour éviter de dépenser une petite fortune pour dormir à Key West.

231 ### KEY COLONY BEACH ★

231 ### KNIGHT'S KEY ★★

232 ### PIGEON KEY ★

233 ## ●● LOWER KEY

Les Lower Keys sont en quelque sorte la banlieue résidentielle de Key West. A l'époque où Key West était la plus grande et la plus riche ville de Floride avec une population atteignant 18 000 personnes, il était de bon goût de disposer d'une maison de campagne dans le coin. Ces Keys sont plutôt résidentielles et proposent peu d'hôtels. Très tranquilles, elles abritent deux refuges nationaux de faune sauvage, un sanctuaire marin national et un *State Park*. Lors de vos trajets en voiture, soyez prudent car les daims, espèce endémique des Keys, vivent sur Big Pine Key et peuvent traverser la route sans crier gare. C'est d'ailleurs pourquoi la vitesse est strictement limitée sur Big Pine Key.

233 ### BAHIA HONDA KEY ★★

234 ### GREAT WHITE HERON NATIONAL WILDLIFE REFUGE ★

234 ### BIG PINE KEY ★

235 ### LITTLE PALM ISLAND ★

235 ### LOOE KEY ★

236 ### SUGARLOAF KEY ★

KEY WEST ★★★

236 Key West est la dernière étape des Keys. Ensuite, il n'y a plus que l'océan. C'est d'ailleurs ici que l'on trouve le Southernmost Point, soit le point le plus au sud du continent américain. Tout comme Miami, elle est souvent résumée à son côté fêtard, mais il y a bien plus que cela à découvrir à Key West. Bienvenue dans la ville où il vous faudra partager le trottoir avec coqs et poules !

252 ### KEY WEST NATIONAL WILDLIFE REFUGE ★

253 ### DRY TORTUGAS NATIONAL PARK – FORT JEFFERSON ★★★

KEYS

KEY LARGO ★★★

À une centaine de kilomètres de Miami, vous voilà à Key Largo, porte d'entrée des Florida Keys et capitale mondiale de la plongée. Il s'agit de la plus longue île des Keys (30 miles), c'est pourquoi les Espagnols la nommèrent Cayo Largo. Vous n'aurez toutefois pas vraiment la sensation d'être sur une île car le bord de mer n'est pas toujours à proximité immédiate, mais déjà les loueurs de matériel de plongée ou les prestataires de *watersports* vous attendent. Key Largo abrite deux des plus importantes réserves naturelles pour la plongée dont le John Pennekamp Coral Reef State Park où on peut faire du snorkeling dans des eaux claires et peu profondes.

Histoire

Avant 1952, la première des Upper Keys ne s'appelait pas Key Largo mais Rock Harbor. C'est à la magie hollywoodienne, à John Huston et à son célèbre film *Key Largo*, que nous devons ce changement. Humphrey Bogart et Lauren Bacall ont tourné là, affrontant les intempéries, mais ils ne le firent que pendant quelques jours car les attaques incessantes des moustiques et mouches eurent raison de leur patience, et ils retournèrent affronter les éléments dans les studios aseptisés d'Hollywood !

Fiers d'avoir accueilli ce tournage, et soucieux d'apporter un peu plus de renommée à leur île, les locaux se mobilisèrent pour un changement de nom ; Key West avait Hemingway, il fallait que Rock Harbor ait Bogie. Ils eurent gain de cause.

Tourisme

La traversée de Key Largo n'est pas très charmante mais ses trésors se trouvent bien dans ses fonds sous-marins où vous pourrez observer avec masque et tuba, ou avec un équipement de plongée, des centaines d'espèces de poissons exotiques et plus de 40 types de coraux. La plupart des centres permettent de prendre des cours pour passer ses niveaux de plongée, il faut disposer dans ce cas-là de quelques jours. Voici les spots les plus réputés de l'île.

- **Benwood Wreck.** On y observe facilement une multitude d'espèces de poissons multicolores qui ont établi ici leur résidence dans ce navire coulé par les Allemands lors de la Seconde Guerre mondiale.
- **Conch Reef.** Un cimetière de galions espagnols (*La Capitana*, *El Infante* et le *San Jose de las Animas*), naufragés lors de l'ouragan de 1733. Pour plongeurs expérimentés puisqu'ils sont à 35 m de profondeur.
- **John Pennekamp Coral Reef State Park.** Au niveau du Mile Marker 102,5 du côté océan. Le parc fait partie du Key Largo National Marine Sanctuary.

KEYS

Marina de Key Largo.

L'OVERSEAS HIGHWAY ET SES PONTS

EN VOITURE JUSQU'AU BOUT DES KEYS

Tous les chemins en direction du sud conduisent aux Keys. L'US1, qui sillonne la côte est de la Floride, vous permettra de traverser de part en part les Keys avant de vous arrêter à Key West, terminus de l'État. La bonne nouvelle c'est qu'il n'y a pas de péage sur toute la route qui traverse l'archipel !

Des ponts interminables. L'US1 suit le tracé de la ligne de chemin de fer construite par Henry Flagler. Cette partie de la route, surnommée Overseas Highway, relie Key Largo à Key West par la route grâce à 43 ponts. Même si elle est avant tout une voie rapide, la route est agréable, alternant une centaine d'îles plus ou moins verdoyantes et des ponts de toutes sortes sur une distance de 126 miles. Cette route a été surnommée Overseas Highway car les ouvrages qui la rythment sont nombreux et longs. Vous passerez en moyenne 15 % de votre trajet sur les ponts.

Histoire. Henry Flagler avait commencé sa construction en 1907. Une fois achevée, la voie unique sur laquelle passaient les trains permit aux voyageurs de relier Key West au reste de la Floride pendant 23 ans. Les problèmes commencèrent dès la fin de la Première Guerre mondiale car cette extension de la voie ferrée de la côte ne fut jamais rentable. Ce fut toutefois la nature qui imposa l'abandon de la voie. En 1935, un terrible ouragan, dont les vents atteignirent plus de 320 kilomètres à l'heure, emporta de nombreux tronçons. La dépression économique qui touchait les États-Unis à cette époque ne permit pas de financer la reconstruction de la voie, et la compagnie de chemin de fer vendit les tronçons restés intacts pour rembourser ses dettes. En mars 1938, quelques journaux locaux annoncèrent le lancement prochain de l'Overseas Highway pour relier Key West à Miami par la route. La reconstruction ne commença qu'en 1941. Key West, qui se situe à 90 miles à peine de Cuba, devint un point-clé de la stratégie militaire américaine. La voie fut à nouveau en état de fonctionnement à partir de 1944. La circulation devenant croissante, et les ponts résistant mal à l'usage et aux intempéries, un vaste programme de remplacement des ponts est entrepris dans le milieu des années 1970. Cette phase de reconstruction dura six ans. Le joyau des ponts les plus récents est sans aucun doute le Seven Mile Bridge, l'un des plus longs ponts du monde lors de son édification. Il est ouvert à la circulation en 1982 et relie Knight's Key dans les Middle Keys à Little Duck Key dans les Lower Keys.

Indications pratiques. La limitation de vitesse est fixée à 55 miles à l'heure et, sur des dizaines de kilomètres, à seulement 45 miles/h. Une vitesse que tous les conducteurs respectent. Certains font même du zèle et roulent à 35 ou 40 miles à l'heure. En tout cas, les excès de vitesse sont vraiment à proscrire ici car les shériffs sont nombreux et toujours bien cachés sur les bas-côtés. Vous serez alors systématiquement verbalisé... Vous avez cependant le droit de doubler dans les zones de dépassement, qui sont régulièrement annoncées via des panneaux. Un doublement en dehors de ces zones est lui aussi sévèrement sanctionné.

Depuis le centre de Miami, empruntez la South 95, puis, arrivé sur Dixie Road, suivez la South 1. Depuis l'aéroport international de Miami, prenez LeJeune Road vers le sud, la 836 vers l'ouest jusqu'à l'extension de la Turnpike, puis l'US1 vers le sud. Depuis le nord, en quittant Orlando, si vous ne souhaitez pas prendre l'US1, prenez la Florida Turnpike vers le sud, sur la côte est. Après avoir traversé Fort Lauderdale, prenez la sortie 149 sur la Turnpike et continuez jusqu'à Florida City. Après, l'US1 est l'unique voie. Depuis l'ouest, en quittant Tampa, vous pouvez prendre l'I75 en direction du sud jusqu'à Naples, puis à l'est par l'Alligator Alley, une longue autoroute triste et monotone à travers les Everglades, jusqu'à la sortie de Miami. Prenez l'extension de la Turnpike, puis l'US1 vers le sud.

FLORIDA KEYS WILD BIRDS CENTER ★

Mile Marker 93,6 ✆ +1 305 852 4486
www.keepthemflying.org
Ouvert du lever au coucher du soleil. Gratuit mais dons appréciés. Visitor center : du lundi au vendredi de 9h à 17h.

Ce centre vient au secours des oiseaux blessés. Après avoir été soignés, ils sont réintroduits dans leur milieu naturel. Vous pourrez observer, dans leur cage, de nombreuses espèces d'oiseaux en voie de guérison. Un long chemin serpentant dans la mangrove jusqu'au bord de la mer vous conduit entre leurs habitats. L'été, n'oubliez pas votre spray anti-moustiques ! Le *visitor center* permet de mieux comprendre la protection des oiseaux dans les Keys et les différentes espèces endémiques.

HARRY HARRIS BEACH AND PARK ★

50 Beach Road
✆ +1 305 852 7161
Du lever au coucher de soleil. Entrée payante le week-end et pendant les vacances : 8 US$ (adulte) et 5 US$ (3-17 ans).

Le lieu idéal pour faire une pause pique-nique ou baignade, non loin de l'entrée des Keys ! Vous y trouverez une jolie petite plage de sable fin bordée de palmiers, des tables de pique-nique et des barbecues, ainsi qu'une aire de jeux pour les enfants et des balançoires. Il y a même deux terrains de baseball ! Pratique, la douche pour se rincer après une baignade dans l'eau salée. Essayez de vous y rendre en semaine afin d'éviter les frais d'entrée.

KEY LARGO VISITOR CENTER

106000 Overseas Highway ✆ +1 305 451 1414
www.keylargochamber.org
Lundi-vendredi : 9h-17h. Samedi : 9h-16h. Dimanche : 9h-15h.

Située à l'entrée de Key Largo, ce visitor center est un arrêt obligé lors de votre arrivée dans les Keys ! Vous y trouverez toutes les informations touristiques sur la région. Justin et ses collègues sont très disponibles et amicaux : ils sauront vous conseiller les meilleures visites, hébergements et restaurants de ce petit coin de paradis Floridien, mais aussi vous donner des astuces bien pratiques comme où vous garer à Key West. Le lieu abrite aussi une petite boutique de souvenirs. Vous repartirez également avec des coupons de réductions.

BAY HARBOR & COCONUT BAY RESORT €€

97702 Overseas Hwy
✆ +1 305 852 5695
www.bayharborkeylargo.com
A partir de 210 US$ la nuit. Parking et wifi gratuits. Piscine, plage privée.

Idéalement situé en bord de mer, où les couchers du soleil sont sublimes, cet hôtel est le lieu parfait pour des vacances relax et de qualité. Vous pourrez choisir entre chambres, bungalows et des cottages tout équipés, décorés dans un style floridien. Mention spéciale pour la piscine chauffée et le vaste jardin tropical de l'hôtel. En bonus : on peut emprunter gratuitement des kayaks. Peg, la propriétaire, reconnue pour ses délicieux scones faits maison, parle très bien français.

© BAY HARBOR LODGE

© BAY HARBOR LODGE

KEYS

JOHN PENNEKAMP CORAL REEF STATE PARK ★★★

Mile Marker 102,5
✆ +1 305 451 1202
www.pennekamppark.com
Ouvert tous les jours (8h-17h). Tarif : 9 US$ pour 2 personnes, 10 US$ pour 4. 2,50 US$ pour un piéton ou cycliste.

Le John Pennekamp Coral Reef State est un parc national établi sur le principal récif de corail de Floride. Il offre de multiples activités en mer et vous pourrez facilement y passer la journée. L'attraction principale est le snorkeling : la plongée avec masque et tuba pour admirer la faune sous-marine. Vous pourrez aussi faire un tour en bateau à cale de verre et louer des kayaks pour admirer la mangrove. Envie de vous jeter à l'eau ? Le parc dispose de deux petites plages, Cannon Beach, la plus fréquentée, et Far Beach, plus intimiste. Vous emprunterez également des parcours en pleine nature, comme le *Wild Tamarind Trail* qui vous mène à la découverte d'arbres remarquables (530m). Ne manquez pas non plus le Visitor Center qui dispose d'un petit aquarium et de panneaux d'expositions sur la faune et la flore locales (gratuit). Côté restauration, vous trouverez des tables de pique-nique et food-truck au bord de la marina.

Quelques mots sur le Christ des Abysses : vous avez sûrement déjà vu des photos de cette sculpture en bronze de Christ au large de Key Largo. Elle fut donnée au parc en 1966 pour soutenir les efforts des USA dans la préservation des sites sous-marins. Créée par le sculpteur italien Guido Galletti, cette statue en bronze, de 2,74 m de hauteur et de 1,8 tonne, est installée à 6 m de profondeur. Il en existe une copie dans les eaux de Gênes. C'est l'un des sites sous-marins les plus photographiés et visités par les plongeurs ou *snorkelers*.

AFRICAN QUEEN ★★

Key Largo Marina
✆ +1 305 451 8080
africanqueenflkeys.com
Croisière d'1h30 à 10h, 12h, 14h, 16h et 18h. Adulte : 59 US$, enfant : 25 US$.

Au départ de la marina, vous pourrez embarquer à bord du bateau à vapeur vedette du film *The African Queen* (1951) de John Huston (*L'Odyssée de l'African Queen* en français), qui valut à Humphrey Bogart l'oscar du meilleur acteur et une nomination à l'Oscar pour sa partenaire Katherine Hepburn. Ce petit bateau a été construit à Lytham, en Angleterre, en 1912, pour la compagnie des chemins de fer britanniques d'Afrique de l'Est. Depuis 1982, il est déclaré monument historique national. La croisière vous mènera du canal de Port Largo jusqu'à l'océan Atlantique.

JOHN PENNEKAMP CORAL REEF STATE PARK €

Mile Marker 102,5
✆ +1 305 451 1202
www.pennekamppark.com
36 US$ pour un emplacement avec électricité et eau + 6,7 US$ (frais de réservation) et 8 US$/ véhicule (entrée du parc).

Se loger au sein même de ce parc est une chance mais il faut s'y prendre à l'avance car il affiche souvent complet. Les emplacements sont équipés d'électricité, d'une arrivée d'eau, de barbecue et d'une table de pique-nique. Vous serez à proximité de toutes les activités du parc : plages, chemins de randonnée, aquarium, visitor centre et bien sûr tous les équipements pour se distraire : snorkeling, plongée sous-marine, excursions en bateau, boutiques…

Une plongeuse examine la statue « Christ of the Deep », dans le Florida Keys National Marine Sanctuary.

KINGS KAMP €

103620 Overseas Highway
✆ +1 305 451 0010
www.kingskamp.com

À partir de 145 US$ avec salle de bains privée. Camping à 60 US$/nuit pour 2 personnes.

Un complexe situé à deux pas du front de mer qui propose diverses possibilités d'hébergement pour tous les types de voyageur et tous les budgets : chambre de motel, cottages jusqu'à 6 personnes et emplacements de camping. Ce dernier possède un certain confort avec électricité, douches, tables de pique-nique et huttes pour s'abriter en cas de mauvais temps. Comme partout à Key Largo, les possibilités pour faire de la plongée sont nombreuses. Le John Pennekamp State Park et ses multiples activités (kayak, snorkeling, baignade, trails...) sont également à proximité.

KONA KAI RESORT AND GALLERY €€

97802 Overseas Highway ✆ +1 305 852 7200
www.konakairesort.com

Chambre double à partir de 315 US$. Parking et wi-fi gratuits. Piscine, plage privée. Kayak et Paddle gratuits..

Cet hôtel est un véritable petit paradis terrestre avec des chambres et suites aux noms de fruits, situées dans des petites maisons indépendantes, au milieu d'un jardin tropical. Vous pourrez emprunter un kayak et voguer aux alentours de la plage privée, lézarder au bord de la piscine et dans le jaccuzi ou flâner dans le jardin botanique. Une galerie d'art expose différentes œuvres, peintures ou photos, d'artistes locaux. Kathryn, la gérante de l'hôtel, est très sympathique.

MARINA DEL MAR RESORT €€

527 Caribbean Drive ✆ +1 305 451 4107
www.marinadelmarkeylargo.com

À partir de 179 US$ la chambre double. Petit déjeuner inclus et wifi gratuit.

Un joli complexe hôtelier au bord de la marina de Key Largo. Il propose 76 chambres et studios cosy à la déco floridienne, mais l'ensemble reste moderne et fonctionnel. La petite piscine est agréable pour faire bronzette, et on est à proximité du bar et restaurant Skippers Dockside pour une sortie à pied le soir. On apprécie le petit-déjeuner et le parking gratuits. Sans oublier le personnel de la réception qui est aux petits soins et plein de bons conseils. En somme, c'est une adresse à retenir avec un bon rapport qualité/prix.

JULES' UNDERSEA LODGE €€€

51 Shoreland Drive ✆ +1 305 451 2353
https://jul.com

Compter 1600 US$ la nuit pour 2 personnes. Wifi.

Une adresse qui n'est pas pour tous les budgets et s'adresse uniquement aux plongeurs certifiés... mais nous ne pouvions pas ne pas vous en parler, tant elle est unique ! Nommé d'après Jules Vernes, le Jule's Undersea Lodge est un hôtel... sous marin ! Il prend en effet place à 9 mètres de profondeur, dans un ancien laboratoire de recherche. C'est le seul hôtel de ce genre au monde à n'être accessible qu'en plongée. L'unique chambre est équipée avec Wifi, micro-onde... Un hublot permet d'observer de nombreux poissons. Et vous pourrez même commander une pizza !

PLAYA LARGO RESORT & SPA €€€

97450 Overseas Hwy ✆ +1 305 853 1001
playalargoresort.com

A partir de 300 US$ la chambre double standard, 550 US$ la suite et 700 US$ le bungalow. Wifi gratuit. Piscine.

Sur un immense terrain verdoyant et tropical en bord de mer, ce complexe hôtelier du groupe Autograph Collection propose 177 chambres et suites très design, mais aussi 10 bungalows au plus près de la plage pour plus d'intimité. La piscine centrale face à la mer est très agréable et l'Ocean Spa détendra ceux qui rêvent d'un séjour 100 % zen. Le restaurant La Marea est par ailleurs une bonne table méditerranéenne avec des plats à base de produits locaux. Parmi les autres commodités : salle de fitness, plusieurs bars, des activités nautiques... Une belle adresse !

SKIPPER'S €

528 Caribbean Drive
skippersdockside.com

Lundi au jeudi de 12h à 21h, jusqu'à 22h du vendredi au dim. Happy hour 15h-18h en semaine. Plat à partir de 12 US$.

Un grand bar-restaurant en plein air installé au niveau de la marina, à deux pas du Marina del Mar Resort. On peut manger installé au bar en bois de style hawaïen ou sur la belle terrasse en pilotis au-dessus de l'eau. Ambiance très agréable le soir. L'établissement est aussi doté d'une salle au look un tantinet rustique où on peut dîner de façon plus confortable tout en profitant des matchs sur grand écran. Les plats, principalement à base de fruits de mer et de poissons, sont bien exécutés. On recommande pour une soirée décontractée !

SNAPPERS OCEANFRONT €

139 Seaside avenue ✆ +1 305 852 5956
www.snapperskeylargo.com
Lundi au vendredi de 16h à 22h, samedi et dimanche dès 11h. Plat à partir de 16,99. US$. Chambre à partir de 140 US$.

Un restaurant convivial et décontracté qui propose une vaste carte avec de nombreuses spécialités de la mer telles que homard, crabe, crevettes, et poissons cuisinés à toutes les sauces mais aussi quelques hamburgers classiques ainsi que des fruits de mer (moules, huîtres...) à déguster face à la mer. Ambiance maximale en soirée grâce aux concerts de musique live. Le dimanche, on y retourne pour un brunch gourmand et original accompagné de musique jazz et d'un verre de champagne ou Mimosa. Snappers dispose également de 4 chambres confortables à prix raisonnable.

THE CONCH HOUSE €

100211 Overseas highway ✆ +1 305 453 4844
www.keylargoconchhouse.com
Du lundi au mercredi de 8h à 21h, vendredi au dimanche de 8h à 22h. Pas de réservation. Plat à partir de 10,95 US$.

Installé dans une petite maison charmante et toute rose, ce restaurant familial fait la part belle au fameux coquillage *conch*, soit la conque, le crustacé le plus populaire des Keys. Vous le trouverez ici préparé sous toutes les formes possibles : frit, en ceviche, en soupe... Vous vous régalerez également de poissons et de fruits de mer locaux et ultra-frais comme le Mahi-Mahi, le *hog-fish* et le *snapper*. La maison n'oublie pas non plus les régimes végétariens et vegan. Terminez votre repas par une tranche de Key Lime Pie, le dessert phare des Keys. Un délice !

THE KEY THAI RESTAURANT AND SUSHI BAR €

99611 Overseas Hwy
✆ +1 305 916 5600
https://www.thekeythai.com/
Ouvert de 12h à 15h et de 17h30 à 21h30. Plat à partir de 13 US$.

Un petit restaurant qui ne paye pas de mine de l'extérieur. Dans un cadre simple avec quelques décorations asiatiques aux plafonds, vous dégusterez des plats japonais et thaï classiques, comme des pad-thaï, des sushis, des currys... Mais aussi des spécialités à l'image des aubergines grillées, le canard au basilic ou les crevettes frites. C'est bon, frais et surtout pas très cher pour les Keys. L'accueil est sympathique et vous pouvez manger sur place ou à emporter.

HIDE OUT RESTAURANT €€

47 Shoreland Drive
✆ +1 305 4510128
Tous les jours de 6h à 14h, le vendredi 6h14h - 17h21h. Plat : 12$ environ.

Comme son nom l'indique, ce restaurant typique est bien dissimulé, mais il vous promet un repas face à la baie de Largo Sound. L'accueil est des plus sympathique, l'ambiance détendue, et la décoration semble n'avoir que peu changé depuis l'ouverture en 1978, ce qui confère au lieu un charme certain. Le breakfast est servi à toute heure : les pancakes à la myrtille sont excellents. Goûtez aussi à la Key Lime Pie maison, un dessert typique des Keys. Côté salé, la carte propose un large choix de sandwichs et plats traditionnels. Les prix abordables sont un plus !

SUNDOWNER'S €€

Mile Marker 104
✆ +1 305 451 4502
www.sundownerskeylargo.com
Ouvert tous les jours de 11h à 22h. Plat à partir de 15 US$. Réservation recommandée.

Un bonne adresse pour savourer des spécialités de la mer, bien connue dans le paysage des Keys puisque fondée en 1985. Si vous en avez assez du poisson et des crevettes qui sont effectivement légion dans les Keys, le Sundowner's propose également de délicieux sushis. Et comme il est situé sur la marina, vous pourrez savourer votre assiette accompagnée, pourquoi pas, d'un Key Lime Mijoto, en assistant au coucher de soleil. Tous les dimanches jusqu'à 15h, place au brunch avec de copieuses assiettes aussi bien sucrées que salées.

THE FISH HOUSE €€

102341 Overseas highway
✆ +1 305 451 0650
www.fishhouse.com
Ouvert tous les jours de 11h30 à 22h. Plat à partir de 11 US$.

The Fish House est l'une des meilleures tables des Keys pour manger poissons, fruits de mer et crustacés en tous genres. La fraicheur des produits est incomparable car directement achetée auprès des pêcheurs. Mention spéciale au homard et aux huîtres. Si vous optez pour le poisson du jour, vous pourrez choisir la préparation qui vous convient : frit, épicé, grillé, à la Jamaïcaine ou au paprika. La Key Lime a quant à elle été élue « Meilleure de Floride » par le magasin Florida Living. Vous l'aurez compris, cette adresse est une valeur sûre.

KEYS

BAYSIDE GRILLE & SUNSET BAR

99530 Overseas Hwy
✆ +1 305 451 3380
keylargo-baysidegrill.com
Ouvert de 11h30 à 21h tous les jours.

C'est l'un de nos endroits préférés pour assister au coucher de soleil à Key Largo, tout simplement parce que le cadre est magique ! Le bar, qui ne paye pas de mine en soi, est posé sur une petite plage tranquille avec cocotiers et petit ponton en bois. Et au moment du coucher de soleil, on s'installe sur la terrasse aux tables colorées, les pieds dans le sable et une bière locale à la main. C'est un moment inoubliable car le ciel se pare de couleurs rose et orange sublimes.

JIMMY JOHNSON'S BIG CHILL

104000 Overseas Hwy
✆ +1 305 453 9066
www.jjsbigchill.com
Ouvert de 11h30 à 22h30 tous les soirs, le vendredi et samedi jusqu'à minuit. Plat à partir de 16 US$.

Un immense bar extérieur installé sur le sable face à la mer dans une ambiance très *chill out* comme l'indique le nom de l'établissement. On retrouve les plats phares des Keys comme les crevettes panées à la noix de coco, la conque frite et la Key Lime Pie. Ce n'est pas l'option la moins chère du coin, mais nous avons une astuce : faites un saut au Visitor Center de Key Largo. Outre moult informations pratiques, vous repartirez avec une carte vous offrant une réduction chez Jimmy's.

SNOOK'S BAYSIDE RESTAURANT & GRAND TIKI

99470 Overseas Hwy
✆ +1 305 453 3799
snooks.com
Ouvert tous les jours de 12h à 15h et de 17h à 21h30. Plat à partir de 20 US$.

Un bar restaurant avec une immense terrasse face à la mer. Le cadre est hawaïen et tropical, on s'y sent vraiment en vacances. C'est un bon endroit pour assister au coucher de soleil, avec un petit cérémonial original dont on vous laisse la surprise... Le vrai plus du Snook's c'est son ambiance musicale tous les soirs avec un groupe local qui vient chanter et sympathise facilement avec les clients. Si les cocktails signatures valent le détour, les plats sont quant à eux un peu chers.

KEYS CHOCOLATES & ICE CREAM

100470 Overseas Hwy
✆ +1 305 453 6613
www.keylargochocolates.com/
Ouvert tous les jours de 10h à 22h.

Le temple de la douceur à Key Largo, c'est ici ! Chocolats et parfums gourmands embaument l'air. Impossible de ne pas craquer face à la vitrine garnie de truffes à la mangue, de bouchées chocolatées ou de tablettes entières. Tous ces produits sont fabriqués sur place, tout comme les 36 saveurs de crème glacée dont la *Gator Tracks* (vanille, banane, morceaux de chocolat). Ne manquez pas une autre star, la Key Lime Pie, proposée entière, à la part ou glacée et recouverte de chocolat.

CARRIBBEAN WATERSPORTS

Mile Marker 97
✆ +1 305 852 4707
www.caribbeanwatersports.com
Ouvert tous les jours de 9h à 17h30.

Installé depuis 1983, ce centre propose diverses activités ludiques et nautiques pour profiter de l'environnement de Key Largo. Au choix, on peut décider de faire du parachute ascensionnel, du snorkeling, de la plongée, du kayak ou encore du Paddle. L'*enviro tour,* une excursion en zodiac de 2 heures, permet quant à elle de se sensibiliser à l'environnement de ce côté des Everglades en découvrant la faune et la flore locales : mangroves, dauphins, lamantins... L'après-midi, l'excursion se termine par l'observation du coucher de soleil directement depuis le bateau.

DOLPHINS PLUS MARINE MAMMAL RESPONDER

31 Corrine place
✆ +1 305 453 4321
https://www.dpmmr.org/
Tous les jours de 8h30 à 17h. Nage avec les dauphins à partir de 215 US$. Rencontre avec les dauphins : 65 US$.

Ce centre de recherches sur les dauphins est un centre familial dont l'une des missions est la sauvegarde et la protection des mammifères marins (baleines et dauphins) dans les Keys. Vous pourrez entrer en contact direct avec les dauphins et nager avec eux soit de manière libre, soit en participant à la séance d'entraînement et d'exercice quotidien en compagnie des dresseurs. Une approche aussi ludique qu'inoubliable qui, hélas, passe toujours trop vite.

FLORIDA KEYS DIVE CENTER

Mile Marker 90,5
✆ +1 800 433 8946
www.floridakeysdivectr.com
Tous les jours de 7h45 à 17h. Départ à 8h, 12h et 18h. Plongée avec tuba : 50 US$; avec bouteille : 95 US$.

Entouré par une équipe de professionnels, les sorties sont effectuées dans le Pennekamp Park et dans le Florida Keys National Marine Sanctuary. Les plongeurs confirmés pourront partir à la demi-journée explorer les fonds marins. Le novices pourront en profiter pour passer le PADI. Le Florida Keys Drive Center a aussi pensé à ceux qui ne seraient pas à l'aise dans les profondeurs : il est possible d'effectuer des sorties en *snorkeling* ou de participer à des croisières de 2h au coucher du soleil. Ainsi, tout le monde y trouve son compte !

KEY LARGO PRINCESS BOAT

Mile Marker 100
✆ +1 305 451 4655
www.keylargoprincess.com
Départs tous les jours à 10h, 13h et 16h. 45 US$ pour un adulte, 27 US$ pour un enfant (11 ans et moins).

Embarquez à bord de la Princess de Key Largo pour une croisière de 2 heures à la découverte des fonds marins du John Pennekamp Coral Reef State Park, grâce à l'imposant fond de verre : corail, poissons tropicaux... et plus rarement, débris d'épaves. Depuis le pont du bateau, vous profiterez également de points de vue panoramiques sur l'archipel des Keys. Comptez 45 minutes de traversée pour atteindre le récif corallien. C'est l'option idéale si vous n'êtes pas à l'aise sous l'eau ou si vous ne disposez que d'une paire d'heures.

PADDLE THE FLORIDA KEYS

90773 Old Highway
✆ +1 305 591 60533
www.paddlethefloridakeys.com/
Paddle ou kayak à partir de 35 US$ la journée. Éco-tour en paddle de 2h : 60 US$. Tours quotidiens à 10h et à 14h30.

Le propriétaire de l'établissement, Scott Baste, passionné de la nature, a toujours pagayé. Aujourd'hui, lui et son équipe vous transmettent leur savoir-faire, leurs connaissances (et leur bonne humeur) au travers d'éco-tours en paddle. Laissez-vous tenter pour une visite guidée de 2 heures ou allez à votre rythme en optant pour la location à la journée. Trois circuits vous sont alors conseillés : Secret lagoon, Tavernier Key Loop ou Cowpens Cut. Vous y trouverez votre bonheur dans tous les cas, il serait dommage de ne pas s'arrêter en chemin !

ISLAMORADA ★★★

Mile Marker 82,5 dans les Upper Keys, à 1h30 de route de Miami. Islamorada, dont le nom signifie *île pourpre*, a été découverte par les Espagnols en 1513. C'est en réalité un archipel composé de plusieurs petites îles. Aujourd'hui, elle est connue comme la capitale mondiale de la pêche. C'est en effet l'activité principale de ses 6 800 habitants. Où que vous vous tourniez, vous verrez des bateaux petits ou grands, des pêcheurs et des poissons (principalement des espadons, des thons et des Marlins). Islamorada est un petit paradis avec ses restaurants et hôtels les pieds dans l'eau, très prisé par les habitants de Miami qui s'y échappent le week-end.

HISTORY OF DIVING MUSEUM

Mile Marker 83 ✆ +1 305 664 9737
www.divingmuseum.org
Ouvert tous les jours de 10h à 17h. Adulte : 15 US$, enfant (6 à 11 ans) : 7 US$, gratuit pour les moins de 5 ans.

Ce petit musée mérite un arrêt ! Vous y sera contée l'histoire passionnante de la plongée sous-marine, depuis ses prémisses au XVIe siècle jusqu'à nos jours. Le musée détient une collection incroyable de scaphandres, casques de plongée et autres matériels de diverses époques. Une partie est consacrée à la plongée dans le sud de la Floride. Le « Parade of nation » avec ses 45 casques en provenance du monde entier est impressionnant. Vous découvrirez également des coquillages et objets trouvés lors de fouilles sous-marines. La dernière salle vous surprendra !

INDIAN KEY HISTORIC STATE PARK ★

Mile Marker 78, côté océan
✆ +1 305 664 2540
2,50 US$/personne. Accessible uniquement par bateau.

Indian Key est, comme son nom le laisse supposer, un ancien lieu d'habitat d'une tribu indienne. Une zone a été aménagée pour la nage. Il n'y pas d'infrastructures particulières mais la plage est jolie. Auparavant, une passerelle permettait de parcourir les 800 mètres menant jusqu'à l'île. Cette dernière ayant été récemment détruite lors d'une tempête, Indian Key n'est accessible que par bateau. Vous pouvez louer des kayaks à proximité chez Robbie's Marina ou Backcountry Cowboys.

LONG KEY BRIDGE ★

Mile Marker 65,5

Le Long Key Bridge est le deuxième pont le plus long des Keys (3,7 km). Il vous permettra de quitter la région d'Islamorada pour Marathon Key, dans les Middle Keys. Il fut créé à l'initiative d'Henry Morrison Flagler, le patron de chemins de fer Florida East Coast Railway, pour servir de voie ferroviaire entre 1907 à 1935 avant d'être transformé en autoroute. Long de 180 arches, il est constamment occupé par les pêcheurs à la ligne et des centaines de pélicans un peu fainéants qui attendent les poissons que les premiers, généreux ou maladroits, rejettent à la mer.

LONG KEY STATE RECREATION AREA

67400 Overseas Highway
✆ +1 305 664 4815

Tous les jours de 8h au coucher du soleil.5 US$/ véhicule (2 pers) + 50 cents/pers supp., 2,50 US$/ piéton ou cycliste.

C'est l'un des trois parcs d'État dans les Keys. La plage n'est pas bondée et l'on peut même y camper. Deux trails proposent de belles randonnées : le Golden Orb Trail (1,6 km) et le Layton Trail. Vous pourrez également louer des kayaks pour 2 heures. Les plongées avec tuba permettent de découvrir une faune abondante en langoustes et en pieuvres. A portée de vue, des grands échassiers nidifient un peu partout. Mais les moustiques aussi sont chez eux.

ROBBIE'S MARINA ★★★

Mile Marker 77,5, côté baie
✆ +1 305 664 9814
www.robbies.com

Ouvert toute l'année de 7h à 20h. Compter 2,5 US$ l'entrée sur le dock et 4,5 US$ le seau pour nourrir les tarpons.

Robbie's est une véritable attraction locale qui attire des touristes du monde entier. Contre quelques dollars, vous pourrez accéder à un ponton au-dessus de dizaines de tarpons affamés à qui on lance des morceaux de poisson. Ces poissons dévorent à la vitesse de l'éclair la nourriture dès qu'elle atterrit dans l'eau et sont d'une agilité surprenante. Le spectacle est d'autant plus impressionnant que les tarpons sont vraiment de grands poissons. Ils peuvent en effet atteindre 2,50 m de long et peser jusqu'à 80 kilos ! Sur le ponton, les pélicans guettent. Eux aussi aimeraient bien manger un morceau de poisson mais les visiteurs n'ayant pas le droit de les nourrir, ils sont fort désappointés... En guise de représailles, ils volent de temps en temps des bouts de poisson aux touristes avec une rapidité fulgurante. Mais il ne vous arrivera rien de grave, rassurez-vous. Tout au plus bousculé par un pélican furieux, vous aurez un fou rire (attention aux enfants cependant qui pourraient être plus sérieusement blessés par le bec des pélicans). C'est aussi l'occasion d'observer de près ces grands oiseaux.

Pour vous remettre de vos émotions, il ne vous restera plus qu'à vous régaler avec un bon poisson juste à côté, au Hungry Tarpon Restaurant (pas de tarpons au menu, ils ne sont pas comestibles). La marina loue également des bateaux, des kayaks, et organise des parties de pêche, de la plongée ou des tours en bateau. Vous pourrez aussi déambuler à travers les boutiques de souvenirs en tout genre.

© ROBERTO A SANCHEZ - ISTOCKPHOTO

Islamorada.

SAN PEDRO UNDERWATER ARCHAEOLOGICAL PRESERVE ★★

A 1 mile du Mile Marker 85,5 ✆ +1 305 664 2540
www.floridastateparks.org/sanpedro
Ouvert de 8h au coucher du soleil. Entrée libre. Accès par bateau uniquement.

Ce site sous-marin concentre les restes de 21 galions espagnols coulés à six mètres de profondeur en 1733, approximativement à deux kilomètres de l'Indian Key. Ils sont aujourd'hui la demeure de multiples espèces de poissons. Le temps a fait son oeuvre mais la réserve n'en demeure pas moins un site intéressant et très fréquenté par les plongeurs et les snorkeleurs. Il n'y aurait *a priori* pas de trésor caché à récupérer alors ne cherchez pas à remuer le fond, ce serait peine perdue...

THEATER OF THE SEA ★★★

84721 Overseas Hwy ✆ +1 305 664 2431
https://theaterofthesea.fr/
Ouvert tous les jours de 9h30 à 17h. Tarif : 44,95 US$ pour un adulte et 29,95 US$ pour un enfant (de 3 à 10 ans).

Theater of the Sea existe depuis 1946, ce qui en fait une des plus vieilles attractions des Keys. Ce parc d'animaux marins, installé dans la mangrove est différent des parcs habituels puisqu'ici toutes les espèces (raies, requins, tortues, otaries...) sont en semi-liberté. De nombreux animaux ont été sauvés par le parc mais ne peuvent être relâchés. Après votre visite, vous pourrez même profiter de la plage privée. Il est aussi possible de nager avec les dauphins ou les raies, et effectuer un tour de bateau pour assister du coucher de soleil (avec supplément).

ISLAMORADA CHAMBER OF COMMERCE & VISITORS CENTER

Mile Marker 86
✆ +1 305 664 4503
www.islamoradachamber.com
Ouvert du lundi au vendredi de 9h à 17h, le samedi jusqu'à 16h et le dimanche jusqu'à 15h.

Ce Visitor Center à l'architecture traditionnelle locale vous prodiguera de nombreuses Informations sur Islamorada et les Keys en général. L'offre touristique est en effet tellement vaste qu'un regard expert n'est jamais de refus ! Où se restaurer? les festivals et animations durant votre séjour ? où pêcher ?le meilleur spot de *snorkelling* ou la petite plage secrète...? Nul doute que vous ressortirez d'ici plus avisé. Quelques souvenirs sont également à la vente.

CALOOSA COVE MARINA €€

Mile Marker 73,8, côté océan
✆ +1 305 664 8811
www.caloosacove.com
Chambre double à partir de 175 US$ selon la saison. Piscine, plage.

Le Caloosa Cove Marine fait face à la mer et dispose d'une belle plage de sable blanc. Le complexe hôtelier propose uniquement des suites parfaitement équipées avec un coin séjour, une chambre avec balcon et une cuisine. Elles sont spacieuses, lumineuses et décorées selon une thématique marine en bleu et blanc. Pour vous détendre et vous amuser, vous trouverez une piscine chauffée, des terrains de tennis et de basket et autres activités. L'hôtel dispose aussi d'un restaurant, Habano's Oceanfront, où vous pourrez déguster une cuisine cubaine du mardi au dimanche.

LIME TREE BAY RESORT €€

Mile Marker 68,5
✆ +1 305 664 4740
www.limetreebayresort.com
Chambre double à partir de 189 US$. Petit déjeuner inclus. Wi-fi et parking gratuit.

Un établissement au calme, non loin de la route et au bord de la mer. Les chambres sont lumineuses, spacieuses et bien équipées, certaines avec une agréable terrasse vue mer. La plupart des studios et des suites ont une kitchenette avec frigo et micro-ondes. Côté infrastructures, l'hôtel est bien pourvu : 2 piscines (dont une piscine à remous à l'extérieur), des courts de tennis, des aires de barbecue... Parmi les activités offertes sur place : kayak, snorkeling, pêche, balade en vélo... et des hamacs entre deux cocotiers si vous préférez faire la sieste !

SUNSET INN €€

82200 Overseas Hwy
✆ +1 305 664 3454
https://sunsetinnkeys.com
Chambre double à partir de 159 US$. Piscine.

Cet hôtel des années 1950 a été savamment rénové tout en conservant son architecture d'origine. Les chambres sont simples mais confortables et modernes, avec une jolie salle de bain à carreaux métro. Des photos rétro en noir et blanc d'Islamorada décorent les murs. Coup de cœur pour la piscine au centre de l'hôtel qui revendique son côté vintage avec ses cabanas et parasols orange. Pour le dîner, rendez-vous au Lorelei Restaurant à deux minutes de marche, notre option préférée pour siroter un cocktail à petit prix lors de l'*happy hour*, les pieds dans le sable.

CASA MORADA €€€

136 Madeira road
✆ +1 305 664 0044
www.casamorada.com

16 chambres et suite à partir de 329 US$ petit-déjeuner inclus. Prêt de kayak, paddle, vélo. Piscine.

Situé dans une petite rue calme, cet hôtel respire la sérénité. Construit dans les années 1950, il a gagné ses galons avec de nombreux aménagements, notamment une piscine d'eau douce, un bain à remous face à la baie, une immense terrasse donnant sur l'océan pour prendre son petit déjeuner. Le soir venu, le chemin vers la piscine s'éclaire de mille bougies. Vous pouvez aussi plonger, faire du kayak ou explorer les environs à vélo. Sachez que des cours de yoga sont offerts tous les samedis, dimanches et mercredis matin. De quoi bien commencer la journée.

HUNGRY TARPON €

77522 Overseas Highway
✆ +1 305 664 0535
www.hungrytarpon.com

Ouvert tous les jours de 6h30 à 21h. Plat à partir de 12,95 US$.

Le restaurant de Robbie's Marina (c'est là qu'on nourrit les tarpons en leur lançant des bouts de poisson) propose d'excellents plats locaux, la plupart à base de poissons et de fruits de mer dont un excellente bisque de homard et de copieux *burrito* aux crevettes. On vous recommande particulièrement l'*Islamorada fish sandwich*. Il est aussi possible de faire préparer ses propres prises ! Cependant, vous ne pourrez pas manger de tarpons car ce ne sont pas des poissons comestibles. A noter : c'est un endroit magique pour admirer le lever du soleil au petit déjeuner.

LAZY DAYS €

79867 Overseas Hwy
✆ +1 305 664 5256
www.lazydaysislamorada.com

Ouvert du lundi au jeudi de 11h à 21, jusqu'à 23h du vendredi au dimanche. Plat à 11,95 US$.

Installé au bord de l'eau, ce restaurant vous donnera envie de paresser des heures sans rien faire en profitant du soleil et du bon air marin ! D'où le nom étonnant du restaurant... Dans les assiettes, on se régale de plats simples à base d'excellents produits frais avec une belle offre côté poissons et fruits de mer. Mention spéciale pour les énormes crevettes à partager. C'est un restaurant qui peut convenir à la majorité des budgets, avec des plats simples à moins de 10 US$ comme le hotdog ou le sandwich BLT (Bacon Laitue Tomate).

MORADA BAY BEACH CAFÉ €

81600 Overseas Highway
✆ +1 305 664 0604
www.moradabay.com

Ouvert tous les jours de 11h à 21h. Plat à partir de 18 US$ le repas.

Le Morada Bay Cafe, qui a ouvert ses portes en 1997, se trouve au bord de l'eau. C'est donc un spot de premier choix pour admirer le coucher de soleil. On y retrouve l'ambiance d'un café de plage tout en étant dans une belle maison en bois typique des Keys. Le menu éclectique de style bistrot, à l'accent des produits frais de la mer des Caraïbes, et le cadre remarquable font de Morada Bay une escale gourmande incontournable. Le week-end, vous serez bercé par la mélodie d'un groupe qui vient jouer de la musique sur la petite scène près des tables sur la plage.

TWISTED SHRIMP €

87745 Overseas Highway
✆ +1 305 453 6377
http://twistedshrimp.com/

Ouvert du jeudi au lundi de 12h à 20h. Plat à partir de 10,5 US$.

Comme on le devine sans trop de difficulté, la crevette est la star de ce petit restaurant. On la retrouve sous toutes ses formes : quesadilla, salade, tacos, wrap... ou tout simplement panée et frite, à piocher dans un panier. Si vous n'êtes pas fan de ce fruit de mer rosé, sachez que la carte propose d'autres options. La salle offre peu de places assises, mais vous pourrez vous installer sur la terrasse. S'y trouve une table un peu particulière car aménagée dans un bateau ! Même si elle est située à deux pas, sachez que ce restaurant n'offre pas de vue mer.

ISLAMORADA FISH COMPANY €€

Mile Marker 81,5 ✆ +1 305 664 9271
www.islamoradafishco.com

Ouvert tous les jours de 11h à 21h. Plat à partir de 15 US$.

Très loin des nombreux attrape-touristes qui pullulent dans les Keys, ce restaurant sert d'excellents poissons et fruits de mer frais à un prix raisonnable, dans une ambiance de vacances conviviale. Pour goûter à un peu de tout, nous vous conseillons le *Fried Seafood Combo Basket*. L'endroit est tellement prisé qu'il vous faudra sans doute vous préparer à attendre une trentaine de minutes (pas de réservation). Une boutique et des *rocking-chairs* juste au bord de l'eau rendront l'attente plus sympathique. Vous pourrez en profiter pour contempler le coucher du soleil.

LORELEI RESTAURANT & CABANA BAR €€

96 Madeira Road
✆ +1 305 664 2692
www.loreleicabanabar.com
Ouvert tous les jours de 7h à 22h. Happy hours tous les jours de 16h à 18h. Plat : 15 US$ environ.

Le Lorelei est le type d'endroit que l'on espère découvrir dans les Keys : une marina, une terrasse ombragée et des tables à même le sable. La vue sur la baie est imprenable. Dans une ambiance détendue, vous dégusterez des tacos de poissons, du poulet mariné ou encore des sandwichs généreux. Nous vous conseillons l'une des spécialités des Keys : les *Coconut shrimps,* des crevettes panées avec de la noix de coco râpée. Un régal. De la musique *live* est jouée plusieurs soirs par semaine.

MARKER 88

88000 Overseas Hwy
✆ +1 305 852 9315
www.marker88.info
Lundi au jeudi de 11h à 21h ; ven. de 11h à 22h ; sam. de 10h30 à 22h et dim. de 10h30 à 21h. Plat à partir de 15 US$.

Un agréable *tiki bar* au mile 88 comme le dit le nom, qui a pour avantage d'être installé sur une petite plage de sable aux eaux claires. Vous ne manquerez pas de faire un *selfie* au moment du coucher de soleil sur le petit ponton ou encore sous les panneaux en bois colorés qui indiquent à quelle distance se trouvent Key West ou Cuba. Le menu fait quant à lui la part belle aux poissons locaux. Une bonne adresse pour prendre un verre en écoutant de la musique live les pieds dans le sable. Pour les amateurs, sachez qu'un brunch a lieu tous les week-ends.

ISLAMORADA BREWERY & DISTILLERY

82229 Overseas Highway
✆ +1 305 4402162
Ouvert tous les jours de 11h à 21h. Dégustations gratuites. Restauration sur place.

Dans une ambiance vitaminée, cette microbrasserie locale fait honneur aux saveurs des Keys. Parmi les créations houblonnées, nous vous conseillons l'étonnante *Coconut Key Lime Ale* qui allie savamment la noix de coco et le célèbre citron des Keys, ou la *Floridays Tropical Pale Ale* aux fruits exotiques. Côté distillerie, vous pourrez déguster le gin à l'hibiscus ou le rhum épicé. Il est aussi possible de prendre une pinte ou un cocktail en terrasse accompagné de nachos ou sandwiches.

RAIN BARELL ARTISAN VILLAGE

Plantation Key
✆ +1 305 521 2043
https://rainbarrelvillage.com
Ouvert tous les jours de 9h à 17h.

Rain Barrel Artisan Village est un endroit est facile à repérer depuis la route puisqu'il abrite une langouste de près de 10 mètres de haut. Elle ne cesse d'être photographiée sous tous les angles. Il s'agit en fait d'une petite galerie commerciale regroupant un café très coloré (le Lobster Shak), un bar ainsi que des boutiques de babioles locales et d'autres d'artisanat proposant de la terre cuite, des tableaux, de la mosaïque, des bijoux, des vêtements...

ISLAMORADA DIVE CENTER

84001 Overseas Highway
✆ +1 305 664 3483
www.islamoradadivecenter.com
Ouvert tous les jours de 8h à 18h. Comptez à partir de 95 US$ pour une sortie de 3 heures et 50 US$ avec masque et tuba.

L'équipe de l'Islamorada Dive Center est prête à vous initier à la plongée ! Si vous êtes débutant, vous pourrez passer une certification sur place. Si vous êtes certifié, à vous l'exploration sous-marine via des sorties de 3 heures (matin, après-midi et certains débuts de soirée). Les excursions peuvent également se faire avec palmes-masque-tuba. Les accompagnants qui ne souhaitent pas plonger peuvent prendre part à la sortie pour un prix réduit. En somme, c'est un centre qui conviendra aussi bien aux plongeurs débutants que confirmés.

KEYZ CHARTERS

77522 Overseas Hwy,
✆ +1 305 393 1394
www.keyzcharters.com
Ouvert tous les jours de 8h à 20h.

DKeyz Charters propose des sorties bateau d'1h à 3h, à la découverte de la faune locale sur la rivière et dans la mangrove. Vous pourrez y observer de nombreux oiseaux mais aussi y découvrir des animaux marins comme le lamantin aujourd'hui en voie de disparition. C'est un moment magique que de le voir nager près du bateau, voire de le filmer sous l'eau avec une GoPro ! C'est surtout grâce à Samantha, une guide qui a un oeil de lynx et repère absolument toutes les espèces animales dans le coin. Il est aussi possible de faire des visites guidées en snorkeling.

MARATHON KEY ★★

Arrivé au *Mile Marker* 60, vous voici dans l'île qui est au cœur des Keys. Elle doit son nom à un employé à la construction de la voie ferrée Florida East Coast Railroad qui s'était exclamé : « Cela va être un marathon ! ». Marathon Key fut longtemps déserte ; cet ancien village de pêcheur et repaire de pirates ne comptait que 17 âmes en 1926 ; elle en compte désormais plus de 8 000. Très engagée dans la protection de la faune et la flore, Marathon est connue pour abriter l'une des rares plages gratuites des Keys : Sombrero Beach. Sa situation à mi-chemin entre Key Largo et Key West en fait une étape de premier choix dans votre visite des Keys.

DOLPHIN RESEARCH CENTER ★

Grassy Key, Mile Marker 59
✆ +1 305 289 0002
www.dolphins.org
Tous les jours de 9h à 16h30. Tarif : 28 US$ pour un adulte et 23 US$ pour un enfant (de 4 à 12 ans), gratuit -3 ans.

Le centre, qui travaille à la protection et la sauvegarde des dauphins, propose toute l'année des visites guidées qui informent sur les habitudes et le dressage de ces animaux (prévoir 2 heures). Il est également possible de nager avec eux mais mieux vaut réserver longtemps à l'avance (comptez une centaine de dollars pour cette activité). Le personnel est très disponible pour répondre à vos questions sur ces extraordinaires mammifères marins. Le site est grand et vous pourrez facilement y passer la journée si vous prenez votre temps.

AQUARIUM ENCOUNTERS ★★

1170 Overseas Highway
✆ +1 305 407 3262
www.floridakeysaquariumencounters.com
Ouvert tous les jours de 9h à 17h. Adultes 27,50 US$, enfants (de 4 à 12 ans) 19,50 US$.

Un grand aquarium où vous pourrez découvrir de nombreux poissons et animaux marins de Floride et des Keys en particulier. Insolite : plusieurs bassins sont spécialement conçus pour que vous puissiez toucher leurs habitants : raies, étoiles de mer... Il est également possible de participer à différents programmes d'interaction avec les animaux marins en supplément : plongée dans le grand aquarium central, snorkeling dans le lagon privé, nourrissage des bébé requins (frissons garantis). Une belle visite qui plaira à toute la famille, aux grands comme aux petits !

OLD SEVEN MILE BRIDGE ★

Mile Marker 47
Réservé aux piétons et cyclistes.

Parallèle au « nouveau » Seven Mile Bridge (construit en 1982) que vous emprunterez avec la voiture, c'est sans aucun doute le plus long ponton de pêche jamais vu ! En effet, depuis que le nouveau pont a été construit, le Old Seven Mile Bridge, terminé en 1912, sert uniquement à la pêche, au jogging, au roller ou encore au vélo. Il permet aussi d'accéder à Pigeon Key. Il a été fermé de 2006 à 2022 pour une rénovation d'un montant de 77 millions de dollars. Le lieu a plusieurs fois servi de décor à des films comme *Fast and Furious 2* ou *Mission Impossible III*.

CRANE POINT MUSEUM & NATURE CENTER

Mile Marker 50,5, côté baie ✆ +1 305 743 9100
www.cranepoint.net
Du lundi au samedi de 9h à 17h, dimanche de 12h à 17h. Adulte : 14,95 US$, enfant (5-13 ans) 9,95 US$, gratuit -4 ans.

Un musée pédagogique sur la nature et l'histoire des Keys. Le musée évoque les Indiens qui habitèrent les Keys avant l'arrivée des premiers explorateurs espagnols. Il est aussi possible d'observer différents animaux dont des oiseaux, des tortues et des espèces marines, le tout à travers le Hammock Trail, un chemin de randonnée. Le musée propose aussi 4 jardins à papillons. Vous apercevrez également la plus vieille maison des Keys, hors Key West (1904). Un lieu riche en découvertes !

SOMBRERO BEACH

Mile Marker 50
Plage ouverte tous les jours de 7h au coucher du soleil. Parking gratuit. Douche, sanitaires.

Une jolie plage de sable blanc où l'eau est profonde et les infrastructures très pratiques : zone de jeux pour les plus petits, toilettes, point d'eau, emplacement pour pique-niquer. D'avril à octobre, vous pourrez y croiser des tortues qui sont nombreuses à y faire leur nid. Idéal pour passer une journée à la plage avec tout le confort nécessaire. À savoir : Sombrero Beach est l'une des plages les plus fréquentées des Keys, en particulier le week-end. C'est également un spot de premier choix pour assister au coucher du soleil ou s'essayer au snorkeling.

THE TURTLE HOSPITAL ★★

2396 Overseas Hwy
www.turtlehospital.org
Ouvert de 9h à 18h. Visite guidée toutes les 30 min de 9h à 16h. Adulte : 30 US$, 4 à 12 ans : 15 US$, gratuit -4 ans.

Bienvenue dans l'hôpital des tortues marines ! Accompagné d'un guide (visite guidée uniquement), vous observez les tortues actuellement en soins à la clinique et saurez tout sur cet adorable petit animal. Leur nombre varie selon les circonstances et les tortues peuvent être plus ou moins nombreuses. Votre guide vous racontera l'histoire touchante du sauvetage de chaque tortue. La partie de la visite où on voit ces animaux en rémission évoluer dans différents bassins est la plus impressionnante. Passionnant ! A ne pas manquer lors de votre passage dans les Keys.

MARATHON CHAMBER OF COMMERCE & VISITOR CENTER

12222 Overseas Highway
✆ +1 305 743 5417
www.floridakeysmarathon.com
Ouvert tous les joursi de 9h à 17h.

Vous retrouverez en ce lieu toutes les informations touristiques sur la région de Marathon et les Keys en général. L'équipe saura vous conseiller en terme d'hébergements (même si nous vous conseillons de réserver votre logement avant votre départ), de restauration, d'activités à faire en famille ou entre amis mais également de festivals et d'animations. Vous pourrez aussi récupérer des coupons de réduction en tout genre, bien utiles pour faire quelques économies durant votre séjour.

SUN OUTDOORS MARATHON €

59151 Overseas Hwy
✆ +1 8447281737
https://www.sunoutdoors.com
Chambre double à partir de 120$ la nuit. Piscine, laverie, marina, emplacements pour camping-car.

Ce motel récemment rénové est une pépite ! Il propose des chambres de 2 à 4 personnes et des maisonnettes pour 6 personnes avec tout le confort et les équipements nécessaires. Il offre aussi des emplacements pour camping-car. Vous profiterez d'une jolie piscine chauffée, de feux de camp et de grills. Mais le principal atout est la marina offrant une vue imprenable sur le golfe du Mexique. Le spot parfait pour observer le coucher du soleil. À savoir : le motel est situé proche d'une route assez passante. Un vrai bon plan abordable comme il y en a peu dans les Keys.

GRASSY FLATS RESORT & BEACH CLUB €€

58182 Overseas Hwy
✆ +13059984590
www.grassyflats.com/
Ouvert toute l'année. A partir de 200 US$.

Ce complexe installé au cœur des Keys propose de magnifiques hébergements en bord de mer. Les appartements sont modernes et confortables, avec une jolie vue sur les flots qui scintillent à perte de vue sous le soleil. Vous pouvez lézarder au bord de la piscine, ou dans le jardin, ou bien décider de partir à l'aventure et réserver un paddle, louer en voilier, pratiquer la plongée sous-marine ou vous lancer dans une session de pêche... Quel que soit votre choix, c'est un petit paradis !

RAINBOW BEND RESORT €€

Mile Marker 58
✆ +1 305 289 1505
www.rainbowbend.com
Chambre à partit de 195 US$, petit déjeuner inclus.

Un agréable petit resort de couleur rose, les pieds dans l'eau, où vous serez au calme pour profiter des activités des Keys. Les chambres et suites avec kitchenette ont été rénovées récemment et vous garantissent un séjour en toute tranquillité. Mention spéciale pour la piscine d'eau salée chauffée avec sur la mer et la petite plage privée. Vous pourrez même partir à la découverte de l'océan car le resort propose la location de kayak. Le restaurant sur place, le Hideaway Cafe, offre une cuisine aux accents internationaux dans un cadre romantique.

HAWKS CAY RESORT €€€

61 Hawks Cay Blvd
✆ +1 305 743 7000
www.hawkscay.com
Chambre à partir de 313. US$, en fonction de la saison et du type de chambre.

Un très beau domaine niché dans la petite Duck Key. Les chambres ou suites sont spacieuses, la piscine est immense et vous aurez accès à un lagon d'eau salée donnant sur une plage de sable fin. Terrains de tennis, parcours de golf à proximité, une marina et quatre restaurants. Mais surtout l'adresse est idéale pour les familles car l'établissement possède un véritable parc de jeux pour enfants où, selon l'âge, ils pourront faire toutes sortes d'activités, comme le toboggan dans la piscine pour les plus jeunes et le beach volley pour les plus âgés.

© PORKY'S

© PORKY'S

© PORKY'S

PORKY'S BAYSIDE RESTAURANT & MARINA €

51410 Overseas Hwy
✆ +1 305 289 2065
http://porkysbaysidebbq.com/
Ouvert de 8h à 22h, en continu tous les jours.
Happy Hour de 15h à 18h

Créé dans les années 1950, le Porky's Bayside se targue d'avoir accueilli Ernest Hemingway et Elizabeth Taylor… Le restaurant n'a rien perdu de son charme, imaginez-vous une bicoque en bois multicolore dotée d'une terrasse donnant sur le petit port : le spot est magique. Le chef Sean continue d'allumer le barbecue chaque jour, il propose la pêche du jour ainsi que des petits plats aux influences cajuns et d'excellents mojitos. En plus, les tarifs sont miraculeusement raisonnables !

© PORKY'S

ISLA BELLA BEACH RESORT €€€

1 Knights Key Boulevard ✆ +1 305 481 9451
www.islabellabeachresort.com/
Chambre double à partir de 240 US$ en basse saison. Piscines.

Ce resort récent situé en front de mer est une véritable bulle de quiétude et de charme. Coup de cœur pour la décoration sophistiquée des chambres, dans les tons de bleu et de blanc. Vous dégusterez des spécialités polynésiennes au restaurant Mahina, à moins que vous ne préfériez composer votre pique-nique à l'Isla Bella Marketplace. Le resort offre également de nombreuses activités sans supplément : vélo, cours de yoga, minigolf, plusieurs piscines... Il y a même une plage privée. L'endroit rêvé pour se laisser porter et se détendre dans un cadre idyllique.

SUNSET GRILLE & RAW BAR €

7 Knights Key Blvd
✆ +1 305 396 7235
Ouvert tous les jours de 8h à 22h. Plat à partir de 11,99 US$.

Un restaurant à l'ambiance décontractée avec une grande terrasse en bord de mer. Ici on se régale de fruits de mer et de poissons à prix doux. Mention spéciale pour les tacos au homard de Floride ou le sandwich au crabe. Les amateurs trouveront également des rolls et des sushis nommés d'après des lieux emblématiques des Keys comme le 7 Mile Roll ou le Key West Roll. Nous vous recommandons de venir plutôt le soir afin d'assister au superbe coucher de soleil. En plus, vous pourrez profiter de la piscine chauffée du restaurant. Assez rare pour être souligné !

S.S WRECK & GALLERY GRILL €€

58835 Overseas Highway ✆ +13055176484
https://sswreck.com
Lundi-vendredi : 11h-21h. Samedi-dimanche : 11h-22h. Plat à la carte : environ 13$. Vente à emporter.

Le S.S Wreck & Gallery Grill est l'un de ces lieux à l'ambiance unique qui donne envie de s'attabler au bar et discuter avec son voisin. Le service respire la sympathie, les portions sont généreuses et la carte offre un bel aperçu de la cuisine des Keys : crevettes à la noix de coco, poisson du jour, beignet de conque (coquillage local) et bien sûr, la traditionnelle *key-lime pie*. Si vous cherchez un plat à petit prix, le cheeseburger avec sa viande bien grillée, est une valeur sûre.

CURLY'S COFFEE AND MARINA

11601 Overseas Highway
✆ +1 305 942 3728
https://curlyscoffee.com
Du lundi au samedi de 6h30 à 18h, dimanche de 7h à 18h. Kayak à partir de 30 US$/jour, paddle à partir de 40 US$/jour.

Curly's est un spot bien connu dans les Keys. Les cafés, ***caramel latte*** et ***iced coffee***, préparés dans une petite cabane en bois jaune face à la marina sont excellents, tout comme les smoothies. Bon à savoir : ces boissons sont proposées à emporter uniquement. Curly's vous propose également de louer un kayak ou un paddle pour explorer les superbes paysages autour de Marathon, et de partir en expédition pêche à la journée ou à la demi-journée, le tout dans une ambiance très conviviale !

CAPTAIN HOOK'S MARATHON

11833 Overseas Highway
✆ +1 305 743 2444
https://captainhooks.com
Ouvert tous les jours de 7h à 17h. Snorkeling : 49 US$/4h, plongée nocturne : 109 US$/4h.

Pour pratiquer la plongée à Marathon, nous vous conseillons Captain's Hook ! Ce centre propose aussi des sorties en snorkeling de 4 heures durant lesquelles vous visiterez deux spots en deux heures. Les départs ont lieu à 8h30 et à 13h. Côté plongée sous-marine, les sorties ont lieu après le coucher du soleil, ce qui offre une perspective unique et différent du récif coralien avec la lumière du soir. Vous pourrez aussi profiter de croisières au coucher du soleil (2 heures). Captain Hook's est également présent à Key West et à Big Pine Key.

FLORIDA KEYS KITEBOARDING & STAND UP PADDLE

11201 Overseas Highway
✆ +1 305 942 9635
http://floridakeyskitesurfing.com
Ouvert tous les jours de 8h30 à 15h. Kayak et stand-up paddle : 25 US$/h.

Ce centre vous propose la location de nombreux équipements nautiques pour découvrir les Keys sur l'eau : kayak simples et doubles, stand-up paddle, kiteboard... Malin : il propose même la location de caméra Go Pro à la journée pour que vous puissiez immortaliser ces souvenirs. Pour les débutants, des sorties accompagnées d'un instructeur permettront d'acquérir les bases de paddle. Vous pourrez également y louer des vélos à la journée ou la semaine à petit prix.

KEY COLONY BEACH ★

Key Colony Beach est une île tranquille des *Middle Keys* dont la population quadruple durant la haute saison. Elle est d'ailleurs principalement composée de résidences de vacances. À l'origine, c'était une petite île de 40 hectares nommée Shelter Key. Cette dernière fut agrandie artificiellement et dotée de canaux au début des années 1950 jusqu'à dépasser les 150 hectares. Un petit plongeon à 5 miles au sud de cette Key vous réservera une surprise de taille : vous tomberez nez à nez avec un navire de l'armée, l'*USS Thunderbolt*. Il n'est pas là à cause d'une avarie mais a été volontairement coulé en 1986 pour le plus grand plaisir des plongeurs.

HAVANA JACK'S OCEANSIDE RESTAURANT AND BAR €€

401 E Ocean Drive
✆ +1 305 743 4849
www.havanajacksoceanside.com/
Ouvert du mercredi au dimanche de 11h à 23h.
Plat à partir de 14 US$.

Havana Jack's est l'un des seuls bars-restaurants de Key Colony Beach. Ses points forts : une grande terrasse au plus près de l'océan, un vaste choix de cocktails créatifs (nous vous recommandons le mojito à la noix de coco ou l'Hemingway Daiquiri !) et des prix plutôt raisonnables si l'on opte pour des entrées à partager. Les amateurs de cigares découvriront également une sélection pointue. Et si vous prévoyez de poursuivre la fête ailleurs, faites un saut dans le petit *liquor store*.

SUNSET PARK

W Ocean Drive

Un spot de premier choix pour admirer le coucher de soleil (d'où le nom du parc !). D'octobre à mai, le spectacle s'accompagne des chansons des Sunset Park Singers, un groupe de chanteurs amateurs. C'est aussi un endroit parfait pour pique-niquer. On y trouve de nombreux bancs pour faire une pause sous les palmiers et même un petit *pier* et une plage. S'il n'est pas possible de s'y baigner, vous pourrez y ramasser quelques coquillages ou vous poser sur le sable. Des concerts sont ponctuellement organisés le dimanche. En somme, ce parc est une pépite cachée !

KNIGHT'S KEY ★★

À partir de cette Key, vous voici sur l'un des plus longs ponts des Etats-Unis : le Seven Mile Bridge, qui mesure près de 11 km. Jusqu'au début du XXe siècle, Knight's Key était le terminus de la ligne ferroviaire *Florida Overseas Railroad*, avant d'être remplacée par Key West. C'était aussi un important port de pêche. Knight's Key fut nommée d'après le premier colon qui s'y installa, un certain monsieur nommé Knight. Elle est rattachée à la commune de Marathon, bien plus importante en terme de superficie. Deux films à succès furent tournés à Knight's Key : le James Bond *Licence to Kill* (1989) et *True Lies* avec Arnold Schwarzenegger (1992).

GLUNZ OCEAN BEACH HOTEL & RESORT €€

351 East Ocean Drive Key
✆ +1 305 289 0525
https://glunzoceanbeachhotel.com
À partir de 219 US$/nuit.

Ce resort situé en front de mer offre une échappée idéale pour vous relaxer au coeur de l'ambiance si particulière des Keys. Les 51 chambres, suites et villas sont décorées dans des tons clairs et lumineux évoquant le style balnéaire. Certaines possèdent une superbe vue mer. Le resort dispose de deux piscines face à la plage, de barbecues et de *fire pit* pour une soirée au coin du feu. Vous pourrez aussi profiter des kayaks mis à disposition gratuitement et explorer les environs à vélo.

KNIGHT'S KEY SUITES €€

40 Kyle Way
✆ +1 305 501 2565
www.knightskeysuites.com
Studios à partir de 120 US$ en basse saison.
Piscine. Parking gratuit.

Ce petit hôtel à la façade bleue conviendra parfaitement aux voyageurs qui recherchent un hébergement pratique et abordable. Il dispose en effet de 10 studios et chambres climatisés pouvant accueillir 2 à 6 personnes. Chacun dispose d'une véritable petite cuisine avec grand réfrigérateur, four, plaques de cuisson, micro-ondes et cafetière. La décoration est sobre mais cosy grâce au parquet et à la tête de lit en bois. Le bonus : la vue mer pour tous ! La piscine est sympathique pour se rafraichir, et vous pourrez aussi louer des vélos sur place. Un vrai bon plan !

KEYS

SEVEN MILE BRIDGE ★★

Le joyau des ponts les plus récents de l'Overseas Highway est sans aucun doute le Seven Mile Bridge, l'un des plus longs ponts du monde lors de son inauguration en 1982. Il est constitué de 288 pièces de 41 mètres de long, construites sur la terre ferme puis assemblées en mer depuis des barges, et de 564 piliers. Il s'étend sur 11 km entre Knight's Key et Little Duck Key et sa forme bombée dans la partie centrale permet le passage des grands navires. Lorsqu'on regarde du côté océan (à gauche quand on descend vers le sud), la forme originale du pont permet d'apercevoir Pigeon Key, depuis son point de départ (Knight's Key). Le pont a été construit par l'architecte J.-C. Meredith, avec un ciment spécial provenant d'Allemagne qui devait lui permettre de résister aux plus vigoureux ouragans régionaux. Le Seven Mile Bridge s'ouvre au trafic en 1982. La nouvelle voie le tracé de l'ancienne voie ferrée de Flagler (1909-1912). Les anciennes constructions, discontinues, ne sont pas ouvertes à la circulation. Elles sont toutefois utilisées sur certains tronçons par les riverains, les cyclistes et les pêcheurs à la ligne. Des parkings ont été aménagés avant et après la plupart des ponts de la nouvelle voie. Idéal pour faire une pause photo ou pour aller à la rencontre des locaux et de leur pêche (en général plutôt abondante). Chaque année au mois d'avril le temps de quelques heures un samedi, le pont est fermé à la circulation pour laisser place aux plus de 1 500 joggers de la course 7-Mile Bridge Run.

MAHINA €€

1 Knights Key Boulevard
✆ +1786 638 8106
Ouvert tous les jours de 7h à 10h30 et de 18h à 22h. Réservation souhaitée pour le dîner. Plat à partir de 38 US$.

Une sublime décoration, une vue mer imprenable et une cuisine moderne d'inspiration polynésienne : voici comment l'on pourrait décrire Mahina. Craquez pour le porc Kurobota, mariné façon thaïe et servi avec du riz à la noix de coco, les légumes du chef et un chutney de poires asiatiques. Vous préférez le poisson ? Optez alors pour le saumon Misoyaki ou le Mahi-Mahi en croûte de homard. Les « cocktails desserts » sont particulièrement inventifs, à l'image du Key Lime Pie Martini ou du Tiramisu Martini. Vous pourrez aussi y prendre un savoureux petit-déjeuner.

PIGEON KEY ★

Cette petite *key* de 2 hectares a d'abord été l'île où résidaient les ouvriers qui construisaient l'extension du chemin de fer jusqu'à Key West, le fameux Old Seven Mile Bridge. Pendant la Seconde Guerre Mondiale, l'île s'est transformée en camp d'entraînement pour *G.I.* et *marines*. Elle est maintenant réservée à la Pigeon Key and Marine Science Center, un organisme caritatif qui travaille à la préservation de l'environnement (notamment en faisant fonctionner la majorité des infrastructures à l'énergie solaire) et de l'histoire de cette Key. On peut s'y rendre en ferry ou en traversant l'Old Seven Mile Bridge-tout juste réouvert- à pied ou à vélo.

PIGEON KEY AND MARINE SCIENCE CENTER ★

✆ +1 305 743 5999
https://pigeonkey.net
Entrée incluse dans le prix du ticket de ferry aller-retour : 15 US$ (adulte) ; 12 US$ (6-12 ans) et 5 US$ (-5 ans).

Ce petit musée situé dans une jolie maison jaune sur Pigeon Key retrace l'histoire du chemin de fer Florida East Coast Railway (FEC) et de la construction du Old Seven Mile Bridge entre 1909 et 1912. Vous pourrez notamment y découvrir de nombreuses photos d'archive, notamment du train et de la construction du pont. Une visite à ne manquer sous aucun prétexte, surtout si vous vous rendez sur l'île en ferry, puisque l'entrée est incluse dans le tarif.

PIGEON KEY FERRY

2010 Overseas Hwy
✆ +1 305 743 5999
pigeonkey.net
Départs à 10h, 12h et 14h. Retours à 12h20, 14h20 et 16h. Adulte : 15 US$, -12 ans : 12 US$, -5 ans : 5 US$.

Pour vous rendre sur Pigeon Key en ferry, il vous faudra acheter vos billets au Visitor Center de Marathon. C'est aussi là que se font les départs. La traversée dure seulement 10 minutes. Le billet inclut également une visite guidée de l'île et l'entrée au musée. C'est une excellente option pour passer une journée à petit prix, car vous pourrez emmener votre pique-nique sur l'île, faire du snorkeling. Si vous souhaitez vous rendre sur l'île à pied ou en vélo via le Old Seven Mile Bridge, vous pourrez acheter un billet pour la visite guidée sans l'option ferry.

BAHIA HONDA KEY ★★

Vous n'êtes plus qu'à 37 miles au nord de Key West et à proximité de Big Pine Key. La plage de sable blanc de Bahia Honda Key est l'une des dix plus belles de l'Amérique du Nord et sans conteste la plus grande attraction du Bahia Honda State Park. Créé en 1961, il occupe la majorité de la surface de l'île (accès payant). Vous pouvez louer des équipements de plongée et profiter des deux plages de sable blanc : Sandspur Beach et Calusa Beach. Prenez garde à ne pas vous aventurer seul ou sans expérience car c'est dans cette région des Keys que les courants sont les plus rapides et que des requins sillonnent les eaux, même si les attaques sont rares.

BAHIA HONDA STATE PARK ★★

Mile Marker 39

✆ +1 305 872 2353

www.floridastateparks.org/bahiahonda

Ouvert tous les jours de 8h au coucher du soleil. Tarif : 8 US$ par véhicule ou 2 US$ par piéton ou cycliste.

Situé à la pointe de l'île de Bahia Honda entre le golfe du Mexique et l'Atlantique, le Bahia Honda State Park possède les plus belles plages des Keys et du sud de la Floride. Vous adorerez leurs eaux turquoise et leur sable blanc ourlé de cocotiers ! Au nord, se trouve ainsi Sandpurbeach, une superbe plage de sable blanc aux eaux claires. Ce *State Park* se découvre de diverses façons : vous pourrez parcourir à pied la végétation luxuriante et découvrir des vestiges de l'ancien chemin de fer, mais aussi louer un kayak, faire du snorkeling et même dormir sur place.

BAHIA HONDA RAILROAD BRIDGE

US Highway n°1

Le Bahia Honda Rail Bridge est un ancien pont ferroviaire abandonné qui reliait Bahia Honda Key et Spanish Harbor Key. Il mesure 1 541 mètres de long. Construit entre 1905 et 1912 pour le passage de l'*Overseas Railway*, il fut endommagé par le passage d'un ouragan en 1935 puis racheté par l'État pour devenir un pont automobile sur l'Overseas Highway, à partir de 1938. Fermé depuis 1972, deux parties de sa structure ont été supprimées afin de laisser libre le passage au trafic maritime.

BAHIA HONDA STATE PARK CABINS €

Mile Marker 37

✆ +1 305 872 2353

1/05-31/10 : 120 US$/nuit. 01/11-30/04 : 160 US$/nuit + 6,5 US$ résa + 7 US$/nuit (élec et eau). Camping : 36 US$/nuit.

Voilà un petit complexe relativement basique puisqu'il n'a pas de piscine ni de marina, mais dont les cabanes sur pilotis, très jolies, ont vue sur la mer. Il y a seulement six cabanes, il est donc vivement conseillé de réserver très à l'avance. Autre option d'hébergement dans le Bahia Honda State Park : le terrain de camping (tente et camping-car) qui propose des emplacements avec ou sans électricité et sanitaires. Tous disposent toutefois de table de pique-nique et de grill.

© SIMON DANNHAUER - SHUTTERSTOCK.COM

Plage de Bahia Honda Key.

GREAT WHITE HERON NATIONAL WILDLIFE REFUGE ★

Cette réserve naturelle située sur Cudjoe Key est destinée à protéger le grand héron blanc a été établie en 1938. Le sanctuaire d'environ 80 000 ha est composé d'une centaine de petites îles et de mangrove. Il joue un rôle important dans la protection des grands hérons blancs menacés d'extinction suite à l'utilisation abusive de leurs plumes pour fabriquer des chapeaux. Aujourd'hui, on peut facilement les observer, essentiellement à l'aube et au crépuscule. Le seul moyen d'accéder à cette réserve naturelle, est le bateau ! Les excursions partent de Sugarloaf Key à bord d'embarcations vertes élaborées pour ne pas abîmer cet écosystème fragile.

LOWER KEYS CHAMBER OF COMMERCE

31020 Overseas Highway
✆ +1 305 872 2411
www.lowerkeyschamber.com
Ouvert tous les jours de 9h à 17h.

Le personnel de ce Visitor Center est très accueillant. Le lieu en lui-même est agréable, avec une table où vous pourrez vous poser pour consulter les nombreuses documentations. Vous disposerez de tous les renseignements nécessaires à la découverte de cette partie plus isolée des Keys. En effet, les Lower Keys sont souvent traversées par les visiteurs pour aller jusqu'à Key West, mais il est parfois plus rare que l'on s'y arrête. Pourtant, les découvertes sont nombreuses.

BIG PINE KEY ★

Point de vue superficie, Big Pine Key, située à 31 miles au nord de Key West, se place au premier rang dans les Lower Keys et au deuxième dans les Keys après Key Largo. C'est d'ailleurs le poumon commercial des Lower Keys. Pour la petite histoire, ce sont les pins qui prolifèrent sur toute l'île qui ont donné son nom à Big Pine Key. L'île a aussi pour particularité de posséder la seule source d'eau potable de toutes les Keys et d'abriter le *Key Deer National Refuge*, une réserve naturelle à ciel ouvert où vit une espèce de daim endémique de l'archipel, protégée car en voie de disparition. Cette Key possède également de nombreux chemins de randonnée.

BIG PINE KEY RESORT €

33000 Overseas Highway
✆ +1 305 872 2351
Camping (tente) à partir de 65 US$ (pas d'eau ni d'électricité). Caravane vintage : 900 US$ les 3 nuits (4 personnes).

Ce resort offre un très bon rapport qualité-prix ! Vous pourrez choisir de dormir en toile de tente sur l'un des emplacements vue mer (prévoir votre propre tente) ou opter pour un séjour insolite en *Airstream*, des caravanes vintage rutilantes offrant tout le confort moderne. Vous profiterez d'une piscine chauffée, d'une épicerie et de nombreuses animations comme des tournois de pêche ou des *happy hours* au coucher du soleil. En prime, le resort est très bien situé, à quelques coups de rames du sanctuaire marin de Looe Key et de Bahia Honda. Bon plan !

KEY DEER NATIONAL REFUGE ★★

28950 Watson boulevard
www.fws.gov/nationalkeydeer
Ouvert du mercredi au samedi de 10h à 15h. Entrée libre.

Ce parc est le refuge d'environ 300 daims miniatures dont l'espèce est menacée. Pour les observer, il est préférable de venir aux aurores ou au crépuscule. Mais en roulant doucement en plein jour, et en ouvrant l'œil, vous avez toutes les chances d'en apercevoir quelques-uns au bord de la route. Vous pourrez probablement réaliser de très belles photos de ces petits animaux très craquants. Autre point d'intérêt, le Watson Trail, d'une longueur d'1 *mile* qui commence avec un plan d'eau (Blue Hole), habitat naturel d'alligators. Une visite à ne pas manquer.

NO NAME PUB

30813 Watson Boulevard
✆ +1 305 872 9115
www.nonamepub.com
Ouvert tous les jours de 11h à 22h. Plat à partir de 12,99 US$.

Ce pub qui n'a pas de nom est un peu caché, et l'on rit en lisant le panneau à l'entrée qui stipule : « You found it » (Vous l'avez trouvé !). Le bar de style Western est vraiment original avec ses milliers de dollars suspendus partout et ses tabourets de bar si hauts qu'on les escaladerait presque. Ensuite, à vous la bière fraîche, et en cas de faim, les grandes et délicieuses pizzas. Ne manquez pas d'aller faire un tour dans ce pub qui n'a pas de nom, ne serait-ce que pour mettre un peu plus d'aventure dans votre découverte des Keys et pouvoir dire « I did it ».

© ANDY NEWMAN/FLORIDA KEYS NEWS BUREAU

Biche dans le National Key Deer Refuge, Big Pine Key.

LITTLE PALM ISLAND ★

Luxe, calme et beauté, voilà ce qui attend les visiteurs sur cette Key paradisiaque qui semble presque coupée du monde. Cette petite île à laquelle on accède uniquement par hydravion ou par bateau, est dotée d'une marina luxueuse qui accueille essentiellement des yachts ainsi que la navette acheminant, depuis Little Torch Key, les clients du complexe hôtelier ultra chic de l'île, le Little Palm Island Resort. Pour l'anecdote, c'est l'unique resort situé sur une île privée des USA. Si vous avez quelques milliers de dollars à dépenser, ne manquez pas d'y séjourner. Si non, vous pourrez vous consoler en plongeant dans les eaux claires des autres Keys.

LITTLE PALM ISLAND RESORT & SPA €€€

28500 Overseas Highway ✆ +1 305 684 8341
www.littlepalmisland.com

A partir de 2 190 US$ la suite pour deux personnes. Ce prix comprend l'aller-retour en bateau sur l'île. Adults only.

Comme vous l'aurez compris, cette petite île privée n'est pas seulement un arrêt sur la route de Key West, mais une destination à part entière. Composée de 28 bungalows et de deux suites ultraluxueuses, elle a été aménagée avec beaucoup de goût au milieu d'une végétation tropicale où abondent les fleurs exotiques. La plupart des bungalows ont la vue sur l'océan, avec un ponton privé agrémenté d'un hamac. De quoi se sentir seuls au monde. Une expérience qui fait rêver.

LOOE KEY ★

Looe Key n'est pas une île mais un récif corallien situé au sud de Big Pine Key. Il fut fatal à une frégate anglaise, l'HMS Looe, qui y sombra corps et biens en 1744. L'endroit fait partie du Sanctuaire marin national (Sanctuary Preservation Area), renommé pour ses eaux poissonneuses et profondes - on peut y avoir des requins, des barracudas et des raies - mais également pour la qualité de sa pêche au lancer. Diverses compagnies de plongées organisent des excursions vers ce récif : plongeurs et nageurs avec masque et tuba s'en donnent à cœur joie dans ce qui est considéré comme le plus spectaculaire des récifs vivants de l'Amérique du Nord.

LOOE KEY NATIONAL MARINE SANCTUARY ★

Dans les Lower Keys, le sanctuaire national marin de Looe Key interdit le ramassage des coquillages et des coraux depuis 1981. L'environnement marin s'est ainsi considérablement repeuplé d'un très grand nombre de poissons et de coraux. Chaque année en juillet a lieu le *Underwater Music Festival,* qui est destiné à encourager les plongeurs à pratiquer cette activité de façon responsable. Des enceintes émettent de la musique à thématique marine sous les bateaux de plongée.

SUGARLOAF KEY ★

Avec un peu plus de 4 000 habitants, Sugarloaf Key est la seule île des Keys à former un U sur l'Atlantique, comme si elle était constituée de deux îles en quelque sorte. C'est pourquoi elle est géographiquement divisée en deux avec Lower Sugarloaf Key d'un côté et Upper Sugarloaf Key de l'autre. Pour la petite histoire, la Key doit son nom étrange à une variété d'ananas, la Sugarloaf, qui poussait sur l'île à l'époque précolombienne. Sugarloaf Key abrite d'autres espèces locales comme le *poison tree* dont la sève est venimeuse. C'est depuis Sugarloaf Key que l'on peut partir découvrir la réserve de Great Heron National Wildlife Refuge.

MANGROVE MAMA'S RESTAURANT €

19991 Overseas Highway ✆ +1 305 745 3030
https://www.mangrovemamas20.com
Du lundi au dimanche de 11h à 22h (fermé le mardi). Happy hour de 15h à 18h. Plat à partir de 12 US$.

Mangrove Mama est une institution dans les Lower Keys. Depuis une quarantaine d'années, on s'y rend à tout âge pour déguster de délicieux plats à base de poissons et fruits de mer fraichement pêchés, une Margherita à la framboise ou une tranche de Key Lime Pie maintes fois primée. Coup de cœur pour l'ambiance si typique des Keys, avec musique live tous les soirs et terrasse ombragée. Un lieu cher aux locaux qui sont nombreux à s'y rendre pour passer un bon moment.

BABY'S COFFEE

3180 US Highway 1 Marker Mile 15
✆ +1 305 744 9866
https://babyscoffee.com/
Ouvert du lundi au dimanche de 6h30 à 16h. Café sur place ou à emporter.

La *Highway One* est ponctuée de petites adresses que l'on remarque parfois à peine, et qui pourtant se révèlent être de vraies pépites ! Baby's Coffee en fait partie. Cette boutique dont l'enseigne est surmontée d'un œil qui semble vous observer tandis que vous franchissez la porte torréfie sur place et à la demande de savoureux grains de café offrant des mélanges pleins de caractère, comme le *Hemingway's Hair of the Dog* ou le *Havana Roast*. Vous pouvez les emporter chez vous ou les déguster sur place. Un stop à ne pas manquer pour les aficionados de café.

KEY WEST ★★★

Que de *miles* et de ponts parcourus pour arriver à Key West ! Plus grande ville des Keys et pourtant véritable havre de paix, Key West garde le charme des vieilles cités des Caraïbes bâties par les pirates et les contrebandiers. De nombreuses célébrités qui sont venues s'y installer : Ernest Hemingway, le président Truman et même les Beatles. Extraordinaire lieu de tolérance, la ville accueille une population très diverse. Tous les habitants vous raconteront la même histoire : « Je suis venu en vacances il y a 5 ans, et je suis resté ». Key West produit ce genre d'effet sur les gens. Vous le verrez, cette ville est un petit monde à elle seule.

Histoire

Key West s'enorgueillit d'être la Southernmost City, la ville située le plus au sud des Etats-Unis, ce qu'elle est de fait si l'on fait exception de l'archipel d'Hawaï. Elle fut aussi la dernière Key inhabitée de la chaîne située le plus à l'ouest, mais l'origine de son nom ne vient pas de là. Pour les Espagnols, c'était Cayo Hueso, ou Bone Key (l'îlot de l'Os). Même si aucun archéologue ne confirme cette thèse, il semblerait que ce nom provienne des nombreux ossements trouvés par les premiers Espagnols et laissés par les Indiens Calusas qui en auraient fait un sanctuaire du cannibalisme. Si elles appartenaient officiellement à l'Espagne, les Keys restèrent longtemps inhabitées en raison du manque d'eau.
Key West ne fut fondée qu'en 1823 après avoir été vendue 2 000 US$, deux ans plus tôt, par un Espagnol du nom de Juan Salas à un Américain, John Simonton. Mais c'est le 25 mars 1822 que le lieutenant Matthew Perry en a pris possession au nom des Etats-Unis. Key West a prospéré presque immédiatement. Le gouvernement américain venait de récupérer la Floride et, considérant son intérêt stratégique, y construisit une base navale en 1826, puis, en 1831, un avant-poste militaire.

Des *wreckers* aux conches. Située à 90 miles (135 km) de La Havane du temps où elle était la capitale du Nouveau Monde, Key West contrôlait les détroits qu'empruntaient les galions espagnols chargés des trésors du Mexique et de l'Amérique du Sud lorsque, ayant traversé le golfe du Mexique, ils remontaient vers l'Atlantique Nord. Comme on s'en doute, il y avait quelques pirates dans le coin. Lorsque les galions cessèrent de suivre cette ligne maritime, beaucoup d'entre eux avaient coulé au fond de la mer. Les Keys n'étaient plus qu'un cimetière de navires, et c'est pourquoi les premiers millionnaires de Key West furent connus sous le nom de *wreckers*. Ces pilleurs d'épaves sortaient en mer sur leurs petites embarcations pour dépouiller de leurs trésors les épaves abandonnées sur les récifs tumultueux. Key West était aussi le repaire des contrebandiers. Pour échapper aux impôts et aux restrictions imposés par l'Empire britannique, les capitaines qui résidaient aux Bahamas décidèrent de s'installer sur cette île isolée. Key West étant dépourvue de tout matériel de construction, ils emportèrent avec eux leurs maisons préalablement démontées. Celles-ci existent toujours avec leurs cloisons de bois mises à nu par les intempéries malgré les couches de peinture successives. Ces immigrants étaient connus sous le nom de *conches* (conques), d'après le gros coquillage dont ils faisaient leur ordinaire. Ce nom désigne aujourd'hui les natifs de Key West.

Du *cuba libre* à l'*USS Maine*. Lors de la guerre de Sécession, la maîtrise absolue de la mer par l'Union et la construction de Fort Taylor, à l'entrée du port, maintinrent Key West sous le contrôle des nordistes. L'échec de la révolution cubaine de 1869 entraîna un afflux de réfugiés qui firent de l'île un centre de fabrication de cigares. En utilisant du tabac cubain, on évitait de payer les tarifs douaniers élevés. C'est ici également que le *cuba libre* fut inventé, lorsque le rhum cubain rencontra le Coca-Cola. Dans les années 1880, Key West était la plus grande ville de Floride, avec une population de 18 000 habitants, et le plus haut niveau de vie des Etats-Unis. Rappelons qu'à l'époque, les deux tiers du Sud de la Floride étaient occupés par des marécages insalubres. Miami n'était qu'une escale peu fréquentée entre les grands ports de la côte, Key West et La Havane. C'est de Key West, plus précisément de Dry Tortugas, que cingla sur La Havane le navire de guerre *USS Maine*, dont la destruction déclencha la guerre hispano-américaine de 1898. Lorsqu'un ouragan ruina l'industrie cigarière (qui se réimplanta à Tampa), les habitants de Key West, débrouillards comme toujours, entreprirent de cultiver l'ananas. Le chemin de fer de Flagler atteignit Miami en 1894 : on projeta très vite son extension jusqu'à Key West. Il était en effet extrêmement lucratif de transporter les fruits directement et rapidement jusqu'aux grandes villes du Nord, et c'est ainsi qu'on ouvrit de nombreuses fabriques de conserves.

De l'Overseas à la Pan Am. La mise sur rails du chemin de fer Overseas dura quatorze ans et causa la mort de 150 ouvriers. Ces travaux, qui incluaient la construction, au terminus, d'un grand hôtel dans la plus pure tradition Flagler, furent finalement achevés en 1912. Entre 1913 et 1935, on pouvait prendre l'Overseas Express de Miami à Key West, puis un paquebot pour La Havane pour 24 US$ aller-retour, repas compris. La destination devint si populaire que la compagnie d'aviation Aero-Marine, rebaptisée par la suite la Pan-American Airlines, ouvrit une ligne entre Key West et La Havane dès 1918. Lorsque l'irruption sur le marché américain des ananas d'Hawaï, plus sucrés et moins chers, ruina l'industrie fruitière de l'île, Key West réussit à conserver une certaine prospérité grâce au grand boom de la spéculation foncière en Floride et au développement du tourisme. La Dépression força cependant la ville à se mettre en faillite ; ses employés ne furent plus payés qu'en reconnaissances de dettes. Mais le pire était encore à venir.

Maisons typiques colorées de Key West.

En septembre 1935, l'ouragan Labor Day frappait les Keys, détruisant une grande partie du chemin de fer Overseas. Lors des réparations, la voie ferrée fut remplacée par une autoroute, la Overseas Highway, qui devint par la suite la US 1. La Seconde Guerre mondiale ramena la prospérité à Key West, dont la position stratégique en faisait le centre de la défense anti-sous-marine. A cette fin, le gouvernement fit construire un *pipeline* depuis le continent, assurant pour la première fois à Key West un approvisionnement sûr en eau potable. Auparavant, les habitants recueillaient l'eau de pluie dans de grandes citernes.

▶ **De Truman aux *drop-out*.** Après la guerre, Key West, qui n'est qu'à 159 miles (environ 240 km) au sud-ouest de Miami, devint une destination touristique d'autant plus prisée que le président Truman y avait établi sa Maison-Blanche d'hiver. La révolution cubaine en fit à nouveau une base militaire stratégique. « Ils ne sont qu'à 90 miles de nous ! », devint le cri de ralliement des conservateurs parlant des communistes dans les années 1960. Petit à petit, hippies et autres *drop-out* découvrirent le climat tropical, l'ambiance détendue, la relative indépendance et l'éloignement de cette île détachée de l'Amérique, de ses normes et de ses mœurs. Une importante et très visible communauté gay vint s'établir sur l'île où ses membres trouvèrent la quiétude qui leur était refusée par une Amérique traditionnellement rigoriste et puritaine.

Key West est devenue la capitale du *Do Your Own Thing* (chacun son truc). D'ailleurs, ici, tout le monde a l'air de faire exactement ce qui lui plaît, et la principale responsabilité civique des habitants consiste à aller musarder sur les quais à temps pour contempler le coucher de soleil. Venus par la suite, les artistes, les artisans et les écrivains contribuèrent à faire de la Key l'un des hauts lieux de la création d'avant-garde. On a même parlé à un moment – une plaisanterie certes, mais à moitié – de déclarer l'indépendance de l'île, rebaptisée Conch Republic.

▶ ***La genèse de la Conch République.*** En 1982, pour contenir le flot considérable de réfugiés cubains débarquant en Floride, l'Etat a décidé de dresser un barrage sur l'US 1, au niveau de Key Largo. Vexés par cette frontière sur leur territoire, à laquelle ils doivent à chaque fois montrer patte blanche, les habitants de Key West décrètent qu'ils ne sont plus citoyens américains, mais appartiennent désormais à la Conch Republic. S'appuyant sur quelques vides dans la Constitution américaine, ils envoient une délégation à Washington – les Conchs – porter leur déclaration d'indépendance : la Conch Republic était née. S'ensuit une pseudo-guerre d'indépendance au cours de laquelle il ne faudra pas plus d'une minute aux citoyens de cette nouvelle république pour capituler ! Pendant cette guerre – probablement la plus courte de l'Histoire – le shérif du comté de Dade a été copieusement bombardé avec des petits pains... cubains ! Aujourd'hui, la république des Conques existe toujours en théorie, célébrant l'humour et la convivialité des habitants de Key West ! On acquiert la citoyenneté conche par la naissance. Des passeports factices sont disponibles, y compris en espagnol (www.conchrepublic.com).

Se loger

A Key West, le charme incontestable des bâtisses colorées peut très vite s'effacer face au manque de sommeil, mis à mal par des murs trop fins ! Vous l'aurez compris, dans ces superbes demeures tout en bois reconverties en *guesthouses*, la qualité de votre nuit dépendra de la discrétion de vos voisins ! Cela dit, on vous recommande vraiment de privilégier le centre-ville pour ce qui est du choix de votre hébergement. Vous pourrez ainsi visiter Duval Street et le reste, sans passer des heures à chercher une place pour vous garer. Cependant, à Key West, plus que dans les autres Keys, il est impératif de réserver tôt ! Et c'est encore plus important si vous y allez pour le week-end ou pendant une période de festivités... Dans le cas contraire, vous risquez de trouver la plupart des hôtels complets et les chambres restantes hors de prix.

Se restaurer

▶ **Le *Key Lime*.** Véritable trésor et fierté de Key West, ce petit citron vert-jaune n'en est pourtant pas originaire. Egalement connu sous le nom de citron du Mexique ou des Indes, ce fruit qui évoque si bien la saveur de Key West serait arrivé sur l'île avec les premiers immigrants des Bahamas. A la base, ces citrons venaient d'Asie du Sud-Est, et ont été introduits à Haïti par Christophe Colomb vers 1493. Avec leur goût unique, sucré et légèrement acide à la fois, les citrons des Keys sont parfaits pour les tartes et les desserts quels qu'ils soient, notamment la célèbre *Key Lime pie*. Ne quittez donc pas l'île sans en avoir goûté au moins une version, il en existe de toutes sortes, et à tous les coins de rue ! Vous pourrez même vous procurer du jus de *Key Lime* et autres produits gourmands à base de ce petit citron pour reproduire vos recettes préférées chez vous !

La ville aujourd'hui

Après quelques heures à Key West, vous vous surprendrez à fantasmer sur une charmante petite maison de bois peinte en jaune, et sur la manière dont vous aménageriez la terrasse. Ici, une seule industrie : le tourisme. La rue principale, Duval Street est ultra-touristique avec ses boutiques de souvenir, ses nombreux restaurants (pas toujours les meilleurs !) et ses animations de rue. Elle est toutefois assez typique et ponctuée de bâtiments historiques remarquables tels que la plus vieille maison de la ville. Les rues environnantes ont quant à elle gardé leur charme d'antan. Fanas de pêche ou de plongée, dragueurs gays, soixante-huitards, étudiants en goguette, écrivaillons frimeurs, musiciens rocks en cure de désintox..., ils viennent tous ici. Il faut dire que Key West dégage un vent de jovialité qui ne laisse personne indifférent.

Spring break. Key West fait également partie des destinations floridiennes préférées des étudiants américains lors du *Spring Break*, semaine de relâche des universités du pays. Le Spring break s'étale généralement de mi-février à mi-avril, mais les universités floridiennes sont globalement en relâche à la mi-mars. À cette période, les festivités battent leur plein et les tarifs des logements sont particulièrement élevés, car c'est également la haute saison touristique.

AUDUBON HOUSE & TROPICAL GARDENS ★

205 Whitehead au croisement avec Greene street
✆ +1 305 294 2116
www.audubonhouse.com
Ouvert tous les jours de 9h30 à 16h15.
15 US$ pour un adulte et 5 US$ pour un enfant (de 6 à 12 ans) ; gratuit -6 ans.

John James Audubon (Jean-Jacques Audubon en France), né en 1785 d'un amour illégitime entre un colon français à Haïti et une jeune Française immigrée sur cette île, fut un célèbre ornithologiste et un peintre talentueux. Après la mort précoce de sa mère et ses premières années passées dans la plantation de son père puis dans la demeure familiale des Audubon, à Couëron, près de Nantes, il quitte la France en 1803 avec un faux passeport pour fuir la conscription napoléonienne. Il découvre Key West dans les années 1830 après plusieurs années passées aux Etats-Unis et il est aussitôt émerveillé par cette nature nouvelle et luxuriante qu'il entreprend de restituer en la peignant. Il peindra en tout 22 oiseaux des Keys de Floride entre 1831 et 1832. Son travail est considérable. *Birds of America*, son œuvre principale, comporte plus de 430 planches, et une édition originale est devenue en 2010 le livre le plus cher du monde lors d'une vente aux enchères. Vous pourrez en découvrir une partie dans le musée. En outre, vous ne manquerez pas d'être charmé par le jardin tropical qui entoure la maison. Enfin, vous pouvez visiter la jolie demeure elle-même, trois étages de mobilier européen, notamment des meubles Chippendale et des gravures originales d'Audubon. Le bâtiment, à l'origine la résidence du capitaine du premier port construit à Key West mais pratiquement détruite en 1958, a été restauré par la Fondation Wolfson. Avis aux amateurs : la demeure a été déclarée hantée...

CONCH HARBOR MARINA ★★

951 Caroline street
✆ +1 305 294 2933
www.conchharbormarina.com
Ouvert tous les jours de 7h à 18h.

Cette marina historique est l'une des premières de la ville de Key West. Il est extrêmement agréable de flâner le long de l'eau au gré des splendides trois-mâts. Sillonnant les petits pontons en bois, vous pourrez par la même occasion vous renseigner sur les possibilités de sorties en mer et d'excursion au fort Jefferson. Vous trouverez aussi des bars et restaurants comme le Dante's Pool Bar & Restaurant (mention spéciale pour la piscine !) ou le Prime 951 Steakhouse, agréables pour une halte. Le coeur de Key West et Duval Street sont à moins de 10 min à pied.

FORT ZACHARY TAYLOR STATE HISTORIC SITE ★

601 Howard England way
Ouvert 7j/7 de 8h au coucher de soleil. Entrée 2,50 US$ par piéton ou vélo, 6,50 US$ par voiture + 50 cts/pers.

Une plage agréable même si elle n'est pas de sable, à proximité du fort historique. Justement sans sable, l'endroit est idéal pour du snorkeling et voir coraux et poissons tout près du bord de mer. Possibilité de faire des pique-niques sous les pins et même des barbecues. Tout l'équipement est déjà sur place. Petit stand de restauration et toilettes. Possibilité de randonnée et de suivre une visite guidée à 12h ou 14h par un *ranger* pour en apprendre plus sur l'histoire des lieux.

EAST MARTELLO FORT & MUSEUM ★★

3501 S. Roosevelt Boulevard
✆ +1 305 296 3913
www.kwahs.org
Tous les jours de 10h à 17h. Adulte : 16 US$, enfant (7-18 ans) : 8 US$, gratuit -6 ans. Remise si achat en ligne.

Installé dans le Fort East Martello (1862) aux imposants murs de granite rouge, ce musée vraiment insolite reste assez méconnu. On y trouve un mélange d'objets divers sur l'Histoire de Key West et d'objets ésotériques qui semblent tout droit sortis d'un épisode de la célèbre série *La 4e dimension*... Heureusement, la salle qui regroupe des sculptures oniriques de Stanley Papio apporte un peu de gaieté à l'ensemble... L'histoire la plus effrayante est de loin celle de « Robert the Doll », une poupée qui serait possédée. C'est cette même poupée qui a inspiré les réalisateurs du film d'horreur *Chucky, la poupée de sang*. Il faut dire que cette poupée serait malveillante suite à un sortilège vaudou : tous ses propriétaires ont eu de graves problèmes ou ont vu des proches mourir... Vous pourrez voir cette étrange poupée sous verre et il est vrai qu'elle glace le sang. Si vous voulez la prendre en photo, il est impératif de lui demander son autorisation sinon elle pourrait vous maudire ! La réceptionniste du musée vous expliquera cela dès votre arrivée. Vous pourrez aussi lire les milliers de courriers d'excuses numérisés qui défilent sur un écran juste à côté de Robert : il s'agit de gens qui ont pris des photos sans son autorisation et qui ont renvoyé les photos par peur en s'excusant auprès de Robert, un peu plus tard... Le but étant de conjurer une éventuelle malédiction. En tout cas, ce musée fait clairement partie des immanquables de Key West.

ERNEST HEMINGWAY HOME & MUSEUM ★★★

907 Whitehead Street
✆ +1 305 294 1136
www.hemingwayhome.com
Ouvert tous les jours (9h-17h). Tarif : 17US$ (adulte) et 7US$ (enfant). Paiement en espèce. Visites guidées gratuites.

Cette maison de style espagnol colonial bâtie en 1851 est l'une des seules construites selon la tradition de Key West (fondations de pierre et sous-sol). L'auteur y fit construire la première piscine de la ville en 1937. C'est depuis le cabinet d'écriture surplombant celle-ci qu'Hemingway écrivit *Pour qui sonne le glas*, *Les Vertes Collines d'Afrique*, *La Cinquième Colonne*, *Les Neiges du Kilimandjaro*, ainsi que la *Courte et heureuse vie de Francis Macomber*. C'est, en tout cas, ce que l'on raconte. La maison a appartenu à l'écrivain de 1931 à 1961 et, à l'intérieur comme à l'extérieur, tout est resté intact et conforme au moment où il l'habitait. Vous découvrirez les deux étages ponctués de meubles, bibelots, livres ou encore vaisselle ayant appartenu à l'écrivain. Depuis l'étage, vous aurez une jolie vue sur le phare de Key West. Le grand jardin colonial est particulièrement agréable. Insolite : vous croiserez plusieurs chats, tantôt couchés sur le lit, tantôt allongés sur la terrasse. Observez-les de près : oui, ils ont bien six doigts ! Ce sont des chats polydactyles. C'est lors d'une soirée avec ses amis marins qu'Hemingway s'est vu offrir un chat polydactyle. L'auteur en a ensuite adopté d'autres, et la vitesse de reproduction des chats aidant, il y en a aujourd'hui près d'une cinquantaine évoluant en toute liberté dans la propriété. Ces chats sont un véritable phénomène, tant et si bien que les spécialistes des félins ont rebaptisé le chat polydactyle « le chat Hemingway ».

HARRY S. TRUMAN LITTLE WHITE HOUSE ★★

111 Front street ✆ +1 305 294 9911
www.trumanlittlewhitehouse.com
Tous les jours de 9h40 à 16h30. Adulte : 24,67 US$, enfant : 10,75 US$. Tarif réduit en ligne.

Cette blanche demeure était la résidence des commandants de la base navale jusqu'au lendemain de la Seconde Guerre mondiale. Elle fut ensuite réaménagée pour servir de lieu de retraite au président Truman, qui y séjourna 175 jours en tout, entre 1946 et 1952. Le terrain de la base navale fut vendu et, en 1974, la maison restaurée devint un musée en 1986. Le mobilier et les décorations sont d'origine. Une petite exposition gratuite vous attend à l'arrière de la boutique.

HIGGS MEMORIAL BEACH PARK ★

1000 Atlantic Boulevard
Ouvert tous les jours de 6h à 23h.

Higgs Beach est une plage de sable blanc aux eaux turquoise entourée de végétation tropicale. Très pratique, elle est dotée d'un parking gratuit, de toilettes, de douches, et d'un petit restaurant de plage. On peut y pratiquer différentes activités nautiques comme le kayak ou le paddle (on peut louer du matériel sur place) ou tout simplement nager et faire du snorkeling. A noter pour les familles : l'aire de jeux pour enfants. C'est aussi un lieu prisé au moment du coucher du soleil.

© TRAVELVIEW - SHUTTERSTOCK.COM

Mallory Square.

KEY WEST AQUARIUM ★

1 Whitehead street
✆ +1 305 296 2051
www.keywestaquarium.com

Ouvert tous les jours de 9h30 à 17h30. Adulte : 22,56 US$, enfant (4-12 ans) : 12,89 US$. Réduction si achat en ligne.

L'aquarium a été construit durant la Dépression en 1935, dans le but de donner du nerf à l'industrie touristique. Il a d'ailleurs une jolie architecture Art déco. Dans la pièce principale, trois bassins sont entourés de nombreux aquariums abritant les principales espèces des environs. Quelques maquettes de requins blancs, barracudas ou de mammifères marins plus rassurants sont suspendues au plafond. Mention spéciale pour les bassins « touch tank » dans lesquels il est possible de mettre les mains pour toucher conque, étoile de mer ou concombre de mer.

KEY WEST FIRST LEGAL RUM DISTILLERY

105 Simonton St
✆ +1 305 2941441
www.keywestlegalrum.com/

Ouvert tous les jours de 11h à 18h. Visite gratuite de 11h à 18h (15-20 min) avec dégustation.

Cette distillerie fondée en 2012 prend place dans un ancien saloon construit en 1900, qui a plus tard abrité une usine d'embouteillage Coca-Cola. Son histoire est particulière, puisque c'est la première distillerie légale de Key West depuis la Prohibition. Vous découvrirez les rhums blancs et ambrés aux saveurs exotiques concoctés à base de produits locaux comme le sucre de canne, la Key Lime Pie ou la noix de coco. Ne manquez pas la visite gratuite pour goûter à ces breuvages.

KEY WEST LIGHTHOUSE MUSEUM ★

938 Whitehead street ✆ +1 305 294 0012
www.kwahs.com

Ouvert tous les jours de 10h à 17h. Adulte : 14 US$, enfant (7-18 an) : 5 US$, gratuit pour les moins de 7 ans.

Le premier phare de Key West, bâti en 1825, fut détruit par un ouragan en 1846. Le nouveau phare, achevé la même année, a à son actif 123 années de bons et loyaux services puisque les gardes-côtes ne l'utilisent plus depuis 1969. Cela vaut la peine de grimper ses 88 marches pour jouir de la plus belle vue de l'île, sur les Keys et l'océan. Vous découvrirez aussi à quoi ressemblait le quotidien du gardien du phare. Profitez-en ensuite pour visiter la maison d'Hemingway, juste en face.

MALLORY SQUARE ★★

400 Wall Street
www.mallorysquare.com

L'activité de Key West est centrée autour de Mallory Square, près du port. S'y concentrent l'aquarium, l'ancienne base navale ainsi que la Petite Maison-Blanche, résidence d'été de Truman, ainsi que Duval Street, avec ses boutiques, ses galeries d'art, ses restos et ses innombrables bars. Au moment du coucher du soleil, toute la ville se presse sur Mallory Square pour admirer le spectacle. Tâchez d'apercevoir le fameux rayon vert, qui apparaît au tout dernier moment, quand le soleil bascule dans la mer. Une fois ce dernier rayon disparu, la foule applaudit…

MUSEUM OF ART & HISTORY AT THE CUSTOM HOUSE

281 Front Street
✆ +1 3052956616
Tous les jours 10h-17h. Adulte : 16 US$; enfant (7-18 ans) : 8 US$; gratuit -7 ans. Réduction si réservation en ligne.

À deux pas de Mallory Square, ce musée situé dans un ancien bâtiment fédéral vous contera l'histoire de Key West. Le rez-de-chaussée est actuellement consacré au bicentenaire de la ville (1822-2022) dont l'évolution est fascinante. Au premier étage, vous découvrirez une salle dédiée à l'Overseas Railway, l'incroyable ligne de chemin de fer construite par Henry Flagler qui relia les Keys à la Floride, mais aussi une exposition mettant en avant l'œuvre du peintre Tennessee Williams.

SIMONTON STREET BEACH ★

C'est la seule plage qui ne se trouve pas du côté océan mais du côté baie ! Elle est assez petite, avec quelques coins de verdure et a pour avantage de pouvoir accueillir de petits bateaux de plaisance grâce à son petit quai où ils peuvent accoster. Elle est également équipée de toilettes, et on peut y louer des parasols ainsi que s'offrir un rafraîchissement au snack. En résumé Simonton Street Beach est une plage sympathique pour une pause baignade à l'abri de la foule, mais les autres plages de Key West sont quand même plus jolies...

REST BEACH ★

Atlantic Boulevard

Situé Rest Beach est une petite plage tranquille, loin de la foule avec un sentier en bord de mer et pas mal d'arbres, l'idéal pour trouver un peu d'ombre si on n'a pas vraiment envie de s'exposer au soleil. C'est aussi la plage parfaite pour pique-niquer car elle est équipée de tables et bancs en bois, mais vous trouverez des plages plus agréables si vous souhaitez vous baigner. Le soir, c'est un bon endroit pour admirer le coucher de soleil loin des flots de touristes de Mallory Square. Avant de repartir, vous pourrez faire un saut à l'*Edward B. Knight Pier.*

SOUTH BEACH ★★

1319 Duval Street

South Beach, qui se trouve au bout de Duval street, est une petite plage de sable agréable. L'eau y est peu profonde et transparente. C'est la plage la plus au sud de Key West et donc par définition la plage la plus au sud du continent américain (Key West étant le territoire le plus au sud du pays). Vous pourrez lire sur un petit panneau bleu une citation de l'écrivain Tennessee Williams qui avait l'habitude de venir se baigner ici et déclara : *I work everywhere but I work best here*, comprenez « Je travaille partout mais je travaille mieux ici ».

SHIPWRECK MUSEUM ★

1 Whitehead street
✆ +1 305 292 8990
http://www.keywestshipwreck.com
Tous les jours de 9h30 à 17h30. Adulte : 18,26 US$, 4-42 ans : 9,66 US$. Réductions en ligne. Prévoir 1 heure de visite.

Ce musée vous invite à revivre les grandes heures des naufrages qui ont jalonné l'histoire de Key West. Les 3 niveaux de la maison ont été aménagés pour vous replonger dans les cales d'un bateau, la cabine du capitaine, puis dans son grenier regorgeant de trésors. Au premier étage, vous remontez 150 ans et découvrez de nombreux objets rapportés du fond des mers : brosses à dents, peignes, pièces… Le toit offre un très beau point de vue sur la ville ! Vous pouvez acheter un billet combiné avec celui de l'aquarium pour économiser quelques dollars.

THE KEY WEST BUTTERFLY & NATURE CONSERVATORY ★

1316 Duval Street ✆ +1 305 296 2988
www.keywestbutterfly.com
Ouvert de 9h à 17h. Le guichet ferme à 16h30. Adulte 15 US$, enfant (4-12 ans) 11 US$, gratuit pour les moins de 3 ans.

La visite commence par un petit musée qui présente les principales espèces de papillons et leurs habitats à travers le monde. Vous pénétrez ensuite dans une vaste serre où virevoltent librement plus de 50 espèces de papillons et 25 espèces d'oiseaux exotiques, le tout au cœur d'une végétation tropicale luxuriante. Vous rencontrerez également un couple de flamants roses, Rhett et Scarlett, et pourrez observer des papillons dans leur chrysalide. Une expérience sereine et magique !

SOUTHERNMOST POINT ★★

A l'angle de South street
et Whitehead street

© FREDERIC PROCHASSON

Il vous faudra sûrement faire la queue avant de pouvoir fièrement poser à côté de cette borne qui représente symboliquement le point le plus au sud des Etats-Unis, car tous les touristes semblent se donner rendez-vous ici ! Ensuite, il n'y a plus que l'océan, et comme l'indique le texte, Cuba à quelque 90 miles de là (145 km), 94 pour être très exact. Vous êtes donc géographiquement situé plus près de Cuba que de Miami ! Le monument a été installé en 1983 car, pour la petite anecdote, il était indiqué auparavant seulement par un panneau souvent volé !

KEY WEST CHAMBER OF COMMERCE

510 Greene street,
✆ +1 305 294 2587
www.keywestchamber.org
Ouvert en semaine de 8h à 18h, le week-end à partir de 9h.

Située à deux pas de Duval Street, donc au coeur de Key West, ce Visitor Center propose comme de coutume brochures touristiques et coupons de réduction (notamment le magazine gratuite *See Key West* qui donne plein de bonnes adresses). Vous pourrez aussi y acheter des tickets pour les différentes attractions de l'île. Nous vous conseillons vivement de vous y arrêter, surtout si vous restez à Key West moins d'une journée et cherchez à en voir le maximum en peu de temps.

AIR ADVENTURES HELICOPTER TOURS

3471 S Roosevelt Boulevard
✆ +1 844 246 3594
https://fly-keywest.com/
10 minutes de vol : 99 US$/personne.
20 minutes : 169 US$.

Profitez d'une vue exceptionnelle à bord de petits hélicoptères conçus spécialement pour ce type d'excursions. Le tour est au départ de l'aéroport de Key West, survolent la ville et ses environs et, en fonction de la durée de vol choisie, vous pourrez en apprendre davantage sur l'île somptueuse ! Départ tous les jours. Parmi les options proposées : tour de l'île (10 minutes), éco-tour (20 minutes), expérience ultime (30 minutes) ou encore coucher de soleil (30 minutes).

CONCH TOUR TRAIN ★★

201 Front street
✆ +1 305 294 5161
www.conchtourtrain.com
Premier départ à 10h15, dernier départ à 16h30. Adulte : 50,6 US$, 4-12 ans : 23,18 US$. 10-15$ de réduction en ligne.

Une excursion de 90 min en train pour revivre les 400 années d'histoire de Key West, avec de nombreuses anecdotes concernant les pirates, les naufragés, les Indiens ou la guerre civile. On passe la vieille ville, les plages, Duval street, la maison d'Hemingway, le Southernmost Point et le front de mer historique. L'embarquement se fait à Front Street Depot et le tour s'achève derrière Mallory Square. Après chaque stop, vous pouvez prendre le prochain train. Le Conch Train, qui existe depuis 1958, permet d'avoir un très bon aperçu des richesses de Key West.

DOLPHIN SAFARI CHARTERS

7001 Shrimp Road ✆ +1 305 747 0453
http://safaricharters.com/
6 personnes maximum. Départs à 8h30, 12h30 et 17h. Adulte : 99 US$, enfant (10 ans et moins) : 79 US$. Parking gratuit.

Les amoureux de la faune en totale liberté seront ravis. Le capitaine Gary, amoureux de la mer et des dauphins propose des tours en bateau intimistes de 3h30 à la rencontre de ces fascinants mammifères marins. Des centaines de dauphins ont fait de Key West leur habitat naturel, venez les découvrir dans le terrain de jeux de leur état sauvage se nourrir, jouer, nager en pleine mer. Puis faites un plongeon dans l'eau grâce au matériel de snorkeling à disposition. A bord, tout est prévu pour que vous passiez un excellent moment, snacks et boissons fraiches inclus !

KEYS

GHOSTS & GRAVESTONES TOUR ★★

501 Front Street ✆ +1 305 901 0955
www.ghostsandgravestones.com/key-west/
Adulte et + de 13 ans : 39,85 US$. Non conseillé pour les moins de 13 ans. Réduction de 5% en ligne. Durée : 1h.

Key West serait l'une des villes les plus hantées des USA. Ce circuit nocturne en trolley vous emmène donc sur les lieux les plus emblématiques comme le cimetière africain ou le Saloon du Captain Tony. Votre guide vous contera les plus effrayantes légendes de Key West, à commencer par une inquiétante poupée nommée Robert... Craintifs s'abstenir. En somme, ce tour est un bon plan pour frissonner mais il vaut mieux parler bien l'anglais pour comprendre tous ces mythes et légendes.

OLD TOWN TROLLEY ★

Mallory square ✆ +1 800 868 7482
https://www.trolleytours.com/key-west
Tous les jours de 10h à 16h30. Adulte : 61,10 US$, 12-18 ans : 23,18 US$. Gratuit -12 ans. 10/15 US$ de remise en ligne.

Ces trolleys parcourent un circuit de 13 étapes regroupant les principaux points d'intérêt de Key West. Vous pouvez descendre à chacune des stations pour visiter les boutiques ou les sites historiques à proximité de l'arrêt, puis repartir avec un autre trolley (passage toutes les 30 minutes environ). Le circuit complet dure à peu près 90 min. A bord, le conducteur raconte d'un air enjoué des anecdotes et histoires drôles sur les lieux que vous croisez, mais vous apporte également des informations historiques claires qui intéresseront les petits comme les grands.

KEY WEST INTERNATIONAL AIRPORT

3491 South Roosevelt Boulevard
✆ +1 305 809 5200
https://eyw.com

Des rotations au départ de l'aéroport international de Miami sont programmées plusieurs fois par jour, mais les prix restent cependant assez élevés. L'aéroport propose également des liaisons avec Fort Lauderdale, Tampa, Orlando ou encore Washington. Si Key West se visite facilement à pied ou à vélo, il vous faudra une voiture pour arpenter le reste des Keys car les îles sont mal desservies. Des travaux sont en cours pour réaliser l'extension du terminal A, prévue pour 2024.

CONCH SCOOTERS

✆ +1 305 747 8953
www.conchscooters.com
Lundi-samedi (9h-17h). Scooter : 60 à 80 US$/jour ; vélo : 20 à 25 US/jour. Livraison gratuite à votre hébergement.

À Key West, circuler en voiture et se garer peuvent être un véritable casse-tête, surtout durant la saison touristique. Les places sont rares et les tarifs élevés, même s'il existe quelques exceptions. Opter pour un scooter ou un vélo est donc un choix malin pour se déplacer plus librement. Vous pouvez faire confiance à Conch Scooters, une société de location sérieuse tenue par le très sympathique Scott Freeman. Les locations sont possibles à la journée ou à la semaine. Pratique : on vous apportera le véhicule où que vous soyez sur l'île. Testé et approuvé !

BOYD'S KEY WEST CAMPGROUND €

6401 Maloney avenue ✆ +1 305 294 1465
www.boydscampground.com
Emplacement de tente : de 65 US$ à 95 US$ selon la saison et la présence ou non d'eau/élec. Piscine. Wifi gratuit.

Un camping au bord de l'eau avec tout le confort moderne au milieu de palmiers et bananiers. Il propose des emplacements pour tentes, camping-car mais aussi des *tiny-house* pour deux personnes. Vous profiterez d'une piscine, de barbecues et de commodités pratiques comme une laverie. Possibilité de louer des vélos et des kayaks et de participer à des activités sur place. Deux boutiques sont prévues pour des achats de dépannage, et un bus vous mènera au centre-ville (arrêt à 3 min).

SEA SHELL MOTEL AND HOSTEL €

718 South street ✆ +1 305 296 5719
www.keywesthostel.com
Lit en dortoir à partir de 50 US$, chambre double à partir de 140 US$. Parking gratuit dans la rue et Wifi inclus.

À 5 minutes de Duval Street dans une rue résidentielle tranquille, ce motel / auberge de jeunesse est l'une des adresses les moins chères de la ville. On peut y dormir dans des dortoirs simples mais propres de 10 lits (un mixte, un réservé aux femmes et un réservé aux hommes). Les chambres doubles offrent plus de confort. Casier pour ses affaires personnelles (apporter son cadenas) et location de vélos. Une adresse à conserver en cas de besoin d'hébergement de dernière minute.

ALEXANDER' S GUESTHOUSE €€

1118 Fleming Street ✆ +1 305 294 9919
www.alexanderskeywest.com

A partir de 325 US$ la chambre double, petit-déjeuner inclus. Piscine et Jacuzzi.

Un hôtel plein de charme dans une belle maison en bois typique de Key West, inscrite sur la liste du Registre National des Lieux Historiques. Cet établissement ouvert à tous a la particularité d'être *LGBTQA friendly*. L'ambiance est conviviale et propice aux échanges, notamment lors de l'*happy hour* quotidien au bord de la piscine. Les 17 chambres sont quant à elles richement décorées. Vous pourrez aussi profiter d'une piscine et d'un bain bouillonnant accessibles 24h/24, et bronzer sans vêtement dans certains espaces. Mention spéciale pour le petit-déjeuner maison.

LA CONCHA HOTEL & SPA €€

430 Duval Street
✆ +1 305 296 2991
www.laconchakeywest.com

A partir de 285 US$ la chambre double. Wifi gratuit. Piscine.

Au coeur de Duval Street, cet hôtel, édifié en 1926, est un des plus anciens de Key West et c'est aussi le bâtiment le plus haut du centre-ville. Pour la petite histoire, Hemingway évoque La Concha dans son roman *En avoir ou pas*. L'"établissement a été soigneusement rénové en gardant le charme très floridien d'antan. Les chambres sont un peu petites mais le confort est largement suffisant. Ne manquez pas d'aller vous baigner à la piscine du *rooftop* et de prendre un verre au bar. Un bon plan pour découvrir Key West à pied et profiter de la vie nocturne le soir.

ISLAND HOUSE €€

1129 Fleming street ✆ +1 305 294 6284
www.islandhousekeywest.com

Chambres à partir de 299 US$ (salle de bains partagée) et 339 US$ (salle de bains privée). Réservé aux hommes. Piscine.

C'est le plus grand complexe gay de tout Key West et sans doute le plus chaud. Les chambres sont réparties sur plusieurs bâtiments et plusieurs niveaux entourés de passages en bois avec une végétation luxuriante. Le sauna, le bain à remous, la *back-room* très esthétique où sont diffusés des films X ou tout simplement la grande piscine ou le solarium sont autant de lieux de rencontres et de convivialité. Il y a même un café pour se restaurer. Tout cela pourra convenir également à ceux qui recherchent un environnement gay sans vouloir faire de rencontres.

L'HABITATION GUESTHOUSE €€

408 Eaton street ✆ +1 305 293 9203
www.lhabitation.com

À partir de 280 US$ la nuit, petit-déjeuner inclus. 21 ans et plus.

Un Bed and Breakfast dans une splendide maison victorienne du quartier historique, en plein centre-ville et dans une rue calme. L'établissement se compose de 7 chambres agréablement décorées offrant un joli contraste entre murs clairs et meubles en bois foncé. La terrasse est une véritable invitation à la détente, et vous aimerez sûrement y flâner, le soir venu. L'équipe est très accueillante et sera ravie de vous donner des conseils de visite. Un pied à terre idéal pour prendre le pouls de la ville et l'explorer à pied. Sachez qu'il n'y a pas de piscine.

LIGHTHOUSE HOTEL BY KIMPTON KEY WEST €€

902 Whitehead street
✆ +1 305 294 9588

Chambre double à partir de 225 US$ petit déjeuner inclus. Piscine.

Située au pied du phare, cet hôtel est sans aucun doute l'une des plus anciennes références de Key West. Les 45 chambres proposées sont modernes et confortables et possèdent un accès au balcon ou patio. Pour vous détendre, vous trouverez une piscine, un bar animé, un restaurant et un agréable jardin tropical. Le tout est dominé par l'impressionnant phare. La situation est idéale, à deux pas de la maison d'Hemingway, alors n'hésitez pas à enfourcher l'un des vélos prêtés par l'hôtel !

MARGARITAVILLE BEACH HOUSE €€

2001 S Roosevelt Blvd
✆ +1 305 292 9800

Chambre double à partir de 315 US$. Piscine.

L'une des dernières adresses de Key West, petit paradis tropical avec une piscine aux airs de lagon. Les chambres modernes et lumineuses respirent la sérénité. Vous pourrez participer à une dégustation de rhum (tous les jeudis), déguster smoothies et cocktails au bar de la piscine ou croquer dans un cookie tout chaud dans le lobby avant de partir en balade en vélo. De nombreuses activités sont pensées pour les enfants. Et un resort *kids friendly*, ce n'est pas si courant à Key West !

MARRERO'S GUEST MANSION €€

410 Fleming Street ✆ +1 305 294 6977
https://www.marreros.com
À partir de 280 US$ la chambre double. Piscine. Petit-déjeuner inclus.

Coup de coeur pour ce boutique-hôtel ultra-vitaminé qui mêle parfaitement touches tropicales *vintage* et confort contemporain. Il prend place dans une sublime maison victorienne en bois blanc qui appartenait autrefois à un fabriquant de cigares. Les 20 chambres, plus charmantes les unes que les autres, ont toutes leur ambiance propre. Vous passerez un séjour relax en profitant de la piscine nichée dans la végétation, du petit-déjeuner sur le porche, des boissons d'accueil offertes toute la journée dans le lobby ou du *happy hour* qui se déroule au Tiki Bar.

NYAH €€

420 Margaret Street
✆ +1 844 399 624
www.nyahotels.com
À partir de 200 US$ la chambre double et 90 US$ la nuit en dortoir. Petit déjeuner inclus. Wifi.

NYAH signifie *Not Your Average Hotel* ce qui veut dire « Pas un hôtel habituel » et c'est exactement cela. D'abord le cadre est magique, les 35 chambres sont installées dans de jolies maisonnettes blanches en bois typiques de Key West dans un immense jardin tropical avec trois piscines et un bain bouillonnant. Les chambres sont minimalistes mais offrent tout le confort moderne Il est aussi possible de réserver un lit dans un dortoir (mixte ou non). En résumé, c'est une excellente adresse que vous voyagiez seul, en famille, en couple ou entre amis.

THE GATES HOTEL €€

3824 N Roosevelt Boulevard
✆ +1 305 320 0930
www.gateshotelkeywest.com
Chambre double à partir de 250 US$. Piscine.

Un bel hôtel à l'atmosphère tropicale très agréable. Toutes les chambres sont *cosy* et design avec un petit coin salon et un écran LCD. La piscine de taille moyenne, au milieu du *resort*, est très agréable et non loin d'un bar extérieur de style hawaïen. Des concerts *live* sont organisés régulièrement. A noter : un *shuttle* gratuit vous emmène toute la journée dans le centre de Key West et à la marina. Vous pourrez également emprunter les vélos de l'hôtel. En résumé, c'est un bel endroit pour se détendre, un peu à l'écart de l'effervescence de Duval Street.

THE GUESTHOUSES AT SOUTHERNMOST BEACH RESORT €€

1319 Duval Street
✆ +1 305 296 6577
Chambre double à partir de 315 US$, petit déjeuner inclus.

Choisissez parmi deux célèbres B&B de Key West : l'Avalon et le Duval Gardens. Tous deux sont situés dans des bâtiments historiques. Les chambres ne sont pas très grandes, mais charmantes et confortables. Leur emplacement sur la partie tranquille de Duval Street est imbattable. Vous pourrez savourer votre petit-déjeuner sur le porche en bois, et profiter des piscines et de la plage privée du Southernmost Beach Resort. L'endroit est tellement prisé, il vaut mieux réserver à l'avance.

THE MERMAID & THE ALLIGATOR €€

729 Truman Avenue
✆ +1 305 294 18 94
https://www.kwmermaid.com/
Chambre double à partir de 279 US$. Petit-déjeuner inclus. Piscine. 21 ans et plus.

C'est sans doute le *Bed and Breakfast* le plus populaire de Key West. Vous y retrouverez tout ce qui fait le charme de l'île : une demeure en bois blanc entourée d'un porche, un jardin luxuriant, une piscine pour se détendre... Les chambres, très spacieuses et élégamment décorées, sont réparties entre la maison principale et le cottage attenant. La plupart d'entre elles disposent d'un balcon. Loger ici est une véritable expérience, à réserver très longtemps à l'avance !

THE PERRY HOTEL KEY WEST €€

7001 Shrimp Road ✆ +1 877 496 8712
www.perrykeywest.com
À partir de 240 US$ la chambre double. Wifi gratuit.

Situé dans la Marina de Stock Island, à 10 minutes de voiture du centre de Key West, ce boutique hotel est une bouffée d'oxygène. Sa déco est très originale, contemporaine et *cosy* à la fois. Les chambres sont spacieuses, souvent avec un joli balcon qui donne la marina et ses bateaux. Les deux piscines sont tropicales et relax, et les restaurants, Salty Oyster, et Matt's Stock island & kitchen, offrent une cuisine à base de bons produits de Key West et du reste de la Floride. Et leur terrasse, avec vue sur la marina, est très agréable de jour comme de nuit.

CASA MARINA RESORT €€€

1500 Reynolds Street

+1 305 296 3535

www.casamarinaresort.com

À partir de 350 US$ la chambre double.

Établi sur une plage paradisiaque dans un cadre tropical magique et luxuriant, cet hôtel de la Waldorf Astoria Collection du groupe Hilton à la façade blanche immaculée, est un établissement historique superbement restauré. Conçu dans les années 1920 par le maître d'œuvre des chemins de fer de l'Overseas Railroad, Henry Flagler, c'est un des hôtels les plus prisés de Key West. Les chambres sont spacieuses, lumineuses, modernes tout en ayant une touche raffinée tropicale à deux pas d'une plage de rêve. Quant aux 2 piscines et au spa c'est la cerise sur le gâteau.

PARADISE INN €€€

819 Simonton street

+1 305 293 8007

www.theparadiseinn.com

Chambre à partir de 390 US$ petit déjeuner inclus.

Le Paradise Inn est, comme son nom l'indique, un établissement... paradisiaque ! Situé en plein centre-ville de Key West, il est décoré avec un grand raffinement et prend place au milieu d'une végétation luxuriante, dans un cadre tropical des plus agréables. L'édifice en bois blanc propose des chambres spacieuses et lumineuses au style très floridien avec de jolies terrasses. Vous apprécierez également la belle piscine et le bain bouillonnant, parfait pour se détendre en fin de journée. Ne manquez pas l'*happy hour* avec vin et fromage le soir !

THE SOUTHERNMOST HOUSE €€€

1400 Duval Street +1 305 296 3141

www.southernmosthousehotel.com

Chambre double à partir de 459 US$, petit déjeuner inclus et Wifi gratuit.

Un très bel hôtel à la superbe devanture rose installé dans une ancienne maison victorienne restaurée, fréquentée jadis par les grands de ce monde parmi lesquels Hemingway. Les chambres, où élégance rime avec confort, sont spacieuses et chaleureuses à souhait. La grande piscine vient parfaire le tout à quelques mètres de la mer et de la l'animée Duval Street. Toutefois, pas besoin d'aller bien loin pour boire un verre : le Seaside Cafe, sur place, est réputé pour ses excellents mojitos. Les tarifs sont élevés et certaines chambres sont réservées un an à l'avance.

BAD BOY BURRITO €

1228 Simonton Street

+1 305 292 2697

www.badboyburrito.com

Ouvert du lundi au samedi de 10h à 20h. Burrito à partir de 9 US$.

Ce petit restaurant est plébiscité par les locaux pour ses onctueux *burritos* dont on peut choisir soi-même les ingrédients (locaux au maximum). C'est le *revival* du *burrito* tendance gourmet. Les options sont nombreuses et peuvent également convenir aux personnes végétariennes. Tacos croustillants et salades fraîches font aussi partie de la carte. Pour vous rafraîchir, n'hésitez pas un prendre un jus ou un *smoothie* au Juice Bar, vous ne serez pas déçu. Un très bon rapport qualité/prix pour manger relativement équilibré sans se ruiner.

BLUE HEAVEN €

729 Thomas street

+1 305 296 8666

www.blueheavenkw.com

Ouvert tous les jours de 8h à 14h30 et de 17h à 22h30. Plat à partir de 22 US$.

Ce restaurant, qui possède également une petite boutique, grouille de vie et est considéré comme une des valeurs sûres de la ville. Situé au cœur d'un village de style bahaméen dans une vaste cour à l'arrière d'une maison typique, vous pourrez manger en plein air dans une ambiance conviviale sur des tables en bois. Au dîner, les lampes rendent l'endroit magique, accompagné par des groupes de musique locale. Au menu, spécialités des Caraïbes mais également des fruits de mer ou des plats de poissons. Vous y trouverez du vin et de la bière. Une très bonne adresse.

CAROLINE'S €

310 Duval street

+1 305 294 7511

www.carolineskeywest.com

Ouvert tous les jours de 11h à 23h30. Plat à partir de 15 US$.

LE bon plan de Key West : sur la terrasse ombragée, ou mieux sur une chaise haute autour du cabanon donnant sur Duval street, on sert avec décontraction des spécialités de fruits de mer, mais aussi d'énormes salades et sandwichs à l'image du Caroline's Famous Fish Sandwich (poisson frit et sauce tartare). Les frites, excellentes, débordent presque des assiettes, tandis que bières et autres boissons plus ou moins alcoolisées sont à siroter en toute oisiveté, et à toute heure de la journée. Idéal pour observer les badauds déambuler sur Duval...

DATE & THYME ORGANIC CAFE AND MARKET €

829 Fleming Street
✆ +1 305 296 7766
www.dateandthyme.com
Ouvert du lundi au samedi de 8h à 18h. Plat à partir de 10,95 US$.

Un petit restaurant bio avec des jus frais, des *smoothies* mais aussi des salades et de bons *wraps*. Les végétariens seront ravis car ils auront l'embarras du choix. Nous vous conseillons l'onctueux *wrap* au houmous et le jus *green warrior* à base de kale, de mangue et d'ananas pour reprendre des forces après une soirée de fiesta. Dans le petit marché adjacent, vous trouverez une belle sélection de produits de qualité et bio, parfaite si vous avez de quoi cuisiner dans votre logement.

FRENCHIE'S CAFÉ €

529 United Street
✆ +1 305 396 7124
https://www.frenchieskeywest.com
Ouvert tous les jours de 7h à 15h, fermé le mercredi. Plat à partir de 11,25 US$.

Tenu par deux Français, Stéphanie et Xavier, cette agréable petite caféteria, ouverte depuis 2012, est l'adresse idéale pour manger de vrais bons croissants et de délicieux pains au chocolat au petit déjeuner. A midi, vous pourrez aussi vous régaler de sandwichs consistants aux multiples ingrédients, de croque-monsieur et quiches lorraines, et même déguster le célèbre sandwich niçois, le pan bagnat ! Pour un repas plus *healthy*, vous aurez l'embarras du choix : grandes salades, ratatouille provençale… Une bonne adresse pour bien manger à prix doux.

MANGIA MANGIA €

900 Southard Street
✆ +1 305 294 2469
www.mangia-mangia.com
Ouvert tous les jours de 17h30 à 22h. Plat à partir de 16,95 US$.

Un très bon restaurant italien et ce serait le meilleur de Key West ! Ce qui fait le succès de cet établissement ce sont les excellentes pâtes fraîches préparées sur place, servies avec de savoureuses sauces : Alfredo, Marinara, pesto crémeux… et une tartine au beurre d'ail craquante à souhait. La carte propose également des grillades de poisson, des pâtes aux crevettes ou encore des plats à base de poulet fermier comme le pollo marsala, et les traditionnelles *spaghettini alla carbonara* dans leur recette originelle (sans crème donc !). Une valeur sûre.

MARGARITAVILLE RESTAURANT €

500 Duval street ✆ +1 305 292 1435
www.margaritavillekeywest.com
Ouvert du dimanche au jeudi de 11h à 22h, vendredi et samedi jusqu'à 23h. Comptez 20 US$ le repas.

Une institution ! En préface du menu, le propriétaire des lieux, le chanteur country Jimmy Buffett, explique qu'il aime autant la nourriture que la musique, raison pour laquelle il a choisi d'allier les deux. Et dans ce lieu improbable qui ressemble à une véritable petite ville sud-américaine, on mange sur la place du village : *fish and chips*, fruits de mer… accompagnée d'une margarita (la marque de fabrique !). Musique *live* tous les soirs. À savoir : c'est une chaîne très touristique.

A&B LOBSTER HOUSE €€

700 Front street
✆ +1 305 294 5880
www.aandblobsterhouse.com
Ouvert tous les soirs de 17h30 à 22h. À partir de 36 US$ le plat.

Une affaire de famille qui date de 1947 et où l'on continue à servir des plats à l'ancienne. On y dîne à l'intérieur ou en terrasse avec une très belle vue sur la marina, dans une ambiance élégante mais détendue. Vous pourrez bien sûr manger du homard mais aussi goûter les huîtres Rockefeller et bien d'autres plats à base de viandes, pâtes ou fruits de mer, comme le filet mignon et son gratin de pommes de terre au gorgonzola ou les crevettes fettuccini. La présentation est soignée et les produits de grand qualité. Bonne sélection de vins américains.

MOONDOG CAFÉ & BAKERY €€

823 Whitehead Street ✆ +13057417699
moondogcafe.com
Ouvert tous les jours de 7h30 à 22h. Plat : 13$ environ.

Dans une jolie demeure à la devanture bleue et à deux pas de la maison d'Ernest Hemingway, le Moondog Café propose une cuisine alliant incontournables du petit-déjeuner : œufs Bénédicte, pain perdu, mais aussi burgers, salades, tacos et sandwichs. Coup de cœur pour les deux terrasses : la première située sur le porche est idéale pour observer les coqs promener dans la rue ; la seconde à l'arrière est entourée de palissades graffées. En fin de repas, résisterez-vous aux pâtisseries maison ? Une halte bienvenue à l'abri de l'effervescence de Duval Street.

SALTY OYSTER €€

7001 Shrimp Road
✆ +1 305 296 1717
Ouvert de 11h à 20h30 tous les jours. Comptez 40 US$ le repas.

Un très beau et bon restaurant au bord de l'eau, au coeur de la marina de Stock Island, dans l'hôtel branché Perry Key West. Dans une ambiance de vacances chic, on se régale de bons fruits de mer (et d'huîtres bien sûr comme l'indique le nom du restaurant) mais aussi de savoureuses grillades de poulet ou de viande. Mention spéciale pour le burger qui est vraiment réussi ! Le soir, les lumières tamisées rendent les lieux plus romantiques, un plus pour les amoureux en quête de tranquillité car on est alors bien loin de la folie ambiante du centre de Key West.

BETTER THAN SEX - A DESSERT RESTAURANT

926 Simonton Street ✆ +1 305 296 8102
www.betterthansexkeywest.com
Mercredi, jeudi et dimanche de 18h à 23h, vendredi et samedi jusqu'à minuit. Dessert : 12 US$ environ.

Si le péché de gourmandise était un restaurant, ce serait celui-là ! Bienvenue dans le temple des plaisirs du palais car la carte propose uniquement des desserts aux noms évocateurs, et ils sont tous aussi bons les uns que les autres… Dans une ambiance digne d'un *speakeasy*, craquez par exemple pour le *Peanut Butter Perversion* ou le *Morning Afer* à la vanille. Et comment dire, vous risquez fort de fondre de bonheur, à défaut d'avoir trouvé l'âme sœur à Key West. Une valeur sûre !

CAPTAIN TONY'S SALOON

428 Greene Street
✆ +1 305 294 1838
https://capttonyestore.com/
Ouvert du lundi au samedi de 11h à 2h du matin, le dimanche de 12h à 2h.

Un des bars mythiques de Key West où il y a toujours de l'ambiance avec de la musique country *live* de jour comme de nuit. Ce serait le plus vieux bar de Floride, et Hemingway y avait ses habitudes. On se demande bien combien de temps il a fallu pour accumuler tous les dollars et les soutien-gorges suspendus au plafond et aux branches de l'arbre poussant au milieu du bar. Tony Tarracino, le patron décédé en 2008, était un grand fêtard, vous verrez son portrait et de nombreux articles de journaux le concernant dans la salle du billard. Un immanquable de Key West !

GREEN PARROT BAR

601 Whitehead street
✆ +1 305 294 6133
www.greenparrot.com
Tous les jours de 10h à 2h du matin, jusqu'à 4h les vendredi et samedi. Happy hour en semaine à partir de 16h.

Ouvert depuis 1890, ce bar, légèrement en retrait de Duval Street, est une référence locale. Des groupes de musique s'y produisent les week-ends et certains soirs en semaine, souvent à partir de 17h30. L'ambiance du lieu est agréable, festive avec ses petites guirlandes vertes, et décontractée. On s'y sent rapidement à l'aise. Insolite : vous pourrez vous immerger dans l'ambiance du bar à toute heure depuis le site Web du bar, grâce à la webcam qui filme en *live*. Vous voilà prévenu : une fois à l'intérieur du bar, souriez, vous êtes filmé !

HARD ROCK CAFÉ

313 Duval street
✆ +1 305 293 0230
www.hardrock.com
Ouvert tous les jours de 11h à 22h.

Même Hard Rock Café a pignon sur rue à Key West. Il est installé dans une magnifique maison en bois typique de l'île, au beau milieu de Duval street. En dehors de la célèbre *Key lime pie*, le menu est le même qu'à New York, Londres ou Paris, mais généralement, on va au Hard Rock Café pour l'ambiance et la déco ! Idéal pour prendre un verre entouré d'objets ayant appartenu à Jimi Hendrix, Madonna ou encore Elvis. On n'oublie pas de se rendre dans la *Rock Shop* pour acheter l'incontournable tee-shirt estampillé *Hard Rock Cafe Key West*.

KERMIT'S KEY LIME SHOP

200 Elizabeth Street ✆ +1 305 296 0806
keylimeshop.com
Lundi-jeudi : 10h-21h30. Vendredi-samedi : 9h-21h30. Repas servi de 7h à 15h. Carte : 12 US$ environ.

C'est LA pâtisserie pour déguster une vraie *key lime pie*, cette petite tarte au citron typique de Key West. Vous aurez sûrement l'occasion de rencontrer Kermit, le patron. Vous pourrez acheter dans la boutique tout un tas de produits à base de Key Lime, dont des préparations pour cookies, des marmelades et même... des biscuits pour chien ! Vous pourrez aussi manger des petits plats maison et la fameuse tarte dans le restaurant installé dans la belle cour intérieure. Un incontournable de Key West ! Un second point de vente est situé derrière Mallory Square.

SLOPPY JOE'S

201 Duval street
✆ +1 305 294 5717
www.sloppyjoes.com
Ouvert tous les jours de 9h à 2h, le dimanche à partir de 12h.

L'établissement a ouvert ses portes en 1937 et ne les a jamais refermées. Ce fut le bar préféré d'Hemingway, qui se considérait comme le copropriétaire, tant il y passait du temps. Aujourd'hui, bien qu'il soit souvent envahi par des hordes de touristes, il reste un incontournable. Sirotez une ou deux margaritas glacées dans des gobelets de plastique en contemplant les souvenirs du grand Ernest. On aurait même découvert certains de ses manuscrits dans les murs. Le soir, il y a très souvent des groupes qui se produisent sur place. Ambiance garantie !

TROPICAL VIBES ROLLED ICE CREAM & SHAVE ICE

411 Greene Street
✆ +1 305 209 0366
Lundi : 11h-20h, mardi, jeudi et dimanche : 15h-20h, vendredi : 15h-22h, samedi : 13h-21h. Glace : 7,99 US$.

Une petite adresse animée et colorée qui propose les fameuses *rolled ice cream*, ces spécialités à base de crème et de fruit déposées sur une surface glacée et ensuite roulées et rassemblées dans un pot, comme un petit bouquet. On apprécie les saveurs de glaces locales et originales : punch au fruit, Key Lime, myrtilles… Et les multiples combinaisons au choix comme la *Nutty Floridian* au beurre de cacahuète et chocolat. Aussi des *açaï bowl* et des glaces hawaïennes au lait concerté.

DANGER CHARTERS

255 Front St ✆ +1 305 304 7999
www.dangercharters.com
Excursions à la demi-journée entre 99 US$ et 109 US$, excursions à la journée à 134 US$. Coucher de soleil : 109 US$.

Cette compagnie de bateaux propose des sorties autour de Key West à bord d'un grand voilier, direction les coraux et les bancs de sable du Key West National Wildlife Refuge. Vous pourrez alors faire du kayak dans la mangrove ou du snorkeling dans l'eau turquoise en pleine mer selon l'excursion choisie. L'équipage a pensé à tout et vous offre même des snacks et rafraîchissements à bord. On vous recommande vivement la *Sunset cruise* pour admirer le soleil couchant en mer à Key West tout en dégustant une sélection de vins et des hors-d'oeuvre. Un moment magique !

BAREFOOT BILLY'S

720 Seminole St ✆ +1 305 735 2241
barefootbillys.com
Ouvert toute l'année. Snorkeling à partir de 99 US$, jet-ski à partir de 130 US$.

Le grand classique de Barefoot Billy's, c'est le tour de l'île de Key West en jet ski. Embarqué dans cette balade vrombissante au fil du rivage, vous voilà transformé en *rider* de l'océan ! Mais Billy a plus d'un tour dans son sac, puisqu'il vous propose aussi du kayak, du funcat, du voilier, du paddle, du snorkeling, de la pêche au gros, de l'observation de dauphins et la fameuse croisière au coucher de soleil avec champagne et viennoiseries… Ouvrez grand les mirettes, vous allez en avoir des choses à raconter le soir dans les bars de Key West !

FURY WATER ADVENTURES

Départs de la marina de l'hôtel Hilton, à l'angle de Greene street et Front street. ✆ +1 888 976 0899
www.furycat.com
Comptez 74 US$/ personne la Sunset cruise. A partir de 50 US$ par personne pour les autres sorties. Réductions en ligne.

Sur d'immenses catamarans au pont spacieux et convivial, voguez à vive allure pendant que l'équipage, très serviable, distribue gratuitement bières, vin et sodas. Possibilité de faire avec plusieurs activités comme du snorkeling, du parachute ascensionnel, du jet-ski et des croisières au coucher du soleil avec buffet et boissons à volonté. On vous recommande particulièrement la *Commotion on the ocean Sunset cruise*, où un groupe joue en live sur le bateau tandis que le soleil se couche. En bref, c'es' un interlocuteur de choix pour toutes vos sorties nautiques.

KEY WEST JET-SKI

1107 Key Plaza
✆ +1 305 797 6423
www.keywest-jetski.com
Visite guidée en jet-ski de 1h30 de 110 à 140 US$ (si achat en ligne), 175 US$ sur place.

Key West Jet-Ski ne propose pas la simple location de jet-ski, mais une offre plutôt originale et insolite : une visite guidée de 45 km en petit groupe, dans les environs de Key West via le Golfe du Mexique et l'océan Atlantique. Le guide vous apportera quelques explications sur le lieu, la faune et la flore. Des phases de grande vitesse alternent avec les phases de découverte. Key West Jet-Ski offre aussi l'incontournable Sunset Cruise avec musique et boissons à bord. Côté terre ferme, vous pourrez louer des vélos, des scooters et même des voiturettes de golf.

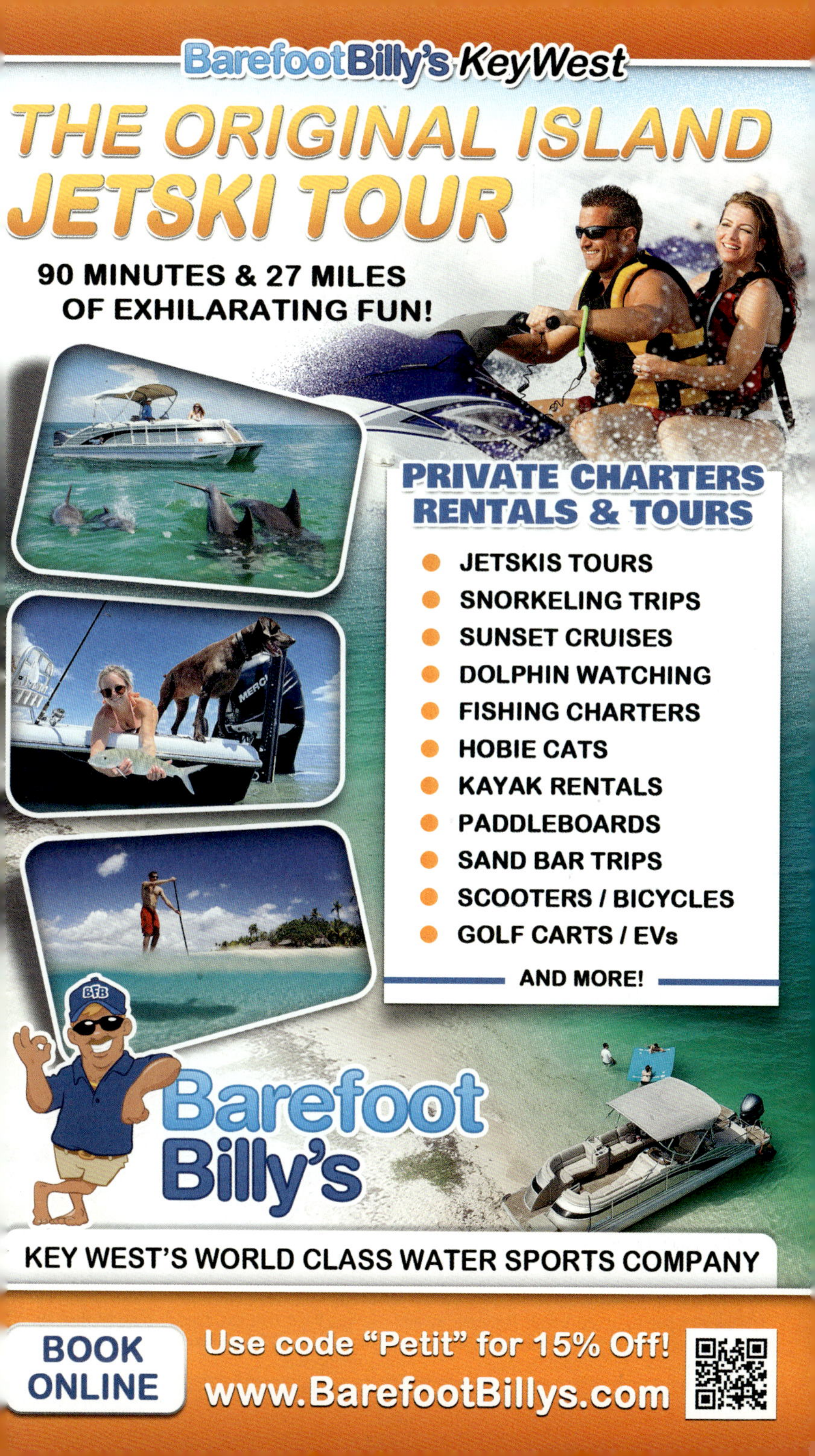
BarefootBilly's KeyWest
THE ORIGINAL ISLAND JETSKI TOUR
90 MINUTES & 27 MILES OF EXHILARATING FUN!
PRIVATE CHARTERS RENTALS & TOURS
JETSKIS TOURS
SNORKELING TRIPS
SUNSET CRUISES
DOLPHIN WATCHING
FISHING CHARTERS
HOBIE CATS
KAYAK RENTALS
PADDLEBOARDS
SAND BAR TRIPS
SCOOTERS / BICYCLES
GOLF CARTS / EVs
AND MORE!
BFB
Barefoot Billy's
KEY WEST'S WORLD CLASS WATER SPORTS COMPANY
BOOK ONLINE
Use code "Petit" for 15% Off!
www.BarefootBillys.com

KAYAK KINGS OF KEY WEST

5001 5th avenue
✆ +1 305 900 8180
www.kayakkingskeywest.com
Ouvert toute l'année. 65 $ le tour de 2h au lever du soleil ou 55 $ le tour de 2h.

© KAYAK KINGS

Envie de fraîcheur ? A l'extrémité sud-est de l'île de Key West, vous trouverez une forêt de mangroves encore préservée du développement où vous pourrez toucher du doigt l'apparence originelle des Keys. Embarquez pour une balade en kayak avec Cassandra, une Québécoise qui sera ravie de vous guider dans ce labyrinthe végétal. La balade se fait en petit groupe, en kayak solo ou tandem, et est accessible quelle que soit votre condition physique. Une excursion à faire en famille, à moins que vous ne préfériez partir en mode partie de pêche !

LAZY DOG ADVENTURES

5114 US 1
✆ +1 305 295 9898
https://lazydog.com
Visite guidée en paddle (2h) : 55 US$/adulte et 30 US$/enfant. Location de paddle (2h) : 30 US$/adulte - 20 US$/enfant.

Et si vous découvriez les alentours de Key West en faisant du paddle ? C'est ce que propose cette agence et c'est plutôt une bonne idée ! Vous pouvez opter pour des éco-tours en petit groupe pour en apprendre plus sur la faune et la flore locales, ou louer des paddles en autonomie pour 2 heures et plus. Ces passionnés de paddle ont même élaboré un cours de paddle yoga et de fitness à base de paddle, le « paddleFit ». Pourquoi pas ! L'option kayak (éco-tour ou en autonomie) est aussi possible, donc il y en a vraiment pour tous les goûts.

801 BOURBON BAR

801 Duval street ✆ +1 305 294 4737
www.801.bar
Ouvert tous les jours de 10h à 4h du matin. Show de drag queens tous les soirs à 21h et 23h : 15 à 20 US$.

Le Bourbon Bar, au 801 est une référence sur l'île et l'ambiance y est vraiment très bonne. L'étage s'anime tous les jours avec des spectacles de *drag queens*. Les différentes prestations sont d'excellente qualité, et même si vous ne parlez pas très bien l'anglais, vous comprendrez tout grâce à la gestuelle très expressive des chanteuses. Rires garantis. Le dimanche de 16h à 21h, place au karaoké ! Ce bar est donc un incontournable de Key West, il suffit de voir le nombre important de locaux parmi les spectateurs qui ne se lassent pas de cette atmosphère unique.

LA TE DA

1125 Duval street
✆ +1 305 296 6706
www.lateda.com
Ouvert tous les jours. Restaurant, bar, hôtel, spectacles de cabaret (33 US$).

Dans un magnifique bâtiment historique jaune et bleu, à la fois restaurant, piano-bar et cabaret gay, La Te Da propose des spectacles de *drag queens* tous les soirs, ainsi que des concerts au piano-bar. L'ambiance y est toujours excellente, c'est une véritable référence dans le monde de la nuit à Key West. Les spectacles ont lieu tous les soirs à partir de 20h30 (vous pouvez réserver en ligne). La Te Da, c'est aussi un hôtel de 15 chambres cosy et décorées dans l'esprit Floridian. Impossible d'être plus au cœur de l'animation de Key West.

KEY WEST NATIONAL WILDLIFE REFUGE ★

La réserve naturelle de Key West existe depuis 1908 et s'étend sur près de 80 000 hectares. Elle abrite environ 250 espèces d'oiseaux et joue un rôle important dans la reproduction des tortues marines. Ce sanctuaire est constitué de cours d'eau et d'îles de mangrove. L'ensemble est considéré comme « zone fédérale de la nature sauvage ». Cependant, la plupart des zones sont ouvertes à la navigation de plaisance et le seul moyen d'accéder à cette réserve c'est donc le bateau ! Plusieurs agences proposent des excursions en catamarans au départ de Key West. Une fois dans la zone on peut se déplacer en kayak sur les cours d'eau de la mangrove.

DRY TORTUGAS NATIONAL PARK - FORT JEFFERSON ★★★

A environ 112 km à l'ouest de Key West, et d'une superficie de 262 km², c'est le dernier archipel des Keys. Il est composé de 11 îlots dont 2 principaux : Garden Key et Loggerhead Key. Garden Key a pour particularité d'abriter Fort Jefferson, un monument national. A la croisée des deux Amériques, ce parc naturel voit passer chaque année des milliers d'oiseaux venus de 300 espèces y faire escale durant leur migration.

Histoire

Suite au traité d'Adams-Onis qui officialise la vente de la Floride par l'Espagne, les Américains jugent que les Dry Tortugas peuvent jouer un rôle stratégique pour protéger le territoire de Floride des attaques extérieures. Débute alors un projet de construction d'une base navale. En 1826, le Garden Key lighthouse est construit pour orienter les bateaux dans cette zone. Il faudra 20 ans de plus pour que commence la construction du Fort Jefferson, en 1846.

A l'époque de la guerre de Sécession (1861-1865), le fort accueille plus de 1 700 prisonniers militaires et des centaines de civils. C'est ici que les soldats déserteurs de l'Union étaient mis en prison. En 1865, Samuel Mudd, le prisonnier le plus célèbre, arrive à Fort Jefferson. Ce médecin a en effet été condamné pour conspiration dans l'assassinat d'Abraham Lincoln en 1865 à Washington. La nuit de l'événement, Mudd a en effet soigné la jambe cassée de John Wilkes Booth, le meurtrier de Lincoln, qui était un sympathisant sudiste, avant de le cacher dans sa chambre d'ami. En 1867, une épidémie de fièvre jaune décime la population du fort et le médecin de la prison meurt. Mudd prend alors la direction de l'infirmerie et parvient à contenir l'épidémie. Pour le remercier, le président Johnson le gracie et il quitte le Fort Jefferson en 1869. Au milieu des années 1870, l'entretien du fort devient trop coûteux, notamment à cause des intempéries tropicales, et il n'est plus aussi vital pour la stratégie de défense maritime américaine. L'armée finit donc par quitter les lieux.

Aujourd'hui, vous pouvez visiter le fort, voir l'ancienne cellule de Mudd et même observer les douves lors d'une séance de snorkeling.

Dry Tortugas National Park.

BUSH KEY ★

Accessible seulement d'octobre à janvier. Entrée dans le National Park : 15 US$ (inclus si vous venez en ferry).

Cette petite île, d'une superficie de seulement 4,5 ha, accueille des oiseaux rares qui viennent s'y reproduire. Bush Key est donc fermée au public un partie de l'année pendant la période de nidification. Mais une fois les oiseaux partis, les visiteurs sont autorisés à accéder à cette île inhabitée en restant sur les sentiers balisés qui en font le tour. A noter : Bush Key est accessible depuis Garden Key, l'île du Fort Jefferson. On peut s'y rendre *via* un chemin de sable mais il n'est pas toujours praticable, tout dépend de son état qui évolue avec la météo.

LOGGERHEAD KEY ★

Entrée au National Park : 15 US$ (inclus dans le prix si vous venez en ferry).

C'est la plus grande île des Dry Tortugas et elle est surtout reconnaissable à son phare. Il est possible de la visiter seulement en journée en restant sur les sentiers balisés. Elle se trouve à environ 5 km de Garden Key, l'île du Fort Jefferson, où s'arrête le ferry. Pour y accéder, il faut venir en kayak (pensez à embarquer au préalable un kayak sur le ferry mais il faudra contacter la compagnie à l'avance pour des questions de place) ou en bateau de plaisance privé. A noter également : les nombreuses épaves autour de l'île feront le bonheur des plongeurs.

FORT JEFFERSON ★★★

Garden Key
www.drytortugas.com
Parc Fort Jefferson : 15 US$ par personne, inclus dans le prix de la traversée depuis Key West avec Yankee Freedom.

Suite au traité d'Adams-Onis qui officialise la vente de la Floride par l'Espagne, les Américains jugent que les Dry Tortugas peuvent jouer un rôle stratégique pour protéger les eaux et le territoire de Floride des attaques extérieures. Le projet de construction d'une base navale se met alors en route mais c'est d'abord un phare, le Garden Key lighthouse, qui est construit pour orienter les bateaux dans cette zone en 1826. Ce n'est que 20 ans plus tard, en 1846, que commence la construction du Fort Jefferson. A l'époque de la guerre de Sécession (1861-1865), le fort accueille plus de 1 700 prisonniers militaires et quelques centaines de civils. C'est au Fort Jefferson que les soldats déserteurs de l'Union étaient mis en prison. Quelques civils, le plus souvent des brigands, y étaient aussi enfermés. En 1865, Samuel Mudd, le prisonnier le plus célèbre arrive à Fort Jefferson. Ce médecin a en effet été condamné pour conspiration dans l'assassinat d'Abraham Lincoln en 1865. La nuit de l'assassinat de Lincoln à Washington, Mudd a en effet soigné la jambe cassée de John Wilkes Booth, le meurtrier de Lincoln, qui était un sympathisant sudiste, avant de le cacher dans sa chambre d'ami. En 1867, une épidémie de fièvre jaune décime la population de détenus du fort et le médecin de la prison meurt. Mudd prend alors la direction de l'infirmerie et parvient à contenir l'épidémie. Pour le remercier, le président Johnson décide de le gracier et Mudd quitte le Fort Jefferson en 1869. Au milieu des années 1870, l'entretien du fort devient trop coûteux, notamment à cause des intempéries tropicales, et il n'est plus aussi vital pour la stratégie de défense maritime américaine. L'armée finit donc par quitter les lieux. Aujourd'hui, vous pouvez visiter le fort, voir l'ancienne cellule de Mudd et même observer les douves du Fort lors d'une séance de snorkeling. Les plages situées au sud et à l'est du Fort Jefferson sont l'occasion de goûter à la température de l'eau et d'apercevoir les poissons qui y évoluent, tout en profitant d'un point de vue original sur le fort et son avancée sur les eaux turquoise. Des tables de pique-nique situées au sud vous permettent de prendre votre repas au bord de l'eau (aucune nourriture n'est vendue sur place). Il est même possible de passer la nuit en campant dans le Dry Tortugas National Park. Quoi qu'il en soit, vous garderez pour toujours en tête l'image de ce bastion de brique rouge qui contraste de manière sublime avec l'eau turquoise qui l'entoure. Nous vous conseillons toutefois de réserver votre billet à l'avance.

SEAPLANE OF KEY WEST

3471 South Roosevelt boulevard
✆ +1 305 293 9300
keywestseaplanecharters.com
4 heures (dont 2h30 sur l'île) : 361 US$/adulte et 288 US$/6-12 ans. + 15 US$ pour l'entrée au parc national (+16 ans).

Cette compagnie propose des vols à basse altitude dans des hydravions monomoteurs pour accéder aux Dry Tortugas et visiter le fort Jefferson. Vous profiterez d'extraordinaires points de vue sur l'eau turquoise et le fort, mais aussi des anecdotes du pilote. Vous apercevrez des épaves, des oiseaux et peut-être même des tortues ! C'est le moyen le plus rapide mais également le plus onéreux de se rendre dans le parc national. Une fois sur place, à vous la plongée, le circuit historique, le farniente sur la plage… L'équipement de plongée est prêté gratuitement.

YANKEE FREEDOM II

240 Margaret street
✆ +1 800 634 0939
www.yankeefreedom.com
Départ tous les jours (2h15 de trajet) : départ 7h30 et retour à Key West à 17h15. Adulte : 190 US$, 4-16 ans : 135 US$.

C'est la seule compagnie de ferry à proposer la liaison vers le Dry Tortugas National Park et Fort Jefferson. Vous prendrez place à bord d'un catamaran de 30 mètres aux places très confortables. Sur place : nous vous recommandons de participer à la visite guidée du fort qui est incluse dans le billet (45 minutes). Ensuite, à vous les plaisirs de l'île : baignade dans les eaux turquoise, plongée palmes-masque-tuba (prêt gratuit de matériel), observation d'oiseaux… avant le retour à Key West. Le petit déjeuner et le déjeuner sous forme de buffet sont inclus.

GARDEN KEY CAMPGROUND €

✆ +1 800 634 0939
www.drytortugas.com
Ferry + camping : 210 US$/ adulte et 155 US$/4-16 ans + 15 à 30 US$/jour sur place. Réservation 8 à 12 mois à l'avance.

Les places pour avoir la chance de camper sur le parc national sont très rares : seuls 11 emplacements de tente sont disponibles. Il faut donc réserver très en avance (par téléphone uniquement). Pensez aussi à vous organiser vu que le camping est entièrement sauvage (pas d'eau, ni d'électricité, ni de nourriture). Il faut venir tout équipé ! Des tables et barbecues sont toutefois mis à disposition à chaque emplacement. A votre retour, vous devez emporter vos déchets avec vous. Le cadre est magique et vous vous sentirez presque seul au monde.

ORGANISER SON SÉJOUR

Organiser des vacances à des milliers de kilomètres, cela ne s'improvise pas, et l'on ne compte plus les heures passées à surfer sur le web à la recherche des meilleurs bons plans. C'est encore plus challengeant lorsqu'on ne connait pas du tout la destination, et que celle-ci est réputée pour être plutôt chère, comme Miami. Alors, même après avoir réservé, il n'est pas rare que des doutes persistent jusqu'au jour du départ : l'hôtel choisi me permettra-t-il d'accéder facilement à toutes les attractions prévues ? Le mode de transfert depuis l'aéroport est-il vraiment le plus judicieux ? Ai-je sélectionné la meilleure compagnie aérienne ? Quel moyen de transport utiliser sur place pour ne pas perdre de temps ? Afin de vous éviter ces questionnements et le stress qui les accompagnent, nous avons condensé nos conseils pratiques et futés entre ces pages. De quoi - on l'espère ! - vous permettre de préparer sereinement votre voyage.

ARGENT

L'unique monnaie est le dollar US. Pièce se dit *coin* et monnaie se dit *change*. Le dollar est divisé en 100 cents. La pièce de 25 cents est appelée *quarter* (quart de dollar), celle de 10 cents *dime* (de très petite taille), celle de 5 cents *nickel* (plus grande que le *dime*). Celle de 1 cent appelée *penny* (toute petite) sert à faire l'appoint. Il existe aussi, mais d'un usage plus rare, des pièces d'un demi-dollar et d'un dollar. Toujours avoir une bonne réserve de *quarters*. Y consacrer même une bourse particulière, parce que ces pièces servent toute la journée : bus, parkings (attention les contractuelles sont rapides), péages d'autoroute... Côté billet on trouve des 1, 2, 5, 10, 20, 50 et 100 $. Ils sont à l'effigie des premiers présidents américains, de George Washington pour 1 $ à Benjamin Franklin pour 100 $. Les billets de 1 dollar sont également très prisés pour les pourboires et pour faire l'appoint, là encore veillez à en avoir sur vous. Les cartes bancaires qu'on utilise couramment sont la Visa, la MasterCard et l'American Express.
Taux de change en octobre 2022 : 1 US$ = 1,03€ ; 1€ = 0,97 US$.

BUDGET / BONS PLANS

Comptez de 100 à 200 US$ par jour en moyenne si vous faites très attention, notamment à l'hôtellerie qui sera la partie la plus chère de votre voyage (en haute saison, comptez de 150 US$ minimum). Il faut prévoir un supplément pour séjourner dans les Keys.
Les transports urbains coûtent en moyenne 1,50 US$ le ticket mais les taxis ont des prix un peu trop élevés par rapport aux distances parcourues en général. On vous recommande plutôt de prendre Uber ou Lyft qu sont implantés dans toutes les grandes villes de Floride.

© FOKKE BAARSSEN - SHUTTERSTOCK.COM

Miami Beach.

PASSEPORT ET VISAS

Pour vous rendre aux États-Unis, il vous faut :

- **Un billet d'avion** aller-retour qui prouve votre sortie du territoire américain, quelle que soit votre destination.
- **Un passeport biométrique** en cours de validité.
- **Avoir obtenu votre ESTA** au plus tard 72h AVANT le départ ! L'ESTA (Electronic System for Travel Authorization) est un questionnaire, identique au formulaire I94W qui était autrefois rempli dans l'avion (parmi les renseignements demandés figurent le numéro de passeport, le pays de résidence...). Adultes et enfants (quel que soit leur âge) sont soumis à cette procédure. Surtout, vérifiez bien que vous n'avez pas fait d'erreur d'orthographe sur vos noms et prénoms, au risque d'être embêté à la douane si vos papiers d'identité ne correspondent pas. Après avoir rempli et validé ce formulaire, le voyageur reçoit une autorisation de voyage électronique. Dans la plupart des cas, les agents de sécurité intérieure donnent en effet leur accord en ligne presque immédiatement en renvoyant la mention « autorisation approuvée ». L'autorisation est valable pour une durée de 2 ans ou jusqu'à expiration du passeport. L'autorisation ESTA (vous pouvez l'imprimer sur le site) pourra vous être demandée à l'enregistrement à l'aéroport (mais généralement les compagnies aériennes reçoivent automatiquement une notification d'attribution d'ESTA pour les passagers qui ont acheté un billet vers les États-Unis). A l'arrivée aux États-Unis, sachez que le douanier retrouvera automatiquement l'autorisation ESTA dans ses fichiers au moment où il scannera votre passeport.

Bon à savoir : la déclaration est à faire sur le site officiel https://esta.cbp.dhs.gov, et uniquement sur ce site. La demande est payante et coûte 21 US$.

INTERVIEW

L'ASSURANCE VOYAGE, LE MEILLEUR MOYEN POUR FAIRE FACE À DES FRAIS DE SANTÉ ÉLEVÉS À L'ÉTRANGER

avec le DR CÉDRIC RAMAUT, directeur médical d'Allianz Travel

Les frais médicaux sont-ils les mêmes selon les différentes régions du monde ?

Les frais médicaux sont en général plus élevés à l'étranger qu'en France. En Australie, une consultation médicale coûte en moyenne 2 fois plus cher qu'en France. Au Canada, elle est 3 fois plus chère et aux États-Unis, jusqu'à 7 fois.

La sécurité sociale et la mutuelle prennent-elles en charge les frais médicaux à l'étranger ?

La sécurité sociale fonctionne uniquement avec les pays avec lesquels la France a passé des accords. Il faut pour cela penser à demander sa carte européenne d'assurance maladie (CEAM). La sécurité sociale et la mutuelle couvriront alors les frais médicaux à l'étranger à hauteur de leur propre barème sous certaines conditions. Il est malgré tout conseillé de souscrire une assurance voyage, car la prise en charge des frais ne sera pas la même qu'en France.

À combien peut s'élever une consultation chez un médecin généraliste ou une hospitalisation à l'étranger ?

Aux États-Unis, au Canada et en Australie, une consultation chez un généraliste peut coûter entre 200 et 5 000 dollars, si le médecin a besoin de pratiquer des examens au cabinet. Le coût d'une hospitalisation peut lui atteindre plusieurs milliers de dollars par jour !

Quelle est la meilleure protection pour faire face aux frais médicaux ?

Cela va dépendre du pays dans lequel on voyage. Dans tous les cas il est indispensable de pouvoir faire face à des frais médicaux imprévus à l'étranger, et donc d'être en possession d'une couverture assistance médicale adaptée.

Les couvertures incluses dans certaines cartes bancaires ne sont-elles pas suffisantes ?

Les garanties, et notamment la prise en charge des frais médicaux, diffèrent suivant le type de cartes. Il est donc nécessaire de bien prendre connaissance de son contrat, car la plupart des cartes proposent des couvertures qui peuvent s'avérer insuffisantes.

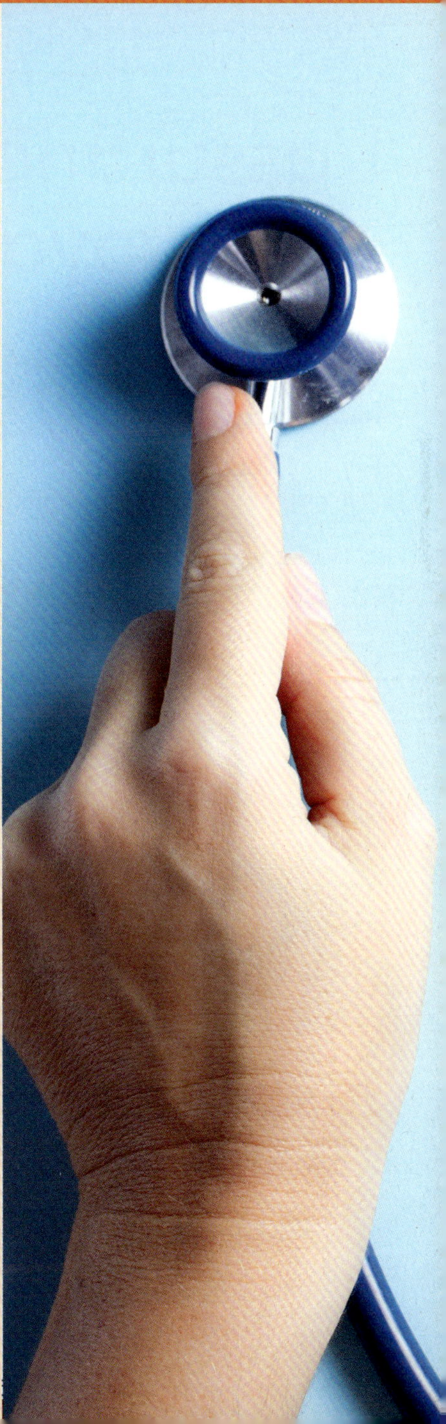

© NEIRFY

Attention aux conditions d'entrée pour vos animaux de compagnie. Renseignez-vous avant votre départ pour savoir comment ils pourront vous accompagner.

Conseil. Avant de partir, pensez à photocopier tous les documents que vous prenez avec vous. Vous emporterez un exemplaire de chaque document et laisserez l'autre à quelqu'un en France. En cas de perte ou de vol, les démarches de renouvellement seront ainsi beaucoup plus simples auprès des autorités consulaires.

PERMIS DE CONDUIRE

Pour louer une voiture en Floride, il faut avoir 21 ans minimum et détenir son permis de conduire depuis au moins 12 mois.
Les compagnies de location appliquent systématiquement un supplément jeune conducteur aux personnes âgées de moins de 25 ans (environ 25 US$ par jour).

S'il n'est pas obligatoire pour des séjours de moins de 3 mois, nous vous conseillons de faire une demande de permis de conduire international. Cette demande gratuite se fait en deux étapes. Tout d'abord, faire une pré-demande en ligne sur le site de ANTS (Agence Nationale des Titres Sécurisés) en fournissant une copie de votre justificatif d'identité, votre justificatif de domicile de moins de 6 mois et votre permis de conduire. Vous aurez ensuite 15 jours pour envoyer par courrier des documents complémentaires : attestation de dépôt de demande en ligne, photo d'identité de moins de 6 mois (conforme aux normes) et enveloppe prête à poster, en lettre suivie 50 g, à votre adresse. Les délais d'envoi des permis de conduire internationaux sont très variables, il est donc conseillé de faire sa demande 6 mois avant le départ. Le permis délivré est valable 3 ans et devra toujours être présenté avec votre permis de conduire français.

SANTÉ

Un voyage en Floride ne nécessite pas de vous faire vacciner avant de partir. Mais comme pour tout voyage, il est conseillé de mettre à jour vos vaccins contre le tétanos, la poliomyélite, l'hépatite B et la diphtérie. Sachez que l'eau du robinet est potable (sauf avis contraire) et gratuite dans les restaurants (pour une carafe, demander *tap water*).

SÉCURITÉ

La Floride est un État assez sûr. Miami n'est plus la ville la plus dangereuse des USA depuis longtemps. La municipalité a beaucoup investi pour la sécurité des touristes et des retraités qui viennent y chercher tranquillité et sécurité. Les piétons, en dehors du centre-ville, doivent être très prudents, car les infrastructures ne sont pas toujours bien équipées pour leur laisser de la place en toute sécurité (absence de trottoirs, de passages piétons).

La Floride est souvent sujette aux ouragans de mai à novembre et plus particulièrement de septembre à novembre. En cas d'alerte, branchez-vous sur la chaîne météo de la télévision ou écoutez la radio. Le personnel de votre hôtel vous relaiera également les consignes de sécurité.

Les femmes peuvent tout à fait voyager sans crainte en Floride. A vous de faire attention lors de sorties en boîtes de nuit ou bars, deux précautions valent mieux qu'une. La police est cependant extrêmement présente sur les lieux touristiques.

DÉCALAGE HORAIRE

Il y a 6 heures de moins en Floride par rapport à la France. Pensacola et son comté ont 7 heures de moins.

LANGUES PARLÉES

On peut presque dire que la Floride est bilingue, tant l'espagnol est présent du fait de sa population immigrée latine et tout particulièrement cubaine.
La langue officielle reste l'anglais, mais le double affichage et les publicités en espagnol sont très présents à Miami et dans le reste de la moitié sud de l'État. Le français est peu étudié et peu pratiqué sauf à la réception de quelques grands hôtels.

COMMUNIQUER

Trouver du wifi ne sera pas un problème à Miami. Tous les hôtels disposent de connexion wifi (généralement gratuite mais parfois payante). Il en va de même pour de nombreux cafés, restaurants, lieux culturels, aéroports et gares... La ville met à disposition du public des réseaux wifi gratuits.

ELECTRICITÉ ET MESURES

Le courant est en 110-120 volts et 60 périodes. Les prises américaines possèdent 2 fiches plates. Il est préférable de venir avec un adaptateur, il vous coûtera moins cher en France (environ 5 € l'adaptateur simple). Vous pouvez toutefois en acheter sur place dans une boutique multimédia, un supermarché ou à l'aéroport. Vous n'aurez pas besoin de transformateur de courant, car la plupart de nos appareils électriques (chargeurs de téléphone, d'ordinateur portable...) acceptent également ce type de voltage.

- **Distances.** 1 mile = 1,609 km. Pour convertir mentalement les distances et les vitesses (en miles per hour), ajoutez au chiffre donné 50 %, puis à ce résultat 10 %. Le long de quelques autoroutes, mystérieusement, les distances sont aussi indiquées en kilomètres.
- **Capacités.** 1 gallon = 3,785 l – 1 quart =0,946 l – 1 pint = 0,473 l.
- **Longueurs.** 1 yard = 0,918 m – 1 foot (pied) = 30,48 cm – 1 inch (pouce) = 2,54 cm.
- **Poids.** 1 pound = 0,4536 kg – 1 once = 28,35 g.
- **Températures.** 32 °F = 0 °C – 104 °F = 40 °C. La conversion entre les degrés Fahrenheit (°F) en vigueur aux États-Unis et les degrés Celsius (°C) est plus difficile à faire de tête. Le calcul exact consiste à retirer 32 au chiffre indiqué, à multiplier le résultat par 5, puis à diviser par 9. Plus facile, mais un peu moins exact : soustraire 30 aux degrés Fahrenheit, diviser par 2 et ajouter 10 %.

BAGAGES

La crème solaire sera indispensable. Ne vous encombrez pas d'un spray anti-moustiques acheté en France, seuls ceux que vous trouverez en Floride seront réellement efficaces. Vous aurez rarement froid, mais prévoyez tout de même une veste ou un gilet pour les matinées et les soirées.
Un parapluie et un imperméable ne seront pas de trop si vous voyagez entre juillet et novembre.

LES PHRASES CLÉS

Bonjour, je voudrais réserver un billet aller/retour pour…
Hello, I would like a round trip ticket for…

J'ai raté mon avion. Je voudrais échanger mon billet s'il vous plaît.
I missed my flight.I would like to change my ticket, please.

Mon vol est très en retard. Ma correspondance sera bien assurée ?
My flight is very delayed. Will I be able to make my connection?

Mes bagages ont été égarés, à qui dois-je m'adresser ?
My luggage was lost. Whom should I speak to?

Louez-vous des voitures avec chauffeur ?
Do you provide chauffeur-driven car rental service?

Je n'ai presque plus d'essence. Où se trouve la station-service la plus proche ?
I'm almost out of gas. Where is the nearest gas station?

S'Y RENDRE

Organiser son voyage peut être une expérience autant exaltante qu'angoissante. Pour vous aider à y avoir plus clair et vous concentrer l'essentiel, nous avons fait le tri ! Découvrez pour commecer les compagnies aériennes proposant des vols vers Miami, directs ou non selon votre budget et votre aéroport de départ. Comme souvent, plus vous vous y prendrez à l'avance, moins les prix seront élevés ! Afin de trouver les meilleurs tarifs, soyez aux aguets et n'hésitez pas à activer des alertes. Avoir des dates flexibles peut également permettre de baisser considérablement la note. Enfin, comme pour n'importe quelle destination, il faut garder en tête qu'il y a des périodes de l'année plus chères que d'autres en fonction du climat mais aussi des événements de grande envergure qui se déroulent sur place. À Miami, il s'agit généralement des mois de décembre, avril, mai, juillet et août, mais il y a toujours des exceptions.

AIR EUROPA

✆ 01 42 65 08 00

www.aireuropa.com

La compagnie aérienne espagnole Air Europa assure une liaison quotidienne de Paris-Orly à Miami via Madrid. En comptant l'escale, il vous faut prévoir environ 15 heures entre le décollage de Paris et l'atterrissage à Miami. Si vous n'êtes pas trop pressé, cette option est souvent plus économique qu'un vol direct et permet d'économiser une certaine somme. Le repas classique est inclus dans le billet, mais vous pouvez opter pour des menus spéciaux en supplément. Air Europa étant membre de l'alliance Skyteam, certains vols peuvent être opérés par Air France.

AIR FRANCE

✆ 09 69 39 36 54

Selon la saison, la compagnie Air France propose plus ou moins quinze vols hebdomadaires et directs entre Paris Charles-de-Gaulle et Miami : comptez de 9 heures 25 à 9 heures 50 de trajet. Les vols décollent en général de Paris en début d'après-midi pour atterrir à Miami en fin d'après-midi. Certains vols sont opérés par la compagnie Delta, aussi membre de l'alliance Skyteam. Des vols avec escale sont aussi également possibles au départ de Rennes, Lyon, Marseille ou Toulouse. Air France offre en outre un programme de *miles* avantageux.

AMERICAN AIRLINES

✆ 08 21 98 09 99

Réservations en ligne ou par téléphone.

American Airlines propose un vol direct et quotidien Paris-Miami. Comptez environ 10 heures de vol. A noter, American Airlines propose également des correspondances idéales via Miami vers les villes de Key West, Tampa, Orlando, Jacksonville ou Pensacola. Les voyageurs fréquents peuvent adhérer au programme de fidélisation AAdvantage d'American Airlines qui offre de très nombreux avantages, notamment la possibilité de gagner des miles et de les échanger contre des primes de voyages sur American Airlines et toutes les compagnies partenaires du programme.

FRENCH BEE

Réservations en ligne ou par téléphone au 0825205205 (numéro payant).

La compagnie française low-cost French Bee, petite sœur d'Air Caraïbes, propose depuis décembre 2022 une liaison directe vers Miami au départ de l'aéroport Paris-Orly. Trois à quatre vols décollent de Paris chaque semaine les lundis, jeudis et samedis. Comptez environ 9 heures 50 de trajet à l'aller et 8 heures 55 au retour. Bon plan : les vols du lundi sont généralement moins chers. French Bee étant une compagnie low-cost, il faut prévoir un supplément pour emporter un bagage en soute ou consommer un repas, du moins si vous voyagez en classe économique.

SÉJOURS ET CIRCUITS

Si, par manque de temps ou d'envie, vous ne souhaitez pas organiser vos vacances à Miami vous-même, sachez que de nombreux voyagistes proposent des séjours tout inclus vers la destination. Vous pourrez ainsi opter pour des auto-tours avec des circuits pré-établis (zéro prise de tête !), des formules avec hébergement uniquement, ou encore d'autres avec ou sans activités. Vous pouvez opter pour un *city trip* à Miami de quelques jours ou bien vous laissez tenter par un circuit d'une dizaine de jours incluant les Keys, les Everglades et Orlando. Enfin, si vous avez envie d'explorer davantage les États-Unis, il existe également des voyages combinés, qui permettent en un même séjour de visiter Miami et d'autres villes américaines comme New York ou la Nouvelle-Orléans. Dans tous les cas, vous profiterez d'un voyage personnalisé qui collera au mieux à vos attentes. Cela promet une belle expérience !

ALMA VOYAGES

573, route de Toulouse
VILLENAVE-D'ORNON
✆ 05 56 87 58 46
www.alma-voyages.com
Ouvert du lundi au vendredi de 9h à 17h30 et le samedi de 9h à 12h.

Chez Alma Voyages, les conseillers connaissent parfaitement les destinations proposées et chaque client est suivi par un agent attitré ! Une large offre de voyages, avec émission de devis pour les voyages sur mesure, vous sera alors proposée. Alma Voyages pratique les meilleurs prix du marché et travaille notamment avec Kuoni, Beachcombers, Jet Tour, Marmara, Look Voyages... Si vous trouvez moins cher ailleurs, l'agence s'alignera sur ce tarif et vous bénéficierez en plus, d'un bon d'achat de 30 euros sur le prochain voyage... Catalogue sur le site Internet.

ALTIPLANO VOYAGE

Route de la Bouvarde
EPAGNY METZ-TESSY
✆ 04 50 46 90 25
www.altiplano-voyage.com
Ouvert du lundi au vendredi de 8h à 13h et de 14h à 18h.

Ayant vécu ou baroudé à travers tout le pays, les spécialistes USA d'Altiplano vous conseillent pour composer votre voyage personnalisé. Grâce à leur expertise, découvrez Miami, Orlando, les Everglades, l'archipel des dix mille îles, Key Largo, Key West et tant d'autres endroits paradisiaques via le circuit de 12 jours « Les charmes de la Floride ». Les expériences proposées sont originales et authentiques, et tout est bien ficelé. Vous préparez votre séjour avec les recommandations d'expertes et partirez sereinement grâce à l'assistance 24h/24.

AMERICAN MOTORS TRAVEL

73, avenue Henri Ginoux
MONTROUGE
✆ 01 47 46 09 58
www.american-motors-travel.com

L'Amérique a toujours fasciné les motards. Cette agence de voyages propose de vous y conduire, sur une Harley par exemple. Rendez-vous sur son site Internet pour connaître les trajets proposés. Son circuit, la traversée de l'Etat du Soleil « The Sunshine State » !, permet notamment de découvrir Miami, Fort Lauderdale, la célèbre Daytona Beach, le parc national des Everglades et Key West en deux-roues (10 jours). Le circuit « Enjoy the Sun vous » propose le même itinéraire, mais en voiture. Il est possible de voyager en formule accompagnée.

AMERIKASIA

48, rue Franklin
LYON (2e)
✆ 04 78 42 98 82
www.amerikasia.fr
Ouvert du lundi au vendredi de 10h à 18h, le samedi de 10h à 15h.

Comme son nom l'indique, Amerikasia est spécialisé dans les séjours en Amérique et en Asie. Toutes sortes de suggestions sont disponibles, avec plus ou moins d'autonomie selon le type de voyage désiré. Plusieurs auto-tours en tout liberté sont proposés, notamment « Floride et les Keys » (9 jours), parfait pour une première découverte de la Sun City et de ce divin archipel tout en se laissant porter par un programme complet. Il est aussi possible de réserver via l'agence l'hébergement et le vol uniquement (à Miami : Marseille Hotel ou Red South Beach).

AMPLITUDES

60, rue Sainte-Anne - **PARIS** (2e)
✆ 01 44 50 18 58
www.amplitudes.com
Tous les jours sauf dimanche 10h-19h, samedi jusqu'à 18h.

Spécialiste du voyage sur mesure depuis plus de 15 ans, Amplitudes propose deux auto-tours en Floride : « Etat du Soleil » (10 jours), avec découverte des plages mythiques de Miami et Naples, de l'Overseas Highway, du parc des Everglades, des multiples parcs d'attractions, et « Floride Trendy » (9 jours) avec voiture décapotable. L'agence a également concocté plusieurs city-breaks thématiques à Miami (5 à 6 jours) dans des hôtels de différentes gammes, à l'image du séjour golf au chicissime *Biltmore Hotel* ou de l'escapade active au *Surfcomber*, à South Beach.

BACK ROADS

14, place Denfert-Rochereau - **PARIS** (14e)
✆ 01 43 22 65 65
www.backroads.fr
Ouvert du lundi au jeudi de 9h30 à 13h et de 14h à 18h30, le vendredi de 9h30 à 13h et de 14h à 17h30.

Back Roads propose un large panel de prestations pour monter un voyage sur mesure en Amérique : vols à prix réduits, locations de voiture, camping-car, hôtels, motels, lodges de parcs nationaux, locations... L'agence propose notamment plusieurs auto-tours pour explorer la Floride en 10, 15 ou 21 jours via Miami ainsi que des auto-tours combinés à l'image du séjour « Tour de Floride et Louisiane Cajun » (16 jours) ou « Côte Est Américaine » (15 jours). Si vous préférez les voyages accompagnés, vous pourrez opter pour le circuit « De New York à Miami » (12 jours).

ANAPIA VOYAGES

5, Oletako Bidea
ASCAIN / AZKAINE
✆ 06 88 62 62 66
www.anapiavoyages.fr
Sur rendez-vous uniquement. Aix-en-Provence, Lyon ou Ascain.

Anapia Voyages a été créée par Sylvia, une Péruvienne vivant depuis plus de 30 ans en France. La richesse de ses programmes, à dominante culture et nature, s'appuie sur l'expérience de ses collaborateurs, guides ou producteurs de séjours et circuits. Le plus d'Anapia ? Panacher sur mesure des sites incontournables et des lieux inédits, de petites structures d'hébergement de charme avec de confortables hôtels typiques. A Miami, un séjour de 5 jours est proposé au Betsy Hotel. Anapia propose aussi un combiné Montréal/Miami au départ de Montréal.

CLUB FAUNE VOYAGES

50, rue de Passy
PARIS (16e)
✆ 01 42 88 31 32
www.club-faune.com
Ouvert du lundi au vendredi de 9h à 19h.

Accompagné et conseillé par l'un de ces experts passionnés, de vrais spécialistes des séjours en France et à l'étranger, vous construirez ensemble le « voyage de vos envies » et découvrirez des adresses secrètes et des expériences hors des sentiers battus au cours d'itinéraires à la carte. Club Faune Voyages propose également des itinéraires clef en main à l'image de « La Floride pour petits et grands » (10 jours) à la découverte de Miami, des Everglades, des Keys, d'Orlando ou encore de Cap Canaveral ; et « Week-end à Miami » (5 jours) à bord d'un cabriolet.

AUTHENTIK USA

✆ +1 725 210 6996
www.authentikusa.com/fr-fr
N° Vert depuis la France : 0 805 080 055.

Cette agence spécialiste des États-Unis propose des *road trips* qui plairont à tous les publics. Plusieurs autotours sont notamment proposés en Floride : « La Floride en camping car » (15 jours), « La Floride » (15 jours) ou « Sous le soleil » (9 jours). Il est possible de télécharger gratuitement des guides de voyage mais aussi de consulter des articles de blog très complets sur le site. À savoir que les séjours s'adaptent aux goûts et aux besoins de chacun. L'option « Mon road-trip sur mesure » permet d'aller encore plus loin dans la personnalisation.

CONNECTIONS

✆ +32 070 23 33 13
www.connections.be

Le tour opérateur belge Connections propose différents parcours de découverte aux États-Unis. Vous pourrez entre autres choisir le séjour « Best of Florida » (9 jours) pour ne rien manquer de la Floride traversant les incontournables Miami, Key West et Everglades, mais aussi Orlando, capitale des parcs d'attractions, Sarasota et le Kennedy Space Center. Ce tour-opérateur propose aussi un séjour en Floride spécialement conçu pour profiter avec des enfants : Florida for kids (15 jours). Un carnet de voyage digital est fourni pour vous accompagner dans le voyage.

PROMOVACANCES

✆ 01 55 33 44 44

www.promovacances.com

Promovacances est une agence de voyage en ligne qui propose de nombreux séjours touristiques, des week-ends, ainsi qu'un très large choix de billets d'avion à tarifs négociés sur vols charters et réguliers, des locations, des hôtels à prix réduits. En plus de cette importante offre, n'hésitez pas à guetter en ligne des promotions de dernière minute et les bons plans du jour. Enfin, des informations pratiques sont à consulter en ligne pour préparer votre voyage : santé, formalités, aéroports, voyagistes, compagnies aériennes.

JETCOST

www.jetcost.com

Jetcost compare les prix des billets d'avion et trouve le vol le moins cher parmi les offres et les promotions des compagnies aériennes régulières et *low cost*. Le site est également un comparateur d'hébergements, de loueurs d'automobiles et de séjours, circuits et croisières. L'interface du site Internet est très simple d'utilisation. Après avoir lancé la recherche, on peut affiner les résultats en fonction de ses choix afin de trouver le vol le plus intéressant, la durée du trajet, les éventuelles escales ou encore l'aéroport d'arrivée.

CRUISE EN VOGUE

19201 Collins Avenue

✆ +1 954 691 0580

www.cruiseenvogue.com

Nathalie Woog, créatrice de voyages sur-mesure est une parisienne et une grande passionnée du globe ! Installée tout proche de Miami, elle est la fondatrice de Cruise en Vogue et se fera un plaisir de découvrir vos aspirations et créer avec vous un voyage qui vous correspond. Les croisières sont organisées sur des compagnies de bateaux mondialement reconnues et Nathalie vous prodiguera les meilleurs conseils et tarifs pour profiter pleinement de ce concept clés-en-main. Consultez le site Internet pour plus d'informations sur les séjours, ports de départ et dates.

LILIGO

www.liligo.com

Site comparateur de voyages qui propose d'étudier le prix de votre prochain séjour.

Liligo interroge les agences de voyages, compagnies aériennes (régulières et low cost), trains (TGV, Eurostar…), loueurs de voitures, mais aussi 250 000 hôtels à travers le monde pour proposer à ses clients les offres les plus intéressantes en temps réel. Les prix incluent les frais de dossier, d'agence… Une fois la recherche établie et l'offre sélectionnée par l'utilisateur, le comparateur le met directement en relation avec le site marchand. Quelques astuces sont délivrées en ligne pour bénéficier des offres les plus intéressantes.

EASYVOYAGE

✆ 08 99 19 98 79

www.easyvoyage.com

Le concept peut se résumer en trois mots : s'informer, comparer et réserver. Des infos pratiques sur plusieurs destinations en ligne (saisonnalité, visa, agenda…) vous permettent de penser plus efficacement votre voyage. Après avoir choisi votre destination selon votre profil (famille, budget…), le site vous offre la possibilité d'interroger plusieurs sites à la fois concernant les vols, les séjours ou les circuits. Grâce à ce moteur performant, vous pouvez réserver directement sur plusieurs bases de réservation (Lastminute, Go Voyages et bien d'autres).

QUOTATRIP

www.quotatrip.com

Voyages sur mesure.

QuotaTrip est une nouvelle plateforme de réservation de voyage en ligne qui met en relation des voyageurs à la recherche d'expériences authentiques et uniques et des agences de voyages locales sélectionnées pour leurs compétences et leur sérieux. Le réseau de QuotaTrip couvre près de 200 destinations dans le monde entier. Le but de ce rapprochement est simple : proposer un séjour entièrement personnalisé aux utilisateurs. QuotaTrip propose également des itinéraires pré-établis à personnaliser, comme « Magies de la Floride » (14 jours).

INTERVIEW

© D.R

LE VOYAGE-SUR-MESURE

AVEC STEVEN LE CHEVALIER ET MATHIEU VALLY DE QUOTATRIP

Quel est le concept de l'agence QuotaTrip ?

Quotatrip est la première plateforme de mise en relation entre voyageurs et agences locales. Grâce à elle, les voyageurs peuvent enfin échanger en direct avec des agences qui sont sur place et concevoir un voyage unique, au meilleur prix et 100% personnalisé.

Pourquoi voyager avec des agences locales ?

À l'inverse des agences traditionnelles, les agences locales sont des expertes de la destination choisie. Ce sont aussi les mieux placées pour concevoir des séjours qui sortent des sentiers battus. Elles sont ainsi en mesure de répondre à l'ensemble des envies, le voyageur rentre dans l'univers de l'equi-tourisme = le tourisme sans intermédiaire.

Quels sont les autres avantages pour les voyageurs ?

Il y a une multitude d'avantages. Cela permet notamment de ne pas voyager comme tout le monde, d'organiser de manière simple et rapide un séjour sur mesure et au meilleur prix. Fini les mauvaises surprises, les voyageurs posent toutes les questions qu'ils souhaitent et bénéficient d'un accompagnement sur mesure, de la conception du projet jusqu'à sa réalisation en toute sécurité car les agences référencées sont sélectionnées et recommandées par les journalistes des guides du Petitfute en toute impartialité.

Les démarches sont-elle simples à effectuer ?

Les sites de voyage en ligne font perdre beaucoup de temps aux internautes sans pour autant répondre entièrement à leurs désirs. QuotaTrip propose un formulaire simple et rapide qui permet de décrire les souhaits, les envies et les besoins. L'internaute reçoit aussitôt gratuitement et sans engagement les offres de trois ou quatre agences locales avec qui il peut ensuite échanger afin de personnaliser son projet grâce à la messagerie mise en place.

Quelles sont les destinations proposées ?

Notre plateforme propose plus de 21 000 projets de voyage sur plus de 100 destinations à travers le monde. De l'Amérique latine en passant par l'Asie et l'Afrique, nos mille agences partenaires sont là pour répondre à vos projets de voyage.

Décrivez votre projet de voyage. Échangez en direct avec les agences locales et partez au meilleur prix.

***Plus d'informations** : quotatrip.com*

© D.R

© D.R

BUDGET / BONS PLANS

En haute saison, il est rare de trouver des hôtels à moins de 200 US$ la nuit. Les petits budgets pourront se tourner vers les auberges de jeunesse - Miami en compte une dizaine -, dont certaines disposent de chambres doubles pour plus d'intimité.

Les prix indiqués ne comprennent pas les taxes (taxe de vente, taxe de station balnéaire et taxe de séjour) : il faut donc ajouter 13% par nuitée. La majorité des hôtels facturent en plus un *resort fee* qui incluent l'accès à la piscine, le wifi, les serviettes de plage et autres services.

Il est généralement plus avantageux de réserver directement sur les sites des hôtels plutôt que les grandes plateformes de réservation qui prélèvent des commissions aux hôteliers. Si toutefois vous avez envie de laisser place à l'imprévu en réservant au fur et à mesure, sachez qu'il existe des applications proposant des nuitées d'hôtel à prix cassé pour le soir même. La plus connue est *Hotel Tonight*.

A RÉSERVER

Depuis quelques années, les prix des hébergements ont grimpé en Floride, et particulièrement à Miami. Sachez que le prix sont moins élevés entre août et novembre, mais flambent dès la mi-décembre jusqu'à juin. Il est donc préférable de réserver vos hébergements depuis la France.

Conseil futé : il est avisé de vérifier qu'aucun grand évènement ne se déroule durant votre séjour (Miami Boat Show, Art Basel...), à moins que vous ne teniez absolument à y assister. En effet, rien de tel pour faire flamber les prix (et en plus, cela rend la circulation en ville bien plus compliquée).

C'EST TRÈS LOCAL

Deux configurations de chambres sont légion à Miami et aux États-Unis en général : deux lits *queen-size* (160 cm) ou un lit *king size* (180 cm). La grande majorité des chambres

(peu importe le type d'hôtel) sont dotées *à minima* d'un petit réfrigérateur, d'un micro-onde et d'une cafetière, ce qui très pratique pour garder eau et aliments au frais ou se restaurer sur le pouce. Enfin, la grande majorité des hôtels toutes catégories confondues dispose d'une piscine extérieure souvent chauffée.
Bon à savoir : aux USA, le *first floor* correspond au rez-de-chaussée, et non au premier étage.

POUR LES GOURMANDS

Rares sont les hôtels proposant un petit-déjeuner gratuit à Miami. Il vous faudra donc toujours régler un supplémen. Lorsqu'il est proposé, il est plutôt copieux ! Il comprend souvent une partie salée façon english breakfast avec œufs ou bacon ainsi que toutes sortes de céréales, pâtisseries et gâteaux à la cannelle, aux noix de pécan ou encore à la banane.
Bon à savoir : les chambres d'hôtel disposent systématiquement d'une cafetière, et parfois d'un mini-réfrigérateur et d'un micro-onde. Il est donc facile et économique de se concocter son propre petit-déjeuner.

FUMEURS

Il est interdit de fumer dans les hébergements en Floride (et dans les lieux publics en général). Certains autorisent toutefois de fumer sur le balcon, mais mieux vaut se renseigner à votre arrivée.

LES ATTRAPE-TOURISTES

En passant par les plateformes de réservation classiques ou directement par le site de l'hôtel, vous ne devriez pas avoir de mauvaises surprises. Veillez toutefois à lire attentivement les avis des internautes, notamment concernant les hôtels de South Beach et d'Ocean Drive en particulier. S'ils sont très prisés par les touristes de part leur situation idéale et leur style Art déco unique, ils sont souvent mal isolés phoniquement et pas toujours très modernes.

LES PHRASES CLÉS

Bonjour, avez-vous de la disponibilité pour une chambre double pour ce soir ou demain soir ?
Hello, do you have any vacancies for a double room for tonight or tomorrow night?

Avez-vous un code wifi… les enfants ne tiendront pas sans !
Do you have Wi-Fi available? The kids can't live without it!

C'est bruyant, est ce que je peux changer de chambre ?
It's noisy. Could I change rooms?

Jusqu'à quelle heure est-ce que nous pouvons aller à la salle de sport et à la piscine ?
What time do the gym and the swimming pool close?

Est-ce que je peux laisser mon bagage et revenir plus tard le récupérer ?
Can I leave my luggage and come back for it later?

Est-ce que vous pouvez nous appeler un taxi ? Merci beaucoup.
Could you call us a taxi? Thank you very much.

SE LOGER

Le tarif des logements à Miami a fait un bon depuis la Covid-19, il faut donc s'armer de patience pour dégoter des logements au meilleur prix. S'il s'agit de votre premier séjour, il serait judicieux de loger à South Beach afin d'être au plus près des incontournables et vous immerger dans l'ambiance nocturne d'Ocean Drive. Vous trouverez de nombreux hôtels Art déco sur Collins Avenue et Ocean Drive : l'expérience est unique mais les murs pas toujours bien insonorisés... Évitez alors la portion entre la 8e et la 12e rue. Les hébergements de North Beach sont au calme, mais aussi davantage éloignés. Pour une expérience plus authentique, regardez du côté de Little Havana ou de MiMo et ses motels rétro. Les buildings de Downtown et Brickell, le quartier d'affaire, regorgent quant à eux d'hôtels avec vue, mais il faut souvent y mettre le prix. Pour un séjour dépaysant et chic, rendez-vous à Coconut Grove ou Coral Gables.

MIAMI VACATION RENTALS €€

485 Brickell Avenue
https://www.miamivacationrentals.com

Si vous préférez le confort et la praticité d'un appartement pour votre séjour à Miami, cette agence familiale basée à Brickell peut vous aider à trouver votre future location de vacances. Les points forts des appartements proposés : tous sont décorés par des professionnels et sont en majorité situés proches de l'océan dans des immeubles récents offrant de nombreux services comme l'accès à la piscine ou à une salle de fitness. La bonne surprise : le tarif par nuit est parfois moins cher qu'un hôtel, pour une surface et un confort supérieurs !

THE FOUNTAIN CONDO RENTALS €€

334 Euclid Avenue
✆ +1 305 202 0824
https://thefountainrentals.com

The Fountain Condo Rentals propose à la location quatre appartements modernes et colorés. Situés à seulement 600 mètres d'Ocean Drive dans un environnement verdoyant et fleuri, ils peuvent accueillir de 2 à 4 personnes et sont parfaitement équipés pour un séjour en toute autonomie avec une cuisine complète. Certains ont même une machine à laver, ce qui est un vrai plus. Vous aurez également accès à une agréable piscine chauffée, au centre de l'immeuble.

OF COURSE MIAMI €€

927 Lincoln Rd #200,
✆ +1 305 934 2870
http://ofcoursemiami.fr/

Brigitte Respaut-Clément, installée à Miami depuis plus de 20 ans, est la fondatrice de OfCourseMiami, l'agence immobilière franco-américaine, à la réputation sans faille. Brigitte, entourée de son équipe jeune et dynamique, saura vous conseiller si vous recherchez une location de vacances de courte durée à Miami. Vous pourrez découvrir les offres disponibles directement sur le site internet ou contacter l'agence pour échanger sur votre recherche. Of Course Miami est également spécialisé dans la location longue durée, l'achat ou la vente de biens immobiliers.

WE HOST €€

https://www.wehostgroup.com
Deux nuits minimum.

We Host est une petite agence américaine proposant une large sélection d'appartements et maisons disponibles à location dans différents quartiers de Miami et d'Hollywood (Floride). Que vous voyagiez à deux ou à plusieurs, vous trouverez facilement votre bonheur. Miami oblige, la majorité des logements possèdent une piscine ! Il y a vraiment de quoi faire de bonnes affaires car les prix sont intéressants. En outre, vous ferez des économies puisque vous aurez la possibilité de cuisiner dans votre logement plutôt que manger à l'extérieur.

AVALON HOTEL €€

700 Ocean Drive
✆ +1 305 538 0133
www.avalonhotel.com
Chambre double à partir de 155 US$, petit déjeuner inclus.

Un établissement Art déco qui fait partie des grands classiques de South Beach, reconnaissable entre mille grâce à la superbe voiture rétro jaune stationnée en permanence. Situé sur Ocean Drive et donc face à la plage, il bénéficie d'une situation centrale qui permet de rayonner facilement à pied ou à vélo. Cet hôtel offre un bon rapport qualité-prix avec des chambres sobres mais confortables. Le restaurant, A Fish Called Avalon, est très réputé ; le chef Kal Abdalla propose une cuisine d'inspiration tropicale à grand renfort de produits de la mer.

COLONY HOTEL €€

736 Ocean Drive
Chambre double de 159 US$ à 359 US$.

L'hôtel mythique par excellence... Celui qui figure sur la plupart des cartes postales de Miami depuis des décennies. En plein cœur d'Ocean Drive, le Colony date de 1939. L'établissement possède 50 chambres remises à neuf avec style et goût, dans des tons bleutés qui rappellent la façade et ses néons. Ce symbole Art déco de Miami est l'endroit où résider pour les nostalgiques du Miami des années 1950 comme pour les jeunes branchés qui veulent bénéficier de la localisation sur Ocean Drive. Toutes les chambres n'offrent toutefois pas une vue sur la mer.

EDEN ROC HOTEL €€€

4525 Collins Avenue
✆ +1 305 704 7605
www.edenrochotelmiami.com
A partir de 195 US$ la chambre double. Piscines.

Situé sur Collins Avenue, ce complexe hôtelier inauguré au milieu des années 1950 mêle style tropical et glamour. C'est l'un des hôtels les plus anciens de Miami Beach mais il n'a rien perdu de sa superbe. Il offre 415 chambres spacieuses et cosy, trois belles piscines et un spa. Le restaurant Nobu, nommé d'après le célèbre chef japonais éponyme, propose une cuisine asiatique fusion créative. En 2016 a ouvert l'hôtel Nobu, une extension de l'Eden Roc dans l'une des tours de l'hôtel. Les suites penthouse du 15ᵉ étage offrent une vue panoramique sur la ville.

EL PASEO HOTEL €€

405 Española Way
✆ +1 305 400 0767
www.elpaseohotel.com
A partir de 170 US$ la chambre double, wifi gratuit.

Un joli boutique hôtel avec de belles chambres douillettes parfaitement équipées. L'atmosphère et les matières évoquent la chaleur méditerranéenne. Pas d'ascenseur malheureusement et un peu de bruit en provenance de la très animée Española Way mais au moins vous êtes au cœur de l'ambiance et ce n'est pas négligeable, surtout pour sortir le soir. Pas besoin d'Uber ! On apprécie aussi les bonus comme l'entrée gratuite au Wolfsonian Museum, le café offert, les chaises et serviettes de plage ou la réduction dans les restaurants d'Española Way.

ESMÉ MIAMI BEACH €€

1438 Washington Avenue
✆ +1 305 809 8050
www.esmehotel.com
Chambre double à partir de 195 US$. Rooftop. Piscine.

Au cœur d'Española Way, l'hôtel Esmé offre une escapade hors du temps, une plongée dans une contrée ensoleillée. Dans les 140 chambres, des meubles en bois foncé côtoient des tons chauds comme le vert, l'ocre et le terracotta. L'esprit bohème continue dans le *Drexel* où le chef Nano Crespo concocte des plats aux tonalités méditerranéennes. Sur le toit, la piscine vous attend pour un moment de détente bienvenue qui se poursuit avec un cocktail au bar Pinxto. Ce boutique-hôtel est en outre extrêmement bien situé, à proximité de toutes les attractions de South Beach.

FREEHAND MIAMI €€

2727 Indian Creek drive
✆ +1 305 531 2727
https://freehandhotels.com
Nuit en dortoir à partir de 35 US$ (8 lits) et 50 US$ (4 lits). Chambre double dès135 US$. Piscine. Wifi gratuit.

Le Freehand, anciennement l'Indian Creek hotel, est un *hostel* chic, de style très bobo, qui offre aussi bien des dortoirs que des chambres doubles. Partout, la déco est *vintage* ; elle associe merveilleusement bien le style Art déco de l'ancien établissement à un design recherché et original. La piscine dans le jardin tropical, avec son mobilier de jardin à l'ancienne, est agréable pour une séance de bronzette ou pour bouquiner après avoir piqué une tête. Le bar The Broken Shaker plaît beaucoup grâce à sa large carte de cocktails et son ambiance conviviale.

GENERATOR MIAMI €€

3120 Collins Avenue
✆ +1 786 496 5730
A partir de 18 US$ le lit en dortoir 10 lits, 23 US$/6 lits, 28 US$/4 lits. Chambre double à partir de 67 US$. Piscine.

La chaîne internationale d'hostels Generator a signé là un bel opus pour son premier établissement à Miami et aux USA. Déco tendance à souhait, entre le *street art* et le style *vintage*, espaces design et lumineux, piscine agréable, restaurant de qualité et bar à cocktails... Les dortoirs sont bien pensés, rien à voir avec les boîtes à sardines de certains *hostels*. Quelques dortoirs sont réservés aux femmes. Quant aux chambres privées, elles sont ultra confortables avec une super literie et des clins d'œil sympas comme la *love box*. Une vraie bonne adresse en somme !

RIVIERE SOUTH BEACH HOTEL €€

1424 Collins avenue
✆ +1 305 531 3488
www.dot-hotels.com
Chambre double à partir de 100 US$ en basse saison. Petit-déjeuner offert.

Cet hôtel Art déco à la façade rose pastel, construit en 1934, est bourré de charme. Les chambres récemment rénovées sont propres et lumineuses et dotées d'un petit réfrigérateur et micro-onde. Les suites disposent de leur propre kitchenette. Il y a même un jardin où se poser pour bouquiner tranquillement. Le petit-déjeuner offert dans le lobby est très appréciable pour bien démarrer la journée. Un hôtel idéal pour résider au cœur de South Beach à prix doux, surtout en basse saison.

LENNOX MIAMI BEACH €€

1900 Collins Avenue
✆ +1 305 531 6800
www.lennoxmiamibeach.com
À partir de 159 US$ la chambre double. Piscine.

Cet hôtel inauguré en 2019 au cœur de South Beach prend place dans un écrin Art déco : quatre bâtiments interconnectés construits en 1936 par l'architecte Russell Pancoast. Le Lennox remplace le Peter Miller Hotel d'origine, comme l'indique l'enseigne aux lettrages rétro toujours visible sur la façade. On apprécie l'ambiance nature des 119 chambres, soulignée par le mobilier en bois de Patagonie. La piscine est une oasis de tranquillité au cœur de l'hôtel. Le restaurant Amalia offre quant à lui une délicieuse cuisine méditerranéenne à base de produits frais.

THE SAGAMORE €€€

1671 Collins avenue
✆ +1 305 535 8088
www.sagamoresouthbeach.com
Chambre double à partir de 200 US$. Piscine.

Un hôtel très design, avec sa réception d'un blanc immaculé qui donne un air très méditerranéen à l'ensemble, façon habitation dans les îles grecques. Une décoration chic que l'on retrouve dans les 101 chambres, studios et suites décorées dans des tons bleus et blancs. Pour plus d'espace et d'intimité, il est possible de réserver un charmant bungalow. Sur place, bars et restaurants permettent de manger des grillades au bord de la piscine. À votre disposition également : un centre de fitness, un prêt gratuit de vélo et un accès à la plage privée, face à l'hôtel.

NAUTILUS BY ARLO €€

1825 Collins Avenue
✆ +1 305 503 5700
www.arlohotels.com
À partir de 150 US$ la chambre double en basse saison. Piscine.

Situé au cœur de South Beach, cet hôtel superbement restauré a gardé son cachet historique. Les 250 chambres sont décorées avec goût, dans un style européen, milieu du XXe siècle, *vintage* juste ce qu'il faut. La vue sur la piscine et la plage depuis les balcons est très belle, de jour comme de nuit. Mention spéciale pour le magnifique lobby bar avec son ambiance années folles tamisée et ses DJ sets. Le plus, c'est la jolie piscine installée dans un jardin tropical où se déploie un beau tunnel de bambous qui mène directement à la plage, à 5 minutes à pied.

SLS SOUTH BEACH €€€

1701 Collins Avenue
✆ +1 305 674 1701
slshotels.com/southbeach
A partir de 220 US$ la chambre double. Piscine. Bar, restaurant.

Cet hôtel a été designé par le créateur Philipe Starck. Le Français a pensé cet hôtel en collaboration avec Lenny Kravitz, également grand passionné de design. Au final, cet hôtel, c'est du grand Starck, chic, épuré, design à souhait. Les chambres et suites allient savamment modernité et touches rococo dans les tons de rose poudré et blanc. Allez faire un tour dans le hall, même si vous n'êtes pas client, vous comprendrez. Au programme : une piscine sublime, des chambres à la décoration très raffinée et, bien sûr, d'excellents restaurants.

THE GATES HOTEL SOUTH BEACH €€

2360 Collins Avenue
✆ +1 800 445 8667
www.gatessouthbeach.com

Chambre double à partir de 170 US$ + 32 US$ de resort fee. À 5 minutes de la plage.

The Gates South Beach est un établissement de Double Tree by Hilton. Toutes les chambres ont une décoration contemporaine, et sont pourvues du confort intégral (télévision à écran plat, cafetière, bureau, sèche-cheveux, coffre-fort, mini bar). Une piscine extérieure vous attend au milieu de l'hôtel avec solarium et bain bouillonnant. L'hôtel offre aussi un service de navette gratuit pour vous emmener directement sur le sable blanc et le prêt de vélos pour explorer South Beach.

LESLIE HOTEL €€

1244 Ocean Drive ✆ +1 786 476 2645
www.lesliehotel.com

Chambre double à partir de 220 US$ la nuit. Piscine. Consigne à bagage.

En flânant sur la mythique Ocean Drive, impossible de passer à côté de la façade d'un jaune éclatant du Leslie Hotel. Ce bijou Art déco renferme 29 chambres contemporaines et très confortables. La situation du Leslie est idéale, puisque vous n'aurez qu'à traverser la rue pour étendre votre serviette et plonger dans l'eau transparente de l'océan. Les dynamiques Collins Avenue, Española Way et Lincoln Road sont également à deux pas. Cerise sur le gâteau : la piscine sur le toit pour se détendre avec vue sur la plage. L'hôtel idéal pour prendre le pouls de Miami.

THE GOOD TIME HOTEL €€

601 Washington Avenue
✆ +1 786 687 0234
www.thegoodtimehotel.com

Chambre double à partir de 190 US$ la nuit. Piscine.

Un nouvel hôtel hyper *trendy* dont le co-propriétaire n'est autre que le chanteur Pharell Williams ! Coup de cœur pour les couleurs pastel, l'ambiance musicale et la décoration très travaillée. Les chambres ne sont pas immenses mais regorgent de détails qui font que l'on se sent bien : peignoir léopard, matières douces, banquette pour se reposer... Côté fun, vous trouverez deux piscines tout en longueur entourées de végétation et de parasols au style rétro. L'hôtel dispose aussi d'une portion de plage privée où vous aurez envie de paresser toute la journée.

THE NATIONAL HOTEL €€

1677 Collins Avenue
✆ +1 305 532 2311
www.nationalhotel.com

À partir de 255 US$ la chambre double. Wifi gratuit. 2 restaurants, 3 bars. Piscine extérieure chauffée.

Au cœur de South Beach, le National Hotel est un des hôtels emblématiques de l'architecture Art déco à Miami Beach. Il offre 116 chambres et 36 suites, spacieuses et lumineuses avec une belle touche de glamour d'époque. Mais le vrai trésor de l'hôtel reste la belle et immense piscine de l'établissement, la plus longue de South Beach avec ses 62 m, un vrai bonheur ! Juste derrière vous attend l'Aqua Bar à l'atmosphère tropicale où les mojitos coulent à flots tandis qu'un petit chemin mène tout droit sur la plage où des transats attendent les clients de l'hôtel.

THE LOCAL HOUSE €€

400 Ocean Drive
✆ +1 305 538 5529
https://localhouse.com

Chambre double à partir de 185 US$. Piscine. Wifi gratuit.

Au cœur de South Beach, ce boutique-hôtel fait très hôtel de plage avec ses tons blanc, crème et bleu pastel. Les 18 chambres sont très agréables avec leur décoration *cocooning*. Certaines sont dotées de petits balcons avec une vue partielle sur l'océan ou sur la ville. Mention spéciale pour la piscine sur le *rooftop* et le petit-déjeuner offert. Vous trouverez aussi sur place un petit restaurant où l'on peut bruncher, siroter un cocktail ou dîner en se régalant de tapas à base de produits locaux. Une jolie adresse sur la partie plus tranquille d'Ocean Drive.

THE PALMS HOTEL & SPA €€€

3025 Collins Avenue
✆ +1 305 534 0505
www.thepalmshotel.com

A partir de 185 US$ la chambre double. Wifi inclus.

Un sublime hôtel qui a su garder le charme de la Floride d'autrefois tout en étant très contemporain grâce à des travaux de rénovation réussis. Les chambres sont cosy et tout confort avec un style très floridien, la piscine superbe avec accès à la mer et le petit déjeuner buffet somptueux (en supplément) et particulièrement agréable sur la terrasse sous les palmiers. Quant au Spa Aveda, c'est un délice pour l'esprit et les sens... Pour dîner, passage obligé au *Restaurant at The Palms* où vous pourrez vous régaler avec des plats à base de produits locaux et bio.

THE RITZ-CARLTON SOUTH BEACH €€€

1 Lincoln Road
✆ +1 786 276 4000
www.ritzcarlton.com
A partir de 350 US$ la chambre double. Resort fee : 45 US$ / nuit / chambre.

Ce palace magnifique et entièrement rénové est très intéressant au niveau architectural, car il mêle à la fois les styles Art déco et MiMo, tout en étant très design. Les 376 chambres ultra-confortables, dans un style épuré et chaleureux, sont luxueuses sans être ostentatoires, avec du très beau mobilier, salle de bain en marbre et draps 100% coton. Vous profiterez également d'une magnifique piscine avec vue sur l'océan. Quant au spa, c'est de loin l'un des meilleurs de la ville.

THE STANDARD SPA €€€

40 Island Avenue
✆ +1 305 673 1717
standardhotels.com
A partir de 249 US$ la chambre double. Piscine.

Un hôtel tendance sur South Beach, situé sur une petite île donc très calme et agréable. Son style est chaleureux grâce à des structures boisées omniprésentes mais avant tout design en raison de ses lignes épurées. Les chambres sont très confortables et on se sent immédiatement dans un cocon : lit douillets avec des matelas et oreillers très moelleux, salle de bains avec une douche-pluie pour la détente, peignoir tout doux... Très belle piscine avec vue et excellent Spa où l'hydrothérapie et le wellness ont la part belle. Une adresse chic et zen.

THE VILLA CASA CASUARINA €€€

1116 Ocean Drive ✆ +1 786 445 2200
www.vmmiamibeach.com
A partir de 570 US$ la suite, petit déjeuner inclus. Piscine, bar, restaurant.

Bienvenue dans l'ancienne maison du styliste italien Gianni Versace aujourd'hui transformée en hôtel ! Décorées dans un style glamour et baroque, 10 suites sublimes attendent les amateurs de luxe. Elles ont gardé leur charme d'antan, avec un soupçon de modernité. Vous pourrez même dormir dans la suite de Versace lui-même. Ne manquez pas de piquer une tête dans la superbe piscine du patio dont la mosaïque est impressionnante. Enfin, le restaurant italien de l'hôtel, le Gianni's, est très agréable avec sa grande terrasse en face de la piscine. Une adresse mythique.

UMA HOUSE BY YURBBAN €€

1775 James Avenue
✆ +1 305 390 1184
www.umahousesouthbeach.com
Chambre double à partir de 130 US$. Piscine.

Situé au cœur de l'animation à South Beach et à deux pas de Lincoln Road, ce boutique-hôtel récemment rénové a beaucoup de charme. Les 136 chambres sont décorées de façon chaleureuse avec literie *queen* ou *king*. Vous pourrez même choisir l'ambiance que vous préférez : Sunrise, plutôt bohème, ou Sunside, plus classique. Pour vous rafraîchir, la jolie piscine sur le *rooftop* est vraiment appréciable et presque intime. L'hôtel dispose également de plusieurs terrasses et de son propre *beach lounge* pour se détendre sur la plage, à 10 minutes à pied. Une belle adresse !

WINTERHAVEN HOTEL €€

1400 Ocean drive
✆ +1 305 531 5571
www.winterhavenhotelsobe.com
Chambre double à partir de 130 US$.

Cet immeuble Art déco construit en 1939 est l'une des plus hautes structures d'Ocean Drive. L'hôtel très joliment rénové a su conserver son charme originel : mosaïque Art déco sur le sol du lobby, mobilier en bois, tapisserie tendance vintage dans les 71 chambres... Il est en outre parfaitement situé, non loin de l'animée Española Way et de ses nombreux restaurants, mais vous pouvez aussi opter pour Il Bolognese, le savoureux restaurant italien de l'hôtel. Il n'y a pas de piscine mais après tout, est-ce embêtant alors que la plage est juste en face ?

BEST WESTERN ON THE BAY €€

1819 79th Street Causeway
✆ + 1 305 865 7100
www.bestwesternonthebay.com
A partir de 100 US$ la chambre double. Piscine, wifi gratuit.

Un hôtel de très bon rapport qualité-prix, à 15 minutes de South Beach. Les chambres colorées sont confortables et calmes, certains bénéficient de balcons avec vue sur la Biscayne Bay. Ne manquez pas d'aller faire un tour au restaurant-pub de l'hôtel, le Shuckers Grill, à la vue imprenable sur la baie grâce à sa grande terrasse en bois au-dessus de l'eau. Cet hôtel est un vrai bon plan car contrairement à la majorité des hôtels de Miami Beach, vous pourrez profiter de l'agréable piscine et des autres commodités de l'hôtel sans avoir à payer de *resort fee*.

CASA FAENA MIAMI BEACH €€

3500 Collins Avenue
✆ +1 305 604 8485
www.faena.com/casa-faena
A partir de 170 US$ la chambre double. Salle de fitness. Wifi.

Dans le quartier de Mid-Beach, voilà un bel édifice de style méditerranéen à deux pas de la plage. Les chambres, dont la décoration varie de l'une à l'autre, sont à la fois spacieuses et *cosy*, toujours dans un esprit Méditerranée prédominant. La terrasse est un endroit idyllique pour se reposer après une journée de visites bien remplie ou de farniente sur la plage. Le restaurant Gitano Miami propose une cuisine qui fait se rencontrer la gastronomie espagnole et les classiques américains dans une ambiance tropicale. Une parenthèse dépaysante et hors du temps.

CIRCA 39 HOTEL €€

3900 Collins avenue
✆ +1 305 538 4900
www.circa39.com
Chambre double standard entre 145 US$ et 350 US$. Wifi gratuit.

Le Circa 39 est un hôtel dans l'esprit Art déco de South Beach : moderne, élégant et branché. Datant de 1939, il a été entièrement rénové et propose 97 chambres agréables au look contemporain avec une déco qui s'inspire des voyages, aux tons *pepsy* qui mettent de bonne humeur. La petite piscine est agréable pour se rafraîchir. Le restaurant Jules Kitchen permet de découvrir une cuisine US à base de produits locaux ; le Wunderba sert de bons cocktails dans une ambiance *lounge* et le Wunder Garden est le lieu idéal pour se détendre en fin de journée.

FONTAINEBLEAU €€€

4441 Collins Avenue
✆ +1 305 535 3283
www.fontainebleau.com
A partir de 299 US$ la chambre double. Onze piscines.

Ouvert depuis 1954, le Fontainebleau est un des hôtels les plus connus de Miami Beach. Des personnalités célèbres comme Elvis Presley ou Frank Sinatra y ont dormi. Equipé de 11 piscines, 6 restaurants aux cuisines variées, 2 *clubs* dont le fameux Liv et un spa, ce complexe hôtelier est presque une petite ville dans la ville. Les plus de 1000 chambres sont spacieuses, certaines avec kitchenette ou un balcon qui donne sur l'océan. Depuis l'hôtel, on peut directement accéder à la plage à pied ce qui est fort appréciable. Une belle adresse indémodable de Miami Beach !

THE SHEPLEY HOTEL €€

1340 Collins Avenue
✆ +1 786 2606124
www.theshepleyhotel.com/
À partir de 220 US$ la nuit. Consigne à bagage.

Pénétrez dans cet écrin Art déco conçu par l'architecte new-yorkais Henry Hohauser en 1937. Le *lobby* intimiste a conservé son sol d'origine et le mobilier mélange à merveille vintage et contemporain. Les 35 chambres de ce boutique hôtel dégagent une atmosphère douce et élégante. L'accueil est des plus sympathique, et la cuisine en libre-service, très chic avec son réfrigérateur SMEG, permet de se faire un thé ou un café à déguster sur la terrasse face à Collins Avenue. La plage est à deux *blocks*, n'hésitez pas à demander chaise et serviette de plage au concierge !

GRAND BEACH HOTEL SURFSIDE €€€

9441 Collins Avenue
✆ +1 305 534 8666
www.grandbeachhotel.com
A partir de 285 US$ la chambre double en basse saison. Piscine.

Situé dans le quartier calme de Surfside, au nord de Miami Beach, ce vaste hôtel est divisé en deux ailes (une ouest et une est séparées par la route). Elles comprennent des suites très design, modernes et spacieuses avec petit salon et tout le confort nécessaire. La piscine est agréable, avec un bain bouillonnant chauffé et on est à deux pas de la plage, une fois passé le petit portail. Le *lobby* est particulièrement élégant avec un sol tout en marbre et des lustres suspendus.

THE MIAMI BEACH EDITION €€€

2901 Collins Avenue
✆ +1 786 257 4500
www.editionhotels.com/miami-beach
Chambre double à partir de 440 US$ la nuit en basse saison. Piscine.

Il se dégage de ce boutique-hôtel en bord de mer une douce atmosphère caribéenne, notamment autour de sa piscine entourée de cocotiers. Les chambres sont luxueuses avec salle de bains en marbre, et le Spa est l'un des plus perfectionnés de la ville. On vous recommande de goûter la cuisine latino américaine du très design Matador Room. Mais ce qui rend cet hôtel particulièrement original, c'est son bowling *high-tech*, sa mini-patinoire avec patins fournis et sa discothèque baptisée Basement. Un hôtel unique en son genre à ne pas manquer, si vous en avez les moyens.

CITIZENM MIAMI WORLD CENTER €€

700 NE 2nd Ave
✆ +1 305 529 3624
www.citizenm.com
Chambre à partir de 140 US$. Lit king-size XL, WIFI gratuit, TV HD. Salon commun, salles de réunion. Piscine, terrasses.

© CITIZEN M

Premier CitizenM situé à Miami, on retrouve le concept de l'hôtel luxueux, mais accessible. Tout a en effet été aménagé pour rendre votre séjour le plus confortable possible, notamment grâce à la touche high-tech, signature des CitizenM. Vous pourrez ainsi piloter vos volets ou choisir la lumière de votre chambre via une tablette. On apprécie aussi le salon convivial décoré d'œuvres d'artistes locaux. Une petite faim ? La canteenM est ouverte 24h/24. Envie de vous détendre ? Pourquoi ne pas profiter de la piscine sur le toit ou de l'une des terrasses ?

LIFE HOUSE LITTLE HAVANA €€

528 SW 9th Avenue
✆ +1 866 466 7534
Chambre double à partir de 89 US$ par nuit. Consigne à bagage.

Parce que Miami ne se résume pas qu'à South Beach, séjourner dans le quartier cubain est une très bonne idée ! À l'intérieur de cette imposante demeure rose des années 1920, matières naturelles et tons ocre dominent ; les étagères fourmillent d'objets semblant rapportés de voyages lointains. Une atmosphère que l'on retrouve dans les 33 chambres et qui atteint son climax sur le *roof top* végétalisé et sa vue incroyable sur Downtown. Au petit matin, vous entendrez peut-être un coq chanter. Le *self check-in / check-out* est bien pensé et la *Calle Ocho* à 10 min à pied.

MANDARIN ORIENTAL €€€

500 Brickell Key drive
✆ +1 305 913 8288
www.mandarinoriental.com
Chambre double à partir de 219 US$. Piscine.

Un bel hôtel au bord de l'eau, avec une plage de sable privée et un calme absolu car c'est le seul hôtel situé au cœur de la petite île résidentielle de Brickell Key. Les 326 chambres sont spacieuses et incroyablement chics avec leurs tons bleus et bois clair. Les suites, toutes situées aux étages les plus élevés, offrent quant à elles une vue à couper le souffle sur la mer et la *skyline* de Brickell. C'est vraiment magique ! Piscine face à la baie, spa, coiffeur, plusieurs bars, l'excellent restaurant La Mar… Une adresse vraiment haut de gamme !

EUROSTARS LANGFORD €€

121 SE 1st Street
✆ +1 305 420 2200
www.eurostarshotels.co.uk
A partir de 215 US$ la chambre double. Parking en supplément. Consigne gratuite.

Au cœur de Downtown, l'Eurostar Langford se démarque par sa façade historique, qui fut autrefois celle de la Miami National Bank. Le petit *lobby* conserve précieusement les traces de ce passé, avec ses ascenseurs de style années 1920 et son ancienne boîte aux lettres dorée. Les chambres lumineuses avec vue sur les buildings allient savamment confort contemporain et touches rétro : parquet en chêne clair, salle de bains noire et blanche séparée de la chambre par une cloison vitrée, bureau élégant... Un point de chute intéressant pour explorer cette partie de Miami.

SLS BRICKELL €€

1300 South Miami Avenue
✆ +1 305 239 1300
www.sbe.com/hotels/sls-hotels/brickell
Chambre double standard à partir de 240 US$ en basse saison. Piscine.

L'hôtel SLS est l'un des plus beaux de Brickell. Dans un immense gratte-ciel, 124 chambres spacieuses, modernes, parfaitement équipées et au design élaboré par le célèbre Philippe Starck sont les alcôves parfaites pour tous les fans d'hôtels urbains chics. La sublime et grande piscine sur les toits ravira les amateurs de bronzette. Le bar au look cosy, un tantinet animalier tout en étant très chaleureux, est parfait pour un cocktail à l'apéro. On peut ensuite poursuivre au restaurant italien Fi'lia, connue pour être une vraie table gastronomique à Miami.

HOTEL ST. MICHEL €€

162 Alcazar avenue
✆ +1 800 848 4683
www.hotelstmichel.com
Chambre double à partir de 125 US$.

A Coral Gables, ce petit hôtel est niché dans un bâtiment historique de 1926 avec un ascenseur d'époque. Son style, qui rappelle celui des hôtels de charme européens, contraste avec les boutiques-hôtels de South Beach au décor moderne et épuré. Les 28 chambres sont douillettes et agréablement décorées. Bon à savoir : réfrigérateur et micro-onde sont disponibles uniquement dans les trois Junior Suites. Sur place, vous trouverez aussi restaurant italien Zucca ainsi qu'une salle de fitness. En somme, c'est un hôtel tranquille, familial et sans fioritures.

THE BILTMORE HOTEL €€€

1200 Anastasia Avenue
✆ +1 800 727 1926
www.biltmorehotel.com
Chambre double à partir de 260 US$.

Magnifique hôtel historique construit en 1926, à l'architecture hispano-mauresque. Il propose 273 chambres d'un standing haut de gamme irréprochable. L'hôtel est aussi en effet doté d'une des plus grandes et plus belles piscines du continent américain, d'un magnifique spa et d'un golf de 18 trous mondialement réputé. L'hôtel possède aussi de très bons restaurants à savoir le Fontana (spécialités italiennes), ou le Cascade au bord de la piscine. Si vous n'avez pas le budget pour résider à l'hôtel, nous vous recommandons de venir le dimanche pour le brunch.

THE RITZ CARLTON KEY BISCAYNE €€€

455 Grand Bay Drive
✆ +1 305 365 4500
www.ritzcarlton.com
Chambre double à partir de 400 US$ en basse saison.

Un sublime complexe hôtelier comme sait bien le faire la prestigieuse chaîne américaine. Des chambres spacieuses ultra confortables avec de nombreuses commodités (*fitness*, immense piscine, spa, *room service* 24h/24...) le tout à deux pas de la plage. De loin le meilleur hôtel de Key Biscayne ! A ne pas manquer si vous en avez les moyens. Pour profiter du cadre sans y passer la nuit, vous pouvez bruncher le dimanche sur la terrasse les pieds dans le sable du restaurant Lightkeepers.

THESIS HOTEL €€

1350 South Dixie Highway
✆ +1 305 667 5611
www.thesishotelmiami.com
Chambre double à partir de 170 US$. Piscine. Fitness center. Navette gratuite pour circuler dans Coral Gables.

Les 245 chambres de ce nouvel hôtel à deux pas du canal Mahi vous séduiront par leur tonalités douces et feutrées. L'ambiance, à la fois contemporaine et intemporelle, invite à ralentir et prendre du temps pour soi. Cela tombe bien, le Thesis dispose d'une belle piscine au 3e étage, avec vue sur la baie. Le restaurant et bar du *rooftop*, le Mamey, est aussi un très joli atout avec sa grande canopée sous laquelle on se prélasserait bien toute la journée. La station de Metrorail *University* est à 10 min à pied, pratique pour explorer les environs et rejoindre Miami.

MAYFAIR HOUSE HOTEL & GARDEN €€

3000 Florida Avenue
✆ +1 305 441 0000
www.mayfairhousemiami.com
Chambre double à partir de 300 US$. Piscine.

© MAYFAIR

Ce paradis tropical au cœur de Coconut Grove vient de vivre une incroyable cure de jouvence, et le résultat est sublime ! L'hôtel propose uniquement de suites avec lits *king size* et balcon. Très cosy, elles sont parées de tons chauds, ponctuées de meubles en acajou et de touches Art déco. Les plus luxueuses ont même une terrasse avec douche extérieure, un vrai petit jardin où l'on se prélasserait des heures. Ne manquez pas de faire un plongeon dans la magnifique piscine sur les toits.

ARLO WYNWOOD €€

2217 NW Miami Court

www.arlohotels.com/arlo-wynwood/

217 chambres. Piscine. Rooftop.

Le voici, le tout premier hôtel au cœur du quartier *arty* de Wynwood ! Inauguré à l'automne 2022, le petit dernier du groupe Arlo - déjà présent à South Beach - ravira les amateurs souhaitant s'immerger pleinement dans l'ambiance de ce quartier devenu l'un des plus *hype* de Miami. Dans un building flambant neuf, vous découvrirez 217 chambres à la décoration lumineuse, ainsi qu'une piscine, un *rooftop* au 9e étage et 3 bars. La particularité : le *yoga deck* décoré avec des fresques de l'artiste Ari Robinson. Cette œuvre fait partie des 250 disséminés dans l'hôtel.

THE NEW YORKER €€

6500 Biscayne Boulevard

✆ +1 305 759 5823

https://thenewyorkermiami.com

À partir de 85 US$ la chambre double. Piscine. Parking gratuit.

Non loin de la route, voici un motel typique des années 1950 récemment rénové en boutique-hôtel arty. La déco à l'esprit vintage et les chambres cosy vous raviront. La piscine a également été rénovée, tout comme le lobby et son café. Le petit déjeuner offert est quant à lui servi dans un agréable patio. Le tout pour un bon rapport qualité-prix, ce qui en fait une très bonne adresse. Coup de cœur pour l'ambiance à la nuit tombée, avec les néons illuminés. Un peu loin du centre, mais le quartier MiMo est en pleine expansion et les découvertes ne manquent pas.

THE VAGABOND HOTEL €€

7301 Biscayne Boulevard

✆ + 1 305 400 8420

www.thevagabondhotelmiami.com

A partir de 169 US$ la chambre double. Parking et wifi gratuit. Piscine.

Construit en 1953, le Vagabond est l'un des motels de style Miami Modern les mieux restaurés et probablement le plus populaire, au style *vintage* et glamour à souhait. Les chambres sont lumineuses, confortables et bien pensées. Ici, on a le souci du détail rétro, du choix des couleurs jusqu'au mobilier. La piscine avec ses mosaïques restaurées à l'identique est parfaite pour se détendre après une journée de marche, avant de savourer un cocktail au *pool bar*. Le restaurant de l'hôtel, Mr. Mandolin, propose quant à lui une cuisine d'inspiration méditerranéenne.

South Beach, Miami.

S'INFORMER

Pour préparer votre voyage à Miami, vous trouverez bien sûr une foule d'informations sur internet. C'est l'idéal pour dégrossir votre séjour et noter les attractions et activités qui vous tentent le plus. Une fois sur place, nous ne pouvons que vous conseiller de passer la porte des *Visitor Centers*, équivalent des offices de tourisme. Vous y trouverez un grand nombre de brochures touristiques, de plans et de cartes en tout genre à découvrir à Miami et dans les environs. L'accueil est toujours très sympathique, alors n'hésitez pas à demander conseil. Le bon plan : il n'est pas rare que les employés de *Visitor Centers* distribuent des *vouchers* ou coupons de réduction pour faire découvrir aux visiteurs restaurants, hébergements ou activités partenaires. On trouve également une petite boutique de souvenirs, et parfois même de petits musées gratuits comme dans les Everglades ou certains parcs nationaux.

DOWNTOWN MIAMI WELCOME CENTER

103 NE 1st Avenue ✆ +1 305 303 2333
https://miamicad.org/welcome-center/
Ouvert du lundi au vendredi de 10h à 15h. Certains samedis, visite guidée à pied : 20 US$ (réservation en ligne).

Le Downtown Miami Welcome Center vous accueille pour vous faire découvrir toutes les pépites du quartier. Restaurants, spectacles, évènements, histoire, musées et activités...Cela vaut vraiment le coup d'explorer cette partie moins connue de Miami. Certains samedis matin, une visite de 2h part du Miami Center for Architecture & Design. Votre guide, un architecte local, vous mènera au cœur de ce quartier historique de Miami à la découverte des immeubles les plus emblématiques.

GREATER MIAMI CONVENTION AND VISITORS BUREAU

701 Brickell Avenue
✆ +1 305 539 3000
www.miamiandbeaches.com
Ouvert du lundi au vendredi de 8h30 à 17h.

C'est l'Office de tourisme de Miami Beach et Miami. Vous y trouverez tout ce qu'il faut pour optimiser votre séjour, vous déplacement sereine dans la ville et choisir vos activités : brochures touristiques, cartes, plans de transports en commun, magazines... Le personnel multilingue est là pour vous renseigner de manière personnalisée. N'hésitez pas à poser toutes les questions que vous souhaitez. Vous pourrez également repartir avec des coupons de réduction.

KEY BISCAYNE VISITORS CENTER

88 West McIntyre Street
✆ +1 305 361 5207
www.keybiscaynechamber.org
Ouvert du lundi au vendredi de 9h à 17h. Brochures et documentations disponibles 24h/24 et 7jours/7 dans le hall.

Situé dans le Key Biscayne Village Hall, ce *visitor center* est une mine d'informations. C'est notamment l'endroit idéal pour en savoir plus sur les nombreux événements organisés sur l'île, en particulier durant les week-ends, les activités et les plages. Pratique : des brochures et documentations touristiques sont en libre-service dans le hall en dehors des horaires d'ouverture. Vous y trouverez également des ressources pour des visites dans tout le sud de la Floride.

LGBT VISITOR CENTER

1130 Washington Avenue
✆ +1 305 397 8914
gogaymiami.com
Ouvert de 9h à 16h du lundi au vendredi, de 11h à 16h samedi et dimanche. Wifi gratuit et ordinateur à disposition.

Situé au cœur de South Beach dans le sublime bâtiment Old City Hall, le LGBT Visitor Center est le bureau de l'office de tourisme de Miami réservé à la communauté LGBT. On y trouve de nombreuses brochures et renseignements sur place concernant les adresses, les festivals et les évènements LGBT à Miami et dans les environs, notamment le *Pink Palm*, un guide touristique LGBTQ+ ultra complet. La page Facebook du Visitor Center est particulièrement active et diffuse de nombreuses informations. Le lieu organise également ses propres événements.

RESTER

Le saviez-vous ? Il existe une grande communauté francophone à Miami avec plus de 10 500 personnes y résidant à l'année. Le français est d'ailleurs la troisième langue de la ville, après l'anglais et l'espagnol. Les démarches pour s'installer sont toutefois longues et fastidieuses et il vous faudra un précieux sésame, à savoir un visa américain. La liste est longue : visa étudiant, investisseur, professions spécialisées, conjoints... À moins que vous n'ayez un sésame encore plus précieux : la Green Card, une carte qui permet à un citoyen non-américain de s'installer de façon permanente et de travailler aux États-Unis. Pour l'obtenir, il faut participer à la *Diversity Visa Lottery* et espérer être parmi les 50 000 personnes tirées au sort chaque année. Autre possibilité : épouser un citoyen américain ou être sponsorisé par une entreprise américaine. N'hésitez pas à vous faire accompagner dans ces démarches, souvent fastidieuses.

ACTION CONTRE LA FAIM

102, rue de Paris - **MONTREUIL**
✆ 01 70 84 70 70
www.actioncontrelafaim.org
Par téléphone de 9h à 13h et de 14h à 18h.
ONG internationale spécialisée dans la lutte contre la faim dans le monde, active dans les domaines de la nutrition, santé, sécurité alimentaire, de l'eau, de l'assainissement. L'association intervient dans des situations de crise. Le but étant de rendre les populations autonomes d'un point de vue de la nutrition, en apportant une aide concrète et en formant les intervenants locaux qui prendront le relais. Ses missions de volontariat durent de trois mois à un an en Afrique, Asie, Amérique, Europe centrale, dans le Caucase, au Moyen-Orient et dans les Caraïbes.

CIDJ

www.cidj.com
Le Centre d'Information et de Documentation Jeunesse a été créé en 1969, sous la tutelle du ministère de la Jeunesse et des Sports. Le site Internet est bien fait et très complet. La rubrique « Partir à l'étranger » fournit des informations pratiques aux jeunes qui ont pour projet d'aller vivre à l'étranger. Il y a une rubrique spécifique dédiée à chacun des thèmes suivants : travail, étude, stage, volontariat international et séjours linguistiques. Pour vous aider dans vos démarches, vous pouvez avoir un entretien gratuit avec un conseiller du CIDJ.

AEFE

23, place de Catalogne
PARIS (14e)
✆ 01 53 69 30 90
www.aefe.fr
Cette agence, sous tutelle du ministère des Affaires étrangères, anime et gère un réseau de près de 500 établissements d'enseignement français à l'étranger, dans près de 140 pays. Des centaines de milliers d'élèves, dont une forte proportion de Français, fréquentent ces établissements. Offres d'emploi à l'international pour les titulaires de la fonction publique et informations sur la politique pédagogique émaillent le site Internet de cet organisme qui soutient également l'association Anciens des lycées français du monde est particulièrement bien fait.

ÉDUCATION NATIONALE

www.education.gouv.fr
Modalités sur www.france.diplomatie.fr/mfi.
Vous êtes enseignant ou fonctionnaire d'État, vous souhaitez travailler à l'étranger ? Consultez le site du ministère de l'Éducation nationale, il informe sur les conditions de mobilité dans le monde. Cette initiative peut s'inscrire dans un parcours professionnel. Elle permet d'exercer son métier dans des conditions spécifiques, ou un autre métier et diversifier ainsi son expérience en enrichissant ses compétences. Les personnels d'encadrement peuvent aussi postuler dans des organismes internationaux ou de l'Union européenne.

MINISTÈRE DE L'EUROPE ET DES AFFAIRES ÉTRANGÈRES

www.diplomatie.gouv.fr

Site Internet officiel pour connaître les formalités d'entrée et séjour dans le pays. Dans la rubrique « Services aux Français », vous trouverez un guide de l'expatriation, les modalités de demandes de documents officiels. Sur la page d'accueil en sélectionnant le pays, vous obtenez les contacts des ambassades. Dans l'espace politique, économie et socio-culturel, quantité d'informations et de communications utiles pour qui s'intéresse aux réalités du pays.

CAPCAMPUS

www.capcampus.com

CapCampus fut l'un des premiers portails étudiants français en ligne. Dans la rubrique dédiée aux stages et aux premiers emplois, vous trouverez aussi des offres pour l'étranger, classées par pays. Celles pour les Etats-Unis ne sont pas très nombreuses, le mieux est de consulter le site régulièrement pour ne pas passer à côtés des offres intéressantes. Le site est également utile pour se familiariser avec la vie aux Etats-Unis, car il propose également toutes les informations pratiques pour bien préparer son départ et son séjour à l'étranger.

WEP FRANCE

95, avenue Ledru Rollin
PARIS (11e)
✆ 01 48 06 26 26
www.wep.fr

WEP propose plus de 50 projets éducatifs et séjours linguistiques dans une trentaine de pays pour une durée allant de une semaine à 18 mois. Quel que soit votre projet d'études ou de volontariat à l'étranger, vous trouverez sur le site de WEP une rubrique qui y sera consacrée : étudier au lycée, dans une université, partir en séjour linguistique, faire une expérience professionnelle dans le cadre d'un stage ou vivre en immersion dans une famille. Possibilité également de planifier des programmes combinés (études et projet humanitaire par exemple).

CHAMBRE DES MÉTIERS ET DE L'ARTISANAT

387 NE 167 Street
✆ +1 786 547 4590
www.faactfl.com

Cette chambre de métiers montée par Corinne Ouelhadj accompagne les artisans qui veulent s'expatrier. Elle leur fournit des études de marché, les conseille pour trouver des experts comptables et des avocats spécialisés sur les questions d'immigration. Et elle monte des opérations de promotion, comme pour les boulangers-pâtissiers français pour lesquels elle organise les concours du meilleur croissant, de la meilleure baguette ou de la meilleure galette des rois. Des trophées qui font la réputation de leurs lauréats dans toute la Floride !

BUSINESS FRANCE

77, Boulevard Saint-Jacques
PARIS (14e)
✆ 01 40 73 30 00
Ouvert en semaine de 8h30 à 18h30.

L'Agence pour le développement international des entreprises françaises travaille en étroite collaboration avec les missions économiques. Le site Internet recense toutes les actions menées, les ouvrages publiés, les événements programmés et renvoie sur la page du Volontariat International en Entreprise (VIE). Fondée en 2015, cette structure est née de la fusion entre Ubifrance et l'Agence française pour les investissements internationaux. Elle est affiliée au Ministère de l'Europe et des Affaires étrangères et au Ministère de l'Économie et des Finances.

VIE - VOLONTARIAT INTERNATIONAL EN ENTREPRISE

✆ 04 96 17 26 50
mon-vie-via.businessfrance.fr

Le VIE est destiné aux jeunes de 18 à 28 ans. Il s'effectue en entreprise, dans une ONG, dans une collectivité locale ou dans un service de l'État – allant de l'ambassade à l'établissement culturel en passant par le consulat. Par ailleurs, il peut durer de 6 à 24 mois et être renouvelé une fois, de deux ans au plus. Enfin, sa rémunération mensuelle est constituée d'un salaire fixe de 749,33 € et d'une indemnité supplémentaire dont le montant varie selon la mission.

INDEX

M

N

O

P

Q

R

S

EDITION

Directeurs de collection et auteurs : Dominique AUZIAS et Jean-Paul LABOURDETTE

Auteurs : Ceyliane RATTO, Saliha HADJ-DJILANI, Kévin GIRAUD, Sylvie DEL COTTO, Delphine CALMO, Adelaïde SAUTER, Mathias DESHOURS, Amandine GLEVAREC, Romain RISSO, Emmanuelle BLUMAN, Jean-Paul LABOURDETTE, Dominique AUZIAS et alter

Directeur Editorial : Stéphan SZEREMETA

Rédaction Monde : Laure CHATAIGNON, Morgane VESLIN, Pierre-Yves SOUCHET, Natalia COLLIER, Julie BEZ

Rédaction France : Briséis CREAC'H-MENUT, Audrey VEDOVOTTO, Marie VIGNERON, Nicolas WODARCZAK, Mélanie PEILLET

FABRICATION

Maquette et Montage : Romain AUDREN, Julie BORDES, Delphine PAGANO

Iconographie et Cartographie : Anne DIOT, Julien DOUCET

WEB ET NUMERIQUE

Directeur Web : Louis GENEAU de LAMARLIERE

Technical Project Manager : Hervé MARION

Développeurs : Guillaume BARBET, Adeline CAUX

Intégrateur Web : Mickael LATTES, Antoine DION

Webdesigner : Caroline LAFFAITEUR

Community Traffic Manager : Alice BARBIER, Noémie LE SAUX

Content Manager : Aliénor de PERIER

DIRECTION COMMERCIALE

Directeur commercial : Guillaume VORBURGER

Coordinatrice des Régies commerciales : Manon GUERIN

Account Manager Marketplace : Leila ROUGEOT

Responsable Régies locales : Michel GRANSEIGNE

Responsables Développement régie inter : Jean-Marc FARAGUET, Guillaume LABOUREUR et Camille ESMIEU

Assistante commerciale Régie internationale : Leila ANTRI-BOUZAR

Chefs de Publicité Régie nationale : Caroline AUBRY, François BRIANCON-MARJOLLET, Perrine DE CARNE MARCEIN, Jonathan TOUTOUX

Régie MIAMI : Bertille TAUPIN

DIFFUSION ET PROMOTION

Directrice des Ventes : Bénédicte MOULET assistée d'Aissatou DIOP

Responsable des ventes : Jean-Pierre GHEZ assisté de Nelly BRION

Relations Presse-Partenariats : Jean-Mary MARCHAL

ADMINISTRATION

Président : Jean-Paul LABOURDETTE

Directrice des Ressources Humaines : Dina BOURDEAU assistée de Sandra DOS REIS et Eva BAELEN

Directrice Administrative et Financière : Valérie DECOTTIGNIES

Comptabilité : Guillaume PETIT, Aminata BAGAYOKO, Jeannine DEMIRDJIAN et Adama DIABY

Recouvrement : Fabien BONNAN assisté de Sandra BRIJLALL

Responsable informatique : Elie NZUZI-LEBA

PETIT FUTÉ MIAMI

LES NOUVELLES EDITIONS DE L'UNIVERSITE
18, rue des Volontaires - 75015 Paris.
© 01 53 69 70 00 - Fax 01 42 73 15 24
Internet : www.petitfute.com
SAS au capital de 1 000 000 € -
RC PARIS B 309 769 966
Couverture : Cabane de sauveteur à South Beach
© EXTREME-PHOTOGRAPHER - iStockphoto.com
© Ann Haritonenko - Shutterstock.com
Impression : IMPRIMERIE CHIRAT -
42540 Saint-Just-la-Pendue
Achevé d'imprimer : mai 2023
Dépôt légal : 19/06/2023
ISBN : 9782305075891

Pour nous contacter par email, indiquez le nom de famille en minuscule suivi de @petitfute.com
Pour le courrier des lecteurs : info@petitfute.com

IMPRIMÉ EN FRANCE

COLLABOREZ
À LA PROCHAINE ÉDITION